外国法学精品译丛

主编 李 昊

德国继承法

（第5版）

［德］马蒂亚斯·施默克尔（Mathias Schmoeckel） 著

吴逸越 译

Erbrecht

(5. Auflage)

中国人民大学出版社

·北京·

代译序

什么是理想的法学教科书？

李　昊

2009 年上半年，我曾受《法治周末》之约，撰写过一篇小文《德国法学教科书漫谈》，择拾如下。

每一个初入德国法学之门者，必读之书定为德国教授所著教科书。笔者读硕士之时，梅迪库斯教授所著《德国民法总论》方由邵建东教授译成中文引入国内，一时洛阳纸贵。然当时习德文的法学者颇少，德文法学教科书更为罕见。及笔者 2004 年负笈德国，方得于慕尼黑大学图书馆大快朵颐，每日图书馆阅读疲倦之暇，便至图书馆楼下的小书店，翻阅新近出版的德国法学著作，耳濡目染，逐渐得窥德国法学教科书之堂奥。

德国的法学教科书通常可分为两类，即小型教科书（Kurzlehrbuch）与大型教科书（Großlehrbuch）。

Brox（布洛克斯）教授所著《民法总论》《债法总论/各论》，梅迪库斯教授所著《民法》《债法总论/各论》即属前者。该类教科书以篇幅简短、内容扼要著称（当然，我们看到梅迪库斯教授所著的《债法总论/各论》译成中文时已成大部头著作），多集中于对德国民法基本概念和制度的介绍和阐述。小型教科书最大的优势就是时效强、更新快。由于近年来德国民法修订频繁，民法教科书往往未过一两年即出新版，以 2002 年德国债法以及损害赔偿法修订前后为甚。另外，小型教科书价格也非常便宜，新书多为 20 欧元左右（不要换算成人民币，否则仍显昂贵）。而且这些教科书多是一两年便修订一次，每年在图书馆淘汰旧书时购买，往往仅需 0. 5 至 1 欧元，这也让囊中羞涩的中国留学生得以保有一些原版的德文法学教科书。

后者中经典的如德国贝克出版社所出的绿皮书系列，包括拉伦茨教授所著的《德国民法通论》《债法总论/各论》，鲍尔/施蒂尔纳教授所著的《物权法》，以及德国 Springer 出版社出版的"法学与政治学百科全书"中属于法学部分的著作，如弗卢梅教授（已于 2009 年 1 月 28 日仙逝）所著的民法总论三部曲、拉伦茨教授所著的《法学方法论》等等。大型教科书多奠基于作者自己的理论体系，借以对相关领域阐幽发微，因而部头颇为庞大。以译成中文的鲍尔/施蒂尔纳教授所著的《物权法》为例，竟然煌煌两大巨册。这种以理论体系建构为特色的教科书不讲求时效性，这也导致它的修订过程比较漫长。以拉伦茨教授的《债法总论》为例，至今使用的仍是1987年出版的第14版。

如果仔细翻阅德国法学教科书，无论是大型的还是小型的，均具有如下特点。

1. 由名家撰写

德国法学教科书多由各大学成名的法学教授撰写，偶尔可以见到由律师撰写的教科书。这与德国的法学教育体制有关，在各大学法学院，大课通常只能由教授讲授，因而，与之配套的教科书也多由教授基于其讲义撰写而成。而且德国大多数法学教科书都是教授独著而成的，不像国内的教科书多采主编制。

如果在翻阅德国民法教科书后，我们还会发现，德国教授撰写的民法教科书中以民法总论最为常见，似乎没有写过民法总论就不能称其写过民法教科书，可见德国法学抽象思维已经深入德国法学家的骨子里了。

2. 通常附有缩略语表和参考文献

如果翻阅德国法学教科书会发现大多数教科书在目录后都会有一个缩略语表，各教科书所附缩略语表内容则略有不同，其中部分为各种法学期刊或者经典教科书的缩略语，如德国常见的法学杂志NJW、JuS、JZ等，部分为德国法学专有名词的缩略语，如无因管理即可略为GoA。这可谓德国法学教科书的一个特色。同时，多数教科书在每章或重要的节次前会提供一个主要参考文献的目录，这可以引导学生在从事研究时有针对性地去查找阅读资料。对于中国留学生而言，查找资料最方便的途径莫过于此。

3. 多援引判例并常常通过小的案例来阐释具体的问题

德国法学教科书最大的特点就是与实务结合紧密。各种教科书中必然会援引重要的法院判例，并加以归类。而小型教科书在阐述具体问题时，也会结合判例设计小的案型帮助初学者来理解复杂的法律制度。这是由于德国法科学生最终的目标是通过国家考试，而国家考试的主要内容即是案例分析，在日常的教科书中结合判例加以阐述，有助于学生掌握判例的基本观点，并加以运用。与此相配套，德国还出版有大量的案例练习书和判例汇编书，而评注书也多是对法院判例的分析整理，目的都在于帮助学生掌握案例分析的基本工具。

4. 师承修订

德国的法学教科书虽然种类繁多，但生命力最长的是那些被奉为经典的教科书。在最初的作者去世后，这些经典教科书便多由其后人或学生修订。如鲍尔（Fritz Baur）教授所著的《物权法》其后便由教授之子Jürgen Fritz和学生Rolf Stürner教授（弗里茨·鲍尔和罗尔夫·斯蒂尔纳教授）续订，韦斯特曼（Harry Westermann）教授所著的《德国民法的基本概念》和《物权法》也由其子Harm Peter Westermann教授续订。当然，也存在一些经典教科书并非由原作者的后人或学生修订的情况，如拉伦茨教授的《德国民法通论》后来便由与其并无师承关系的Manfred Wolf教授（曼弗雷德·沃尔夫教授，其《物权法》已由吴越和李大雪教授译成中文）续订。续订后，教科书的书名页便会写明本教科书由谁奠基，由谁修订，作者一栏也随着时间越变越长。

反观国内的法学教科书，是否也有很多可以向德国学习之处呢？

历时十年，该文反映的德国法学教科书的外在特征仍不过时，缺憾的是，没有进一步揭示出德国法学教科书与其法教义学及法典化的关系。就民法而言，可以说，作为 19 世纪民法法典化典范的《德国民法典》的五编制体系即奠基于该世纪萨维尼、普赫塔和温德沙伊德等法学大家基于对古罗马《学说汇纂》进行研究而形成的潘德克顿教科书及由此演化出的近代民法的概念体系之上。法典化之后的法学教科书则要进一步关注法典的解释和适用，促进法教义学的形成和发展。在此，小型/基础教科书和大型教科书/体系书发挥着不同的作用。德国小型/基础法学教科书最重要的作用就是以通说为基础，借助最精炼准确的语言来表达最为复杂的概念，并借助案例的导入和判例的引入，让抽象概念具象化，奠定学生的基础法学知识体系。而大型教科书/体系书则是在小型/基础教科书的体系之上凝聚作者的学术睿见和思想体系，通过对关键问题的深入分析促进法教义学的发展，进而开拓学生的思维和视野，使其形成更广博的知识结构。

早在 2001 年，谢怀栻先生就在其讲座《民法学习当中的方法问题》中提到了在专与博的基础上来学习民法。[①] 2019 年 8 月 15 日，在谢怀栻先生诞辰 100 周年纪念日之际，该讲座稿又以《谢怀栻先生谈民法的学习与研究》为题在微信朋友圈广泛传播，今日读来仍振聋发聩。

我看到有一些民法书，总觉得他们介绍民事权利，不是整体地从体系上介绍，而是零零碎碎地遇到一点介绍一点。我觉得这样不好。我认为学习民法要首先了解民法的全貌，然后对于民法的基础知识要有一个大概的认识：民法讲权利，什么是权利；民法讲义务，什么是义务；民法讲法律关系，什么是法律关系。当然这些东西你要彻底地搞清楚，不是一开始就行的。但是大体上是可以知道的。比如说我们民法学界直到最近还存在这种情况：讨论这样的问题，讨论民法讲的权利关系。特别是最近制定物权法，所以引起争论：物权法讲的是人与人的关系，还是人与物的关系？**这样的问题在西方国家一百年以前就透透彻彻地解决了，现在我们中国还有人又提出来。**现在还有很有名的法学家提出这个问题：物权究竟是人与人的关系还是人与物的关系？法律关系都是人与人的关系，怎么会有人与物的关系呢？所以这就说明开始学民法就应该把基础概念给学生讲清楚。法律就是解决人的关系，哪里有解决人与物的关系的呢？至于说法律牵涉到物，这是必然的，它是涉及到物，但是它主要的目的不是解决人与物的关系。……所以我就觉得很奇怪的是，有人现在还提物权是人与物的关系。这就是最初学民法时没有把民法学清楚。

那么最初应该怎么样弄清楚这些基本的知识呢？从学生学习方面来说，开始学的时候绝对不能把学习面搞得太广了，**应该抓住一两本书认真地读**（介绍书是导师的责任了）。先不要看外面有这么多民法书，本本都买来看，这样用不着。有的书里面甚至有错误的东西，你学了错误的东西将来就很麻烦了。开始抓住比较好的书，好好地研究透，脑子里有了民法的全貌、基本理论、基本知识，然后再去看别的书都可以。

这就是说看书应该越多越好还是少而精好？学的范围应该多好还是少好？这就是一个博与专的关系，我们做学问都会遇到这样的问题。我很赞成胡适讲的一句话："为学要如金字塔。"**做学问要像建金字塔一样，基础要广，而且要高。**高和广是一对辩证关系，基

① 谢怀栻：《民法学习当中的方法问题》，载王利明主编：《民商法前沿论坛》（第 1 辑），北京，人民法院出版社 2004 年版，第 39 - 41 页。

础越广才能越高，基础小而要建一个高建筑那是不可能的。但是高与广又不是我们一下子就能决定的，我们为了广，什么书都拿来读，那也是不可能的。我一定要把所有的书都读完，再来建高，那也不可能。**高与广是相互循环的，先高一下，就感觉我的基础不行了，就扩大基础，然后再高一下，如此循环。**所以，读书不要一开始就把所有的书都拿来读，先还是少一点、精一点，等到基础需要的时候，再扩大一下基础。

从谢老的文字中也可以看出，一本经典的法学教科书对于法科学生的基础概念的正确养成具有多么重要的地位，而且谢老提出的质疑也让人反思，作为法律继受国，法学教科书究竟应该怎么写。

德国作为近现代民法理论的滥觞国，其法教义学的理论架构已臻完善，理论和实践互动产生的通说已然形成，民法教科书的撰写和修订则可按部就班进行。反观中国近现代，作为民法继受国，清末民律继受自日本，民国民法则主要继受自德国，并参酌瑞士民法、日本民法、法国民法和苏联民法等。民法理论的继受则与民法典的继受相辅相成。教科书也有着内容和形式上的渐进转型过程，从早先的单纯照搬外国理论，进行简要的法条释义，到逐步有意识地由日入德，建构自己的体系。作为这一时期转型的代表性民法教科书可举例有三：一则为梅仲协先生之《民法要义》。作为概要性的民法教科书，梅先生有意识地追溯到民国民法的源头——德瑞民法进行理论阐述，不局限于民国民法体例，而以体系性为标称。该书亦借鉴德国法学教科书的体例，采用段码体系并提供了法条索引。梅先生还借助执掌台大法律系之便严限学生修习德文，实现了民法理论由日转德。[①] 二则为民国民法五立委之一的史尚宽先生所著之六卷本的民法全书。其特点为取材广泛，涉猎德日法英诸国法律，注重探本溯源，并结合参与立法之便，阐幽发微，该全书可谓有民法体系书之实。三则为王泽鉴先生所著之八册民法教科书，堪称华文世界民法教科书之典范。该系列教材奠基于先生一贯所倡的民法学说与判例的互动研究以及比较民法的研究，教材内容以德国法为根基，并广泛征引日本法和英美法，同时注重示例的导入和判例的引入，致力于台湾地区民法通说的形成，颇具德国基础法学教科书之神，而又不像德国教科书那样囿于一国。三位先生均具有留学欧陆背景，梅仲协先生留学法国，史尚宽先生遍历日德法，王泽鉴先生则留学德国，三者均精通德日英三国语言，其所撰教科书之厚重和旁征博引自有由来。

中华人民共和国成立后，我国曾经历了数十年的法律空窗期。自1986年《民法通则》颁布以来，我国民商事法律体系重现生机，日趋完善，2020年民法典正式颁行。伴随着法律的发展，我国的民商事审判实践也日渐丰富，网络与大数据技术也进一步推动着民事司法和案例研究的转型。虽然此间我们的民商法教科书在借鉴我国台湾地区，以及日本、德国甚或英美私法理论的基础上层出不穷，也不乏偶见的精品，但与德国、日本乃至我国台湾地区的民商法教科书相比，我们所缺乏的仍是能够为广大法科生奠定准确的概念体系，并与审判实践互动，致力于形成通说的法学教科书。既有的民商法教科书或者局限于对法条的罗列和简要阐述，或者作者基于不同的学术背景和留学经历而阐发自己独特的学术观点，在基础概念的分析和外国法例的介绍上也存在诸多错讹，抑或人云亦云，对审判

---

① 参见谢怀栻先生为梅先生的《民法要义》所撰序言。

案例的关注也远未达到理想状态，学生并不能有效地借助阅读教科书形成准确的概念体系，并将之加以妥当运用，这也直接造成各地司法实践的差异化。究其成因，除我国现行立法粗疏，缺乏体系考量，并且立法理由无法有效呈现外，现有民法理论和清末民国时期的民法传统出现割裂，学术界对国外尤其是继受母国的基础民法理论不够熟稔及与现今民法学说发展无法有效接续也是重要原因，诸如法律行为的普适性和适法性之争、债与责任的关系之争以及物权行为与债权形式主义之争等等皆因此而来，而民法理论、民事立法和民事司法实践之间的疏离感及相互角力，也造成了我国现有法学教科书无法有效承载法教义学的重任。

正是基于自己对德国和中国民法教科书的阅读体验，我希冀能够回到中国民法理论的源头去探寻民法概念体系的原貌，梳其枝蔓、现其筋骨，促进中国民商法教科书的转型。2009 年，甫入教职的我就在人大社启动了"外国民商法教科书译丛"的翻译计划，第一批曾设想择取德国、日本、法国和意大利诸国的经典民法教材，邀请国外留学的民法才俊译介引入。当时留学海外的民法人才尚不如今日之繁盛，最后仅推出德国民法教科书 4 本和日本民法教科书 1 本。自 2012 年始，陆续出版了布洛克斯和瓦尔克的《德国民法总论》(第 33 版)、韦斯特曼的《德国民法基本概念》(第 16 版)(增订版)、吉村良一的《日本侵权行为法》(第 4 版)、罗歇尔德斯的《德国债法总论》(第 7 版)以及多伊奇和阿伦斯的《德国侵权法》(第 5 版)。参与的译者中除 2018 年年初不幸罹难的大军外，其他诸位今日已成为各自领域的翘楚。第一批中还有两本经典作品迟至今日尚未最终完成出版(比得林斯基的《私法的体系和原则》以及《日本民法争点》)。

第一批译著的推出恰逢其时。鉴于德国债法在 2002 年进行了大幅修订，国内尚无最新的德国民法教科书译作跟进，本译丛中的多部译著受到广泛欢迎，尤其是《德国民法总论》多次加印，部分译作甚至因为断货而在旧书市场上被炒作到数百元不等。译丛的装帧设计也从最初的大 32 开变为 16 开本。

市场对译丛的积极反响也催生了本译丛第二批书目的诞生。第二批遴选的书目中除第一批未及纳入的传统合同法、亲属法和继承法教材外，侧重选择了国内尚不熟悉的德国商法教材。译丛的译者也更新为 20 世纪 80 年代中后期甚至 90 年代出生的新一批中国留德法科生。该批译著最早问世的为 2016 年出版的慕斯拉克与豪的《德国民法概论》(第 14 版)，2019 年又推出了莱特的《德国著作权法》(第 2 版)。而第一批书目也将根据最新版次修订后陆续推出，2019 年即更新了布洛克斯和瓦尔克的《德国民法总论》(第 41 版)。借 2019 年改版之机，本译丛采用了更为精致的封面设计和更为精良的纸品。现负笈德国波恩大学的焕然君在网络媒体——微信公众号上对本译丛也进行了图文并茂的推送①，使其为更多的学子所知悉。

由于本译丛所选书目以德国基础民商法教科书为主，读者阅读时自当手边备有《德国民法典》② 和《德国商法典》等法律的条文参照阅读，对于中国法无规定或有不同规定者，自当斟酌差异及其理由，对于相似规定，则可比较有无细微差异，甚或是否为形似而实

① 即"杰然不瞳"于 2017 年 5 月 30 日发布的《德国民法教科书中译本：书目概览》。

② 北大出版社的台译本采中德对照方式，有德语基础者可参照双语阅读。

非，更重要的是要体悟民商法的重要基础概念之内涵及其体系以及司法之运用，以便形成个人体悟之架构。而欲深入学习者，尚可借助译著所附之参考文献，按图索骥，进行深入的专题阅读。对德国民法脉络的掌握也有助于对其历史渊源罗马法的学习，并可以以其为参照促进对属于德国法系的奥地利、瑞士、希腊乃至受到德国民法或多或少影响的日本、韩国、意大利、法国和俄罗斯诸法域民法的理解。

这套译丛是我所主持的数部外国法译丛的“头生子”，虽然自策划起算来已逾十年，拖延久许，但作为我初入法学出版领域的敲门砖，有着别样的意义！译丛得以推出要真诚地感谢人大社法律分社的杜宇峰女士，无论是选题的报送还是版权的联系，她都不辞辛劳！感谢施洋等诸位编辑的辛勤耕作，为译丛的及时出版和质量完善提供了有效的保障！感谢诸位年轻译者一直以来的支持，能够忍受我的催稿督促！

借助两批书目的译介，本译丛将基本完成德国民商法基础教科书的体系化引入。我期待能够通过对国外尤其是德国和日本最新的经典基础民商法教科书的引介，回到我国民法体系的理论源头去探寻准确的民法概念体系，为学生学习民商法和学者进一步深入研究提供更为准确的参照，同时为我们形成自己的民商法教科书体系迈出第一步。如有所成，当幸甚焉！

中文版前言

吴逸越先生将我的继承法教科书翻译成中文，这让我感到特别高兴，对我来说也是一项特殊的荣誉。

中国作为一个伟大的文化国度，历来清楚家庭和遗产的重要性："家齐而后国治，国治而后天下平。"（《礼记·大学》）

家庭作为国家的基础，对于保护和教育个人至关重要。因此，家庭需要一项经济基础。但是，继承法反过来也推动经济生活的成功：俄国十月革命一度废除继承法的尝试表明，人们将丧失参与经济活动和创造财富的兴趣。这也印证了一句古老的格言："有钱但没有孩子的人并不富裕。"

家庭作为文化记忆的庇护所是国家的基础。通过在物质遗产和精神遗产中传递价值，家庭向下一代解释，我们每一个人出生于何种家庭以及何种特殊情况。这有助于我们理解，面对先辈我们具有何种独特的地位，以及我们对后代负有什么样的任务。家庭的传统往往系于尊敬的祖先的某些特定物体，而不依赖于其物质价值。因此，"优秀的继承人比财富更好"。

所以，遗产不仅包括经济价值，还有文化财富。由于传统的不同，一些家庭（成员）往往会得到一些艺术家的作品，而这些作品在艺术家的一生中都没有得到社会的认可。因此，家庭所保存的遗产对国家来说也是一个机会，在一段时间之后或许可以偶然发现伟大艺术家的作品。这肯定也适用于将来的数字服务。此时，认可家庭的遗产更加重要。

家庭的遗产有助于理解我们的身份。其实人们只有在社会背景下才可以领会这种身份。任何了解自己的人都理解他与社会的联系。这依赖于，不同的人相互交流，且每个人都从自己的角度为社会作出贡献。这种不同传统之间的联结对于和平以及国家的继续发展来说都非常重要，需要个人不断的推动和贡献。因此，一个社会的繁荣和持续发展的潜力取决于家庭的不同遗产都得到认可。

中国的继承法有着自己的强大传统。在此情况下，如果我的书还可以提供一些推动力并且有助于保持中国的强大传统，我将非常高兴。

马蒂亚斯·施默克尔

2019 年 7 月

第 5 版前言

此次修订使我有机会将很多法院正在处理的问题添加进书里。目前，关于继承法的大型诉讼引发了许多新问题，并测试着古老的继承法观点的承受力。但是，总的来说，现在的庞大规模的遗产无疑证明了《民法典》中的继承法的适用性。与此同时，继承法也必然在逐步发生变化，特别是如联邦最高法院对数字遗产的判决所展示的。同时，也出现了一批富有启发性的文献。特别是因为新的法律问题的出现，传统问题在课堂上可以重新焕发活力。

在我看来，值得进行专门讨论的还有通过生前法律行为而制订的有关遗产的家庭合同，这在本书中形成了新的第 33 章。

要再次感谢我出色的助手团队。马耳他·贝克尔（Malte Becker）的建议和行为总是非常可靠，能够胜任并高效、快速地组织所有必要的检查工作。书中每一个段落都由海伦娜·法尔克（Helena Falke）、亨丽埃特·罗施勒（Henriette Löschner）、亚历山大·扬森（Alexander Jansen）、梅尔文·约翰（Melvin John）、乔纳斯·诺伊霍夫（Jonas Neuhoff）和蒂姆·维滕（Tim Vieten）阅读并检查。他们也帮助我检查校对稿和目录。感谢 Nomos 出版社非常可靠的团队的专业合作。

马蒂亚斯·施默克尔

2018 年 8 月于卑尔根（Bergen）

第1版前言节选

一本关于继承法的新教科书似乎没有必要，因为继承法方面已经存在优秀的，甚至更详细的教科书。但是，本书恰好不在于追求全面，而是应当为理解这些问题提供充分的基础。其他教科书普遍较简短，且仅限于概述，所以本书不应当仅介绍基础知识，还应该提供可靠的引导。但是，即使作为对问题的引导，希望以此创造对实质内容的可靠理解，本书也没有开辟新的领域，因为迪特尔·莱普德（Dieter Leipold）的教科书恰好提出并满足了这一需求。因此，为了证明我的尝试和方法，我必须走得更远。

现在学习继承法的人，必须考虑到将来深刻的变革。与《民法典》的其他各编不同，长期以来鲜有改变的继承法依然强烈地复述着1896年《民法典》的概念。但最近越来越多的迹象表明，在不久的将来，继承法可能会不断变化。由反歧视指令引发的合同法中对私人自治的干涉在德国越发突出，这必然对遗嘱自由产生影响。到目前为止，联邦宪法法院关于"普鲁士"问题的新的判决也推动向同样的方向发展。[①] 所以，即便没有触及德国继承法的全部原则，那么也触及了意定继承的基本原则。因此，德国继承法在多大程度上实行遗嘱自由，是有疑问的。

与反歧视指令一样，改变可能源于欧洲立法。可能对继承权进行的重新定位是在各种不同的欧洲继承条例的背景下进行的。这既适用于欧洲判例的影响，也适用于希望开启全新的欧洲共同法典化项目的欧洲研究者合作。出于这些考虑，很明显，人们在继承法中也不能指望在接下来的几十年里将一切照旧以及只有继承法不会发生变化。因此，一本新

---

① BVerfG（22.3.2004 - 1 BvR 2248/01），FamRZ 2004，765 - 768，auch in ZEV 2004，241 - 243，EuGRZ 2004，339 - 342，NJW 2004，2008 - 2011，FPR2004，376 - 378，DNotZ 2004，798 - 801，BVerfGK 3，112 - 123；besprochen von *Ansgar Staudinger*，Anmerkung zu BVerfG 22.3.2004 - 1 BvR 2248/01，FamRZ 2004，768 - 771；*Thomas Gutmann*，Der Erbe und seine Freiheit，NJW 2004，2347 - 2349；*Gerhard Otte*，Die Bedeutung der »Hohenzollern "- Entscheidung des Bundesverfassungsgerichts für die Testierfreiheit，ZEV 2004，393 - 398；*Josef Isensee*，Inhaltskontrolle des Bundesverfassungsgerichts über Verfügungen von Todes wegen - zum « Hohenzollern-Beschluss " des BVerfG -，DNotZ 2004，754 - 766；*Christoph Scheuren-Brandes*，Wiederverheiratungsklauseln nach der Hohenzollern-Entscheidung-Handlungsbedarf für die Gestaltungspraxis?，ZEV 2005，185 - 188；*Andreas Horsch*，Neue Aspekte zur Bestimmung des maßgeblichen Zeitpunkts der Sittenwidrigkeit von letztwilligen Verfügungen，Rpfleger 2005，285 - 292. 关于这一判决的问题见本书脚注143、155及以下、159。

教科书必须满足两个要求。

其一，它必须在替代的形式选择的背景下描述《民法典》的结构和立法者的基本决定。这不取决于列举大量的细节，而是要从各种不同的法律制度和规定中突出一些原则，这些原则在理想的情况下，如同《民法典》一样，会产生连贯的继承权。因此，比如要问，法定继承顺序应当扮演什么样的角色，在多大程度上保护遗嘱自由，继承法中形式选择的界限是什么。

其二，要反复指出过去和现在有关继承的其他的解决问题的方案。只有当人们被告知替代方案的时候，他们才能理解《民法典》规定的特征是什么。这项理解首先有助于学习《民法典》的内容：知道区分给付请求权遗赠（Damnationslegat）和所有物返还请求权遗赠（Vindikationslegat）的人，不会误判德国遗赠的债的特征。此外，看一下《民法典》的特点，也可以认识到这些基本决定的一致性。只有这样，才可以衡量遗嘱自由即使在今天依然非常重要。最后，指明与其他国家的继承法的差异可以进行法律比较。这在继承法中至关重要，不仅因为刚刚提到的欧洲方面的法律发展，而且最重要的是因为跨境继承案件现在是常态而非例外，因此，没有国际私法和比较法就无法解决。

这并不意味着要不停地讨论比较法上不同的解决方案。这对于解释德国法的任务来说是不公平的。只有为了可以更好地认识德国法的特征时，比较法的提示才有必要。这种理解使得学生有把握对内容进行处理并具有批判能力。因此，即使学生在考试中遇到不熟悉的问题，也有把握处理该内容并进行可靠的论证。

总而言之，本书的阐释旨在简洁地说明继承法的结构。应使学生和候补文官能够满足参加考试的要求。其中最重要的是灵活运用材料的能力。人们必须了解不同形式选择的优势。这只有在掌握了内容的时候才能实现。为此，需要更详细地阐释一些特别经常被考察的范围，而不是那些不经常考察或不再是考试内容的范围。为此，本书还增加了理解问题和一些有解决方案的案例。继承法不是单纯通过教义学的阐述来学习的。此外，还要理解案件中要审查的问题的结构和顺序。因此，钻研本书的每个人都应当尝试首先独立解决案例，然后再学习解决方案。

这样应当可以明白继承法极其清晰的结构。只有这种基本理解才有助于正确处理考试中的新问题，而且为国外竞争模式背景下法律发展的可能变化做好准备。

缩写列表

a. A.	anderer Ansicht/（bei Gesetzen:）am Anfang	其他观点/（法条中）开始
ABGB	Allgemeines Bürgerliches Gesetzbuch（Österreich）	《普通民法典》（奥地利）
AcP	Archiv für die civilistische Praxis	《民法实务档案》（期刊）
AGGVG	Ausführungsgesetz zum GVG	《法院组织法实施法》
ALR	Allgemeines Landrecht für die Preußischen Staaten	《普鲁士普通邦法》
Art.	Artikel	条
Aufl.	Auflage	版本
BayObLG	Bayerisches Oberstes Landesgericht	巴伐利亚州最高法院
BeurkG	Beurkundungsgesetz	《公证书证法》
BewG	Bewertungsgesetz	《资产评估法》
BFH	Bundesfinanzhof	联邦财政法院
BGB	Bürgerliches Gesetzbuch	《民法典》
BGH（Z）	Bundesgerichtshof（in Zivilsachen）	联邦最高法院（民事案件）
BVerfG（E）	Bundesverfassungsgericht（sentscheidungen）	联邦宪法法院（判决）
BW	Burgerlijk Wetboek（Niederlande）	《民法典》（荷兰）
bzw.	beziehungsweise	或者
Cc	Code civil	《法国民法典》
DNotZ	Deutsche Notar-Zeitschrift	《德国公证杂志》（期刊）
DR	Deutsches Recht	德国法
EGBGB	Einführungsgesetz zum Bürgerlichen Gesetzbuch	《民法典施行法》
ErbStG	Erbschaftssteuergesetz	《遗产税法》
EU	Europäische Union	欧盟
evt.	eventuell	可能
f/ff	folgende/fortfolgende	以下/连续

FamFG	Gesetz über das Verfahren in Familiensachen und in den Angelegenheiten der freiwilligen Gerichtsbarkeit（seit 1. 9. 2009）	《家事与非讼事件程序法》（2009年9月1日以后）
FGG	Gesetz über die Angelegenheiten der Freiwilligen Gerichtsbarkeit（bis zum 31. 8. 2009）	《非讼事件法》（2009年8月31日以前）
Fn.	Fußnote	脚注
G	Gesetz	法律
GebrMG	Gebrauchsmustergesetz	《实用新型法》
GeschmMG	Geschmacksmustergesetz	《外观设计法》
GG	Grundgesetz	《基本法》
GKG	Gerichtskostengesetz	《诉讼费用法》
h. M.	herrschende Meinung	通说
HöfeO	Höfeordnung	《农场继承条例》
HRG	Handwörterbuch zur Deutschen Rechtsgeschichte	《德国法制史词典》
Hrsg. / hrsg.	Herausgeber/herausgegeben	主编
Hs.	Halbsatz	半句
InsO	Insolvenzordnung	《破产条例》
i. V. m.	in Verbindung mit	结合
JuS	Juristische Schulung	《法学教育》（期刊）
JZ	Juristenzeitung	《法学家报》（期刊）
KostO	Kostenordnung	《收费条例》
LG	Landgericht	州法院
LPartG	Gesetz über die Eingetragene Lebenspartnerschaft	《生活伴侣法》
MüKo	Münchner Kommentar zum Bürgerlichen Gesetzbuch	《慕尼黑民法典评注》
NJW	Neue Juristische Wochenschrift	《新法学周刊》（期刊）
NJW-RR	NJW-Rechtsprechungsreport	《新法学周刊——判决报道》（期刊）
OHG	Offene Handelsgesellschaft	无限公司
OLG	Oberlandesgericht	州高等法院
PatG	Patentgesetz	《专利法》
RG（Z）	Reichsgericht（in Zivilsachen）	帝国法院（民事案件）
Rn.	Randnummer	边码
S.	Satz/Seite	句/页
s.（o. /u.）	siehe（oben/unten）	见（上/下）
SeuffA	Seuffert's Archiv für Entscheidungen der obersten Gerichte in den deutschen Staaten	《Seuffert德国各州最高法院判决档案》（期刊）
str.	strittig	有争议的

TestG	Testamentsgesetz	《遗嘱法》
UrhG	Urheberrechtsgesetz	《著作权法》
v.	von	……的
Var.	Variante	(法条中的)不同情况
vgl.	vergleiche	参见
z. B.	zum Beispiel	例如
ZErb	Zeitschrift für die Steuer-und Erbrechtspraxis	《税法与继承法事务杂志》
ZEV	Zeitschrift für Erbrecht und Vermögensfragen	《继承法与财产问题杂志》
ZGB	Zivilgesetzbuch	《瑞士民法典》
ZIP	Zeitschrift für die Internationale Praxis	《国际实务杂志》
ZPO	Zivilprozessordnung	《民事诉讼法》

推荐书目

Ann, *Christoph*/*Kroiß*, *Ludwig*/*Mayer*, *Jörg* (iVm DAV, Bd. hrsg.), NK-BGB, Erbrecht, Band 5: § § 1922–2385, 4. Aufl. Baden-Baden 2014.

Bauer, *Kilian*/*Keim*, *Christopher*/*Weirich*, *Hans-Armin*, Erben und Vererben. Handbuch des Erbrechts und der vorweggenommenen Vermögensnachfolge, 6. Aufl. Herne 2010.

Burandt, *Wolfgang*/*Rojahn*/*Dieter*, Erbrecht, 2. Aufl. München 2014.

Brox, *Hans*/*Walker*, *Wolf-Dietrich*, Erbrecht, 26. Aufl. München 2014.

Crezelius, *Georg*, Unternehmenserbrecht. Erbrecht, Gesellschaftsrecht, Steuerrecht, 2. Aufl. München 2009.

Damrau, *Jürgen*, Praxiskommentar Erbrecht, 3. Aufl. Bonn 2014.

Deutsche Gesellschaft für Erbrechtskunde (Hrsg.), Deutscher Erbrechtskommentar. Kommentar, Beratungshilfen und Muster zu § § 1922–2385 BGB sowie Artikel 25, 26 und 235 EGBGB, Köln usw. 2003.

Eidenmüller, *Horst*, Erbrecht (Fälle und Lösungen nach höchstrichterlichen Entscheidungen), 5. Aufl. Heidelberg 2011.

Frank, *Rainer*/*Helms*, *Tobias*, Erbrecht, 6. Aufl. München 2013.

Frohn, *Peter*, Nachlasswesen, (Rechtspfleger-Studienbücher), 3. Aufl. Bielefeld 2014.

Gursky, *Karl H.*, Erbrecht, 6. Aufl. Heidelberg 2010.

Harder, *Manfred*/*Kroppenberg*, *Inge*, Grundzüge des Erbrechts, 5. Aufl. Neuwied 2002.

Kipp, *Theodor*/*Coing*, *Helmut*, Erbrecht: Ein Lehrbuch, 14. Aufl. Tübingen 1990.

Krug, *Walter*, Erbrecht, 4. Aufl. München 2009.

Lange, *Heinrich*/*Kuchinke*, *Kurt*, Lehrbuch des Erbrechts, 5. Aufl. München 2001.

Leipold, *Dieter*, Erbrecht, 20. Aufl. Tübingen 2014.

Leiß, *Martin*/*Löhnig*, *Martin*, Fälle zum Familien- und Erbrecht, 3. Aufl. München 2015.

Michalski, *Lutz*, BGB-Erbrecht, 4. Aufl. Heidelberg 2010.

Muscheler, *Karlheinz*, Erbrecht, Band I und II, Tübingen 2010.

Olzen，*Dirk*，Erbrecht，4. Aufl. Berlin etc. 2013.

Roth，*Andreas*，Familien- und Erbrecht mit ausgewählten Verfahrensfragen，5. Aufl. Heidelberg 2010.

Röthel，*Anne/Schlüter*，*Wilfried*，Erbrecht，Studienbuch，17. Aufl. München 2015.

Schlüter，*Wilfried*，BGB Erbrecht，（Prüfe Dein Wissen，6），10. Aufl. München 2007.

Simon，*Dietrich/Werner*，*Olaf*，22 Probleme aus dem Familien- und Erbrecht，4. Aufl. Neuwied 2015.

Staudinger，*Julius von/div. Bearbeiter*，Kommentar zum Bürgerlichen Gesetzbuch mit Einführungsgesetz und Nebengesetzen，Buch 5 Erbrecht，§§ 1967－2063（Rechtsstellung des Erben），§§ 2265－2302（Gemeinschaftliches Testament，Erbvertrag），§§ 2303－2345（Pflichtteil，Erbunwürdigkeit），§§ 2346－2385（Erbverzicht，Erbschein，Erbschaftskauf），Neubearbeitung Berlin 2016，2014，2015，2010.

Süß，*Rembert*，Erbrecht in Europa，3. Aufl. Bonn 2015.

Ubert，*Guido/Hochmuth*，*Johannes/Kasper*，*Josef*，Erbrecht，8. Aufl. Sudholt 2011.

一些旧的文献也可以使用，例如：

v. Lübtow，*Ulrich*，Erbrecht－eine systematische Darstellung，2 Halbbände，Berlin 1971 oder *Strohal*，*Emil*，Das Deutsche Erbrecht auf der Grundlage des BGB，3. Aufl. 1903/1904.

法律评注的文献中特别要提到的是：

Damrau，*Jürgen*，Praxiskommentar Erbrecht，3. Aufl. Bonn 2014.

Deutsche Gesellschaft für Erbrechtskunde（Hrsg.），Deutscher Erbrechtskommentar. Kommentar，Beratungshilfen und Muster zu §§ 1922－2385 BGB sowie Artikel 25，26 und 235 EGBGB，bearbeitet von Wolfgang Burandt usw.，Köln/München usw. 2003.

目　录

A. 引论

第 1 章　任务 …… 3
第 2 章　历史概览 …… 5
第 3 章　继承法的替代方案 …… 10
第 4 章　基本概念与原则 …… 13
第 5 章　指定为继承人，继承能力 …… 23
第 6 章　相关规范与适用范围 …… 24
第 7 章　国家的继承权，遗产税 …… 28
第 8 章　继承法的法律规定 …… 34

B. 从继承开始到遗产

第 9 章　遗产程序 …… 39
第 10 章　遗产请求权，《民法典》第 2018 条 …… 48
第 11 章　接受与拒绝遗产 …… 52

C. 法定继承顺序

第 12 章　法定继承顺序的目的 …… 59
第 13 章　亲系继承等级 …… 62
第 14 章　不同顺序的继承权 …… 65
第 15 章　非婚生子女的继承权 …… 68
第 16 章　在世的配偶的继承权 …… 70
第 17 章　其他的继承权 …… 74
第 18 章　特留份权 …… 75

D. 意定继承顺序

第 19 章　引论 …… 87

第 20 章　遗嘱的一般前提 …… 96

第 21 章　其他种类的终意处分 …… 115

第 22 章　遗嘱规定 …… 125

第 23 章　终意处分的解释 …… 145

E. 排除在继承顺序之外

第 24 章　引论 …… 157

第 25 章　放弃继承 …… 158

第 26 章　继承不够格 …… 160

第 27 章　撤销终意处分 …… 162

F. 超越继承的生前行为

第 28 章　引论和后续问题 …… 167

第 29 章　根据《民法典》第 2301 条的区分 …… 171

第 30 章　死后授权 …… 174

第 31 章　《民法典》第 331 条的情况 …… 176

第 32 章　继承法和商法的冲突，继任条款 …… 179

第 33 章　家庭合同 …… 183

G. 继承人在继承人共同体中的地位

第 34 章　继承人共同体 …… 187

第 35 章　遗产分割 …… 190

H. 对遗产的照管和遗产买卖

第 36 章　遗产保佐 …… 199

第 37 章　遗产破产程序 …… 201

第 38 章　遗产管理 …… 203

第 39 章　遗嘱执行 …… 205

第 40 章　遗产买卖 …… 212

I. 继承人的责任

第 41 章　引论 …… 217
第 42 章　确定遗产 …… 220
第 43 章　用竭抗辩 …… 222
第 44 章　法律责任的开始 …… 226
第 45 章　共同继承人的责任 …… 228
第 46 章　遗嘱的形式 …… 232

复习和深化的问题与答案 …… 237
定义 …… 263
章节索引 …… 265
关键词索引 …… 284

细目

Contents

A. 引论

第 1 章　任　务 ······ 3

第 2 章　历史概览 ······ 5

第 3 章　继承法的替代方案 ······ 10

第 4 章　基本概念与原则 ······ 13

第 1 节　遗嘱自由 ······ 13

第 2 节　遗产 ······ 14

一、原则 ······ 14

二、高度人身性的权利 ······ 16

三、数字遗产 ······ 17

第 3 节　原则 ······ 19

一、概括继承 ······ 19

二、立即继承顺序 ······ 20

三、自主取得 ······ 21

第 5 章　指定为继承人，继承能力 ······ 23

第 6 章　相关规范与适用范围 ······ 24

第 1 节　相关法律 ······ 24

第 2 节　适用范围 ······ 26

第 7 章　国家的继承权，遗产税 ······ 28

第 1 节　意义 ······ 28

第 2 节　关于纳税义务的回旋余地 ······ 31

第 8 章　继承法的法律规定 ······ 34

B. 从继承开始到遗产

第9章 遗产程序 ······ 39

第1节 遗产程序的开启 ······ 39

第2节 《家事与非讼事件程序法》规定的程序 ······ 40

第3节 继承证书 ······ 42

一、内容与功能 ······ 42

二、程序 ······ 45

第10章 遗产请求权，《民法典》第2018条 ······ 48

第11章 接受与拒绝遗产 ······ 52

第1节 问题的提出 ······ 52

第2节 拒绝遗产：《民法典》第1942条及以下条文 ······ 53

C. 法定继承顺序

第12章 法定继承顺序的目的 ······ 59

第13章 亲系继承等级 ······ 62

第14章 不同顺序的继承权 ······ 65

第15章 非婚生子女的继承权 ······ 68

第16章 在世的配偶的继承权 ······ 70

第17章 其他的继承权 ······ 74

第18章 特留份权 ······ 75

第1节 引论 ······ 75

第2节 特留份权利人 ······ 77

第3节 特留份请求权的前提 ······ 77

第4节 请求权的性质 ······ 78

第5节 请求权的内容 ······ 79

第6节 特留份补足请求权 ······ 81

第7节 特留份的剥夺 ······ 82

D. 意定继承顺序

第19章 引 论 ······ 87

第1节 遗嘱权利的意义和任务 ······ 87

第2节 遗嘱自由的功能 ······ 91

第3节 亲属的继承权？ ······ 93

第20章 遗嘱的一般前提 ······ 96

第1节 遗嘱的特征 ······ 96

第 2 节　遗嘱能力 …… 97
第 3 节　遗嘱形式 …… 100
一、私人书面遗嘱 …… 100
二、公开遗嘱 …… 102
三、紧急情况下的遗嘱形式 …… 103
第 4 节　遗嘱的撤回 …… 104
第 5 节　高度人身性 …… 105
第 6 节　违反善良风俗的终意处分 …… 108
第 21 章　其他种类的终意处分 …… 115
第 1 节　共同遗嘱 …… 115
一、适用范围 …… 115
二、形式上的简化 …… 116
三、分离和统一原则 …… 116
四、相互依存的处分 …… 118
五、特殊的无效原因 …… 120
第 2 节　继承协议 …… 120
一、适用范围 …… 120
二、规避行为 …… 121
三、前提条件 …… 122
四、约束力的界限 …… 123
第 22 章　遗嘱规定 …… 125
第 1 节　继承人的指定 …… 125
一、指定与继承比例 …… 125
二、一位继承人出缺：替补继承人、后位继承人、份额的增加 …… 127
三、前位和后位继承 …… 128
第 2 节　遗赠 …… 136
一、功能 …… 136
二、区分 …… 137
三、先取遗赠 …… 137
四、前提 …… 138
五、债权 …… 138
六、继承人的责任 …… 139
七、遗赠的不同种类 …… 140
八、遗赠和指定继承人的区分 …… 140
第 3 节　负担 …… 141
第 4 节　遗嘱的其他可能的内容 …… 142
第 23 章　终意处分的解释 …… 145
第 1 节　引论 …… 145
第 2 节　真实意思的查明 …… 147

第3节 解释规则和法定推定 …… 149
第4节 补充解释 …… 150
第5节 后来的意思改变 …… 151
第6节 解释协议 …… 152

E. 排除在继承顺序之外

第24章 引 论 …… 157
第25章 放弃继承 …… 158
第26章 继承不够格 …… 160
第27章 撤销终意处分 …… 162

F. 超越继承的生前行为

第28章 引论和后续问题 …… 167
第1节 引论 …… 167
第2节 与特留份补足请求权的关系 …… 169
第29章 根据《民法典》第2301条的区分 …… 171
第30章 死后授权 …… 174
第31章 《民法典》第331条的情况 …… 176
第32章 继承法和商法的冲突，继任条款 …… 179
第33章 家庭合同 …… 183

G. 继承人在继承人共同体中的地位

第34章 继承人共同体 …… 187
第35章 遗产分割 …… 190
第1节 内容与时间点 …… 190
第2节 分割程序 …… 191
一、分割指示 …… 191
二、均衡 …… 192
第3节 分割的执行 …… 194

H. 对遗产的照管和遗产买卖

第36章 遗产保佐 …… 199
第37章 遗产破产程序 …… 201
第38章 遗产管理 …… 203
第39章 遗嘱执行 …… 205
第1节 引论 …… 205

第 2 节 职务的任命和期限 …… 206
第 3 节 任务 …… 208
第 4 节 权限 …… 209
第 5 节 义务 …… 209
第 6 节 公司份额中的遗嘱执行 …… 210
第 40 章 遗产买卖 …… 212

I. 继承人的责任

第 41 章 引 论 …… 217
第 42 章 确定遗产 …… 220
第 43 章 用竭抗辩 …… 222
第 44 章 法律责任的开始 …… 226
第 45 章 共同继承人的责任 …… 228
第 1 节 遗产分割之前 …… 228
第 2 节 遗产分割之后 …… 229
第 46 章 遗嘱的形式 …… 232
第 1 节 遗嘱的其他选择 …… 232
第 2 节 法定继承顺序的优点? …… 233
第 3 节 遗嘱能力 …… 233
第 4 节 特留份权 …… 234
第 5 节 查明被继承人的意愿 …… 234
第 6 节 终意处分的类型 …… 234
第 7 节 形式选择 …… 235
第 8 节 法律状态与事实情况的可能的变化 …… 235
第 9 节 形式 …… 235

复习和深化的问题与答案 …… 237
定 义 …… 263
章节索引 …… 265
关键词索引 …… 284

A. 引论

第1章 任务

继承法针对的是死后的情况。它帮助死者的亲属进行遗产分割。但是在此之前它已经可以供被继承人使用，从而规定遗产的分割以及防止出现不清楚的情况。 1

它与《民法典》的其他各编存在共同点：和物权法一样，在继承人看来，这涉及的是物的取得问题；和家庭法一样，此处与家庭的关系可能变得紧张；对于立遗嘱人来说，这是其对财产的私法自治的分配，如同债法一般。因此，继承法尤其经常要和家庭法和物权法一起阐述。但是《民法典》却将这些内容规定成了五编，而最后一编就是“最后之事之法”。

和《民法典》的其他各编一样，基本自由的原则贯穿于继承法的始终。如同总论部分规定了结社自由或者以人的普遍平等和自由为出发点，债法的基础就是私法自治，物权法承认财产自由以及家庭法承认婚姻自由，继承法以遗嘱自由为基础。所以就很清楚了，继承法的目的不只是分割遗产，也以让与一项（生前的）自由权利为目的。这甚至是更加重要的，比如法定继承权在罗马法中始终被称为“（无遗嘱）法定继承权”（Intestaterbrecht），从而表现为遗嘱规定的例外情况。也就是说，继承法的目的一方面在于调节终意处分的设立并且协助解释，另一方面规制被继承人死亡后其遗产的分割。 2

从某种意义说，继承法是私法的圆满结束。这并非因为在德国《民法典》中的体系位置，而是从其内容上即可得出来的结论。 3

- 第一，只有具备了对所有其他民法内容的良好的基础知识之后，才能理解继承法：遗嘱是一种单方意思表示，必须根据《民法典》第133条来解释；遗赠是一项针对继承人的债权请求权，所以涉及债法；对于所有权人和占有人之间的关系的继承请求权以及对法定继承顺位起决定性作用的血缘关系都规定在家庭法中。所以，继承法重复并且加深了对《民法典》其他各编的理解。

- 第二，尽管实际关系已经发生变化，但还要尽力得到一种依然符合被继承人意愿的结果，出于这一目的而解释终意处分是一个巨大的挑战。继承法领域要求法律工作者进行解释的主要技巧在其他领域是很少需要的，在这里，人们可以甚至必须特别灵活且具有创造性地解释。在处理遗嘱问题中所收获的能力有助于在其他所有领域中辨认出解释的可能。物和人之间的联系永远只是暂时的。死亡无论如何都会结束这种关系。《民法典》前四编首先适用于取得，而继承法则主要用于确保遗产有意义的转让。

第2章

历史概览

案例： 立遗嘱人在1925年订立的遗嘱中规定，继承人必须满足其家族数百年来已经满足的前提条件，并且正确地指出了这些条件。在后位继承的情况下，该遗嘱现在依然可以使用。其中所列的涉及《民法典》生效之前的规定是否依然发挥作用？

继承法所有领域的发展都是极其缓慢的，很可能是因为社会的思想状态对其有着非常强烈的影响。[①] 现行有效的法律反映的是过去的经验。因此，历史对于理解继承法的规定非常具有启发意义。此外，直至今日仍然大量使用历史经验——现在用严重限缩和误导性的方式——来论证，所以历史常识本身与当前的政治讨论也有关联。 1

罗马法为支配遗产的可能提供了重要的意义。其实，一家之主，即家庭中的父亲，不仅支配整个家庭的土地和奴隶，实际上还包括了政治权力以及在国家中取得一定地位的可能。作为一家之主的父亲会将职责托付给根据继承顺位可以进入国家栋梁人物圈子的人。在奥古斯都（Augustus）之后一百多年的时间里，罗马帝国的领袖传承着对于收养以及家庭法和继承法的高明的运用。这项政策也在家庭和遗嘱中有所反映。此时，一家之主不得随意、完全违背出身地订立遗嘱。实际上，他受到当时的道德理念的约束。除此之外，不允许任何东西减损他的选择自由。因此，家庭内部分配财产的继承协议也被认为违反善良风俗。

在日耳曼统治者的法律中只能找到意定继承顺序的不成熟的雏形。直至近代，欧洲的贵族家庭中还特别盛行这样一种观点，即财产不只属于个人，而是整个家族。即使是由一个人管理的，他也不能自由地支配。他生前必须为了家族的利益而筹集资金，也不能随意订立遗嘱，而是有义务按照“财富如血液般流淌”的格言在家族内部转移财产。然而，(被继承人) 可以通过“特别继承”的方式将特殊标的物从财产中分离出来，只传给某个人。比如，长子可以得到其父亲的武器装备，不 2

① *Jens Beckert*, Unverdientes Vermögen Soziologie des Erbrechts, 2004, S. 101, 323 ff.

论其他财产如何处置。

与此相反，尤其是教会，试图对至少一部分财产实施自由的终意处分。② 比如通过虚构，说耶稣具有一个孩子的身份，从而灌输这样一种想法，即立遗嘱者无论如何要将其财产的一部分，即“灵魂份额”，留给教会。③ 另外一种方法是，对家族财产的每一次支配不能仅仅由家族中的男人们来决定，还要征得继承人的同意（继承人同意），从而排除继承开始后他们的异议。

为了聚集大量的家庭财富，当时将全部家产结合起来是很重要的。根据城邦国家的模式，财产在死后不应当被分割和减少，相反，所有的兄弟姐妹和各代人都应当一起为扩大家族财富做贡献。因为一个家族越富有，其声望（“显赫的家族”）和权势就越大，每一个家族成员在社会中获得财富、政治权力和声望的可能性也就越大。

通过遗嘱条款的规定，尤其是通过“家产信托（Familienfideikommiss）”的方式，可以设立一个自有的组织形式，由此将家族财产和继承人的个人财产区分开。一家之主虽然可以对家族财产进行使用和收益；但是全部遗产必须投入家族并且转让给下一代，以此来防止债权人的干预。然而这一义务给家族造成了沉重的负担，所以这种形式被尽可能地避免。

3 接近18世纪的时候，由于政治和经济的原因，这种贵族阶层的继承法遭受了猛烈的批判。一方面，人们将有权势的贵族家庭视为国家权力的威胁；应当通过使公民更加平等而加强中央权力。另一方面，这种再也不转让且因此持续抽空市场的财富积累方式被人们视为国民经济的一种威胁，因为国民经济遭受了数个世纪的财富匮乏后必将“干枯”。因此，法国大革命彻底清除了家产信托，虽然不持久，但是规定了在法定继承人之间分配财产。当时，如果被继承人有孩子的话，那么他只能对其遗产的很小的比例订立遗嘱，大约十分之一。

尤其在法国著名的自由派人士亚历西斯·德·托克维尔（Alexis de Tocqueville）（1805—1859）对民主制的美国的描写中，明确指出了民主制度的继承法和贵族政治的继承法之间的区别。④ 平等的政治参与要求分割遗产，而不是将遗产

---

② 关于继承的教会裁决，参见 *David von Mayenburg*, „Laudabilis usus“ oder „detestabilis consuetudo“ -Mortuaria und andere Abgaben von Todes wegen aus der Perspektive des Kirchenrechts, in: O. Condorelli u. a.（Hg.），Der Einfluss der Kanonistik auf die europäische Rechtskultur，Band 1，2009，337 - 338。

③ Genauer *Jan Hallebeek*, Dispositions *ad pias causas* in Gratian's Decretum: Should the *Portio Christi* be Restricted to a Child's Share?，in R. Zimmermann（Hg.），Der Einfluss religiöser Vorstellungen auf die Entwicklung des Erbrechts，2012，S. 79 - 102.

④ Alexis de Tocqueville, Über die Demokratie in Amerika（zuerst 1835/40），übersetzt v. Hans Zbinden，2. Aufl. 1984，S. 686 f. “因为在贵族家庭中，最年长的儿子继承了最大部分的财产和几乎所有的权利，他将会成为首领并且一定程度上成为他的弟弟们的主人。他理应得到成就和权利，而他们则只能沦为平庸和附属。但是却不能错误地认为，贵族人群中最年长者的特权只对他有利且这只会在其周边引起嫉妒和仇恨。

最年长者通常尽力使其弟弟们得到财产和权利，因为这代表了家族的整体荣誉。较年轻的人则寻找各种方式来减轻最年长者的负担，因为家族领袖的成就与权利始终持续地推动着家族中的所有后辈。此时贵族家庭中的不同成员被非常紧密地结合在一起；因而构成了利益与精神的共同体，但是很少形成一致的心意。

民主制度也将兄弟们结合在一起；但是通过另外一种方式。在民主制度的法律中，孩子们是完全平等的，因此也是各自独立的；没有什么会强行将他们聚在一起，但也没有什么会使他们相互分离；……．也就是说，民主制度不是通过利益，而是通过共同的记忆和自由的观念和倾向的一致性而将兄弟们团结在一起。他们分割遗产，但是他们心意相通。”

捆绑在一起。

4 19 世纪上半叶，强大的自由主义理论导致德国的大量法律中都采纳遗嘱自由为继承法的原则。但与此同时，贵族家庭保留了一项特权。继承法的构造也成为当时德意志各邦国政治讨论中一个重要的争议点。

编纂《民法典》时，德国适用差别巨大的继承法体系：一部分是包含遗嘱自由的罗马法，一部分是另一种制度，包含全部财产或者至少一定份额财产归于家庭的想法。在其他的争论点⑤中，《民法典》的不同草案也必须找到共同的解决方案。戈特弗里德·冯·施密特（Gottfried von Schmitt）1878 年提交了部分草案，其中的很大部分都得到了第一委员会的注意。他因为文稿的语言和逻辑的一致而受到赞扬，但政治上的决定却受到了不同方式的猛烈批判。这一草案原则上遵循了自由主义的模式。遗嘱自由成为意定继承法的一般原则。

奥托·冯·基尔克（Otto von Gierke）（1841—1921）认为允许遗嘱自由是一个错误。他批评新继承法是“自由派市民阶层的等级法律”，给个人提供了太多自由。因此，统一的家庭经济没有得到足够的保护。⑥ 而他希望通过扩大不可剥夺的继承人地位来实现其社会保护的想法。安东·门格尔（Anton Menger）（1841—1906）注意到《民法典》中保存了不同理念之间的冲突，它们之间的异质性被遗嘱自由掩盖了。⑦ 一方面要在全部遗产中给最亲密的家庭亲属留下强制份额（特留份），另一方面允许贵族制度的家产信托继续存在。《民法典》限定于规制一般民法，其不希望包含涉及贵族的法律。门格尔的想法直到 1919 年魏玛帝国宪法的接替才得以实现。《魏玛宪法》第 155 条规定，通过后续的各州法律废除家产信托和类似的形式。这些直到 20 世纪 50 年代才被颁布。

5 门格尔一直坚持这样的观点，这种清除继承法的“友好的想法”是毫无意义的，因为其对于保持财产来说是必不可少的。对此，1917 年在俄国进行了这样的实验。但是那里废除继承法的举措表明，除了逐步将财产转移为国家财产外，各个市场都迅速崩溃，经济因此受到了严重的损害，以至于废除继承法的行为很快就被修正了。在帝国层面，1906 年引入了遗产税⑧，由此帝国无论如何都可以从德国的遗产中获得利益。1907 年和 1912 年，有人试图在（被继承人）只有远亲的情况下扩大国家的继承权，但是未果。

6 纳粹时期发生了巨大的变化。继承法也被用来歧视犹太人，比如通过 1937 年 11 月 5 日的《因违反集体行为而限制继承权法》，被取消公民权的犹太人被宣布为没有继承能力。1933 年之后，《民法典》第 138 条第 1 款被越来越多地用于宣布政

---

⑤ 关于全部争论点，参见 *Rainer Schröder*，Abschaffung oder Reform des Erbrechts? Die Begründung einer Entscheidung des BGB-Gesetzgebers im Kontext sozialer，ökonomischer und philosophischer Zeitströmungen，1981。

⑥ *Otto von Gierke*，Die soziale Aufgabe des Privatrechts，1948，S. 29 f.

⑦ *Anton Menger*，Das Bürgerliche Recht und die besitzlosen Volksklassen，5 Aufl. 1927，S. 14.

⑧ *Clemens Wischermann*，Die Erbschaftssteuer im Kaiserreich und in der Weimarer Republik Finanzprinzip versus Familienprinzip，in Eckart Schremmer（Hrsg.），Steuern，Abgaben und Dienste vom Mittelalter bis zur Gegenwart，1994，S. 171 - 196.

治上不受欢迎的死因处分是无效的。1938年另外制定了《遗嘱法》，在第48条第2款中延伸了这种方法[⑨]：

"一项死因处分，如果以与健康的国民感情严重不符的方式违反了富有责任感的立遗嘱者对于家庭和国民共同体所应尽的考虑义务，则无效。"

在1944年的一个判决中，随着这一观点的发展，最终要在立遗嘱者周围寻找一个人作为继承人，该人根据法院的观点立刻保证会为了国民共同体成功地经营企业。[⑩] 1944年10月4日的《关于规定特殊案件中继承顺位的条例》（Verordnung zur Regelung der Erbfolge in besonderen Fällen）中规定，在所有法定继承顺序案件中，法官应当有权自由处置遗产。

7 1945年之后，对家庭的保护在联邦德国的判决中首先被强调，结果维持了《民法典》第138条第1款的广泛适用。1997年完成了完全平等对待非婚生和婚生子女的最后一步。对于在1949年7月1日前出生的继承人的旧案件，欧洲人权法院认定侵害了《欧洲人权公约》。[⑪] 由于信赖保护的需要，所以非婚生和婚生子女应当平等作为被继承人的法定继承人的情况只适用于2009年5月28日之后开始的继承。[⑫] 但是至今为止很少有欧洲法入侵继承法的内容，且主要通过与总论部分的问题的联系来确认。

在德国会周期性地发生争论，关于是否必须保证亲密的家庭亲属一项特别的继承权，即特留份。[⑬] 随着劳动法和社会法的制定，继承法丧失了很多原有的在家庭保障方面的功能。在大多数案件中，通过个人的劳动贡献而积累的退休金或者养老金请求权代替了财产和债权成为财富的基础。在因疾病或者年老而失去劳动能力的情况下，需求会通过社会国的给付而得到满足。[⑭] 与此相反，新自由主义经济的理论再次强调大规模财富的必要性，财富所有者的死亡会对其造成威胁，因为必要的遗产分割会破坏财产。[⑮] 因此，那些基础性的问题会慢慢地被重新开启。

通过继承法的帮助而获得的价值是巨大的；在过去的几十年间，估值不断增加。人们认为，在此期间每年有4 000亿欧元被继承。[⑯] 2015年至2020年间，预计

---

⑨ 1938年7月31日的《遗嘱法》第48条第2款，被1946年10月31日的《管制委员会法》第37项废除。

⑩ RG 25. 2. 1944-IV 155/43，DR 1944，494 ff.

关于引用方式的意见：因为在继承法中，恰巧很多很老的判决都非常重要，此处不应该使用常用的缩写形式，而应该保持学术上正确的判决引用方式，即标明日期与主管的审判庭并且简述判决的背景。通过写明文件登记号，可以避免任何混淆的发生。

⑪ EGMR 28. 05. 2009 - 3545/04，NJW RR 2009，1603.

⑫ 对于此前的继承案件，见 *Dieter Leipold*，Auswirkungen der EGMR-Entscheidung Fabris gegen Frankreich auf das deutsche Nichtehelichen Erbrecht，ZEV 2014，449 - 455。

⑬ Zuletzt BVerfG 19. 4. 2005 - 1 BvR 1644/00，1 BvR 188/03，NJW 2005，1561 - 1567. dazu *Stephan Stüber*，BVerfG zum Pflichtteilsrecht：Kein Beitrag zu mehr Klarheit，NJW 2005，2122 - 2124.

⑭ Dazu *Maximilian Fuchs*，Zivilrecht und Sozialrecht，1992，S. 347.

⑮ *David Friedman*，Der ökonomische Code，1999，S. 342.

⑯ Vgl. Der Spiegel vom 15. 7. 2017.

德国会有总额达到 3.1 万亿欧元的遗产。[17] 到 2024 年，单是被继承的不动产的价值就应当高达 6 640 亿欧元。但是财富的分配非常不均衡，尤其是东西德之间。这些事实印证了那句格言："联邦德国的财富不是被创造的，而是被继承的。"由此可以明确表现出继承法在政治上的重要性，而且继承法本身也越来越多地受到质疑。[18]

鉴于其数额，人们必须承认，继承法的实际意义是巨大的。[19] 20 世纪 80 年代以前，繁荣的联邦共和制社会国引起了这样一种期待，即国家在任何情况下都可以帮助人们摆脱经济上的困境，以至于通过遗产进行私人的预防措施既非必要，也不公平。可能人们也不能接受，家庭内部的财产属于过去。但是，在此期间建立的私人预防措施的资助和养老保险表明，对国家来说，个人财产及其在家庭内部的转让继续维持着核心的作用。因此，继承的财产继续保持其养老保险的作用，并且也可以用作人事环境中紧急情况下的储备金。人们不应该忘记俄国革命的经验，保障家庭的可能完全就是追求利益的一个决定性因素。留下了遗产的人，首先必须放弃消费，再做出团结的行为。[20] 如今大骂遗产的人，也必须同样对待赠与和家庭内部的资助。这一宣传忘记了，"冷冰冰"的财产充当了家庭存在的基础，家庭内部的遗产也用于实现据说通过限制遗产而应当达到的均衡。大多数的煽动会暴露出无思想宣传的本质，只有当家庭对于普遍平等的全部影响都被排除之后，它们才有可能是合乎逻辑的。德意志民主共和国从来没有做到过，而且只要适用基本法，这当然就不可能。

答案：《民法典》创造了一个框架，在此之中给被继承人建立了自由塑造的空间。只要终意处分与德国的法律和价值秩序相一致，旧的规定在现今的案件中依然非常重要。

---

[17] Vgl. Studie des Deutschen Instituts für Altervorsorge (DIA), "Erben in Deutschland 2015 – 24: Volumen, Verteilung und Verwendung".

[18] *Stefan Willer/Siegrid Weigel/Brenhard Jussen*, Erbe, Erbschaft, Vererbung: Eine aktuelle Problemlage und ihr historischer Index, in dies (Hg.), Erbe. Übertragungskonzepte zwischen Natur und Kultur, 2013, S. 7 – 36, besonders 28 f.

[19] Vgl. *Rainer Schröder*, Der Funktionsverlust des bürgerlichen Erbrechts, in Heinz Mohnhaupt (Hrsg.), Zur Geschichte des Familien-und Erbrechts. Politische Implikationen und Perspektiven (= Ius Commune, Sonderband 29), 1987, S. 281 – 294.

[20] *Jürgen Kaube*, Oma ihr klein Häuschen, FAZ vom 8. 2. 2015.

第3章 继承法的替代方案

案例：富有的单身汉E不确定，在他死后是否会完全按照他的意愿分配和使用他的财产。因此，他更倾向于让其在生前就能产生影响的解决办法。对他有什么建议？

1 被继承人的财产在其死后并不一定要进行继承法上的分割，也可以用作他途。除了安东·门格尔已经提出的国家没收财产从而进行重新分配的可能之外，主要还有两种选择：将钱转移给基金会或者生前赠与。

基金会法受到普遍的欢迎，2002年9月1日对其进行资助的规定有所改变。[21]首先要明确的是，根据《民法典》第80条第2款、第81条，只要基金会的目的不危害公共利益且满足捐赠行为的形式要求，就必须赋予其要求认可基金会的请求权。此外，基金会的结构必须显示出稳定的承受能力，因为经过认可的基金会就具有权利能力，这是不能再被剥夺的。根据其理念，它是永存的，事实上也有大概超过500家存续超过500年的慈善和家庭基金会。[22]

2 如果要进行财产转移，则原则最晚在被继承人死亡之时必须存在法人。但是基金会的一个特别之处在于，它们根据《民法典》第84条可以在继承开始之后才成立或者被认可。《民法典》第83条第2句是一项教义学的革新，据此，不符合条件的捐赠行为可以根据基金会主管机关的自主意见进行补充。这无疑是一项形式上的简化，在捐赠行为被拒绝而要重新提起之前，只要补充是完全可能的，就可以通过明显的规定而补充不完整的捐赠行为。但是因为主管机关的补充权限的界限并不明晰，所以这一条在这方面并不成功；根据主管官员和政府的喜好而以“被继承人的意思”进行创造性补充也被大开方便之门。新的规定令人不愉快地回忆起之前1944

㉑ Vgl. *Bernd Andrick/Joachim Suerbaum*, Das Gesetz zur Modernisierung des Stiftungsrechts, NJW 2002, 2905-2910; *Andreas Schluter/Stefan Stolte*, Stiftungsrecht Formen und Errichtung, Stiftungsaufsicht, Verwaltung, Besteuerung, Internationales Stiftungsrecht, 2. Aufl, 2013.

㉒ *Eugen Hillenband*, „So schöne Stiftungen aus der frommen Vergangenheit", in ders., Vom Hospital zum Weingut, 2000, S. 10-21, 23.

年 10 月 4 日《关于规定特殊案件中继承顺位的命令》中巨大的裁量空间，这从捐赠人意愿的角度来看可能是危险的。

除了设立独立的、具有权利能力的基金会的情况之外，还有不具有权利能力的非独立的基金会。这指的是根据信托合同的原则而管理的信托财产。它不受国家的监管，不需要国家的许可。因为用小额资产都可以使之成立，所以实际上它是基金会最常见的情况。这要与捐赠相区分。通过捐赠使一个现存的基金会得到其他财产。这种情况主要出现于已经存在的基金会的创始人死后将剩余财产转移给基金会，或者第三人愿意资助基金会并且完全可以确定特殊的责任范围。 3

将财产转移给基金会来完成设立是一个过程，这根据《遗产税法》第 7 条第 1 款第 8 项是必须缴纳赠与税的。但是在这当中，对公益性组织的捐赠根据《遗产税法》第 13 条第 1 款第 16 项是免税的。只要基金会的财产属于家庭基金会，则根据《遗产税法》第 1 条第 1 款第 4 项依然要缴纳遗产税。财产要一次性完全缴纳全部 30 年的税。这样做的理论在于，转移给基金会的家庭财产也应该在每一代都纳一次税。通过《遗产税法》第 29 条第 1 款第 4 项鼓励将财产转交给公益性组织。只转交金钱的人，免税。 4

生前赠与如果是考虑到死亡而进行的处分，那么尤其牵涉继承法。《遗产税法》通过规定死亡之前 10 年内的赠与均需缴纳遗产税，即与遗产份额一起纳税，从而试图禁止这种规避。但是拥有大量财产的人可以尝试，充分利用免税额度来不停地转移财产份额。 5

以死亡为条件的赠与（与继承法）的关系更加紧密。但是关于死后赠与有一个问题，即其作为规避手段是否不一定受制于继承法的规定（对此参见第 28 章）。对于《民法典》第 330 条及其后条文所规定的死亡之后的给付的行为，同样需要阐明这一问题。

在英国和其他地方，信托（Trust）被用作继承权的备选方案。财产被转移给法定的（*at law*）财产受托人，而另外一个人才是真正的权利人（*equitable owner*）。财产受托人（*trustees*）根据指示被指定，就像为了受惠人（*beneficiary*）的利益而处理这笔财产。最多 30 年后，这项信托将被解散。信托的财产并不在其创设者的遗产之中；这样，人们可以更好地分配与保全财产。但问题是，人们如何才能将这项盎格鲁撒克逊的精细方法引入德国的（财产）关系中。 6

对此，一个方法是立法未规定的信托（Treuhand）*，它可以通过多种方式来构建：财产受托人可以直接成为代理人，或者将财产转让给财产受托人且财产受托人通过协议与委托人仅存在债的关系。㉓此外可以考虑在国外或根据外国法设立信

* 这一段中的 Treuhand 特指德国的信托，要与上一段中英国的信托（Trust）相区分。——译者注

㉓ Klassisch *Helmut Coing*, Die Treuhand kraft privaten Rechtsgeschäfts, 1973, S. 38; rechtsvergleichend *Richard H. Heimholz/Reinhard Zimmermann* (Hrsg.), Itinera Fiduciae. Trust and Treuhand in Historical Perspektive (= Comparative Studies in Continental and Anglo-American Legal History, 19), 1998.

托，尤其是在避税区根西岛和泽西岛引入了信托之后。[24]

答案： 如果不允许设立英国的信托且安排德国式的信托可能不安全，那么首先推荐成立基金会来解决E的问题。但是根据《民法典》第80条第2款，要求基金会财产要足够实现成立基金会的目的；对此需要注意的是基金会监管的任务。此外要求生前设立，即E死前已经与基金会资产相分离且转移给了基金会。但是，如果设立了相应的组织，那么他在基金会内部可以参与决定财产的使用。

---

[24] *Malte Schindheim/Klaus Stein*，Der trust im deutschen Erbschaft- und Schenkungsteuerrecht，Arbeitspapier [http：//www. jura. uni-frankfurt. de/43029688/paper59. pdf. zuletzt 26. 06. 2018]，mit weiterer Literatur Fn. 1.

第4章 基本概念与原则

第1节 遗嘱自由

问题：遗嘱自由的作用是什么？

继承法在原则上是任意法。历史概览表明，在联邦德国有两种方式成为继承 1
人：一种是法律确定继承顺序，在家庭成员之间分割遗产；另一种可能是终意处分。这时继承顺序被“意定”，就其而言取决于被继承人的自由意志。死因处分有不同的形式。

首先存在单方处分：继受法国法后，德国的被继承人自己可以拟定一份“遗 2
嘱”。他可以接受公证员的建议并且通过公证形式来增强法律安定性。但是也存在夫妻拟定“共同遗嘱”的可能性；他们在一个文件中共同确定财产的处分。根据《生活伴侣法》第10条第4款，这也适用于经过登记的同性伴侣。共同遗嘱也属于单方处分，即夫妻二人的。由于可能出现的变化关系，继承法只允许这种特殊形式，将两份遗嘱在空间上合并在一份文书上。

此外也有可能出现协议的死因处分，即“继承协议”，这尤其在大家庭或者并未结婚的伴侣间会被用到。

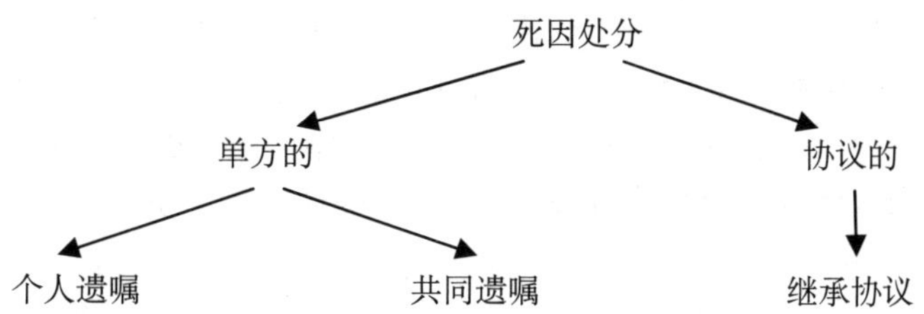

前面已经说明罗马法为何拒绝继承协议（参见第2章边码1）。所以在今天的意

大利法中，依然拒绝继承协议以及共同遗嘱；根据《意大利民法典》第458条、第589条，终意处分中仅有遗嘱可供使用。也就是说，在欧洲的法律规定中，继承协议绝不是理所当然的。这意味着，在外国认可和执行继承协议可能会产生问题。如果在一个（未来的）涉外案件中考虑用继承协议作为终意处分，无论如何都要考虑到这一点。

3 如果没有有效的终意处分，才适用《民法典》规定的法定继承顺序。遗产将根据《民法典》第1922条及其后条文的法律规定进行分配。如果遗嘱中存在明显的漏洞，也适用法定继承顺序。比如只规定交付一小部分钱给一位朋友，而其他遗产不予分配。罗马法已经将这种继承顺序称为无遗嘱法定继承权，其主要标志就是没有终意处分。也就是说，被继承人订立遗嘱的意愿优先于法定继承顺序。

4 《民法典》原则上允许根据被继承人的意愿来确定继承顺序，但是也列举了几个限制：

（1）在意定继承顺序的情况下，被继承人必须遵守规定的形式。

（2）被继承人不得排除国家通过遗产税的形式分享遗产。

（3）在特殊情况下，可以对被继承人所规定的继承顺序进行内容上的修正。这只在一般条款中有所说明：在违反善良风俗的情况下，内容构成上的缺陷可能导致终意处分的无效。

（4）在内容上对遗嘱自由最重要的限制是特留份权。根据《民法典》第2303条，没有成为继承人的家庭亲属有权要求其法定继承份额一半的遗产份额，即所谓的特留份。由此可以明确，这是针对继承人的一项债权金钱请求权。特留份权利人并非继承人。

答案：遗嘱自由保护财产，（在被继承人）死亡情况下允许对其再进行一次自由处分。

第2节　遗产

一、原则

5 遗嘱自由的对立面是对全部财产的责任以及死者的利益。根据《民法典》第1922条第1款，被继承人的财产成为遗产。对此已经明确，资产和负债都属于“遗产”（参见《民法典》第1975条）。Nachlass和Erbschaft两个词指的都是被继承人留下的所有东西。第一委员会的立法者当时希望使用“财产”的概念而不新造实质性的概念，但只是为了明确，被继承人不一定要有财产才能引起继承事件的发生：流浪汉也有遗产，即使只是他的衣服。人们由此可以看出立法者的目的，即不希望区分有财产价值的标的物和有关被继承人的其他利益。根据遗产的价值进行区分是无论如何要拒绝的。

原则上，“所有的东西”都要按照继承顺序来转让。但是也有一些情况，其中这一原则并不可以毫无问题地辨别清楚。经常还要在继承人的（财产性）权利和家庭的非物质性权利间进行区分。比如在遗产买卖中，家庭文书和家庭照片原则上不转让给买方，而是根据《民法典》第 2373 条第 2 句归家庭所有。《民法典》第 2047 条第 2 款规定，与被继承人的个人有关的文书不在继承人之间进行分配，而是归继承人共同所有。在这些情况中可以假定，只分割财产，但是家庭的事务应当继续保持。但是被继承人当然也可以决定如何处理这些家庭文书：他可以把它们扔掉或者给予第三人。另外继承人也必须决定，哪些东西值得保留或者哪些东西必须被清除。亲属没有权利率先将个人物品从财产或者遗产中挑出去。这并不取决于，某物是否有价值：继承人可以将银制餐具扔掉，但是因为感情原因而保留一条餐巾。继承人作为权利继受人，只有权决定该如何处理这些标的物。对此，他可能要受死者的指示的引导。

被继承人可以全面规定他的事务。他可以决定，应当如何处理他的财产或者遗体，以及另外还应当做什么来保护他的利益。即使这项意愿是非正式作出的，也应当予以注意。对遗体的处理一方面是公开的葬礼与墓地法的问题。盗取遗体上的金牙符合《刑法典》第 168 条规定的破坏死者安宁的犯罪构成要件。㉕ 但是另一方面，从民法角度来说，遗体不能是无主的。㉖ 争论之处仅在于，谁享有处置权。如果被继承人对此没有进行处分，从婚姻和亲属关系中无疑可以得出照管的义务。但是他的继承人如果不是其家庭成员，也有此项义务。根据习惯法，其家庭享有优先权，相反人们可以从财产的继受中得出优先的义务，包括接管葬礼。这也包括如何处理其器官的决定。其中也包括掘尸检验的决定：新的关于了解个人出生来源的权利的讨论。这一重要性，同样因为遗传素质的问题，原则上优先于死者的安宁权，如果推测的父亲已经被埋葬了。㉗

病人查阅病例的权利同样可以被继承。㉘ 亲属可能对于遗传因素有一项——非物质性的——利益，或者家庭之外的继承人希望获知医生的工作，从而可以决定治疗费用。有疑义时，不仅继承人，家属也有查阅病人病例的权利。

有些法律问题与遗产不再相关。随着死亡，长期债务关系也结束了。但是在某人曾与死者共同租住的情况中，如果死者是正式的承租人，则会出现一个问题，即如何可以继续该合同。死者当然由于其死亡而从租房合同中退出。但是对于共同租住人，《民法典》第 563 条及其后条文规定了加入权以及特别的解除权：《民法典》第 563 条第 1 款给予尚在人世的配偶以及生活伴侣以继续该租房合同的权利。根据《民法典》第 563 条第 2 款，这同样适用于与死者在共同家庭中生活的其他家庭亲属。这一租房关系可能牵涉继承人，但并不一定。就这点而言，存在一个继承法之

㉕ BGH（5 StR 71/15）vom 30. 6. 2015，NStZ 2016，92.

㉖ Entgegen Otto Palandt，Bürgerliches Gesetzbuch，77. Auflage，München 2018/Weidlich，§ 1922 Rn. 37.

㉗ BGH（XII ZB 20/14）vom 29. 10. 2015，ZEV 2015，228.

㉘ *Gabriele Müller*，Das Akteneinsichtsrecht des Patienten nach dem Patientenrechtegesetz und seine post mortale Wahrnehmung durch Dritte，ZEV 2014，401 - 404.

外的问题。不受继承法的影响，在纯正为第三人的利益而订立的合同中，根据《民法典》第331条，该第三人有权根据合同获得死亡后的给付，而不是继承人（对此参见第31章）。

6 有疑问的是，权利外观构成是否也可能继承。在消灭时效的情况下，立法者当时在《民法典》第198条中规定被继承人的地位与继承占有的继承人直接衔接。权利外观构成的取得类似于消灭时效中通过占有而让人相信的财产状况，因而这里的继承似乎也是可能的。

同样有疑问的是责任状况（Haftungslage）的继承，比方说被继承人对某财产物进行了某种安排，而可能危害其他人：一个表面上无害的物品被改变，以至于其在不恰当的操作中可能引起严重的损害。如果该物品根据继承顺序成为继承人的财产，那么在导致第三人损害的情况下就出现一个问题，该继承人是否要对此承担责任。此处起决定性作用的也许是危险与物品之间的长期关联，比如说关于土地。作为继承人而希望得到物品的财产利益的人，也必须接受与此相关的风险。只要危害是由物品的状况所引起的，并不是被继承人一开始通过自己的行为而选择的，就要考虑继承。但是关于危害的个人过错不能被继承，而只能是财产之上成立的对物品的责任。

此外，必须同样允许继承人事后改变一项给付的偿还规定，只要这样的改变完全是允许的。

二、高度人身性的权利

7 但是高度人身性的权利不属于遗产：基于亲属关系的权利，如父母照顾并不转让给继承人，而是灭失。父母照顾必须根据法院判决而转移。根据《民法典》第1586条第1款，扶养请求权原则上也随着义务人的死亡而消灭。根据《民法典》第1586条第2款第1句，只有在此之前已经出现的请求权才属于遗产。但是根据《民法典》第1586b条第1款第3句、第2款，对于离婚的配偶存在一处例外，即其必须支配总计等同于特留份的金额。但是根据《民法典》第1586b条第1款第3句，继承人不承担超过特留份金额的责任。

但是一般人格权在个人死后依然存在。以前人们认为，一般人格权在个人死后也灭失了。但是自从联邦宪法法院作出靡菲斯特（Mephisto）判决[29]，我们知道在死者死后也必须尊重其一般人格权。经常有人论证，此时大多并非财产权利，因此实际上不属于遗产且需要一位自己的代理人。这项论证不起作用，因为从对姓名、商标或者肖像权的保护中可能会产生重要的经济利益。[30] 由此逐渐形成了死后人格

---

[29] BVerfG 24. 2. 1971 - 1 BvR 435/68，BVerfG 30. 173（„Mephisto“）；BGH 20. 3. 1968 - I ZR 44/66，BGHZ 50，133. 对于互联网，参见 *Mario Martini*，Digitaler Nachlass und postmortaler Persönlichkeitsschutz im Internet，JZ 2012，1145 - 1155。

[30] 关于此处财产的概念，参见 *Katharina Seidler*，Digitaler Nachlass. Das postmortale Schicksal elektronischer Kommunikation，(Schriften zu deutschen und ausländischen Familien - und Erbrecht，17)，26 ff。

权的可继承性。[31] 这一态度甚至可以持续地决定遗产的价值。被继承人当然可以区分他创作的全部作品和其他遗产，并且将前者委托给一个特别的代理人。然后遗产被相应地分配。如果没有那样的分配，那么我们必须由此认为，被指定的继承人要独立在所有领域作出决定。但如果不存在那样的继承法的规定，那么一般人格权的特殊本质和其他原因都不能说明要从一般遗产中拿出这些权利且特别地分派给特殊的权利人，比如来自家庭的人。当然在个人遗产和其他遗产之间很难划出一条清晰的界线。最终必须像在其他遗产情况下一样，平衡死者和其他人的利益。这是继承人的任务；法律把这一任务只分派给了他。比如被继承人是一位著名的作家，他规定他的日记原则上应当被秘密保存，那么某人在这些年里必须将保密的利益和死者的一般和科学利益进行衡量。只有被继承人任命的人才允许决定其出版和销售。继承人必须在废品和名望、保密和商业机会之间进行衡量。即使所有其他人都认为可以更好地作出这一决定，但是他们并没有被任命。也就是说，如果不是家庭成员，而是一位朋友被任命为继承人或者遗产管理人，其中可能也存在这样的希望，即此人在作出决定时不是根据家庭利益，而是根据死者的标准来决定，无论该标准多么荒诞。[32]

基于概括继承原则，这些权利均属于一般遗产。这并不取决于，是有关物品还是权利以及它们以何种形式而存在。非物质性财产权利不仅在财产权利方面，而且在人身权利的组成部分方面，都转移给继承人或者继承人共同体。这适用于著作权（《著作权法》第 28 条第 1 款、第 70 条）以及专利权（《专利法》第 15 条第 1 句）、实用新型（《实用新型法》第 22 条第 1 句）和外观设计（《外观设计法》第 7 条第 1 款）。被指定为继承人的家庭之外的第三人也有权就这些利益作出决定，如同被确定为“文学遗产的管理人”的那个人一样。幸运的是，马克思·布劳德（Max Brod）没有遵循他的朋友弗兰茨·卡夫卡（Franz Kafka）的指示将遗产全部、不经阅读地烧掉。此处被指定为继承人的第三人决定了什么是值得保留的以及为了保护对死者的思念最好销毁什么，这很好。

三、数字遗产

在“数字遗产”中，财产权利和人身权利也受到混淆。[33] 应当保存或者销毁什么，由继承人独立判断——与价值无关。并不存在一项家庭亲属对于非“财产”权利的独立权利。[34] 只是因为在这里发现了新的需要决定的事项，并不能从中得出适用其他的原则。所以“数字遗产”的概念是误导性的，就这点来说它独立促使产生 8

---

[31] Vgl. BGH 1. 12. 1999 - I ZR 49/97，BGHZ 143，214（„Marlene Dietrich“）；关于法律续造，参见 *Alexander Jung*，Die Vererblichkeit des Allgemeinen Persönlichkeitsrechts，2005，322.

[32] 因此，我认为家庭没有余地进行防御，不同的观点参见 *Stephanie Herzog*，Der digitale Nachlass - ein bisschen kaum gesehenes und häufig missverstandenes Problem，NJW 2013，3745 - 3751，3750。

[33] So LG Berlin，Urt. v. 17. 12. 2015 - 20 O 172/15，DNot Z 2016，537.

[34] So jetzt auch BGH v. 12. 6. 2018 - III ZR 183/17；*Antonia Kutscher*，Der digitale Nachlass，2015，95.

了一些新的、可分开的想法，但是最终也无法被隔离。人们在其他遗产中同样会遇到私人利益与财产的混合，比如关于信件。它们只是一系列新形式的联系和法律关系。所以它们必须要通过一般规则来解决，立法者至少可以准确地抓住这一点。[35]“进入”数字信息也就意味着为了可以查看和改变信息的所有必要的东西。[36] 在数字权利的情况下也可能很难发现其踪迹，尤其当第三人的答复询问权被协议排除之时。对继承人来说，无论如何要在控制一般条款的框架内对其进行修正；此处最多只需要澄清新的答复询问权。[37] 当然一切都会变得简单，如果被继承人自己规定了所有的东西——如联邦政府2015年推荐的一样——且为继承人列出决定性的平台并储存进入数据。

作为权利继受人，继承人获得了死者的权利，因此不再是“其他人”；对其不再适用电信秘密（《电信法》第88条、《刑法典》第206条、《基本法》第10条）。[38] 只有继承人有权利且有义务解除数字服务以及订阅，或者解散网站。这是一项高度人身性的权利，在作者死后归其继承人享有。这排除了第三人的干涉：任何一个人或者近亲属或者提供者或者某个有关当局都无权替死者决定。服务者或者第三人的任何一次干涉都是对遗产的侵害。甚至连法院都没有权利对其作出决定；它们如何能比继承人更好地决定这一问题，而这是从被继承人的人格保护的角度所应当希望的。将决定权转让给法院是一个历史性错误，今天不允许我们再犯。[39] 所以法官不得有选择地同意或者拒绝进入。实际上，根据《电信法》第88条第3款，他们越发侵害了数据的私人属性，当他们将其作为论据来使用，从而有选择地阻止或者拒绝唯一有权的继承人的进入。《电信法》第88条第3款不是为了继承案件而制定的，就这点来说，不是立法者制定的继承法方面的特别法。[40] 和现实世界一样，继承人必须检查所有财产价值和非财产性利益，并决定如何处理：注销主页和电子邮箱账户等网页服务，删除误导的和潜在的可能引起责任的信息，决定为纪念死者而保留哪些东西以及整个网络中的哪些东西必须被销毁。处理域名权或者类似的东西时恰好表明，可能无法保持财产和与财产无关的人身权利之间的区分。所以，对数字遗产进行特别规定或许没有必要。[41]

另外一个问题总是，人们在实践中如何处理这些问题。这里有一系列的推荐[42]，可以让继承人——每当他要负责时——得到必要的关于规定的问题和进入账户的信

---

[35] 对未来立法的一项建议，参见 *Antonia Kutscher*，Der digitale Nachlass (Fn. 34)，167。

[36] KG，Urt. v. 31. 5. 2017 - 21 U 9/16，RNotZ 2017，457.

[37] Vgl. *Michael Thiesen*，Daten in der Erbmasse. Der digitale Nachlass zwischen Erbgang und Rechtsdurchsetzung，(Europäische Hochschulschriften，5954)，2017，13 These 4.

[38] So bereits *Thomas Hoeren*，Der Tod und das Internet，NJW 2005，2113 - 2117，2155；*Florian Deutsch*，Digitales Sterben：Das Erbe im Web 2.0，ZEV 2014，2 - 8；*Anton Steiner/Anna Holzer*，Praktische Empfehlungen zum digitalen Nachlass，ZEV 2015，262 - 266.

[39] 见本书第2章边码6脚注10；另外见本书第19章边码7。

[40] 就这点而言，反对的观点参见KG，Urt. v. 31. 5. 2017 - 21 U 9/16，RNotZ 2017，457。

[41] So auch *Pia Elisa Uhrenbacher*，Digitales Testament und digitaler Nachlass，(Europäische Hochschulschriften，5908)，2017，223，224 f zur Auseinandersetzung über Änderungen im TKG；jetzt auch BGB vom 12. 7. 2018.

[42] *Stephanie Herzog/Matthias Pruns*，Der digitale Nachlass in der Vorsorge- und Erbrechtspraxis，2018，143 ff.

息，尤其是密码。对这些问题存在一条明确的规定比对此保持沉默更有帮助，即使沉默并不阻挡数字遗产中权利的让渡。一项授权，尤其是一项经公证的授权，在证明新的法律地位时有所帮助。

第3节　原则

一、概括继承

问题：祖父留下了一张写字桌，自 1945 年起就在隐藏的抽屉中藏了一支手榴弹。儿子 S 继承了这张写字桌，然而没有发现这个隐藏的抽屉。很多年后，他儿子的一个六岁的朋友发现了这个手榴弹且不加思索地引爆了。S 是否必须对这个自己并不知晓的危害情形承担责任？

9 “继承法（权）”可以通过两种方式来理解。一方面指的是客观意义上的法律内容的规范的总和。另一方面指的是主观意义上继承人关于遗产的权利。这一权利最初并非关乎财产，而是首先仅包括接受或者拒绝遗产的权利。[43]

从前所述中已经可以得出，家庭亲属并不能自动被称为继承人，因为被继承人有权自由订立遗嘱。一位亲属作为继承人的法律地位必须首先被确认。与日常用语不同，子女不能被他们的父母“损耗其遗产”。

被继承人（文献中经常用拉丁语“*de cuius*”来表述）指的是在其死后要进行财产分割的人。正如从《民法典》第 1922 条中所得出的法定定义，他的死亡被称为继承开始。这就已经表明，继承法在第五编一开始就尽力定义基本概念。

10 历史论述已经说明了德国继承法的一个基本原则，即概括继承原则，或者叫整体权利继受原则。[44] 这原则上也包括限制物权，比如占有；但是根据《民法典》第 1061 条、第 1090 条第 2 款对用益物权和受限的人役权则适用例外。遗产作为整体被转让给单个或者多个继承人。不存在对于单个标的物或者权利的继承，如旧德国继承法中儿子对于父亲的武器和弹药的权利（单个权利继承）。继承人分割遗产之前，遗产中的资产和负债根据《民法典》第 2032 条第 1 款作为从继承人的财产中分离出来的特殊财产，归继承人共同体所有。因此在分割之前，所有继承人按比例对总遗产享有权利，对负债按比例承担责任。而根据《民法典》第 2033 条第 1 款第 1 句，共同继承人只有权根据价值得到遗产总额中的一份，也就是每个人应得到一个继承份额。当继承人共同体解散了，财产才会按照继承份额被分割。因此，继

---

[43] *Emil Strohal*, Das deutsche Erbrecht, 2. Aufl, 1901, 22. differenzierter S. 19.

[44] 但是《民法典》的这一原则并不适用于特别继承法，比如说魏玛帝国宪法才规定废除的贵族家庭法。1954 年沃尔夫冈·希伯特（Wolfgang Siebert）在一个类似情况下再一次建议进行突破，并且广泛地贯彻执行。*Wolfgang Siebert*, Gesellschaftsvertrag und Erbrecht bei der Offenen Handelsgesellschaft, 1. Aufl. 1954, 17 ff.; vgl. § 32 Rn. 1 ff.

承人根据继承份额而对遗产的分割达成一致之后，继承人共同体通过继承人之间的财产分配才被终结。这有时候很难实现，因而继承人共同体会存在很长时间。

11 在分配共同财产之前，继承人共同体都是共同共有关系，如同组成了民事合伙，而不是《民法典》第741条及其后条文规定的按份共有关系。此处存在一种可能性，即未分割的共同共有关系可能会继续使用遗产来增加财富。那么就要考虑，继承人共同体中的继承人共同追求一个目标，所以符合民事合伙的前提条件。

12 不受继承法的影响，在纯正为第三人的利益而订立的合同中，该第三人根据《民法典》第331条有权从合同中获得死亡后的给付，而不是继承人（对此参见第31章）。同样不受继承法的影响，《民法典》第563条第1款赋予在世的配偶或者生活伴侣继续租房合同的权利。按照《民法典》第563条第2款，也同样适用于与死者在同一家庭中共同生活的其他家庭亲属。

答案：该危害情形是由一个物品的设计所导致的，而该物品是S从遗产中继承来的，因此不能脱离该物品来考虑。[45] 通过获得该物品的所有权，S也就根据公法成了状态妨害人（Eustandsstöver）。很多人认为，不仅要根据《民法典》第1004条第1款第1句将其民事责任视为被继承的财产的不可分离的一面，而且《民法典》第823条第1款规定的被继承人的过失也要归责于他。

二、立即继承顺序

问题：死亡之后，对财产和权利的不明确的法律分配有什么问题？

13 另外，德国继承法的第二个原则是“立即继承顺序”，或者叫“归属原则”：继承一开始，继承人立刻直接成为遗产的所有权人。《民法典》第1922条第1款提到“继承顺序的时间点”。这指的是，被继承人的财产和权利归属于某个人不应当有片刻的不明确。必须非常明确，谁有权动用遗产，以及谁有义务承担遗产中财产和权利的责任。这类似于国家权力，在政府的交替中不允许出现无主的状况。以前法国国王去世时，宫廷都用这样的话来宣布：“*le roi est mort - vive le roi*”（国王死了，国王万岁）。从而表明王位继承人的法律地位的连续性，正如归属原则对于民法上的继承人所意味着的。随着被继承人的死亡，继承人直接进入死者的地位（法语表述：“*le mort saisit le vif*”-死人抓住了活人）。因此，这并不取决于继承人的合作行为或者他的认识。

所以应当避免财产没有明确分配给任何人的可能。这在一些情况下被当作是“躺着的遗产”（*bereditas iacens*）而为罗马法所熟知。在19世纪，无主财产的情况看起来在逻辑上都不可能出现，因为财产在任何情况下在任何时间点都可以被明确分配。

14 反之，在英国法和苏格兰法中，遗产转让给“个人的代理人”，或者是被继承人指定的遗嘱执行人（*executor*），或者是由遗产法院所任命的遗产管理人

---

[45] 这也是《联邦土地保护法》第4条第3款第1句规定的继承人的翻新义务的目的。

(*administrator*)。个人的代理人要管理遗产，清偿债务并将剩余部分分配给继承人。[46] 因此，他就有了受托人的地位且承担任务，要为作为受益人的继承人管理遗产并且最终在某个时候将遗产转让给他们。但是在德国，为了继承人的利益而接手管理遗产的人存在不同的形式，他们不同于受托人，不是遗产的权利人。

答案： 因此，躺着的遗产（*bereditas iacens*）是一种恐怖的事情，因为不仅第三人可能欺骗地利用这一不明确的情况，而且主要因为财产应当被照管，且如果从财产中产生危险，国家必须可以和财产的责任人对话。

三、自主取得

问题： 如果法律规定财产无须其他形式上的行为就转让给继承人，那么是为了保护谁？

继承开始后，遗产必须至少分配给一个其他人。在 19 世纪，人们首先想解决 15
“躺着的遗产”（未利用的闲置遗产）的问题，也就是消除尚未明确分配给某人的无主财产的问题。人们可以要求一项将遗产分配给某个或者某些继承人的形式上的行为。遗产归属的明确性支持这一点。但是《民法典》决定实行“自主取得”，因此继承人无须其他中间步骤就可以获得遗产。通过这一解决方法，确保了继承人随着被继承人的死亡直接获得遗产上的权利。根据立即继承的原则，适用法律规定的继承顺序。支持这一解决方案的理由在于：

（1）对财产进行物权法上的明确分配，也是为了能够确定对可能出现的妨害负责任的所有权人并且让其处理，

（2）遗产债权人至少在理论上会立即知道，可以向谁主张。

因此，继承人根据《民法典》的规定立即接替了被继承人的地位，其作为继承人对遗产所享有的权利在继承开始那一刻直接产生。由于立即继承顺序的原则，继承人可以立即且不经其他程序行为而主张遗产中的全部物权请求权：他可以根据《民法典》第 985 条要求归还其新得到的财产，同样要考虑《民法典》第 861 条、第 1007 条第 1 款和第 2 款规定的从被继承人的先前占有中得出的请求权。对遗产的占有也受保护；根据《民法典》第 857 条，即使继承人并不知道死亡的发生以及他的继承人身份，也假定他进行了占有。

通过自主取得实现了立即继承顺序的原则。不需要任何机关或者第三人的行为 16
来引起继承人身份的开始。甚至连继承人也不需要进行什么行为：即使他对继承开始和遗产一无所知，他也已经成为（遗产的）所有权人和占有人。

但是正如所见，对于这一问题存在着其他的解决方案。即可以用其他行为代替自主取得，从而把继承人引向财产和占有。这可能出现在“接受遗产”（Antritt）之中。据此，根据《法国民法典》第 724 条、第 711 条，继承人在法国无须国家的

---

[46] Vgl. *Dieter Henrich*, Großbritannien, in: *Murad Ferid/Karl Firsching/Peter Lichtenberger*, Internationales Erbrecht, Nachlieferung 1984, C V Rn. 67, E I, Rn. 134.

协助就可以获得遗产；主张继承权则必须要“saisine”（夺取占有），而这本身只在“successeurs réguliers”（法定继承人）的情况下出现。通过形式上的夺取（saisine），继承人有权管理遗产。[47] 代替这种民法上的接受遗产，一项国家行为也就会变得必要。比如在奥地利，只要假定继承人在世，则遗产的官方指引是必不可少的。也可能出现人们将遗产暂时托付给法律工作者或者专家保管；比如在英格兰会指定一位执行人，他需要查明继承人并将财产转移给他。

17 自主取得避免了所有这些转让的形式，因此更加简单。这同样使遗产有了物权上的明确归属，同时为遗产债权人指明了请求权相对人的身份。因此，自主取得看起来始终具有建设性和优越性。自主取得的不利一面在于，继承人要依赖自己了解遗产中的资产与负债，从而可以及时处理。继承开始后，也不会考虑他对新的法律状况是否缺乏认知。因此，物权法上归属的明确性是用继承人关于遗产和遗产债权人范围的不确定性换来的，这种不确定性一直持续到明确地确定继承人为止。

答案：自主取得的原则保护了遗产债权人，使其在任何时候都可以明确地找到一个债务人。但是继承人也受到了保护，他们无须依赖他人就可以获得权利。但是他们的经济利益没有得到保护，因为他们尚不知晓遗产是丰厚的还是资不抵债。

---

[47] *Alain Sériaux*, Manuel de droit des successions et des libéralités, 2003, S. 165.

第5章 指定为继承人，继承能力

问题：E和他即将临产的妻子F以及他的儿子S均死于一起汽车交通事故。在急救手术中，尚未出生的女儿T可以被抢救过来。她可以成为E的继承人吗？

通过指明的方式将财产转移给某人，此人就是继承人。人们只能通过遗嘱或者 1
法定继承顺序获得继承人的身份。但是与罗马法中“没有人可以只订立了部分的遗嘱就死亡”（*nemo pro parte testatus pro parte intestatus decedere potest*）不同，人们基于两个原因都可以按照份额分享遗产。

如果不考虑遗产的剩余部分而提供具体确定的赠与，尤其在只分配一件标的物的情况下，则根据《民法典》第2087条第2款的推定构成《民法典》第1939条规定的遗赠：受遗赠人不是继承人，他对交付该标的物享有一项债权请求权。因此，他对于整体遗产不享有权利，也不承担义务。

成为继承人的能力（“继承能力”）与权利能力相一致。继承人根据《民法典》第 2
1923条第1款必须在继承开始之时存活，即使只有几秒钟，或者已经被孕育成胎儿（*nasciturus*）且根据《民法典》第1923条第2款后来活体出生。那么这个孩子被拟制在继承开始之时就已经存活。此外，在特定的例外情形下甚至可以将尚未孕育的（*nondum conceptus*）指定为继承人。比如《民法典》第2101条第1款第1句规定的为了所谓的后位继承而按等级排列继承顺序的情况，根据《民法典》第2101条第2款也相应地适用于法人。只有《民法典》第84条规定的财团构成例外（见第3章边码2）。

在被继承人之前死亡的人，即使只相差一分钟，如同在涉及配偶的事故中一样，也不能成为继承人，因而不是他的继承人。但是如果不能确定不同的人的死亡顺序，则根据《失踪法》第11条推定这些人同时死亡（“同时死亡推定”）。在这种情况下，这些人也相互不能成为继承人。也就是说，不构成两起相继发生的继承事件，而是要平行进行两起继承事件。

答案：根据《失踪法》第11条，推定F和S同时死亡，因此也不再考虑他们作为E的继承人。虽然T这时尚未出生，但是她后来符合《民法典》第1923条第2款规定的活体出生，因此有继承权。

第6章 相关规范与适用范围

案例：农民B将位于威斯特法伦（Westfalen）的农场单独留给了长子，其他子女一无所获。除了《民法典》之外，还要注意哪些规定？

第1节 相关法律

1 除了作为主要规定的《民法典》第5编外，正如已经明确的，在继承法中还要考虑债法（例如《民法典》第330条及其后条文）、物权法（例如《民法典》第857条）以及家庭法（《民法典》第1589条及其后条文）中的不同规定。在总则部分，比如某些关于意思表示和法律行为的成立和解释的规定也是很重要的，例如《民法典》第133条。

除此之外，还有一系列包含继承法规定的重要的法律，例如《生活伴侣法》和《商法典》。《生活伴侣法》第10条规定了已经登记的、同性别的生活伴侣在继承法上的地位。《商法典》第22条规定，在公司的持有人死亡之后，谁有权继续使用企业的商号。此外，还有大量涉及继承法的法律。

农场法确立了一项独立的继承权。农业财产可能因为分割而丧失盈利能力，大规模财产份额的减少也同样是这种情况。所以任何一次继承都可能威胁农场的生存。因此，当时经常采用一种继承权，优先照顾损害了其他"退让的继承人"的"单独继承人"。那些看起来特别适合接管农场的人往往被选中作为单独继承人。但是当时这种单独继承权只适用于特定地区，且存在不同的组织形式。1945年，纳粹分子的《帝国继承农场法》的全国性规定被废除，而在各州则有规定。最重要的规定是1976年7月26日的原1947年4月24日的英占区《农场继承条例》的新版，这被视为局部的联邦法。[48] 这些复杂的特殊内容注意到了分割遗产中大额财产标的物时所出现的问题。这既不是一个纯粹的德国的法律问题，也不是一个过时的法律问题。[49] 虽然这里不应该再继续讨论这些特殊规定，但是一般继承法也会遇到这样的实质问题，比如遗产中的家族企业（对此见第 32 章，边码 1 及以下）。

最后，也必须要注意基本法的规定。根据《基本法》第 14 条第 1 款第 1 句， 2
继承权本身与财产权一起且都作为财产权的结果而被保护；如果没有继承权，那么财产会失去其大部分的吸引力，正如俄国的例子所展示的（见第 2 章边码 7）。同样，根据一般的观点，遗嘱自由根据《基本法》第 14 条第 1 款第 1 句受到保护。

但是，也存在一些限制这些权利的规定。《基本法》第 14 条第 1 款第 2 句规定了一般的法律保留，此外《基本法》第 14 条第 2 款规定了财产的社会责任。

另外，人们可以从《基本法》第 3 条规定的平等原则、《基本法》第 6 条规定的保护婚姻和家庭的义务以及根据《基本法》第 1 条第 1 款概括保护人的尊严中读出被继承人的义务。《基本法》通过教义在其基本权利中搭建起了一套价值秩序，具有第三人效力，且这些条款的位阶在民法之上。如果适用这些规则来确定遗嘱是否正确，那么遗嘱自由的空间无疑将受到巨大的压缩。

而基本权利在民法中如何适用的问题，不能笼统地回答。对于基本权利的直接 3
或者间接第三人效力，存在争议（详见第 19 章边码 8）。这一发展始自吕特案的判决（Luth-Entscheidung）[50]，其中创立了一个观点，即《基本法》体现了一种所有法律都必须遵从的价值秩序。这是直接还是仅间接约束民众？在埃尔费斯案的判决（Elfes-Entscheidung）[51] 中已经涉及基本权利在民法中的间接第三人效力理论。通说始终认为，基本权利的评价只是间接地通过填补不确定的概括条款，如《民法典》第 138 条第 1 款，而作用于民法。

由于宪法对民法的保障，通过这一方式而在宪法的司法实践中出现了一种具有 4
宪法位阶的独立的、更高层级的“超级民法”，这仅仅建立在宪法法官的想象力和创造力中。内容上需要强调的是，联邦宪法法院[52]和联邦最高法院[53]的新近判决再一次强调了遗嘱自由是《基本法》第 14 条第 1 款所保护的法益。

答案： 除《民法典》以外，考虑到排除在法定继承之外的行为可能违反善良风俗，要注意基本权利的评价。尤其要检查，农场法是否适用于当时的英占区。

---

[48] Dazu *Tim Kannewurf*, Die Höfeordnung vom 24. April 1947, 2004.

[49] 关于瑞士法，参见 *Stephan Wolf/Stephanie Hrubesch-Millauer*, Grundriss des schweizerischen Erbrechts, 2017, 468 ff。

[50] BVerfG 15. 1. 1958 – 1 BvR 400/51, BVerfGE 7, 198, 204 ff („Luth-Urteil“).

[51] BVerfG 16. 1. 1957 – 1 BvR 253/56, BVerfGE 6, 32 („Elfes-Urteil“).

[52] BVerfG 21. 2. 2000 – 1 BvR 1937/97, NJW 2000, 2495.

[53] BGH 2. 12. 1998 – IV ZB 19/97, NJW 1999, 566 – 570, m. Anm. *Karlheinz Muscheler*, Zur Sittenwidrigkeit von letztwilligen Potestativbedingungen, ZEV 1999, 151 f. *Verf.*, Anmerkung zu BGH Beschluß v. 2. 12. 1998 – IV ZB 19/97, „Preußen“, JZ 1999, 517 – 519.

第2节 适用范围

案例：O于1990年10月1日在莱比锡去世。应当根据什么法律来审判他的继承案件？

5 《民法典》适用于整个德国，对于原联邦州的区域效力始自1900年1月1日，而根据《民法典施行法》第230条第2款、第235条第1款的反向推定，在5个新联邦州则只适用于1990年10月3日之后的继承。该区域内此前发生的继承，根据《民法典施行法》第235条第1分条第1款，依据前德意志民主共和国的法律来确定法律状况。根据《民法典施行法》第235条第2分条，该法继续适用于旧的遗嘱和继承协议。[54] 也就是说，这部法律“跨期”地仅适用于其具有效力的时间，而没有溯及既往的效力。

6 2012年8月16日，《欧洲继承条例》生效。其规定最迟自2015年8月17日起生效。通过将通常居住地作为确定相关法律规定时的原则性标准，它应当设法改善欧盟对于涉外遗产的处理。另外，应当尽可能对全部遗产只适用一部法律，从而避免遗产的分裂。最后，应当通过欧洲遗产证书在欧盟内部对继承人进行统一的认证。欧洲遗产证书实际上应当可以简化跨境遗产的处理。但是其太过冗长和复杂，所以一些国家更愿意引入德国的继承证书。这些规定在生效之后当然就优先于没有根据《欧洲继承条例》而相应调整的本国规定。但愿在下一次修改中能更多地针对实践的需要。

因此，除了德国继承法之外也存在欧洲继承法，其至少设定了欧洲遗产证书而不是德国继承证书，而且在诉讼中包含自己的规定，并且通过表格规定了统一的行为。这一程序必须通过《国际继承程序法》第33条及其后条文进行补充规定。[55] 如果在其中没有找到相关的答案，可以根据《国际继承程序法》第35条第1款辅助考虑《家事与非讼事件程序法》。《欧洲继承条例》的执行条例（欧盟编号1329/2014）中含有表格。在遗产判决中，可以根据《欧洲继承条例》第46条第3b款颁发一份证明。欧洲遗产证书的有效期是6个月。欧洲遗产证书的内容比德国继承证书更加广泛，证明被继承人以及其他信息在法律上是确定的，比如遗嘱执行人或者遗产管理人。

自2015年8月17日起，新修订的《民法典施行法》第25条、第26条第2款生效。根据德国的国际私法，《欧洲继承条例》的规定也相应地适用于跨境继承，此前这是不在其适用范围之内的。

---

[54] 一个特别困难的案例参见 BayObLG 22. 2. 1999 - 1 ZBR 105/98，ZEV 1999，314 f. m. Anm. *Gerhard Otte*，Zur Wirksamkeit eines 1938 von einem jüdischen Erblasser abgeschlossenen Erbvertrages，ZEV 1999，316 f。

[55] *Anatol Dutto*，Das neue internationale Erbschaftsverfahrensgesetz，ZEV 2015，493 - 502.

答案： 根据《民法典施行法》第 25 条、第 235 条第 1 款，O 的继承应当按照德意志民主共和国的《民法典》（ZBG）来评判，因为 O 在德意志民主共和国与德意志联邦共和国统一之前已经去世。

第7章 国家的继承权，遗产税

第1节 意义

问题： 遗产税的作用是什么？

1 历史概览证明了国家对于分享遗产的兴趣。但是随着继承开始，继承人就接替被继承人的地位，在继承开始的那一刻他就作为所有权人而受到《基本法》第14条第1款第1句的直接保护。如果国家被遗嘱指定为继承人，那么在法律上是没有问题的，或者说没有必要进行单独规定。此外，国家也可能成为法定继承人。这也适用于出于慈善目的的规定；因此国库就成为具有特定目的的法定继承人。[56]《民法典》第1936条第1句规定了一项州的继承权，如果整个大家族中都没有继承人，那么（被继承人）最后居住地所在的州有继承权[57]；如果一个人与被继承人有共同的、数百年前就已经去世的祖先，他就有资格成为继承人。这是一项民法上构建的真正的国家继承权。

2 在奥地利则相反，如果在法定继承人的特定关系更近的人群中找不到继承人，那么国家享有没收权。同样的，英国也有占领权，如果遗产没有法定继承人而被视为无主的。在这两种情况中都存在公权力的没收行为，而相反，在德国，国家首先只有纯民法上的地位。在日本，遗产会被法院宣布归遗产管理人所领导的法人所有。利润可以根据《日本民法典》第951条支付给国家或者一位生活伴侣。虽然这一解决方案可能太灵活了，但是推动了生活伴侣问题的更好解决，而这在德国法中处理得很差。

---

[56] OLG Düsseldorf vom 2. 9. 2014 - 1 - 3 Wx 80/13，NJW Spezial 2015，71 f.

[57] 关于程序，参见《民法典》第1964条及以下。

关于继承开始的跨境处理的区别很重要：公权力行为不适用于国外，英国人在德国的遗产不受英国公权力行为的管辖，因此要通过其他方式来转交。

因此，有关继承人的规定原则上也适用于具有下列特点的国家： 3

● 根据《民法典》第 1942 条第 2 款，该国无权根据《民法典》第 1942 条第 2 款拒绝继承权或者按照《民法典》第 2346 条对其予以放弃；该国是法定的强制继承人。

● 根据《民法典》第 2011 条，并结合《民事诉讼法》第 780 条第 2 款，该国有权限制责任。

根据《民法典》第 1936 条，收入的钱归联邦各州所有，当然它们可以将其转交给公法机关，如同早先普鲁士的情况一样（《民法典施行法》第 138 条）。但是州也可以将遗产转让给由被继承人所照顾的人（《民法典施行法》第 139 条）。

遗产税使得国家可以更容易地间接实现参与分享遗产的目的。自罗马奥古斯都皇帝以来就存在遗产税[58]，自 17 世纪开始个别地在德国各州被引用。一次对被继承人遗留的财产征税（“Nachlasssteuer”），一次对继承人所分得的财产征税（“Erbschaftsteuer”）。[59] 1906 年的《遗产税法》是现今法律的基础。随后几年中的扩展尝试都被再次撤销：比如 1919 年的《遗产税法》希望对遗留的财产征税，但是 1925 年的魏玛共和国再次引入包含免税金额的遗产税。[60] 4

根据《基本法》第 106 条第 2 款第 2 项，州有权获得该项收入。遗产税曾在很长一段时间给地产提供了特权，因为作为税收决定性的价值，即课税标准价值，明显低于流通市价。1974 年通过提高课税标准价值，使地产税收与其他物品的税收相一致。1995 年，联邦宪法法院在两个判决中指示，不仅对财产税，而且对遗产税[61]要进一步调整。保护“个人的使用财产”是国家的任务。因此，小额财产完全免税，大额财产交高额的税。[62] 联邦宪法法院同时明确，遗产税不得掏空继承权，禁止所谓的“没收性遗产税”[63]。因此，税收不得具有没收或者扼杀的效果。如果不能从税源的收入中提供税收而需要利用来源，则应假设这一点。在经济和政治上，国家分享遗产仍然存在原则性的争议，既有人要求废除遗产税，也有人要求扩大遗产税。[64]

---

[58] Vgl. *Max Kaser*, Das römische Privatrecht, Band 1, 2. Aufl., 1971, § 164 n. 2, 692.

[59] Vgl. *Mathias Schmoeckel/Matthias Maetschke*, Rechtsgeschichte der Wirtschaft, 2. Aufl., 2016, Rn. 382, S. 256 f.

[60] *Schmoeckel/Maetschke*, Rechtsgeschichte der Wirtschaft (Fn., 59), Rn. 397.

[61] BVerfG 22. 6. 1995 - 2 BvL 37/91, BVerfGE 93, 121 = NJW 1995, 2615; BVerfG 22. 6. 1995 - 2 BvL 552/91, BVerfGE 93, 165 = NJW 1995, 2624.

[62] BVerfGE (Fn. 61) 93, 165.

[63] BVerfG 24. 7. 1962 - 2 BvL 15, 16/61, BVerfGE 14, 221, 241; 24. 9. 1965 - 1 BvR 228/65, BVerfGE 19, 119, 128; 14. 5. 1968 - 2 BvR 544/63, BVerfGE 23, 288, 315; 9. 3. 1971 - 2 BvR 326, 327, 341 - 345/69, BVerfGE 30, 250, 271; 8. 3. 1983 - 3 BvL 27/81, BVerfGE 63, 312, 327; 31. 5. 1988 - 1 BvL 22/85, BVerfGE 78, 232, 243; 31. 5. 1990 - 2 BvL 12/88, 2 BvL 13/88, 2 BvR 1436/87, BVerfGE 82, 159, 190.

[64] 关于对这一讨论的概述，参见 *Beckert* (Fn. 1), S. 275 ff。

5 2006年，联邦宪法法院要求立法者取消地产的税收优惠。[65] 2009年1月1日的改革因为不完善的规定和新的概念[66]出现以及价值断裂从一开始就显得“充满大量的不确定性”。兄弟姐妹的税收优惠的结束可能会导致，如果兄弟姐妹先后继承了共同的房屋，那么房屋可能需要因遗产税而被出售才能结算税收债务。因此，针对兄弟姐妹及其子女再次引入了一些改进。如果超过7年至少保留20名员工的职位，那么企业财产的免税和随之而来的对私人资产的遗产税的规避，作为可能违宪的原因而尤其受到抨击。[67] 2014年12月17日，联邦宪法法院宣布这种优惠至少部分违宪。[68] 根据2016年的改革，如果公司继续经营了至少7年，那么公司现在应该有资格享受5名或更多员工的免税。不超过15位员工且价值低于2 600万欧元的企业必须保持就业稳定，以维持税收优惠。如果公司价值超过2 600万欧元，那么对每一遗产份额都要进行“需求检测”，继承人必须证明缴税对他来说是过分的要求。他最多可以用自己财产的50%来清偿欠税；也允许他延期10年付款。9 000万欧元以上的财产则没有任何优惠。

遗产税尤其涉及中产阶级：如果为了遗产税必须出售重要的部分，那么下一代有可能无法继续经营企业。因此，灵活的企业会逃往其他国家，这违背了德国的利益。此时，从经济上分析反对给继承人施加负担，因为国家打碎了私人手中很有价值的生产资本，因而也损害了德国经济的一根重要支柱。一个家族历经数代共同经营，尤其像小型家族企业，成为联邦德国经济的支撑，后来合法的所有权人只把自己视为家庭的受托人，遗产税威胁到了这种家庭政策的运作和事业心。

经济学家弗里德里希·奥古斯特·冯·哈耶克（Friedrich August von Hayek）（1899—1992）认为为了自己的家族而经营的动机如此重要，以至于他将家庭和财产视为自由社会的基础，在此之中每个人都根据其能力而参与[69]：自由组织自己的生活还包括照顾自己的家庭。来自家庭的支持仍然是联邦共和国人民的主要支柱之一。这在接下来的几十年中也很可能不会改变。这意味着，家庭财产必须用来资助下一代的教育以及赡养老人。因此，自由社会中制定的遗产税应当既不会削弱经济，也不会损害家庭的必要资源。

6 法律比较的视角表明，有的国家遗产税很低，也有的国家遗产税很高。但是没有一个地方的遗产税在国家财政中扮演着非常重要的角色。[70] 德国2016年遗产税收

---

[65] BVerfG 7.11.2006 - 1 BvL 10/02，BVerfGE 117，1 = NJW 2007，573.

[66] *Agnes Fischl/W. Roth*，Die Reform des Erbschaftsteuer- und Bewertungsrechts zum 1.1.2009，NJW 2009，177-182，182.

[67] BFH. Beschl. V. 27.09.12. II R 9/11，legte diese Fragen dem BVerfG vor.

[68] BVerfG 1 BvL 21/12 vom 17.12.2014，NJW 2015，303.

[69] Vgl. *Friedrich August von Hayek*，Die Anmaßung von Wissen Neue Freiburger Studien，1996，107.

[70] *Henriette Hauben*，Aufkommens-und Verteilungswirkungen alternativer Erbschaftsteuersysteme，in：H. P. Gaisbauer/O. Neumaier/G. Schweiger/Cl. Sedmak（Hg.），Erbschaftsteuer im Kontext，Wiesbaden 2013，115-142，117.

入总计 68 亿欧元，占总税收收入的 0.7%。[71] 然而，近年来收入波动，导致对改革的新要求。美国遗产税较高，总计也只达到了总税收收入的 1.4%。[72] 此外，再考虑到管理费用以及遗产税不允许造成没收效果的自然限制，遗产税对于国家收入来说只是次要的。遗产税永远不能成为保证国家社会保障、教育和社会政策的资金来源的手段。[73]

也许在已经选择的道路上不可能找到一个各方都同意的解决办法。人们应当找到一个既不会打碎德国企业，也不会因为复杂的规定而要求高额的管理费用的解决办法。这种新的遗产税方案被一再提出，例如在大幅降低税率之后，对一切遗产毫无例外地征税。

答案：它使得国家可以分享遗产的价值，而不需要关心其进展。在联邦共和国的法律中，它意味着私人财产、继承自由与国家的社会使命之间的妥协。只要现行的继承法被质疑，那么一定是关于遗产税额的讨论。支持继承人合法性的基本政治决定通常不会被质疑。

第 2 节　关于纳税义务的回旋余地

问题：M 想把财产留给他的妻子，在她死后给他们共同的子女，那么他如何能够在去世后减少遗产税？

遗产税首先取决于《遗产税法》第 15 条第 1 款的税率等级，其中继承人根据与被继承人的关系而分类。[74] 其中创建了三个不同的受优惠的群组。不仅有依据税率（对此边码 8）的区别对待的税率等级，也有依据自始没有纳税义务的免税金额。 7

第一税率等级与免税金额：

1. 配偶：500 000 欧元，
2. 子女、继子女、养子女：400 000 欧元，
3. 编号 2 中列举的子女/继子女的晚辈直系血亲：200 000 欧元，
4. 父母和父母的先辈直系血亲通过死因处分而获得的：10 0000 欧元；

第二税率等级（免税金额：20 000 欧元）：

1. 父母/父母的先辈直系血亲如果不在第一税率等级中[75]，
2. 兄弟姐妹，

---

[71] https://www.destatis.de/DE/ZahlenFakten/GesellschaftStaat/OeffentlicheFinanzenSteuern/Steuern/WeitereSteuern/Methoden/ErbschaftSchenkungsteuer.html (zuletzt am 27.06.18).

[72] *Beckert* (Fn. 1), S. 312, 316.

[73] 德国 10%的人口占有超过 60%的私人财产，在美国则 10%的人口占有财产接近 83%。

[74] 有关下面的内容的更详细的说明，参见 *Jens Peter Meincke*, ErbStG, 16. Aufl., 2012, § 15, Rn. 5 - 16 的权威介绍。

[75] 指的是比如对父母的赠与，兄弟姐妹之间为充分利用免税金额而通过父母进行的交易。s. *Meincke*, ErbStG (Fn. 74), § 15, Rn. 12.

3. 兄弟姐妹的第一代晚辈直系血亲，

4. 继父母，

5. 女婿和儿媳，

6. 夫妻双方对方的父母，

7. 已经离婚的配偶；

第三税率等级（免税金额：20 000 欧元）：

所有其他的获得者和目的给予。

8 家庭亲属关系越近，越应当被更好地对待。相反在第二等级之后，没收财产的特征已经非常明显。继承的原因是无关紧要的。这一点的例外是父母以及父母的先辈直系血亲的继承权：税法此时区分父母和祖父母是基于遗嘱还是法定继承顺序来继承。由此决定他们属于第一税率等级还是第二税率等级。

然后根据《遗产税法》第 19 条规定的税率来确定遗产税：

有纳税义务的获得物的价值	各等级的税率百分比		
	Ⅰ	Ⅱ	Ⅲ
75 000 欧元	7	15	30
300 000 欧元	11	20	30
600 000 欧元	15	25	30
6 000 000 欧元	19	30	30
13 000 000 欧元	23	35	50
26 000 000 欧元	27	40	50
在此之上	30	43	50

9 除了已经提到的、根据继承人来确定的免税金额，还有其他免税金额：在世的配偶基于扶养免税金额对另外的 265 000 欧元无须缴税，而旁系血亲只有 20 000 欧元的额度。照顾过被继承人的人，可以另外请求 20 000 欧元的照顾免税金额。

2006 年之后，不动产和商业财产的税收优惠被竭尽全力地获得。因此，规定变得更加复杂。根据《遗产税法》第 13c 条，对于建造了房屋的土地可以减少 10％的税。根据《遗产税法》第 13 条第 1 款第 4b 项和第 4c 款，作为继承人的配偶或者子女对于自用的不动产可以免税，只要他们继续使用该房屋 10 年。目前的法律只提供了一个例外，即该不动产由于强制原因不得继续自住。商业财产可以对其价值的 85％免税，如果该企业根据《遗产税法》第 13a 条第 1 款继续经营 7 年且至少支付 65％的工资。

为了计算地产和商业财产剩余的纳税义务，人们必须测算其价值。这原则上是根据不动产（税收）优惠享有结束后的市场价值。关于计算，《遗产税法》参引了《资产评估法》第 177 条的具体规定和设计。

税收不仅包括继承事项，还包括《遗产税法》第 7 条第 1 项规定的生前赠与以及《遗产税法》第 8 条规定的目的赠与，总之，包括所有的无偿赠与。富裕的家庭可能努力通过数十年的财产转移而一再利用赠与的免税金额。《遗产税法》第 14 条规定了一项规则，过去 10 年内的赠与也要一起被算在内；也就是说，过去 10 年内对继承人的赠与也要算作遗产。

总体来说，不可否认遗产税给国家保留下了大份额的财产。第一税率等级中的 10
30%也是很多的。根据一般的理解，遗产税尚未违宪。继承开始当然是一个合适的征税时机，因为继承人仍然可以获得遗产的大部分。但是一定要对税额进行批判。这项税收不具有再分配的功能，而国家为此付出不足。但是，对商业财产征税还可能破坏生产基础。

此外，遗产中只剩下已缴税的财产，因此，完全可以怀疑在被继承人死后减少其财产是否合理。对大企业来说，支付这样一笔金钱的义务意味着一项威胁。地产更小的优惠可能导致为了清偿税收债务而必须出卖遗产中的重要财物，即房屋；因此，遗产税可能会将家庭从他们的私有住宅中赶出去。由于经济的原因，遗产税的公正性也显得很可疑。所以，它在意大利被废除了。[76]

答案： 通过实例来说明他的两种可能的选择。

第一个例子：M 留下 1 000 000 欧元的遗产。他规定，他的妻子 F 继承一半，两个子女 K1 和 K2 各继承 1/4。

F 应当继承 500 000 欧元，K1 和 K2 各 250 000 欧元。根据《遗产税法》第 15 条第 1 款第 1 项、第 2 项，所有三位继承人均属于第一税率等级。根据《遗产税法》第 19 条他们应当缴纳 11%的遗产税。但是根据《遗产税法》第 16 条第 1 款，F 对不超过 500 000 欧元的财产可以免税。所以她无须缴税。两位子女同样也低于他们的免税金额（各自 400 000 欧元），所以也无须缴税。因此，所有人都不需要缴纳遗产税。

第二个例子：如果 F 在上述案件中是单独继承人，则她的份额超过了 500 000 欧元；她就有缴纳遗产税的义务。根据《遗产税法》第 17 条第 1 款减去 256 000 欧元的扶养免税金额之后，剩余的依然要缴税。因此，虽然维持目前的共同生活方式的愿望可以理解，但是从税收角度来说，这样的继承安排是不可取的。

---

[76] Mitteilung in ZEV 2001，Heft 12，Umschlageite VI.

第8章

继承法的法律规定

问题： 哪条一般原则引领着继承法内容的安排？

1 继承法被划分成了9章。首先是法定继承顺序的原则，且同时尽力阐明基础性的概念，也论述了意定继承的基本概念（第一章：《民法典》第1922条至第1941条）。虽然最重要的元素在开头呈现，并且后面的越来越专业，但是后面的内容不是因为重要性的递减而划分的。

第二章处理继承人的法律地位（《民法典》第1942条至第2063条），从而解决了截然不同的问题：继承人可以如何拒绝遗产，他对于遗产债务如何负责，他可以如何主张遗产请求权以及数个继承人之间应当如何就分配共同财产达成协议。第三章规定了遗嘱（《民法典》第2064条至第2273条），这里也规定了共同遗嘱；第四章进行了继承协议的规定（《民法典》第2274条至第2302条）。这之后紧接着的是特留份权的规定（《民法典》第2303条至第2338条），也就是对遗嘱自由的限制。所以讨论了意定继承权。此后是不依赖于继承原因而导致排除继承人身份的一般章节：继承不够格（《民法典》第2339条至第2345条）以及放弃继承（《民法典》第2346条至第2352条）。第八章关于继承证书（《民法典》第2353条至第2370条）是很重要的，这里规定了第一个程序步骤。最后，《民法典》第2371条至第2385条规定了转让继承人身份给第三人，即遗产买卖。

答案： 这里也和《民法典》的其他部分一样，适用一般规则放在开头的原则。因此，在《民法典》第1937条及以下条文中，在第一章的结尾出现了一些制度上的基础性规定，而这在后面才被具体规定。但是，“总论”不单进行概念说明且也确定了法律制度，后续的继承法据此才能运行。

复习和深化的问题

1. 何为概括继承？
2. 继承人能否改变清偿决定？
3. 为什么继承人可以构成民法上的合伙？

4. 继承法的目的是什么?

5. 建立独立的、具有权利能力的基金会的前提是什么?

6. 何为 Nondum Conceptus?

7. 德国法认可何种死因处分?

8. 自主取得或者立即继承顺序的原则意味着什么?

9. 何为“农场继承法”?

10. 对于 1989 年 10 月 10 日发生在德累斯顿的继承，可以考虑适用《民法典》中的继承编吗?

11. 国家通过何种方式分享遗产?

12. 被继承人给他唯一的继承人留下了 100 000 欧元。在过去的 15 年内，他每年都赠与该继承人相同的数额作为礼物。继承人需要为多少财产缴税?

13. 除了独子以外，死者的母亲也是遗嘱继承人。她属于第几税率等级?

14. 地产的特权在哪里? 这为什么可能违宪?

B. 从继承开始到遗产

第9章 遗产程序

第1节 遗产程序的开启

案例： M去世了。他的妻子F如何知道自己是否为继承人？

如果某人去世了，那么通常由确定死亡的医生告知户籍登记处。登记处有义务将死亡事件通知主管的法院。根据《家事与非讼事件程序法》第343条、第344条，死者居住地的初级法院原则上是主管的“遗产法院”[77]。例外情况下根据《家事与非讼事件程序法》第346条，由保管遗嘱的其他法院主管。遗产法院必须查明，适用法定还是意定继承顺序。出于这一目的必须强制各方当事人交出其保管的终意处分。这根据《民法典》第2259条第1款以及《民法典》第2300条对继承协议的规定是关于私人的，根据《民法典》第2259条第2款第1句是关于机关的。由于过错而不移交遗嘱的人，根据《民法典》第823条第2款并结合第2259条可能要承担损害赔偿责任。[78] 1

遗产法院可以根据《家事与非讼事件程序法》第348条第1款确定开启以及公布遗嘱的时间。根据《家事与非讼事件程序法》第345条，要邀请所有参与者出席，即法定继承人以及其他适格的人。如果某些继承人在这一时间没有到场，法院根据《家事与非讼事件程序法》第348条第3款可以书面形式告知。

如果有遗嘱，那么根据《司法辅助人法》第3条第2c项（Schönfelder法条汇编第96号）以及《家事与非讼事件程序法》第348条，要“立即”开启。所有可能成为遗嘱的文字，都要收集。只要这是可行的，那么法院可以将开启遗嘱的时间 2

---

[77] 在巴登符腾堡州，公证处被指定为遗产法院。

[78] OLG Brandenburg，ZEV 2008，287.

推迟一到两周。根据《民法典》第 2263 条，被继承人不得禁止开启遗嘱。司法辅助人根据《司法辅助人法》第 3 条第 2c 项，通过在一个约定时间向继承人说明继承权的状况而开启遗嘱。他公布遗嘱或者将其展示出来，继承人可以查看遗嘱。随后其原稿仍保留在法院。根据《家事与非讼事件程序法》第 348 条第 3 款第 1 句，未到场的当事人会被告知遗嘱和继承顺序。

3 根据《民法典》第 1960 条第 1 款，遗产是需要被照管的（见本书第 36 章）。遗产需要保全，比如利用封闭房间来存储金钱、贵重物品和有价证券。但是也要考虑到，法院无法完成必要的、花费更高的工作。所以法院可能会指定一位遗产保佐人。这同样适用于，当遗产债权人指出遗产很微薄，即不足以偿付债务的情况。[79] 遗产保佐人根据《民法典》第 1960 条第 2 款受遗产法院指定，代替继承人管理遗产。他可能是为了保全遗产而被任命（保全保佐人，《民法典》第 1960 条第 1 款第 1 句），或者是基于一场诉讼，使得其必须在继承人身份不确定的一段较长的期间内对遗产进行保佐（诉讼保佐人，《民法典》第 1961 条）。保佐人是继承人的法定代理人，而不是官员。保佐人要遵守监护法，即《民法典》第 1802 条及以下条文。他必须首先编制一份遗产目录。对有价证券和特定给付上的权利的处分只能在遗产法或监护法允许时才能进行（《民法典》第 1812 条第 1 款和第 3 款）。即使是免除小额的债务和退出一家俱乐部，保佐人也不能独立完成。[80]

4 根据《民法典》第 1964 条第 1 款，除了保全遗产之外，第一项任务也是查明继承人。对此可以考虑《民法典》第 1965 条第 1 款规定的对继承人附申报期限和排除期限的公开召唤。遗产保佐人和任何保佐人一样，有权因其劳务而请求报酬，这通过《民法典》第 1915 条并结合《民法典》第 1836 条至第 1836e 条来确定。通常他可以要求每小时 90 欧元的报酬。[81]

答案：如果 F 并不知道最终的遗嘱，那么她可以通过开启而获知其内容。此前法院会说明，这是不是实际上最终有效的遗嘱。

第 2 节　《家事与非讼事件程序法》规定的程序

案例：如果某人要求获得遗产，他应当在哪里提起诉讼？

5 在遗产问题上，由作为遗产法院的当地主管的初级法院来裁判。《家事与非讼事件程序法》第 342 条第 1 款列出了以下内容：其中包括终意处分的官方保管事宜、遗产的保全、遗嘱的开启、继承人的查明、在这种相互关系中接收公开声明、继承证书和其他有关遗产的证书、遗嘱的执行、遗产的管理以及其他类似的事务。

---

[79] OLG Zweibrücken（8W 49/15）vom 7. 5. 2015，NJW Spezial 2015，424.

[80] *Walter Zimmermann*，Vermögensverwaltung durch Nachlasspfleger und Betreuer，ZEV 2014，76－81.

[81] OLG Karlsruhe（11 Wx 11/15）vom 30. 3. 2015，NJW Spezial 2015，328.

所有这些程序都将在独立的程序法内进行，即非讼程序。

6 这些自 2009 年 9 月 1 日起被规定在《家事与非讼事件程序法》中，替换了 1898 年的原《非讼事件法》。非讼程序作为法院的管理工作，在某些点上与《民事诉讼法》中处理争议的程序法有所区别：首先，此处根据《家事与非讼事件程序法》第 26 条适用职务调查原则：虽然当事人可以申请举证，但是这只能作为一个建议，因为法院必须自行行事。它必须自己解决有争议的问题，不得提及有争议的法律程序。其目的是可以快速审阅材料，以便能够顺利地获得继承证书。就这一点来说，人们根据一些文献中的意见就已经可以将非讼程序理解为管理程序。在诉讼程序中则相反，适用处分原则，据此当事人有义务自己提出对其有利的观点以及提供必要的证明。[82]

如果应当确定谁是继承人时，需要注意与诉讼程序之间的区别。此时可能出现《民事诉讼法》第 256 条规定的确认之诉。继承人同样可以根据《民法典》第 2018 条第 1 款提出遗产请求权，这以《民法典》第 985 条的返还请求权为蓝本，目的在于交还遗产份额（对此见第 10 章边码 1 及以下）。在诉讼案件程序中，对遗产提出要求者必须自己提供证明。但是如果遗产法院要求提供继承证书作为继承人身份的证明，则是非讼程序，从而适用职务调查原则。对于那些要求遗产的人来说，这一程序因为其他原因更加有利。

7 首先，非讼程序和诉讼程序的争议事项不同：根据争议事项的二分概念[83]，确定争议事项以及法律效力产生的问题，取决于申请和基础事实。在继承证书程序中，申请针对的是颁发或者收回继承证书，而在遗产诉讼以及确认之诉的诉讼程序中，更多的主要是确定继承人。根据《民事诉讼法》第 322 条、第 325 条，诉讼程序的判决在形式和实质上产生既判力，也约束非讼程序。相反，因为争议事项不同，非讼程序不影响诉讼程序。

8 遗产法院关于继承证书的决定没有既判力，在任何时候都可以改动：如果发现继承证书不正确，那么遗产法院必须根据《民法典》第 2361 条第 1 款第 1 句将其收回。这也是职务调查原则的一个结果。

9 以前非讼程序费用更低。非讼程序的费用根据《家事诉讼费用法》（Schönfelder 第 118 号）来确定，尤其是《家事诉讼费用法》第 28 条，但是诉讼程序则依据《诉讼费用法》（Schönfelder 第 115 号）。但是收费标准自 2013 年起有所调整。确定费用时，争议事由，也就是遗产的价值，是唯一决定性的因素。根据《民事诉讼法》第 148 条，法院应当中止其诉讼程序，如果这样可以避免额外花费。这会导致，遗产法院为了诉讼程序而中止，从而等待最终的且形成既判力的判决。到目前为止，因节省花费而选择非讼程序的论点不再重要了。

10 如果是《家事与非讼事件程序法》规定的遗产问题，则由非讼法院管辖。根据《家事与非讼事件程序法》第 348 条、第 343 条，首先是当地主管的初级法院，也

[82] Vgl. *Eberhard Schilken*, Zivilprozessrecht, 5. Aufl. 2006, Rn. 339 ff, 178 ff.

[83] *Schiliken* (Fn. 82), Rn. 227, 229, 124 f.

就是如果没有遗嘱的话，是（主管法院的）法官或者司法辅助人。如果不服其判决，可以根据《家事与非讼事件程序法》第58条及以下提出申诉，那么主管的就是当地的州法院。如果不服州法院的判决，可以根据《家事与非讼事件程序法》第70条及以下条文向联邦最高法院提出申诉。[84] 但是对于5 000欧元以上遗产的诉讼程序，从州法院开始审判程序，就此可参见《法院程序法》第23条第1款第1项，第71条第1款。

答案：上述非讼程序的经济上的优势以及职务调查原则建议，根据《家事与非讼事件程序法》起诉，而不是《民事诉讼法》。因此，应当在继承证书程序中明确遗产，而不是在确定继承人的程序中确定遗产。继承证书要向初级法院申请，建议不要向州法院提起确认之诉。

第3节 继承证书

一、内容与功能

问题：F希望用她已经去世的丈夫M的财产来清偿遗产费用。她可以如何让银行相信，她现在有权支配他的账户？

11 根据《民法典》第2353条的定义，继承证书是遗产法院签发的关于继承权和其应继份额大小的证书。继承证书的功能是证明继承人的身份。它使继承人可以查看被继承人的财产。前者可以迅速证明他的资格，并用遗产清偿死者的葬礼所产生的费用等或偿付被继承人的紧急债权人；对此他不需要动用自己的财产。如果某人本来就有权动用遗产且无须其他证明，则不需要继承证书。

根据《民法典》第2365条，继承证书中的内容对第三人来说被法定推定是正确的。继承证书的效力相当于土地登记簿：二者都建立了公众对其内容的信任。但是根据《民法典》第2365条，这只是对被证明者的继承权的可被推翻的推定。继承证书中所证明的法律状况在任何时候都允许被推翻，因为其目的在于迅速，而非最终且完美地澄清事实。

12 基于遗嘱证书进行的处分如同所有权人自己所为，无论被证明者实际上是否成为继承人。因为后来可能会发现另外一份指定其他人是继承人的遗嘱。尽管如此，这种情形下的权利获得是有效的，因为这一情况相当于无权处分。但是动产所有权的取得立即有效，而不是获得直接占有时才有效。就这方面来说，从合法的非继承人处获得与《民法典》第932条第1款、第929条第1句规定的从非所有权人处获得不同。

---

[84] 2009年9月1日之前，联邦最高法院根据《非讼事件法》第28条第2款只能被委托进行继承证书诉讼程序，如果一个州高等法院希望作出与另一州高等法院不同的判决，基础的法律问题将由联邦最高法院决定进行统一的履行。

这原则上使第三人可能根据善意取得而从实际的非继承人处获得权利，只要其已经获得了继承证书。《民法典》第 2366 条、第 2367 条规定了三种可能的情况。 13

（1）根据《民法典》第 2366 条，继承证书载明的继承人可以对第三人进行法律行为的处分，让其获得遗产[85]的一部分。

（2）如果第三人将一项属于遗产的权利给付给继承证书载明的继承人，则该第三人根据《民法典》第 2367 条第 1 种情况免除责任。

（3）如果继承证书载明的继承人和第三人关于遗产达成交易，而这不属于《民法典》第 2366 条的内容且包含一项对属于遗产的权利的处分，则其根据《民法典》第 2367 条第 2 种情况是有效的。

善意保护处分行为，而非负担行为。也就是说，它保护遗产中的债权、动产以及不动产的归属；错误的继承人与第三人之间的合同不受影响。根据《土地登记簿条例》第 40 条，继承人无须事先登记在土地登记簿中；事先登记的原则在此处是例外。也就是说，继承人只需要继承证书，结合被继承人的登记，即使他实际上并非继承人，也可以处分不动产。 14

但是继承证书的保护不能超出被继承人的权利范围。不属于遗产的，也不能根据《民法典》第 2366 条获得。但是如果加上《民法典》第 932 条第 1 款，则要考虑善意取得：

● 不属于被继承人的东西，根据《民法典》第 929 条第 1 句、第 2366 条，既不能通过真正的继承人，也不能通过继承证书载明的继承人而善意取得。

● 如果是被继承人借用的东西，那么真正的继承人根据《民法典》第 857 条对此享有占有权。通过继承证书载明的继承人的处分，真正的继承人根据《民法典》第 935 条第 1 款第 1 句、第 857 条丧失了该物。因此，此种情况无法构成《民法典》第 929 条第 1 句、第 932 条第 1 款规定的善意取得。

● 但是根据《民法典》第 932 条第 1 款、第 2366 条，继承证书载明的继承人可以善意取得被继承人借用的东西，因为借用人不能援引《民法典》第 935 条第 1 款第 1 句且真正的继承人有可能形成善意取得。因此，根据《民法典》第 2366 条，人们同样可能从继承证书载明的继承人处实现善意取得。

但是只要第三人了解不同于权利证书的真实情况，自然就不会发生对善意的保护。如果取得人知道继承证书不正确，或者知道遗产法院已经因为其不正确而要求收回，则不在《民法典》第 2366 条及下一条的保护范围之内。因此，《民法典》第 2366 条及下一条的表达比《民法典》第 932 条第 2 款规定的善意的定义要窄，因为根据后一种情况因过失而不知道也会造成不利结果。对继承证书来说，只有知道继承证书不正确以及遗产法院的收回要求，才会造成不利结果。但是提供保护不依赖于继承证书是否被展示给第三人以及其当时是否知晓继承人的身份；也就是说，不取决于继承证书的因果关系。 15

---

[85] Vgl. Julius von Staudinger, Kommentar zum Bürgerlichen Gesetzbuch, § § 2339 – 2385, Neubearb. 2004/*Schilken*, § 2366 Rn. 12.

16 波恩初级法院

—遗产法院—

Az. 2 V 45/02

继承证书

事实表明，2012年9月30日在波恩逝世的法学博士彼得·施密茨（Peter Schmitz），1929年1月20日出生于波恩，最终居住地为：阿登纳大街65号，53113，波恩，

基于一份写于1995年10月20日、由其子女

医学博士约瑟夫·施密茨（Josef Schmitz），生于1955年7月15日，医生，地址：贝多芬大街6号，53173，波恩，

和

彼得拉·舒尔茨（Petra Schultz），原姓施密茨（Schmitz），生于1959年12月5日，家庭妇女，地址：罗马人路20号，53121，波恩，

提供的亲笔遗嘱，

两人各继承一半遗产。

已经规定了遗嘱的执行。

波恩，2012年10月24日

穆勒（Müller）

初级法院法官

17 继承证书包括：

（1）根据《家事与非讼事件程序法》第352条及以下条文，对继承权以及指定的原因的说明；如果是为了说明继承权的范围，那么这尤其必要；

（2）对继承份额以及继承比例的说明，或者只说明继承人中的一个（部分继承证书）或者列举继承人共同体中所有共同继承人的继承份额（共同继承证书）；也可能只列举几个继承人的继承份额（团体继承证书）；

（3）继承人的限制，比如如果指定了后位继承；那么就要列明，何时/在何种前提条件下以及何人要被任命为后位继承人；遗嘱执行方式，但不是一个具体的名字，也要通过这种方式说明；

（4）其他情况，如果根据《民法典》第2355条是必要的。即在意定继承顺序的情况下，要说明建立继承权所依据的处分。

18 继承证书可以给单独继承人（单独继承证书），或以部分继承证书的形式给一个或者几个继承人，“团体继承证书”用于继承人中的一个群体，或者在不同的继承案件中一起办理的“集合继承证书”。最后，根据《民法典》第2369条，如果只应当规定遗产中的单个标的物，可以给予一份限于特定标的物的继承证书，比如因为遗产在国外而被分隔开的情形。

19 源自普鲁士传统的德国继承证书的特殊之处在于，对事实进行暂时的法律审查。为了理解这一特征，有必要进行比较法上的考察。法国法中通过判决发展出，

公证人可以起草一份公告文件：公证人根据《法国民法典》第 730－1 条在一份证书中确认，在他面前出现的人宣称其具有继承人身份，并提供了证据。然后公证人签发这份公告文件，无须进一步审核证据。至于证据是否充分以及对遗产提出继承要求的人，也就是自称是继承人的人，实际上是否为继承人，这份证明文件并不说明。[86]

在瑞士，根据《瑞士民法典》第 559 条，也只进行形式上的程序。在这种情形下不对具体情况进行法律上的全面评价。

这种审查与法院确认真正的继承人不产生竞合。相反，在英格兰，主管的登记法院在对法律情况进行最终审查后授予遗嘱执行人遗嘱检验许可（grand of probate)，即使遗嘱执行人已被遗嘱指定，因此法院判决只具有宣告的作用。[87]

《欧洲继承条例》与欧洲遗产证书根据《欧洲继承条例》第 69 条第 3 款和第 4 款同样发挥了善意的作用。但是这一方面只适用于“给付”，另一方面第三人必须确实具有善意且不允许存在重大过失。因此，从德国的角度来看，德国继承证书被处处作为欧洲遗产证书的其他选择和进一步的保护。[88]

而在德国，遗产法院进行全面的评估，只是为了颁发继承证书，无须最终决定谁实际上成为继承人。它也可以进行自己的调查（《民法典》第 2358 条）。因此，虽然继承证书程序的结果不是更确定的或者最终的确认，人们也可以争论除了法院确认继承人之外，继承证书的花费是否过大。但其至少证明了《民法典》第 2365 条规定的对继承人的可驳倒的推定的正当性。这使公众相信，与此相关的花费是值得的。但是这一概览也展示了，继承证书不能与其他的程序等同起来。对于欧洲遗产证书（见第 6 章边码 6），很少能借用德国继承证书的规定。

答案：F 需要一份继承证书。因为每一次继承开始之后首先都会产生巨大的费用，对继承人来说，使用遗产的资金来清偿这些费用以及立刻向外界证明其继承人身份，是一项重大的利益。

二、程序

问题：死者的妻子 F 和儿子 S 就遗产发生了争议。你给当事人推荐何种方法，尽可能迅速而安全地查明继承权？

根据《民法典》第 2353 条，对于继承证书程序来说，申请是必要的。可以提出申请的人有： 20

- 每一个继承人，
- 遗嘱管理人，遗产管理人或者遗产破产管理人以及

[86] Vgl. *Christoph Dobereiner*, Erbrecht in Frankreich, in: Rembert Süß, Erbrecht in Europa, 2. Aufl. 2008, S. 673, Rn. 180.

[87] *Felix Ordersky*, Erbrecht in Großbritannien, in: Süß (Fn. 86), S. 743, Rn. 60 ff.

[88] *Jessica Schmidt*, Der Erbnachweis in Deutschland ab 2015 Erbschein vs. Europäisches Nachlasszeugnis, ZEV 2014, 389－395.

● 具有可执行权利的继承人的债权人。

《家事与非讼事件程序法》第 352 条及以下条文列举了必要的说明事项：死亡的时间，继承权产生的原因，即是否存在遗嘱或者法定继承权，然后可以详细说明亲属关系，是否存在以及存在何种处分，是否有人以及何人被排除在继承人之外，继承份额是否被减少以及是否存在权利争议。为了与欧洲遗产证书保持一致，也要说明最后的经常居住地和被继承人的国籍以及继承份额的大小（《家事与非讼事件程序法》第 352 条第 1 款第 2 项、第 8 项）。对这些说明要证明或者至少使其确实可信，比如通过代替宣誓的保证。如果法院认为必要的事实都确定无疑，将根据《民法典》第 2359 条颁发继承证书。

21 继承证书由下列人员颁发

● 法定继承顺序的情况下是司法辅助人，

● 如果存在遗嘱，就是法官，见《司法辅助人法》第 3 条第 2d 项、第 16 条第 1 款第 6 项和第 2 款。

但是授予继承证书及其程序受特别程序法的约束。

22 遗产法院根据《家事与非讼事件程序法》第 352 条通过决议来作出决定。但是如果有人认为由此伤害了其权利，可以提出申诉。因为根据《家事与非讼事件程序法》，法院不再直接签发继承证书，过去在争议事项中常见的“预先裁决”已经变得多余。想反对法院的决定的人，针对的是该项决议，而不再是关于继承证书的宣布。

23 继承证书可能是不正确的，因为遗产法院在法律或者事实方面弄错了，比如遗嘱是无效的、代替宣誓的保证是错误的或者出现了一份新的遗嘱。新的事实同样也可以改变法律状况，例如撤销遗嘱（见第 27 章边码 1 及以下）。继承人针对不正确的继承证书可以提出申诉，并要求没收该继承证书。这或者是一项以继承证书的无效性声明为标的的给付之诉，或者是一项请求确认继承证书不正确的确认之诉。如果拒绝颁发继承证书，那么可以依据《家事与非讼事件程序法》第 58 条、第 59 条、第 372 条提出简单的申诉，或者在司法辅助人工作时根据《司法辅助人法》第 11 条第 1 款提出。

24 如果对当事人来说关乎全有或全无或者无论如何是一大笔钱，那么会大大推动他们充分利用所有程序上的可能性。第一审级法院的低权限经常会被注意到。但是在所有审级的继承证书程序之后，当事人依然可以根据《民事诉讼法》第 256 条进行确认之诉。由于申请的不同，没有法律效力延伸。对此人们可能会批评，因为案件经过三个审级之后不一定必须再一次在同等资质的法官面前经过另外三个审级的审理，因为不再有法律保护的必要性。为了保护当事人，就不应当将继承争议再延长几年。

25 所以在一起诉讼中，有争议的兄弟们可能为了颁发继承证书而开始诉讼，然后从初级法院打到州法院，直到州高级法院。[89] 因为州高级法院只处理法律问题[90]，会将其发回给州法院，由其颁发或者不颁发继承证书。如果对此不服，则可以再一次向上述州高级法院提出申诉。同样根据 2008 年之前的《非讼事件法》，可能与其他州高级法院的判决之间产生分歧，那么联邦最高法院要根据《非讼事件法》第 28 条第 2 款处理该案件。[91] 根据《家事与非讼事件程序法》第 70 条第 2 款，州高级法院必须决定，案件是否因为其具有原则性的重要意义而由联邦最高法院来裁决。[92] 在遗嘱和转继承的情况下，往往还要处理基本权利的问题，所以也可能牵涉到联邦宪法法院。[93] 败诉的当事人甚至可以考虑，向位于斯特拉斯堡（Straßburg）的欧洲人权法院主张违反了《欧洲人权公约》。

此外还有仲裁的可能，这可以是通常主管此类案件的，或者为了该案件而临时成立的。在继承证书程序之后，通往争议诉讼程序之路始终开放，所有问题必须重新处理。

这一程序过程绝不只是假设！

答案：对于家事与非讼事件程序来说，虽然花费上相对较少，但是也有很多花费，且程序可能持续多年才能结束。诉讼程序虽然最终确定地澄清了问题，但是可能同样耗时长久，而且无论如何昂贵得多。

但是，仲裁或调解程序可能比进入法院更可取。其目的在于和睦的解决方案和澄清继承权的法律状况。结果的实现更容易、更快、费用更低，且没有长时间愤怒的影响。

---

[89] Z. B BayOblG 3. 9. 1996 - 1 Z BR 41/95，BayOblG 1996，204 - 233＝FamRZ 1997，705 - 710，dazu *Joachim Goebel*，Eheschließung sunfreiheit und erbrechtliche Potestativbedingungen. Zugleich eine Besprechung des Beschlusses ded BayOblG v. FamRZ 1997，656 - 662.

[90] 关于终意处分的解释，区分法律问题和事实问题是很困难的。遗嘱——无论人们如何理解——是一个事实，但是其解释适用法律规定（见第 22 章）。判例对此的处理也不统一。尤其是联邦最高法院将解释视为法律问题，如果它不认可主管法院的解释结果；vgl. zuletzt BGH 24. 6. 2009 - IV ZR 202/07，Rn. 26，bzw. wenn „gesetzliche Auslegungsregeln，Denkgesetze oder Erfahrungssätze verletzt sind oder wesentlicher Auslegungsstoff außer Acht gelassen wurde“。

[91] 由于上述巴伐利亚州高等法院的判决与斯图加特州高等法院 1997 年 8 月 19 日 8 W 124/97，ZEV 1998，185，186（Preußen）的冲突，形成了联邦最高法院 1998 年 12 月 2 日的决议 IV ZB 19/97，NJW 1999，566 - 570. m. Anm. *Muscheler*（Fn. 53），ZEV 1999，151，*Verf*.（Fn. 53），JZ 1999，517 - 519。

[92] Kritisch dazu *Rainer Kanzleiter*，Die Oberlandesgerichte als „Endstation“ für die Entscheidung erbrechtlicher Streitigkeiten im Bereich der freiwilligen Gerichtsbarkeit，ZEV 2015，249 - 254.

[93] 提到的案件参见 BVerfG 21. 2. 2000 - 1 BvR 1937/97，NJW 2000，2495。

第 10 章

遗产请求权，《民法典》第 2018 条

问题：M 和 N 之间存在争议，1955 年生产的一辆梅赛德斯汽车归谁所有；该车暂存在 O 处。S 作为已经去世的 M 的继承人，能否在 N 获得该车的占有之后要求 N 交还该汽车？

1 继承人执行对遗产的请求权可能有困难。例如，继承证书可能暂时表明某人是继承人，但后来发现了一份遗嘱，表明另外一人为继承人。这种情况的产生也可能是因为真正的继承人一开始很难占有分散的遗产。为了执行其继承权，《民法典》第 2018 条给予他一项广泛的请求权。这是一项针对所有占有遗产的人的普遍的请求权。它以第 985 条的返还请求权为蓝本，并根据遗产的具体情况量身定制。

该项请求权包括所有基于继承权而可以请求的事项。因此，《民法典》第 2018 条的返还请求权的内容针对的是全部遗产。但是遗产请求权只能根据《民事诉讼法》第 253 条第 2 款第 2 项准确地详述提出。继承人必须确切地说出他所要求的内容，即使要求交出连续的财产数目或总额。根据这一确定性原则，返还的诉讼请求必须指明所要求的个别物品和权利，以及请求权总计的数目。为了获得遗产之中的财产概况，他需要有针对下列人的答复请求权：

（1）占有遗产的人（“遗产占有人”），（《民法典》第 2027 条第 1 款）

（2）已经将标的物从遗产中取出的人，（《民法典》第 2027 条第 2 款）

（3）基于不正确的继承证书而占有的人，（《民法典》第 2362 条第 2 款）

（4）继承开始之时与被继承人处于共同的家庭生活的人（《民法典》第 2028 条）。

根据《民法典》第 2018 条提起的诉讼并不导致法院确认遗产。人们如果想通过法院来实现确认，则必须根据《民事诉讼法》第 256 条提出确认之诉。

2 只有真正的继承人和共同继承人享有请求权。后者根据《民法典》第 2039 条按照概括继承的原则，只能要求返回给尚未分割的继承人共同体。此外还要考虑

到，遗产管理人、遗产破产管理人、遗嘱执行人或者遗产保佐人也可以行使该请求权；这只在以自己的名义为他人进行诉讼的途径中被部分允许。[94]

请求权相对人是遗产占有人。这种占有在《民法典》第 2018 条的法律规定中被非常精确地定义："任何基于其实际上并不享有的继承权而从遗产中获得某标的物的人"，就是遗产占有人。因此，他必须要具备两个前提：

（1）请求权相对人必须从遗产中占有了任意一项财产利益。

（2）他必须无权获得该项利益。

（共同）继承人可能是继承人且占有遗产，但他不是遗产占有人。相反，遗产占有人必须由于继承开始而从被继承人处或者至少在获得占有之后基于一项宣称的继承权而主张遗产标的。对此，其是否认为自己有权占有，在所不论。一开始合法的继承人也可能成为请求权相对人，如果他通过溯及既往的继承权丧失而失去了其继承权，比如由于拒绝或者继承不够格。如果遗产已经被表见继承人出售，那么根据《民法典》第 2030 条，遗产的买受人对于真正的继承人来说等同于遗产占有人。

因此，从遗产中合法取得财物的人，如果不认为自己有继承权，就不能成为请求权相对人。例如，基于赠与从被继承人处获得标的的人，并非基于一项宣称的继承权而占有。受遗赠人和尚未拒绝遗产的暂时继承人一样，无须交还遗产。后者根据一般原则对后来的继承人承担责任，比如根据无因管理。

遗产请求权在内容上针对返还最初从遗产中得到的东西，比如财物、债权或者 3
不正确的土地登记簿中的地位。这些财产过去是否归被继承人所有，并不重要。如果只涉及遗产中的一部分，就足够了。此外，也包括根据《民法典》第 2019 条作为继承权的代偿物而被取得的（见下）。另外如《民法典》第 988 条，根据《民法典》第 2020 条并结合第 100 条，要返还所有的用益和使用利益，因此也包括《民法典》第 99 条规定的孳息，如股息。最后，必要时也要根据《民法典》第 2021 条进行价值补偿或者依据《民法典》第 2023 条及以下条文进行损害赔偿。

因此，《民法典》第 2018 条规定的请求权非常类似于所有权人与占有人之间的关系。与所有权人要求占有人返还原物的权利状态相一致，它以返还请求权为前提，问题的情况对应于《民法典》第 987 条及以下条文。但是法律对此进行了特别规定，而不是参引别处。继承人作为所有权人，可以根据《民法典》第 985 条及以下条文、第 861 条、第 1007 条、第 823 条向遗产占有人主张，但是这些请求权针对的是个别财物。而《民法典》第 2018 条提供了针对全部遗产的请求权。就这点来说，《民法典》第 2018 条及以下条文规定的请求权与其他的请求权发生竞合。

关于遗产占有人的责任，遗产请求权要考虑到，在不是真正的继承人的情况下，也可能完全没有过错或者根据继承证书的证明而占有遗产。由于这一原因，遗产占有人在责任承担方面应当享有特权；出于同样的动机，正直的占有人在根据所

[94] 认为他们享有直接权利的，见 *Jürgen Damrau*（Hrsg.），Erbrecht Handkommentar，3. Aufl. 2014/*Schmalenbach*，§ 2018 Rn. 5；für ein Klagerecht nur aufgrund de Prozessstandschaft Franz Jürgen Säcker et al.（Hrsg.），Münchener Kommentar zum Bürgerlichen Gesetzbuch，Band 10，7. Auflage 2017/*Helms*，§ 2018 Rn. 20。

有权人与占有人的关系而承担责任时要被更好地对待。遗产占有人的特权根据《民法典》第 2029 条普遍适用：其特权也适用于不主张全部遗产，而只主张个别请求权的情况。[95] 遗产占有人的责任与提出的请求权无关，而只根据《民法典》第 2019 条及以下条文来确定。

根据《民法典》第 2019 条第 1 款，利用遗产取得的标的物也要返还。此时发生了"物权替代"：继承人对于丧失的遗产标的会得到补偿：他会成为代替了旧财物而得到的新财物的所有权人。例如，他会成为利用遗产所购买的车辆的所有权人。因此，真正的继承人直接成为所有权人，不论在买卖合同中谁作为当事人而出现。买卖合同的参与者的意图并不重要。

4 《民法典》第 2019 条写明"通过法律行为而取得"。但是如果因为损毁了某物而得到损害赔偿，则根据通说也发生物权替代。例如，如果汽车遭受了完全的损毁，而利用保险赔付重新买了一辆或者可以重新买一辆，则发生物权替代。这种广泛的解释在《民法典》第 2041 条中得到了确认。因此，如果遗产中的某物或某项权利被损毁或者以另外一种方式被拿走，则发生广义上的物权替代。

替代的前提是，表见继承人的处分是有效的，比如通过《民法典》第 2366 条规定的继承证书的效力或者基于继承人的同意。对于遗产占有人创立的债权，对债务人来说，如同债权让与给了继承人。根据《民法典》第 2019 条第 2 款，当他获知遗产的从属关系时，才可以对其提出异议。另外此处也适用《民法典》第 406 条至第 408 条规定的善意保护。

5 同所有权人和占有人之间的关系相类似，存在不同的责任等级。与《民法典》第 987 条及以下条文一样，要区分未被起诉的、善意的遗产占有人，已被起诉的（参见《民法典》第 989 条）、恶意的（参见《民法典》第 990 条）遗产占有人以及侵权遗产占有人（参见《民法典》第 992 条）。那里的评价可以转而适用于遗产占有的情况；情况都一致。

尚未被起诉的、善意的遗产占有人根据《民法典》第 2021 条承担的责任较轻：被参引至《民法典》第 818 条第 2 款、第 3 款，因而只以现存的得利数额为限承担赔偿责任。因此，享有特权的遗产占有人享受《民法典》第 818 条第 3 款规定的特权，可以援引得利的丧失。请求权相对人也可以根据《民法典》第 2022 条要求补偿所有的花费，甚至是无用的花费。比如利用自己的财产偿还了遗产债务的，可以根据《民法典》第 2022 条第 2 款要求价值补偿，再比如已经支付的遗产税也可以要求补偿。

如果遗产之诉处于诉讼未决的状态，则请求权相对人根据《民法典》第 2023 条第 1 款对任一个无过错的损毁或者交出不能承担损害赔偿责任。恶意的遗产占有人也被同样地对待。也就是说，如果他知道自己无权或者因为重大过失而不知道，则他根据《民法典》第 2024 条第 1 句、第 932 条第 2 款，像在诉讼未决的遗产请求权的情况下一样承担责任。根据《民法典》第 2024 条第 2 句，如果他后来变为

---

[95] *Dieter Leipold*, Erbrecht Ein Lehrbuch mit Fällen und Kontrollfragen, 21. Aufl. 2016, Rn. 638.

恶意，对其同样不利，但是就这点来说，因过失而不知道并不满足条件。那么根据《民法典》第 2023 条，他从后来了解真实情况之时起承担责任。

对于未收取的用益要进行补偿。要补偿的是客观价值，对此《民法典》第 2023 条第 1 款及以下与《民法典》第 987 条第 1 款相一致。请求权相对人不得再援引已经丧失得利，因而《民法典》第 2024 条与《民法典》第 818 条第 4 款相一致。只有必要的花费要按照无因管理的规定来补偿，见《民法典》第 2023 条第 2 款、第 2024 条第 1 句和第 2 句（如《民法典》第 994 条第 2 款）。根据《民法典》第 2024 条第 3 句，因迟延而发生的责任依照《民法典》第 284 条及以下条文处理，所以也适用《民法典》第 287 条规定的意外损害的责任。

如果遗产标的物被通过犯罪行为或者《民法典》第 858 条规定的法律所禁止的私力所得到，则属于侵权责任。《民法典》第 2025 条第 1 句包含了对《民法典》第 823 条的前提的法律理由的参引，因此解除了《民法典》第 2018 条的阻碍作用。

答案： 关于谁的情况满足《民法典》第 985 条的前提条件，恰好在 N 和 M 之间存在争议。只有证实了 M 当时是所有权人，S 才能要求归还。《民法典》第 862 条、第 869 条、第 857 条的占有保护请求权对 S 没有帮助，因为只能要求返还给间接占有人 O。S 也不能主张《民法典》第 2018 条规定的遗产请求权。虽然 M 对 O 的返还请求权属于遗产，但是只有当 N 是遗产占有人时，S 才能根据《民法典》第 2018 条向 N 主张这项财产利益。因为他声称是所有权人，而不自认为有继承权，故而他不享有遗产请求权。

第 11 章 接受与拒绝遗产

第 1 节 问题的提出

问题： T 很高兴得知，她成了一直过着花天酒地的生活的舅舅 O 的继承人。但是经过半年的密集调查，她确认，O 没有剩下任何财产，只有她不愿意承担的债务。她还可以从遗产中摆脱出来吗？

1 正如已经展示的（见第 4 章边码 8），自主取得的原则含有建设性的优势，因为其避免了无主的“闲散”遗产（*hereditas iacens*）且提供了遗产在物权法上的明确归属。但是也出现了两个问题：首先可能出现这一情况，即不能立刻查明继承人。甚至专业的“继承人寻找者”可能都要花费很长时间才能找到他们。在这些情况下，遗产法院可以协助管理遗产（对此详见第 37 章）。由于照顾义务，它们甚至对此负有义务。

没有人可以被要求违反其意志地成为继承人。根据《民法典》第 1942 条第 2 款，只有国家是强制继承人。否则，不能强迫任何继承人接受遗产。自主取得只说明继承人如何获得遗产——也就是很容易，但是不排除成为合法继承人的必要意愿。因为自主取得，形式上的接受并不必要，所以继承人必须至少有可能通过拒绝接受遗产再次表示拒绝。作为对立即继承顺序以及继承人的微小作用的补正，继承人享有自主决定接受还是拒绝遗产的权利。

2 根据《民法典》第 1942 条第 1 款的表述，拒绝必须明确地表达出来。而明确宣布接受不仅无须受领，而且完全不必要，但仍然是可能的。其实通常根据情况就能推断出来，某人已经接受了遗产。推定的接受可以被采纳，如果继承人（1）明确地作为继承人而行为（“作为继承人经营”），比如他为了自己而花费遗产。但是并非所有有关遗产的行为都意味着接受：比如为了保全遗产而对不法的侵占企图进行必要的、快速的防御不是接受，以及为了查明可能存在的资不抵债而管理遗产也同样不是接受。维护遗产的措施通常也不是接受。如果某人为遗产提起了答复询问之诉，也同样不构成宣布接受，尤其是被指定获得遗产的人首先希望获知财务状况之时。（2）随着拒绝期限的流逝，沉默即意味着表示接受，所以构成推定的接受。

被指定的、暂时的继承人通过接受最终获得了遗产。[96] 不得再根据《民法典》第 1943 条第 1 种情况宣布拒绝。但是作为自主取得的结果，继承人此前已经是遗产中的财产和权利的所有权人。他此前的处分毫无疑问是有效的。但是如果暂时的继承人拒绝遗产，情况就更复杂了。

第 2 节 拒绝遗产：《民法典》第 1942 条及以下条文

如果被指定为继承人的人不想接受遗产，他可以拒绝遗产。根据《民法典》第 1945 条第 1 款、第 1944 条，拒绝是一项针对遗产法院的、要式的、需官方受领的、有期限限制的表示。这一决定是自由的。接受社会救济者也可以拒绝遗产，其结果是继续接受社会救济，而拒绝遗产不会被评价为违背善良风俗。[97] 因此每一个继承人都可以拒绝，只有作为法定继承人的国家不可以，因为其根据《民法典》第 1942 条第 2 款是强制继承人。 3

如果已经宣布接受遗产或者接受期限已经届满，则根据《民法典》第 1943 条不得再拒绝。根据《民法典》第 1944 条第 1 款，继承人原则上有 6 周的时间来拒绝。这一期限自知道继承开始与继承原因时起算。因为这一期限特别短暂，人们在此处很慷慨，确定的知晓才被视为“知道”。如果遗嘱已经被开启，那么随着开启而开始起算期限，否则就根据遗产法院的通知而起算。在法定继承顺序的情况下，继承人必须了解有权成为继承人的家庭关系以及可以排除遗嘱的存在。 4

但是如果继承人唯一的居住地在国外或者继承人在继承开始时恰好在国外，那么根据《民法典》第 1944 条第 3 款，拒绝的期限是 6 个月。

根据《民法典》第 1946 条，拒绝和接受一样，在继承开始之后才允许进行，因为被指定为继承人的人在决定拒绝时，应当了解具体的情况和遗产。但是在继承开始之前，根据《民法典》第 2346 条及以下条文，原则上放弃继承是可能的；因此，在继承之前可以重新解释相应的表示。 5

拒绝的意思表示以表意人的行为能力为前提，《民法典》第 104 条及以下条文可以直接适用。因为拒绝和接受都不是在法律上纯受益的，因此要由非完全行为能力人的代理人作出表示。1998 年通过《民法典》第 1629a 条第 1 款为未成年人引入了一项特权：如果为了他们而宣布接受遗产，那么他们仅具体地以全部遗产为限承

---

[96] *Leipold* (Fn. 95), Rn. 607.

[97] So LG Aachen 4. 1. 2004 - 7 T 99/04, NJW-RR 2005, 307 f.

担责任。因此，不会发生利用私有财产进行赔偿的情况。

拒绝是需官方受领的，也就是说，必须针对遗产法院而宣布。根据《民法典》第1945条第1款，必须通过公证认证或者法院记录的方式作出。另外，根据《民法典》第1947条，它是不得附条件的，包含保留条件的拒绝是无效的。因此，拒绝的决定必须是经过深思熟虑作出的。最后，拒绝权是不能转让的，但是根据《民法典》第1952条可以继承。

6 拒绝的效力在于，拒绝者自始不被视为继承人。根据《民法典》第1953条第1款，他被认为不曾成为继承人或者在继承开始之前已经去世了。根据《民法典》第1953条第2款，由假设拒绝者已经死亡时将成为继承人的人取代其位置。因此，比如拒绝者的子女有权继承，然后他们会被视为好像在继承开始之时就成了继承人。

追溯效力的拟制对于后来成为真正的继承人的人来说当然是一个不利情况。由于立即继承顺序，他们必须溯及既往地成为权利人和义务人。通过这种方式可以重新实现力求达到的遗产在物权上的明确归属。但是也必须允许新的继承人拒绝。在重新计算的拒绝期限届满之后，遗产债权人才可以确定谁是承担责任的继承人。根据《民法典》第1958条，在宣布接受之后，他们才可以向继承人主张请求权。如果存在法院确认的继承人身份，甚至可以提起诉讼。

根据《民法典》第1959条第1款，暂时继承人有关遗产的行为对于最终继承人来说如同无因管理的行为。因此，根据无因管理的规则，要考虑双方之间相互返还。根据《民法典》第1959条第2款，为管理遗产而不能延缓的行为保持其有效性。根据《民法典》第1959条第3款，在拒绝之前向暂时继承人作出的行为，继续有效。

7 根据概括继承的原则，不得只接受或者拒绝遗产的一部分。《民法典》第1950条明确排除了部分拒绝或接受。同样，财产和责任状况的明确归属也要求一个明确且容易阐明的状况。因此，原则上只考虑全部接受或者拒绝。

在一些特殊情况下存在例外规定，比如根据《民法典》第1952条第3款对于继承人的继承人。此外，人们可以拒绝一部分，只要《民法典》第1371条第3款、第2306条第1款第2句规定的特留份权利没有灭失且继续保有对遗产的权利。其他例外存在于农场继承法中。

更重要的是《民法典》第1950条的原则的例外，据此允许进行部分拒绝，

（1）如果根据《民法典》第1948条，一个继承人具有多个继承原因，或者

（2）如果根据《民法典》第1951条，继承人被指定获得多个继承份额。

比如一个继承人部分基于遗嘱，但是也部分基于法定继承，那么他可以根据《民法典》第1948条第1款拒绝一个继承原因所带来的遗产，而根据另一个成为继承人。因此，他可以拒绝遗嘱指定的遗产，而仍然成为法定继承人。如果遗嘱中规定了这样的情况，即首先规定的继承人的继承顺序因为拒绝而失效，则这样一个遗

嘱的可变形态最终将导致继承人的选择权。[98] 但是继承人在宣布时必须很慎重：根据《民法典》第 1949 条第 2 款，拒绝遗产扩展至所有继承原因，所以继承人必须明确对拒绝的限制。关于继承原因的错误是无关紧要的动机错误。

如果继承人因为不同的原因而被指定多个继承份额，他可以根据《民法典》第 1951 条第 1 款只拒绝一个继承份额。而如果只有一个继承原因，比如遗嘱，给继承人指派了不同的份额，继承人根据《民法典》第 1951 条第 2 款只能同时拒绝所有的份额。但是被继承人可以根据《民法典》第 1951 条第 3 款明确通过遗嘱规定允许这种情况下继承人的部分拒绝。如果一个继承人应当得到农场和狗，他如果不要动物，就也无法获得农场；除非，遗嘱中已经明确允许继承人拒绝狗。

接受或者拒绝和任何意思表示一样，可以因为错误而撤销；此时不受限制地适用《民法典》第 119 条、第 123 条、第 142 条及后一条（对此详见第 26 章）。比如人们可能误认为个别财物和权利属于遗产，那么可以考虑《民法典》第 119 条第 1 款第 1 种情况规定的内容错误。根据通说，遗产的资不抵债构成交易中重要的情况，因而属于《民法典》第 119 条第 2 款规定的撤销原因。[99] 但是如果表意人只是误解了财产价值，则不构成《民法典》第 119 条第 2 款意义上的对交易中重要特征的错误，而只是无关紧要的动机错误。如果某人笼统地“出于所有原因”而拒绝，则某一情况中的错误不能成为撤销的理由。[100] 8

但是在因错误而撤销时，继承法上存在一些特殊之处：关于继承原因的错误在《民法典》第 1949 条中被特意规定为其他的撤销原因。根据《民法典》第 1954 条第 1 款，撤销期限为 6 周，且自知道撤销原因时起算（《民法典》第 1954 条第 2 款第 1 句）。根据《民法典》第 1955 条，撤销的表示必须与拒绝的形式相一致；也就是说，《民法典》第 1945 条对此也适用。

根据《民法典》第 1957 条第 1 款，对接受进行撤销的效力等同于拒绝，对拒绝进行撤销等同于接受。因此，撤销的表示在形式上也要根据其实质效力，像接受或者拒绝的表示一样对待。其根据《民法典》第 1955 条、第 1945 条要符合拒绝的形式，且必须同样向遗产法院宣布。根据《民法典》第 1954 条第 1 款，要在知道真实情况后 6 周内按照《民法典》第 1954 条第 2 款第 1 句第 2 种情况的规定作出撤销的表示。 9

当然，人们还可以撤销对接受进行撤销的表示。这同样是一项意思表示，根据《民法典》第 119 条及以下条文，它可能是有错误的。对此适用《民法典》第 121 条规定的期限。[101]

答案：《民法典》第 1944 条第 1 款、第 2 款规定的知道之后 6 周的拒绝期限已经届满。所以 T（在法律上视为）已经宣布接受（继承）。但是如果存在重大的错误，可以将其撤销。已知 T 错误地估计了资产和负债，因此只存在对于遗产价值的

[98] 合理的观点参见 *Heinrich Lange/Kurt Kuchinke*，Lehrbuch des Erbrechts，5. Aufl. 2001，S. 213。

[99] *Hans Brox/Wolf-Dietrich Walker*，Erbrecht，27. Aufl.，2016，Rn. 311.

[100] 最近的判决参见 OLG Hamm 17. 2. 2011 – 15 W 167/10。

[101] BGH（IV ZB 39/14 vom 10. 6. 2015），ZEV 2015，468.

错误，这根据通说只是《民法典》第119条第2款中无关紧要的动机错误。但是如果T在期限之后发现了新的遗产债务，则她可以根据《民法典》第119条第2款、第1956条在《民法典》第1954条第1款规定的期限内撤销。

复习和深化的问题

15. 继承证书的作用是什么？

16. 谁可以申请继承证书？

17. 预先裁决的作用是什么？

18. 非讼程序和诉讼程序的重要区别是什么？

19. 由表见继承人占有的、与有效的继承证书相符的财产，对继承人来说是失去了吗？

20. 何为遗产请求权？

21. 何为物权替代？

22. 德国法为什么要规定拒绝遗产？

23. 何为拒绝？

24. 为什么原则上不允许部分拒绝？

25. 人们可以只拒绝遗产中的负债吗？

26. 拒绝的效力是什么？

27. 在对拒绝进行撤销时，要注意哪些前提条件？

28. 尚未拒绝的继承人所约定的租房关系对拒绝之后有资格的继承人有效；为什么？

29. T拒绝遗产后，S会成为继承人。在拒绝之前，T转让了一件遗产标的物。这对S来说有效吗？

C. 法定继承顺序

第 12 章 法定继承顺序的目的

问题： 法定继承权的作用是什么？

即使不存在遗嘱规定的继承顺序，遗产也必须被分配。那么就适用法定继承权，就这点来说，其辅助意定继承权。但是这还没有说明，规则的内容是什么以及什么要被视为例外：根据遗嘱自由的原则，意定继承权是惯例，“无遗嘱的法定继承”是例外。但是如果把“继承要有利于家庭”作为原则，则法定继承顺序成为原则，可以实现其他处分的意定是例外。 1

法定继承权遵循一种典型化的考虑。通过在下列章节中阐述的少量规定（《民法典》第 1924 条到 1936 条）和更少的一般规则，对遗产进行分配。只有在其他方面的规定很容易实现时，才能接受这一点。人们可以假设，法定继承的少数规则在其粗略的原则中是众所周知的。人们知道，遗产首先会在亲近的血亲之间分配。遗嘱在原则上必须只能亲笔手写并且签名，这不是过高的形式要求。在紧急情况下，形式要求甚至还可以进一步降低。因此，终意处分在各种情况下都非常灵活，且每个人都有可能通过遗嘱而排除法定继承顺序。

由于这些原因，也要考虑遗嘱继承顺序和法定继承顺序的混合。虽然根据罗马法适用这一原则，即没有人可以同时成为法定和遗嘱继承人（*nemo ex parte testatus, ex parte intestatus decedere potest*）。被继承人应当被强迫制定完整的继承顺序规则，且完全清楚其规定的结果。但是如今，法定继承更加简单且为大众所熟知。也就是说，个人只需要制定一项规则，如果他希望逐点地与法定继承顺序不同；法定继承权辅助适用。只要他没有进行其他处分，在他的意愿中就接受了法定继承顺序的继承规定。

如果立法者进行遗产分配，则必须根据社会中广泛传播的想法来操作。就这点来说，人们可以从中得出，法定继承顺序不是随意的，而是带有模范的特征。即使不在教义学的细节中，法定继承顺序的少数规定也很容易在基本原则中传播。除了辅助遗产分配，这可能是法定继承顺序的第二个功能。 2

立法者通过法定继承顺序保护遗传学意义上的血亲。这可能是德国继承法上最 3

保守的部分。古典时期的罗马继承法还知道父系家族：在父系家族内部，不考虑遗传学上的血亲，处于其权力之下的人，或者用现代的说法，居住在一起且组成经济共同体的人。当时除了子女之外，还有其妻子，以及其他和他并无血缘关系但是住在一起的人。但是教会希望保护婚姻的成果，通过它的影响，宗族家庭被强化了：所以只有与被继承人存在遗传基因关系的人才属于这一家庭。妻子已经不再属于这一家庭，因为她自己和其丈夫并不是血亲。

《民法典》在原则上规定了宗族家庭的继承法。立法者通过仅在最亲近的家庭内部分配遗产，从而与德国法制史上的传统观点相连，即财产原则上应当像血液一样流淌：它应当尽可能完整地给予下一代。这种限制性的态度造成了很多问题。根据《民法典》第 1931 条，配偶只和血亲一起继承。《生活伴侣法》第 10 条特地为同性共同生活的伴侣创设了继承权，对于异性共同生活的伴侣还一直没有一条类似的规定。

4　对于宗族家庭的优待可以在《基本法》第 6 条第 1 款中找到支撑。据此对婚姻和家庭进行特殊的保护。按照差别保护规则，这意味着不允许对其他形式的生活共同体进行同等的保护。《民法典》规定何人以何种关系归属于家庭。[102]《民法典》第 1589 条及以下条文规定了亲属关系和世系。另外，《民法典》第 1754 条规定的收养打开了一条通道，据此，没有血缘关系的人在法律上也能构成父母与子女的关系。此处法律拟制了遗传学上的亲属关系。由此使得法律工作者不受遗传学的约束。人工授精和代孕母亲的问题也同样可以被自由地规制：根据《民法典》第 1592 条第 1 项，父亲就是在子女出生时与母亲有婚姻关系的人。一名丈夫如果因为利用了其他人的精子而不愿意成为父亲，则必须根据《民法典》第 1599 条撤销其父亲身份。依据《民法典》第 1591 条，母亲是生下孩子的那个女人。如果是“代孕母亲”生下了另一个女人的孩子，则生物学上的母亲必须收养这个孩子。但是如果“代孕母亲”在孩子出生之后希望留下孩子，则不得收养。因此，立法机关是否找到了足以适应生殖医学多种新可能性的规定，是值得怀疑的。“亲属关系”和“世系”是可以被不同定义的法律概念。

5　但是，人们怀疑今天的家庭在这方面是否还有保护的必要。其通常不再是共同的生产基地，而充其量只是一个消费共同体。但是更相关的问题是，是否会像在 19 世纪末所许诺的那样，家庭给陷于经济困难的亲属提供支持。根据新的调查，这种传统模式的家庭在如今依然活跃，现在也不能从原则上否定传统的供给功能。[103] 这在对教育的资助方面尤为明显，在德国，其类型和范围依然受到家庭传统的强烈影响（见第 7 章边码 5）。因此，家庭对德国人的教育水平来说是最重要的因素。当然，从国家给付到社会救助，这一功能被弱化了。但是，国家给付显得既不够全面，也不够保险，不足以在法律上否定家庭在未来的这一功能。作为休戚相关的共

---

[102] 人们当然可以在历史上查明，哪些人应当属于《基本法》的保护范围。但是新的医学上的可能性，导致在这种相互关系中必须澄清很多全新的问题。

[103] *Anja Celina Linker*, Zur Neubestimmung der Ordnungsaufgaben im Erbrecht in rechtsvergleichender Sicht, 1999, S. 111.

同体的“家庭”仍然有必要，未来可能还要加强。

但是小家庭的愿景不再完全代表生活的实际情况。一方面，成年人与兄弟姐妹保持着密切的关系，远房亲戚至少为信息和关系提供了一些支持。更大的家庭至今在紧急情况下还保持互相帮助的功能。[104]* 就这点来说，“家庭”作为连接点不仅是《基本法》第 6 条第 1 款所要求的，而且实际上也是合理的。

但另一方面的问题是，对家庭的定义是不是太狭窄了，因为它把异性生活共同体的生活伴侣排除在了继承权之外。在一些国家，对这种生活伴侣有一个独立的名称（丹麦：“Kæreste”），而在其他国家，这种伴侣关系甚至经常有一个基本的规定，如法国的“pacte civil de solidarité”（Pacs），而在德国法中既没有一条规定，也没有独立的名称。只通过《生活伴侣法》对同性生活伴侣进行法律规定。这里，从法律和社会学的角度来看，家庭特别明显地分崩离析。重组家庭，也就是事实上共同生活的圈子，虽然通过立法者 2008 年的特留份改革而被保护[105]；但是法定继承权中还没有考虑这一想法。国家需要一个可以将其归入“家庭”的连接点。如果不是居住共同体中的每一个共同居住的人都应当有权继承，那么人们就应当考虑以关系的紧密程度作为标准，而这几乎不能成为诉讼程序和法庭审查的对象。人们不能永远假定，生活伴侣应当如配偶般被照料，尤其是因为任何时候（人）都可以结婚，而且更容易就可以进行相应的遗嘱处分。但是如果多年的生活伴侣得不到任何遗产，而被继承人几乎不认识的一个远亲可以得到所有的遗产，这越发显得有问题。类似的情况是，在世的配偶只能与第二顺序的亲属“一起”享有继承权。

答案： 如果没有意定继承顺序，那么法定继承权就可以填补缺口。所以遗嘱也可以规定一部分，其余的留给法定继承顺序。因此，法定继承权使订立遗嘱更加轻松。此外，法定继承权也是示范和指引：与这些规定相一致地订立遗嘱的人，其行为肯定没有违背善良风俗。就这点来说，法律教导立遗嘱者必须注意哪些事项。

---

* “来自美国的叔叔”是 1953 年在德国上映的一部喜剧电影。电影中，德国一个小镇上的一个家族负债累累，他们开采石油失败甚至导致整个小镇陷入经济困难。这个家族有一个富有的叔叔在美国，他应这个家族的邀请回到小镇，带领小镇居民发展经济。——译者注

[104] *Linker* (Fn. 103), S. 113，比如在战后时期，“来自美国的叔叔”很重要。

[105] BMJ Pressemitteilung vom 16. 3. 2007.

第 13 章

亲系继承等级

问题：M 死后留下了祖母 G 和兄弟 B。谁可以继承？

1 《民法典》的法定继承权将遗产分配给《民法典》第 1589 条及以下条文规定的亲属。但是，这并不是指在原则上要根据等级制度意义上的亲属关系的远近来分配。比如在法国和荷兰，就通过这种方式确定继承人。在罗马法中，这要按照使血统关系得以形成的出生人数来确定。

而在德国法中，和宗教法一样，人们根据代来计数，必须追溯到共同的祖先。人们查明所谓的亲系，其中包括源自共同祖先的所有人。所以父亲后裔的亲系和祖父后裔的亲系等都有所区别。因此，家谱的知识构成了确定继承人的基础。

2 那么人们需要考察祖先和其晚辈直系血亲。"晚辈直系血亲"虽然没有被定义，但是继承法在此处遵循家庭法，其确定了某人与谁存在父母子女的关系。[106] 这个整体构成了亲系继承等级，因为亲系在固定的关系中彼此互存。因此，第一群组中包括被继承人的晚辈直系血亲，第二群组是其父母和他们的晚辈直系血亲，第三群组

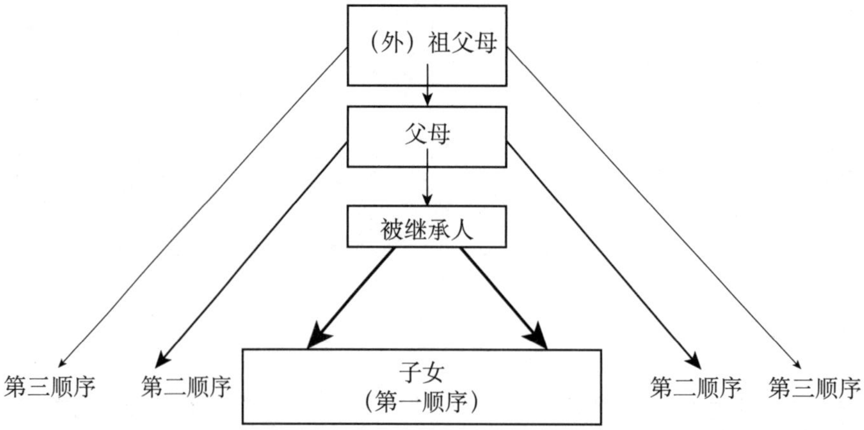

[106] *Christoph Karczewski*，Der Begriff des Abkömmlings im Erbrecht，ZEV 2014，641 - 646.

是（外）祖父母以及他们的晚辈直系血亲等。也就是说，这些群组代表了家系并且形成秩序，只要亲属关系被划分成不同的等级。

3 在查明继承人时，根据《民法典》第 1930 条，适用亲系继承等级的顺位原则（*succesio ordinum*）作为第二项基本原则[107]：亲系等级的成员被排列在前的亲系等级的血亲排除：如果被继承人的一个晚辈直系血亲在世，那么他的父母等将从继承顺序中被排除。也就是说，人们首先查明，是否存在第一亲系等级的继承人。如果是这种情况，人们就无须再寻找第二顺序的亲属。如果根据亲属关系纯粹的亲疏来计数，则被继承人的母亲必须优先于他的孙子继承，而根据《民法典》则有不同规定，即孙子有优先权。

4 一个顺序之内的继承人原则上权利平等，将根据人头数，也就是平分（人头数原则）。对第一顺序的规定在《民法典》第 1924 条第 4 款中，对第二亲系顺序的规定在《民法典》第 1925 条第 2 款中。但是在第三和其他亲系顺序中存在修正。

5 这有一个例外：如果被继承人的一个晚辈直系血亲在世，则他把通过他而与被继承人有血亲关系的更远的晚辈直系血亲排除在继承顺序之外。比如被继承人的女儿独自继承，而不是她的女儿，也就是被继承人的外孙女。被继承人在世的晚辈直系血亲代表了他的家系，这从《民法典》第 1924 条第 2 款中得出。因此，人们将其称为继承权的代表原则。

6 为了把亲系顺序的原则坚持到底，已经去世的有继承权的人的其他晚辈直系血亲必须代替他们的位置。比如孙子女们有权代替其已经去世的父亲，因为他们已去世的父亲作为被继承人的儿子有继承权。《民法典》第 1924 条第 3 款将这定义为“代位继承”。这一代位原则意味着，孙子女们必须分享其父的继承份额。因此，（遗产）在子女和孙子女之间不是根据人头数来分配的。[108] 与此同时，被继承人的母亲被孙子女排除在继承顺序之外，因为其属于下一亲系顺序。

7 法定继承权只有少数规定：《民法典》第 1924 条至第 1936 条。虽然要考虑许多情况，但是由于规定很清楚，因而很容易查明法定继承人。首先，法定继承权原则上不会与遗赠、分割的规定或者负担重叠与复杂化。亲系顺序的想法使其容易理解，为什么在世的配偶根据《民法典》第 1931 条第 1 款、第 1371 条只能和血亲“一起”继承。《民法典》第 1932 条另外为配偶规定了法定遗赠的分配，即“先取权”，且继承人根据《民法典》第 1969 条有义务给与死者处于共同家计生活的家庭亲属提供 30 天的扶养费（“最初 30 日的扶养”）。也就是要根据下列标准来查明顺序：

（1）注意到《民法典》规定的等级以及亲系时，继承人与被继承人的亲属关系的远近。

（2）首先要识别第一亲系成员，然后是其他的亲系，以此根据《民法典》第

---

[107] 关于其产生，参见 *Lange/Kuchinke*（Fn. 98），S. 232 f。

[108] 德国法中的代位权是 938 年由位于埃森 Stela（Steele）的帝国议会通过两次斗争而建立的，支持代位权一方的论证斗争者获胜了。s. Adalbert Erler, „Eintrittsrecht“, HRG, Bd. 1, 1971, Sp. 908 - 910. 这是一个很好的例子，来说明法律规定的有效性可以多么随意，但这似乎是理所当然的。

1924条第2款、第1930条来确定具有优先地位的继承人。

（3）几个权利平等的继承人平均分配遗产。

答案： G和M的关系可能比M与B的更近。但是根据《民法典》第1925条第1款，B作为共同的父母的晚辈直系血亲属于第二亲系顺序。在没有父母的情况下（《民法典》第1925条第3款），他会成为继承人。而G根据《民法典》第1926条第1款属于第三亲系顺序。因此，她根据《民法典》第1930条被排除在继承顺序之外。

第14章 不同顺序的继承权

问题： 何时根据人头数分配？

1 根据《民法典》第1924条第1款，被继承人的晚辈直系血亲以及他们的后代组成了第一亲系等级。根据《民法典》第1924条第2款，只要与被继承人血亲关系更近的晚辈直系血亲还活着，那么通过他们而具有亲属关系的其他晚辈直系血亲就从继承顺序中被排除了。如果祖父E去世了，则他的儿子S继承。只要S活着，被继承人的孙子E1和E2就没有继承权。只有当S去世了，他们才根据《民法典》第1924条第3款取代其位置。他们分享儿子本来应该得到的继承份额。此处人们称其为“晚辈直系血亲的代位权”。如果被继承人还有一个儿子，则他继承一半遗产，而不取决于他有没有孩子。E1和E2分割另外的一半遗产。也就是说，遗产将在晚辈直系血亲或者世系之间平均分配，由于概括继承的原则，不得将个别财产特地转移给特定的家族分支。由于这里只分配了部分遗产，因此将个别财物转移给特定继承人的可能动机仍然未被考虑。其对象只构成了按份额分配给继承人的遗产的一部分。古老的在家族中代代相传的圣经不分配给信教的继承人；在继承人之间分配共同遗产的前提下分配遗产时，珍珠项链可以分配给女儿，也一样可以分配给儿子。这一关系在通过继承人分配遗产时才发挥作用；为了实现融洽的分配，考虑这些利益是有利的。

2 根据《民法典》第1925条第1款，父母及其晚辈直系血亲位于第二顺序，也就是被继承人的兄弟姐妹以及他们的晚辈直系血亲。根据《民法典》第1925条第2款，在世的父母单独且等份继承。此时他们将其他的子女排除在了继承顺序之外。如果父母中的一方已经去世了，则被继承人的兄弟姐妹取代已经去世的父亲或母亲的继承份额。如果母亲还在世，则她继承一半；根据《民法典》第1925条第3款第1句、第1924条第3款，已经去世的父亲的晚辈直系血亲继承另外一半。他们是继承人的同父同母兄弟姐妹还是异父或异母兄弟姐妹，并不重要。同父异母的姐妹，即已经去世的父亲的女儿，也取代其地位继承一半。此处人们称其为“血统原则”，继承份额要保留在已经去世的父亲的晚辈直系血亲的血统之内。只有当不存在其他晚辈直系血亲时，独自生存的母亲才根据《民法典》第 1925 条第 3 款第 2 句继承全部遗产。与原文相反，这些规定要适用于从继承顺序中排除的任何一种情形：其不仅适用于已经去世的有权继承人，也适用于拒绝的情况。

3　根据《民法典》第 1926 条第 1 款，构成第三亲系等级的是（外）祖父母和他们的晚辈直系血亲，也就是（被继承人）父母的兄弟姐妹。比如，只要被继承人的姐妹的女儿还活着，他们根据亲系的级别顺序原则（*successio ordinum*）就被排除在继承顺序之外。根据《民法典》第 1926 条第 2 款，尚在人世的（外）祖父母依据代表原则将他们其他的晚辈直系血亲排除在遗产之外。但是如果继承开始时（外）祖父母中的一方已经去世，则其晚辈直系血亲根据《民法典》第 1926 条第 3 款取代已经去世的（外）祖父母的位置。在这种情况下，《民法典》第 1926 条第 3 款第 1 句致力于将其继承份额留在其家族中。如果已经去世的（外）祖父母中的一人没有晚辈直系血亲，根据《民法典》第 1926 条第 3 款第 2 句，则该继承份额归属于尚在世的祖父母或外祖父母中的另一人。如果祖父母或外祖父母中的另一人也已去世，那么归属于其晚辈直系血亲。这样分配的意义在于，将一个家庭的份额保留在其可能起源的同一家庭。比如祖母已经去世了，则其儿子或者孙子取代其位置；该份额不转让给（外）祖父母中的另外一对及其晚辈直系血亲。

4　根据《民法典》第 1928 条第 1 款，尚在人世的曾（外）祖父母和其晚辈直系血亲位于第四顺序。如果曾（外）祖父母还在世，则根据《民法典》第 1928 条第 2 款前半句将其晚辈直系血亲排除在继承顺序之外。根据《民法典》第 1928 条第 2 款后半句，不论血统和家庭归属，遗产将在在世的曾（外）祖父母之间根据人头数来分配。根据《民法典》第 1928 条第 3 款，遗产在曾（外）祖父母的晚辈直系血亲之间根据亲属关系的级别分配。《民法典》在此处首次遵循等级体系：此处考虑根据《民法典》第 1589 条第 3 句规定的等级来确定继承人。与被继承人的亲属关系最近的人，获得遗产。如果有多个人的亲属关系同样亲近，则根据人头数分配。《民法典》第 1929 条类似地确定了第五及之后的顺序。

5　在继承顺序内部，同一继承人可能与被继承人存在多重亲属关系。此时相关的只是确定最近的顺序。因为这一顺序将其他较远的亲属关系从遗产继承中排除，因此，其他的亲属关系无关紧要。但是如果多重亲属关系导致同一继承人多次属于同样的顺序，则该继承人根据《民法典》第 1927 条基于每一亲属关系都获得遗产的一部分。也就是说，（在这种情况下）不根据人头数来分配。

6　《民法典》第 1929 条表明，划分亲属并不随着第五亲系顺序的确定而结束，实际上可能构成无限的亲系等级且可以一直查明更远的继承人。《民法典》最早的批判者之一就嘲笑说，亲系的无限构成将导致所有人作为亚当和夏娃的后代而具有继承权。[109] 这首先导致了一个实际的问题，即究竟如何查明远房的继承人。当事人都很长时间不了解这些遥远的亲属关系。有必要进行艰难的家庭研究和侦查住所的工作。因此就发展出了继承人寻找者的职业分支。如果继承人不希望签订合同，则他

---

[109] *Menger*（Fn. 7），S. 230.

们按照无因管理的方式起诉行使报酬请求权。至少在不久之前，联邦最高法院给这一方式设置了障碍。[110]

无限的亲系继承顺序是德国继承法中一个非常容易被批判的特点。几乎没有人可以不查询文件就说出其曾（外）祖父母。截止第四亲系等级无论如何包括了绝大多数情况下所有可以被称为家庭亲属的人。比如在奥地利，仍然考虑曾（外）祖父母为继承人，而不再包括其晚辈直系血亲，在芬兰甚至只有（外）祖父母或者他们的子女被考虑，而不包括堂（表）兄弟姐妹。

如果没有查明任何可以作为继承人的亲属，则根据《民法典》第 1936 条，由 7
（被继承人）最后居住地所在的州或者联邦作为法定继承人而参与。如果被继承人不同意这样做，那么他可以订立遗嘱。无论如何，国家这样分享遗产远比过度的遗产税更合适。

答案：在第一和第二亲系顺序中，遗产在多人之间根据人头数来分配。这在第三亲系顺序中被突破，因为已经去世的（外）祖父母的份额有义务被留在其家庭中，见《民法典》第 1926 条第 3 款。在第四亲系继承顺序和所有其他顺序中，要确定最亲近等级的亲属，只有当多人的亲属程度相同时，才根据人头数分配遗产。

---

[110] BGH 23. 9. 2004 - III ZR 322/98，NJW 2000，72 - 73；OLG Celle 11. 2. 1998 - 21 U 49/97，ZEV 1999，449；BayObLG 11. 5. 1999 - 1 Z BR 36/99，FamRZ 1999，1603. dazu *Ulrich Falk*，Von Titelhändlern und Erbensucherin，JuS 2003，833 - 839.

第15章 非婚生子女的继承权

问题： 除了抚养费用之债以外，父亲支付给1998年3月31日之前出生的非婚生孩子K更大一笔金钱，用作提前的遗产补偿，但这不具有约束力。其他继承人能否将这笔钱从K的继承份额中折抵？

1 本章在德国法中几乎只有法制史的意义。传统上，非婚生子女在继承法上与婚生子女不同。1970年以前，“非婚生”子女与父亲并无亲属关系，相互没有继承权。1998年以前，《民法典》第1934a条至1934e条中存在特殊规定，一方面引入了非婚生子女的继承权，另一方面试图阻止其在继承人共同体内部与婚生子女混合在一起。结婚的家庭应当避免与“陌生人”在一个继承人共同体中分配共同财产。所以非婚生子女只有等于法定继承份额数目的遗产补偿请求权，这可以作为债权向继承人主张。

2 当时根据《民法典》第1934d条，存在对提前的遗产补偿的特殊规定。据此，21至26岁之间的非婚生子女也可以在父亲或者父母的生前要求付清遗产补偿请求权数额。其请求权的数额在提出申请之时计算，父亲或者母亲有义务即刻付清。但是，子女与非婚生父母之间的任何继承法上的关系以及亲属关系都因此灭失。这项“活体时的”继承导致父亲或者母亲必须与他们的一大部分财产相分离，这是对他们的生活的巨大的干涉。因此，这种“对缺乏社会化可能的痛苦抚慰金”[111] 受到强烈的批判。在这种抢先继承的情况下，存在着“赠与人”变贫困的风险，因此，根据《民法典》第528条第1款也存在一项追索权，社会救济机构可以将其追回。[112]

作为对欧洲人权法院判决的回应，2011年4月15日的《关于非婚生子女继承权平等地位的第二部法律》规定，1949年7月1日之前出生的婚生和非婚生子女平等地作为其父亲的法定继承人。第一次为非婚生子女引入继承权的1969年的法律对联邦德国建立之前的事项不具有溯及既往的效力。由此在时间方面存在规定上的

[111] *Rainer Jochem*, Der vorzeitige Erbausgleich — Beerbung nach Bedarf?, FamRZ 1974, 360, 363 f.

[112] Vgl. *Bernhard Klinger/Thomas Maulbetsch*, Vorweggenommene Erbfolge und Sozialhilferegress, NJW-Spezial 2004, 301.

漏洞。

通过 1997 年 12 月 16 日的《继承权地位平等法》，非婚生子女的地位与婚生子女完全相同。就这点而言，这一段几乎成为法制史上的题外话；但是根据《民法典施行法》第 227 条第 1 款，以前的法律依然继续适用于 1998 年 3 月 31 日之前的继承案件以及在这一时间点之前达成的关于遗产补偿的协议。非婚生子女与婚生子女享有同样的请求权，因而不再有特殊规定。 3

但是原《民法典》第 1934d 条偶尔会被要求扩展。[113] 在这种情况下，人们看到迫使父母在任何情况下为（非婚生子女的）教育提供资金的方法。对此当然应该持反对意见，因为通过联邦教育促进助学金（BAFöG）和其他社会国的措施，总归存在资助教育的可能，所以没有扩展的必要。最后，提前的遗产补偿导致了继承法的瓦解，因为对此一直误以为只有在被继承人死后才能分配其现有的财产。继承法上并没有保存财产以留给后代的义务。

并非所有欧盟国家都实施这种完全的平等对待。比如在荷兰，根据《荷兰民法典》第 1：221，222 条，必须由父亲承认其具有父亲的身份。此外，在乱伦和通奸所生子女的情况下，承认自己具有父亲的身份会违背善良风俗且无效（《荷兰民法典》第 1：224 条结合第 1：41 条）。根据《荷兰民法典》第 1：394 条，不被承认的子女享有遗产的抚养费请求权，其总额不超过假定的特留份的数额。 4

答案：因为没有形成有效的继承补偿，因此根据《民法典施行法》第 227 条第 1 款第 2 项适用新法。另外，《民法典施行法》第 227 条第 2 款将已经进行的支付参引至《民法典》第 2050 条第 1 款和第 2315 条第 1 款。据此，已经支付的可以被认定为婚嫁资财或者支付特留份。如果满足这些前提条件，那么可以进行折抵。

---

[113] Vgl bei *Linker*（Fn. 103），S. 174 f.

第 16 章
在世的配偶的继承权

问题：如果婚姻住房是丈夫租的或者是他的财产，那么妻子在居住权方面有没有被更好地保障？

1 在古典时期的罗马法中，独立的、没有进入丈夫的家庭关系的寡妇不享有继承权。她们当时通过自己的财产（嫁妆）而得到保障，且继续因为从属于自己的家庭而得到保护。教会通过要求丈夫为了妻子的利益而转让嫁妆，贯彻了婚姻的不可解散性。如果离婚，那么丈夫就会失去对这些财产的掌控。但是妻子仍然靠丈夫的财产生存，且与丈夫家庭的经济共同体相连。

最初的《民法典》就已经开始尝试加强在世的配偶，通常是妻子的地位，不仅通过分享遗产，而且由于配偶的死亡所导致的法定夫妻财产制的解散，她有权得到经济补偿。如今这同样适用于财产增加额共同制的法定夫妻财产制。这意味着，法定夫妻财产制中在世的配偶有权两次参与遗产分配，也就是说基于继承法（《民法典》第 1931 条）和婚姻法（《民法典》第 1371 条）。

通过 2001 年的《生活伴侣法》，同性生活伴侣关系在很大程度上获得了与配偶相同的地位。通过 2017 年 7 月 20 日的《引入同性人员结婚权法》（《联邦法律公报》2017，I 2787），同性生活伴侣关系可以转变为婚姻。那么在这方面不再有区别。

2 一方面，根据《民法典》第 1931 条第 1 款、第 2 款，配偶享有法定继承权。和第一顺序亲属一起继承时，配偶有权继承遗产的 1/4。和第二顺序以及（外）祖父母一起时，配偶有权继承 1/2。如果（外）祖父母中的一方有继承权，则已经死亡的（外）祖父母中的一方的晚辈直系血亲根据《民法典》第 1926 条第 3 款第 1 句没有继承权，而是根据《民法典》第 1931 条第 1 款第 2 句，已经死亡的（外）祖父或者（外）祖母的份额归属于配偶。如果配偶也作为死者的血亲而具有继承权，则其继承份额根据《民法典》第 1934 条可以累加。只有当不存在（外）祖父母时，在世的配偶根据《民法典》第 1931 条第 2 款继承全部遗产。此外，根据《民法典》第 1932 条，配偶享有法定的先取份。这是一项配偶享有的对婚姻家庭中特殊标的物以及结婚礼物的债权请求权。这应当被认定为法定遗赠，也就是根据法律规定而对继承人享有的债权请求权。即使在世的配偶是共同继承人，也可以向继承人要求履行；因此，在世的配偶根据《民法典》第 1967 条第 2 款是遗产债权人，但是先取份仅针对第二顺序及以后的亲属。

但是如果符合离婚的前提条件且已经提出离婚的申请或者已经表示同意，则根据《民法典》第 1933 条不享有法定继承权。[114]

另一方面，根据《民法典》第 1371 条第 1 款，配偶由于法定夫妻财产制的解 3
散而有权得到死者的一部分财产；《民法典》第 1931 条第 3 款具体阐明了这一点。毕竟死亡仍是导致婚姻结束的最常见的原因。但是财产法上的补偿的特殊前提是，

（1）曾存在有效的婚姻，且不存在《民法典》第 1933 条规定的排除理由，

（2）夫妻原来在财产增加额共同制的法定夫妻财产制之下生活以及

（3）在世的配偶是法定继承人。如果该配偶被遗嘱指定享有法定继承份额或者所获与此相一致，则财产增加额均衡同样是可能的。

在婚姻解散的情况下，原则上必须在配偶之间根据他们的婚姻财产状况进行财产均衡。在财产增加额共同制的情况下，必须进行财产增加额均衡。根据《民法典》第 1371 条第 1 款，死亡情况下的财产增加额均衡是通过固定地将死者财产的 1/4 转让给仍健在的人，也就是说，增加在法定继承权之上。人们称其为继承法上的解决方案。这与死者实际的财产增加额数额以及究竟是否存在财产增加额完全无关，法律将财产增加额均衡笼统规定为遗产的一定比例。这简化了计算，但是在个案中可能不公平。

《民法典》第 1371 条第 2 款规定了另一种计算方法，如果在世的配偶因为被排 4
除在法定继承权之外（《民法典》第 1937 条）而没有成为继承人。如果配偶拒绝遗产，根据《民法典》第 1371 条第 3 款等于通过合同放弃继承权与特留份权。然后可以像离婚的情况一样，根据《民法典》第 1373 条及以下条文按照配偶之间的实际财产状况来计算财产增加额。也就是说要通过查明配偶双方的初始财产和最终财产、计算双方在婚姻期间的财产增加额并将结余分一半给另一方，来查明具体的财产增加额并进行均衡。这被称为财产法上的解决方案。

但是财产增加额均衡几乎不能引起在世的配偶的地位的巨大改善：即使当丈夫挣得所有财产且他的全部财产都是财产增加额，妻子根据《民法典》第 1371 条第 2 款也只对遗产的一半享有权利。但是当她根据《民法典》第 1371 条第 1 款结合第 1931 条第 1 款与第一顺序的血亲一起继承时，她也可以获得同样的数额。但是——也考虑到她的财产的增加——如果没有获得财产增加额，则妻子得不到任何东西。只有当人们注意到特留份权时，才会得出不同的结果。

《民法典》第 1371 条第 2 款规定的财产增加额均衡并不排除在世的配偶主张特 5
留份，也就是《民法典》第 2303 条第 1 款规定的法定继承份额的一半。这可以从

[114] 但是如果离婚因为欠缺前提条件而无法实施，则妻子仍然有继承权。Vgl. BGH 2.7.2008 - IV ZR 34/08，NJW-Spezial 2008，679 f.

《民法典》第 2303 条第 2 款第 2 句中得出，据此《民法典》第 1371 条“不受影响”。其前提是，配偶既没有成为继承人，也没有成为受遗赠人，或者没有至少以其特留份请求权的额度分享遗产。根据《民法典》第 1938 条，被继承人有权通过不在遗嘱中提名而将家庭成员排除在法定继承权之外。在《民法典》第 2303 条的界限之外没有其他限制该项权利的理由。婚姻法也不要求这样的限制。对于主张特留份权来说，被继承人是否忽视了其配偶或者该配偶是否拒绝了遗产或者遗赠，均无关紧要。

配偶的特留份理论上可以通过两种方式计算：

● 或者可以根据《民法典》第 1931 条确定继承份额并查明其一半。这被称为“小特留份”。

● 或者可以将《民法典》第 1931 条结合第 1371 条来计算法定继承权，然后计算其中的一半，由此人们可以获得“大特留份”。

但是《民法典》第 1371 条第 2 款最后足够明确地规定了“小特留份”；文献中的通说[115]以及联邦最高法院[116]较长时间以来一直遵循这一方法。因此，特留份始终仅根据《民法典》第 1931 条计算较小的（对此详见第 18 章边码 9 及以下）。

6 财产法上的解决方案通过与特留份相结合，在一些情况下对在世的配偶来说可能是更加有利的解决方案，如果财产增加额在死者的财产中占据非常高的比例。然后要考虑配偶在《民法典》第 1371 条第 1 款或者第 2 款的计算方案中的选择权。如果放弃《民法典》第 1371 条第 2 款规定的主张请求权而随后实施继承法上的解决方案，总的来说，配偶就不享有选择权。[117] 没有成为继承人的在世的配偶只有权使用财产法上的解决方案。但是如果该配偶是继承人，则其可以拒绝遗产且根据《民法典》第 1371 条第 3 款对第 1371 条第 2 款中的财产法上的解决方案进行估价。只有在这种情况下，法律的规定会导致配偶的选择权。

7 在世的配偶的财产增加额均衡根据《民法典》第 1371 条会继续受到继子女的权利的负担影响，他们可以要求对适当的教育提供资助。

8 配偶的继承权被广泛认为是不足的。[118] 与被继承人的子女一起分享遗产，往往意味着生活标准的严重恶化。只有当应归属于在世的配偶的财产可以维持其至今的生活水准之时，《遗产税法》中的免税金额才有帮助。在英国，在世的配偶有着更加优越的地位，因为他们除了生活用品，还可以获得一笔固定金额的款项、资产的4%的利息以及对剩余财产的一半的终生用益。[119] 恰好后者对于继续维持在世的配偶在婚姻中的生活水平显得尤其有效。在荷兰，在世的配偶与婚生子女被同样对待；如果没有子女，则其成为单独继承人（《荷兰民法典》第 899a 条）。只要德国的立

---

[115] Vgl. Julius von Staudinger, Kommentar zum Bürgerlichen Gesetzbuch, §§ 2265 - 2338, Neubarb. 2006/*Haas*, § 2303 Rn. 99; *Leipold* (Fn. 95), Rn. 171.

[116] BGH 25. 6. 1964 - III ZR 90/63, BGHZ 42, 182 = DNotZ 1983, 187.

[117] Staudinger (Fn. 115) /*Haas*, § 2303 Rn. 102.

[118] *Linker* (Fn. 103), S. 176.

[119] *Anthony R. Mellows*, The Law of Succesion, 1973, S. 177 f.

法者不发挥作用，遗嘱的继承规定对于更好地保护在世的配偶的利益就是必要的。

答案： 如果住房是租的，则 F 根据《民法典》第 563 条第 1 款第 1 句成为该租房合同的当事人。如果该房屋是 M 的财产，则其成为遗产。F 只能根据《民法典》第 1931 条、第 1371 条第 1 款参与分配；对此处来说，《民法典》第 1932 条规定的先取份不起作用。为了可以进行遗产分配，必要时必须要出卖该房屋；那么 F 必须搬离该房屋。但她至少还可以根据《民法典》第 1969 条提出要求，在 M 死亡发生后的 30 天内继续住在该房屋中。

第 17 章 其他的继承权

1 同性别的、已经登记的生活伴侣关系中的生活伴侣与配偶的继承权相一致。根据《生活伴侣法》第 10 条，生活伴侣和第一顺序血亲一起时继承 1/4，和第二顺序血亲以及（外）祖父母一起时继承遗产的 1/2。如果没有血亲，则生活伴侣根据《生活伴侣法》第 10 条第 2 款继承全部遗产。和第一顺序血亲一起时，他甚至还获得了先取份，如果其需要这些标的物来维持家庭生活。如果解除生活伴侣关系的前提已经构成，或者已经申请解散且已经得到同意，或者已经根据《生活伴侣法》第 15 条提出解除的申请且提出理由，则生活伴侣的继承权根据《生活伴侣法》第 10 条第 3 款消灭。

因此，在继承权方面，已经登记的生活伴侣得到与配偶全面的同等对待。仅存的不同之处在于生活伴侣关系中不存在财产增加额均衡，因此仍在世的生活伴侣的继承份额不能像配偶一样得到提高。

2017 年 7 月 20 日的《引入同性人员结婚权法》（《联邦法律公报》2017，I 2787）为同性的伴侣打开了婚姻之门，但不得建立新的生活伴侣关系（第 3 条第 3 款）。因此，根据立法者的意愿，这种特殊形式应当从实践中消失。

《民法典》第 1936 条规定的国家替补继承权已经有所说明（见第 7 章边码 1 及以下）。

复习和深化的问题

30. 法定继承的功能是什么？

31. 何为亲系继承等级？

32. 哪些原则引领着德国的法定继承权？

33. 德国法定继承权属于什么“体系”？

34. 对于相互之间没有结婚的父母的孩子适用哪些特殊的继承规定？

35. 没有被排除在法定继承之外且没有拒绝遗产的妻子和其与丈夫的共同子女一起继承时，她如何继承？

36. 在继承法的处理中，同性或者异性的生活伴侣关系是否存在不同？

第 18 章
特留份权

第 1 节　引论

问题： 特留份权的作用是什么？

1 根据《民法典》第 1938 条，被继承人有权通过简单的不提及某位家庭亲属而将其排除在遗产继承之外。为了达到家庭分享遗产的最低限度，特留份权限制了该项遗嘱自由。[120] 为了平衡被继承人剥夺家庭成员继承权的权利，罗马法规定，关系最近的家庭成员对于遗产的一个固定份额无论如何都不允许被剥夺。从查士丁尼皇帝起，子女有权获得遗产的 1/3，或者，只要有四个以上的权利人，这个份额甚至就是一半。由此建立了被继承人不得忽略的关系最近的亲属的真正的继承权。如果被继承人宣布给予这些家庭亲属更少财产，他们在任何情况下依然是继承人；且就这方面来说，遗嘱是无效的。人们可以称其为形式的困境继承权，因为亲属在形式方面也维持了继承人的地位。如今，在大多数的罗马法系中仍然可以见到这样的规定，但是《瑞士民法典》以及对其进行模仿的土耳其法典也选择了这一解决方案。在法国，由于被继承人对家庭的责任，原则上只能规定遗赠。[121]

2 在古代和近代早期，家庭法如此强大，以至于当时严重限制了遗嘱自由，甚至进行了部分否定，但是《普鲁士普通邦法》和《奥地利民法典》在被剥夺继承权的情况下，只给予近亲属一项金钱债权请求权。他们不能成为继承人，而只有请求支付一笔钱款的权利。此处人们可以称其为实质的困境继承权：亲属在实质上分享遗

[120] 关于特留份权的合法性，参见 BVerfG 19. 4. 2005 - 1 BvR 1644/00/1 BvR 188/03，NJW 2005，1561 ff。最近的反对观点：Ann-Marie Catherine Kaulbach，Gestaltungsfreiheit im Erbrecht Pflichtteilsrecht und Testiervertrag auf dem Prüfstand（Schriften zum deutschen und ausländischen Familien- und Erbrecht，8），2012，S. 161。

[121] *Döbereiner*（Fn. 74），S. 407 Rn. 85.

产，但是没有获得继承人的地位。德国《民法典》选择了这一解决方案，且一直延续至今。

也有一些法律体系在很大程度上放弃了为家庭提供保障。在美国，只有确保扶养在世的配偶的规定。在英国，法院可以根据 1975 年继承法案更加灵活地分派曾与被继承人共同生活的人的合理的资助申请。[122] 总体来说，可以确定，遗嘱自由在其他国家受到的限制明显更少。其在德国绝不会受到特别强烈的保护。[123]

苏格兰选择了有意思的折中方案：那里不给亲属遗产的份额，而是给予固定的款项以维持在世的配偶的生活。[124] 在中国，如果法定继承人没有工作能力且需要照顾，则其继承份额不能被剥夺。[125] 如果在德国，人们真正以维持亲属的生活为目的[126]，则必须根据需求来确定。这是关于拟议法的新讨论的更好开始。

3 因此，《民法典》第 2303 条至第 2338 条规定的特留份权赋予关系最近的亲属以支付遗产价值的特定比例的债权请求权。他们不成为继承人，而只是针对继承人享有此项请求权。但是这传达出了特留份权的意义：首先，在立遗嘱者生前就提醒他近亲属有权分享遗产；他们至少应该获得特留份。在其死后，就产生了要求继承人根据特留份支付款项的请求权。

最后，特留份权利人如果被指定为继承人，但是所得少于特留份，也受到特留份的保护。作为特留份权利人的继承人在不同的情况下都可以坚持，无论如何从遗产中获得等同于特留份请求权的金额。如果遗产不足以满足所有的请求权，或者后位继承、遗赠、负担等使继承份额负载过度，则作为特留份权利人的继承人可以为自己主张拒绝给付权。只要涉及其特留份权，继承人可以根据《民法典》第 2318 条、第 2319 条拒绝满足（其他权利人）要求。

为了实现特留份请求权，权利人需要享有针对继承人的答复询问权，从而可以查明遗产的数额以及计算请求权。立法通过《民法典》第 2314 条、第 260 条规定且明确阐明了这项答复询问请求权。那么特留份义务人必须可以提供过去 10 年的所有证明，不仅包括遗产的发展，也包括与特留份补充相关的赠与。特留份权利人根据《民法典》第 2314 条第 2 句甚至可以要求一位公证人来制作遗产目录。但是只有当负有特留份义务的继承人的答复受到怀疑时，这条规定才有实际意义；立法者在此处走得太远了。

答案：特留份权是对遗嘱自由的一项修正。至少通过遗产确保最亲近的家庭亲属获得最低生活费用，尽管不是根据具体要求来安排，而只是概括化的。

---

[122] *Veena Kanda Rovati*，Succession：The Law of Wills and Estates，3. Aufl，2001，S. 190 ff.

[123] *Beckert*（Fn. 1），S. 100.

[124] *Odersky*（Fn. 75），S. 6 ff，529 - 544，531.

[125] Christina Eberl-Borges，Erbrecht in China，ErbR 1（2013），S. 15 - 26，19.

[126] BVerfG 19. 4. 2005 - 1 BvR 1644/00，1 BvR 188/03，NJW 2005，1561，1564，其没有说明，根据《基本法》第 6 条第 1 款对特留份权的实质保护要达到什么样的程度。因此，其满足于确认传统的《民法典》规定的合宪性。

第 2 节 特留份权利人

问题：为什么只考虑亲近的家人以及妻子的特留份权？

根据《民法典》第 2303 条第 1 款第 1 句，特留份权利人是被继承人的晚辈直系血亲，当然也包括其收养的子女（《民法典》第 1774 条，对于成年人见《民法典》第 1767 条第 2 款、第 1770 条、第 1772 条）。根据《民法典》第 2303 条第 2 款，特留份也同样适用于配偶。已经离婚的配偶没有特留份权。但是如果其对被继承人享有扶养费请求权，则其根据《民法典》第 1586b 条第 1 款第 1 句、第 2 款有权请求继承人支付不超过拟定的特留份数额的扶养费用。[127]（外）祖父母和兄弟姐妹被排除在特留份权之外。 4

父母根据《民法典》第 2303 条第 2 款享有特留份权。如果存在有特留份权的晚辈直系血亲，在法定继承顺序之内将他们排除在外，则他们的权利根据《民法典》第 2309 条也被排除。同样，与法定继承顺序的代表原则相一致，较远的晚辈直系血亲根据《民法典》第 2309 条被较近的排除在特留份权之外。也就是说，对外孙女来说，只有当被继承人的女儿，即外孙女的母亲，已经去世或者拒绝遗产时，才有特留份权。如果关系较近的晚辈直系血亲只获得了特留份的一部分，则较远的晚辈直系血亲只能要求剩余的金额。也就是说，较远的晚辈直系血亲的特留份权要减掉将他们排除的人已经从遗产总获得的：比如一位父亲将其儿子从法定继承中排除出去，而只指定给其 10 000 欧元的遗赠，则他的儿子根据《民法典》第 2307 条第 1 款第 2 句可以要求扣除 10 000 欧元的特留份。根据《民法典》第 2309 条，孙子也可以代替他，也就是被排除的人的子女，可以要求差额。

答案：对遗嘱自由的限制是为了保护家庭。只有假定死者具有扶养义务，才需要特留份权。

第 3 节 特留份请求权的前提

问题：儿子 S 被指定为 E 的继承人，但是他拒绝遗产。他可以主张特留份吗？

享有特留份权的前提是涉及法定继承人，即满足所有成为继承人的前提条件：因此，继承人在继承开始之时必须活着，不能已经表明放弃继承份额或者特留份（《民法典》第 2346 条第 1 款、第 2 款）、继承不够格或者其他被排除在遗产之外的 5

[127] 享有特留份权的继承人可以拒绝补足他人的特留份，只要其自身有权获得特留份。但是根据 BGH 18.7.2007 - XII ZR 64/05，NJW 2007，3207，这并不适用于扶养费请求权。

情况。其也不得根据《民法典》第2333条及以下条文被剥夺特留份。

已经拒绝遗产的人，根据《民法典》第1956条第1款得不到遗产中的份额。因为其不像《民法典》第2303条第1款所要求的被被继承人排除在遗产之外，其特留份权利也取消，只要法律没有规定其他如《民法典》第1371条第3款的特殊情况。也就是说，"由于所有原因"而拒绝遗产的人，原则上也丧失特留份权。但是拒绝遗产的人也可能保留特留份权。如果没有出现这种情况，人们也许可以通过解释来补充或者撤销拒绝的表示，否则就被排除在特留份权之外。[128]

为了可以主张特留份权，法定继承人必须通过遗嘱或者拒绝接受而完全被排除在继承权之外。也就是说，只在限制或者负担的情况下被指定为继承人的人，尤其是被指定为后位继承人的人，必须首先拒绝遗产，才能成为特留份权利人（《民法典》第2306条第1款和第2款）。但是如果其所得少于特留份，则其无论如何根据《民法典》第2305条都有权请求补足特留份。人们称之为特留份剩余请求权或者根据《民法典》第2305条叫特留份补足请求权。自2009年起，法定继承人根据第2306条有权在特留份和受限制或者负担的继承份额间作出选择，无论该份额的价值小于还是大于特留份。

在遗赠的情况下，特留份权人根据《民法典》第2307条同样享有一项选择权，是拒绝遗赠而主张完整的特留份还是在遗赠之外主张特留份剩余请求权。如果遗赠被施加了负担，则法定继承人根据《民法典》第2307条第1款同样可以拒绝，而获得没有负担的特留份。

财产增加额共同制中的在世的配偶可以拒绝遗产，而根据《民法典》第1371条第3款要求财产增加额均衡以及小特留份（见第16章边码5）。

答案：根据《民法典》第2303条第1款，特留份请求权的前提是，S由于死因处分而被排除在继承之外。如果他拒绝遗产，那么也丧失了继承权和特留份权。他只有在《民法典》第2305条至第2307条的情况下可以拒绝继承权，而不丧失特留份权。

第4节　请求权的性质

问题：儿子S不想要其遗产份额，而只要家族中代代相传的圣经。他可以作为特留份权利人而得到该圣经吗？

6 特留份请求权不提供继承权，即不提供继承人的地位，而作为"实质困境继承权"只是一项债权的金钱请求权。人们通过确定或者估计收益，来查明继承开始时遗产的存量和价值。那么其中特留份权利人的份额会被计算出来。按照《民法典》第2317条第1款的规定，特留份请求权根据法律在继承开始之时产生。根据《民

---

[128] 至少，OLG Schleswig vom 2.9.2014 - 3 U 3/14，NJW Spezial 2015，8 这一判决是容易令人误解的。

法典》第 2317 条第 2 款，它既可以转让，也可以继承。根据《民法典》第 2332 条第 1 款，特留份请求权随着继承开始而开始。自 2009 年 7 月 8 日决议通过的《继承与消灭时效法改革法》起，继承法上的请求权的消灭时效适用一般规定，即 3 年的消灭时效规则。如果不知道存在请求权且非因重大过失而不知道，则适用《民法典》第 199 条第 3a 款规定的 30 年的消灭时效期间。因此，根据《民法典》第 195 条，特留份请求权的消灭时效在 3 年后届满，不知道以及非因重大过失而不知道该特留份请求权的，根据《民法典》第 199 条第 3a 款经过 30 年而使消灭时效届满。如果特留份权利人根据《民法典》第 2340 条属于继承不够格，特留份权可以被撤销。

特留份请求权是一项遗产债务。对此，继承人对外作为连带债务人承担责任， 7
对内根据继承份额的比例划分。继承人为了满足特留份请求权，甚至可以根据《民法典》第 2318 条第 1 款减少遗赠和负担。就这点来说，继承人和受遗赠人根据其对遗产所享有的权利的价值比例来承担特留份的负担（见第 18 章边码 10）。同时也是特留份权利人的继承人可以根据《民法典》第 2331a 条例外地要求延期特留份请求权，如果立即履行对其来说是“不公平的困难”。例如，作为单独继承人的女儿可以向被排除在法定继承之外的儿子要求延期，如果遗产中没有足够的流动资金，而必须出售不动产。自 2009 年起，如果存在不公平的困难，所有继承人都可以行使这项延期权，但是也要适当地注意特留份权利人的权利。

如果继承人因为被继承人的赠与而不能支付特留份，根据《民法典》第 2329 条，甚至允许特留份权利人求助于受赠人。受赠人必须交出赠与，通过转让收益可以满足特留份请求权。

答案： S 作为继承人必须和其他继承人就分配遗产达成协议，从而获得该圣经作为其继承份额。他作为特留份权利人只有权要求支付相应的财产。但是他可以和继承人协商，给他该圣经以代替支付财产。前提是，继承人对此达成一致。S 对该圣经没有请求权。

第 5 节 请求权的内容

问题： S 享有数额为 40 000 欧元的特留份请求权。其在 11 年前购买住房时，父亲给了他 40 000 欧元。其父的继承人是否可以将这笔钱从特留份中折抵？

特留份请求权作为遗产补偿请求权，根据《民法典》第 2303 条第 1 款第 2 句 8
为法定继承份额的一半。计算特留份时必须

（1）首先确定根据法定或者意定继承顺序而对遗产享有权利的继承人人数以及他们的继承份额，然后是

（2）遗产的价值。

此处要查明标的物的存在与价值，根据《民法典》第 2311 条第 1 款必须以继

承开始时的价值为基础。然后人们必须

（3）找出法定继承份额的数额。

此时，根据《民法典》第2310条也要考虑到那些被排除在法定继承顺序之外的法定继承人、拒绝遗产的法定继承人或者继承不够格的法定继承人；但是如果他们先于被继承人去世或者通过放弃继承而被排除在外，则不适用这些。

9 在财产增加额共同制的婚姻共同财产制中，由于死亡终结了婚姻共同财产制，要额外进行财产增加额均衡。如果配偶被排除在继承顺序之外，则要根据《民法典》第1371条第2款进行财产增加额均衡，只允许财产法上的解决方案。[129] 配偶不能根据《民法典》第1371条第1款要求总计的财产增加额均衡。根据《民法典》第1371条及以下条文而计算确定的财产增加额均衡请求权对继承人来说是遗产债务；这优先于特留份权、遗赠和负担。因而在计算遗产继承份额时，财产增加额均衡请求权不被计算在内。《民法典》第1931条第1款、第2303条第2款规定的特留份请求权要根据《民法典》第1371条第2款末尾的明确规定而始终计算“小特留份”：计算时以没有根据《民法典》第1371条而增加的继承份额为基础（见第16章）。相比于晚辈直系血亲，这一“小特留份”只占遗产的1/8。

10 如果人们已经

（4）查明了法定继承份额的数额且平分一半给了特留份请求权，此外还需要

（5）根据《民法典》第2315条扣除特留份权利人生前可能已经获得的给付。

但是只有当被继承人希望在特留份中进行折抵时，这种所谓的先前获得才有义务进行均衡。也就是说，只要对此不是有特别的规定，生前的赠与原则上不予考虑。但是这种规定不需要符合某种形式，因此也可以通过推论而得出。此外，如果被继承人保留了有关折抵的决定或者继承人对此同意，均衡义务不仅可以通过法律行为实现，也同样可以在遗嘱中补上。但是有关折抵的事后规定必须通过死因处分而确定；因此，关于折抵的不要式的表示或者约定没有效力。

类似地，《民法典》第2316条通过参引《民法典》第2050条及以下条文规定了继承人之间的均衡义务：继承人和特留份权利人必须在继承份额或者特留份中折抵所获得的“婚嫁资财”。

最后要考虑

（6）特留份补足请求权。（见下）

答案：生前支付给特留份权利人的并不是家庭关系中所应当给予的如生日礼物之类的东西，其实是特殊的、类似于婚嫁资财的给付，且由于这笔款项的数额使得遗产显著减少。由于接受人也非常清楚这一状况，所以可以认为存在默示约定的折抵义务。那么这笔赠与的价值根据《民法典》第2315条第2款要增加到遗产之中。其中要重新计算特留份，因为之前扣除了赠与的价值。通过这一计算方式将使特留份请求权的数额增加，因此，S无论如何还可以获得一笔款项，但是没有其他说明

[129] Vgl. Franz Jürgen Säcker, Roland Rixecker, Hartmut Oetker (Hrsg.), Münchener Kommentar zum Bürgerlichen Gesetzbuch, Band 8, 7. Aufl. 2017/*Koch*, § 1371 Rn. 34.

无法计算出数额。

第6节 特留份补足请求权

问题： 同上，但是买房补贴是4年前才给付的。遗产总额为160 000欧元。

被继承人死前进行的不寻常的赠与在计算特留份时可能被增加进遗产之中，从而计算出较高的特留份请求权。那些对继承人或者其他人的赠与不应当限制特留份权利人对遗产的最低份额。 11

根据《民法典》第2325条第3款前半句，所有不超过10年的赠与，不论数额和意图都要考虑在内。自2009年7月2日的《继承与消灭时效法改革法》起，根据《民法典》第2325条第3款适用按比例的解决方法，即自赠与之时起每过一年则减少1/10的均衡义务。因此，九年之前的赠与只需要考虑1/10。根据《民法典》第2325条第3款第2句，赠与在十年之后就不予考虑了。

这些赠与不包括义务性和礼节性的赠与，因此，日常的生日礼物被排除在外。最后，特留份权产生之前的赠与也被排除在外，比如结婚前进行的；那么用于订婚的璀璨的手镯也被排除在外。在捐赠给重建德累斯顿女子修道院基金会的案件中，德累斯顿高等法院判决认为，捐赠不属于赠与，因此不会引起补足请求权。[130] 对于配偶之间"未命名的赠送"，要考虑将其等同于继承法上的赠与且根据《民法典》第2325条包括在内。联邦最高法院认为，只要客观上没有进行对待给付就足够了。即使夫妻在主观上不认为是无偿的，其间未命名的赠送也等同于赠与。[131] 但是这一观点代表了多大的范围以及联邦最高法院在未来的案件中将在多大程度上坚持这一观点，尚不明确。[132]

赠与的价值要被算入遗产之中，因此，特留份必须根据遗产的较高价值来计算。这与根据实际遗产而计算出来的特留份之间的差额就是《民法典》第2325条第1款规定的特留份补足请求权。根据《民法典》第2326条第1句，每一个特留份权利人都有一项这样的请求权，即使实际遗产的一半都留给他了。如果给其留下的多于遗产的一半，那么"多于"的部分要按照《民法典》第2326条第2句从特留份补足请求权中扣除。 12

如果特留份权利人自己得到了赠与，则其在计算上

（1）要加入遗产之中，

（2）然后要重新计算特留份补足请求权并且

（3）最终将赠与的价值从新计算的特留份请求权的份额中折抵。

---

[130] OLG Dresden 2.5.2002 - 7 U 2905/01，NJW 2002，3181 m. zust Anm. *Peter Rawert*，Charitable Correctness - Das OLG Dresden zu Spenen und Pflichtteilsergänzung，NJW 2002，3151 - 3153.

[131] BGH 27.11.1991 - IV ZR 164/90，BGHZ 116，167.

[132] MüKo（Fn. 94）/*Lange*，§ 2325 Rn. 16.

根据《民法典》第 2325 条，特留份补足请求权的债务人是继承人；该请求权根据《民法典》第 2332 条第 1 款经 3 年而使消灭时效届满。如果继承人没有义务补足特留份，比如因为《民法典》第 1975 条或者第 1990 条、1992 条规定的限制责任，则受赠人根据《民法典》第 2329 条是请求权相对人。根据《民法典》第 2332 条第 2 款，无论其是否知道，针对他的这一请求权在继承开始 3 年后消灭时效届满。

答案：在特留份补足请求权的范围之内，要考虑继承开始之前 10 年内的赠与。因为支付是 4 年前进行的，因此，根据《民法典》第 2325 条第 3 款前半句有义务进行均衡。该 40 000 欧元要算入遗产。现在遗产的价值总计 200 000 欧元，法定继承份额就为 100 000 欧元。其中特留份是一半，因此特留份请求权总计 50 000 欧元。其中要扣除买房补贴的价值，S 还有数额为 10 000 欧元的特留份请求权。

第 7 节　特留份的剥夺

问题：儿子 S 宣布放弃其继承份额，但是不放弃特留份。他还可以要求特留份吗？

13 人们可以放弃特留份。根据《民法典》第 2346 条第 2 款，需要考虑的不仅包括放弃特留份权，还有放弃全部继承权，包括《民法典》第 2346 条第 1 款规定的特留份权。放弃按照《民法典》第 2348 条必须作成公证文书，且根据《民法典》第 2347 条第 2 款必须亲自表示。

14 但是因为特定的严重过错，也可能为了惩罚而剥夺特留份。《民法典》第 2333 条中最后列举了这些过错；只要最后清单里列举的情况可以证明剥夺特留份是正确的。通过 2009 年 7 月 2 日的《继承与消灭时效法改革法》，剥夺的理由被进一步统一化：晚辈直系血亲、父母和配偶对被继承人、其晚辈直系血亲或者其配偶进行的生命威胁、故意的虐待、严重的犯罪行为或者其他犯罪行为都构成重大的理由，最后也包括“严重的社会性的错误行为”。在这些情况下并不取决于刑法上的判决，只需要存在构成要件中的一项（即可剥夺特留份）。

在晚辈直系血亲有过错的情况下，要考虑其恶意违反对被继承人的扶养义务，同样还有违背被继承人意愿的不正直或者不道德的生活作风。后者不是针对被继承人，而是赋予被继承人评价继承人的生活方式的可能。因为剥夺特留份是一项重大的干涉，事实构成必须清楚明确，比如是一个犯罪团伙的成员。事实情况首先在客观上要符合一项严重的犯罪构成。但是这在民法中必须在个案中进行衡量；对于这项衡量可以参考对违反善良风俗的认定（见第 20 章边码 30 及以下）。

根据《民法典》第 2333 条第 1 款第 3 项，恶意违反对被继承人的扶养义务构成剥夺配偶特留份的另一个理由。此时，民事法庭既不受刑事法庭的判决的约束，也不允许通过对《民法典》第 2333 条及以下条文的太狭隘的解释而不考虑实现遗嘱自由的目的（见第 20 章边码 30 及以下）。

此外，继承开始后如果继承人喜好浪费或者负债过度威胁到了遗产，那么特留份根据《民法典》第 2338 条可以被善意地限制。在这些情况下，被继承人必须规定，晚辈直系血亲的法定继承人被指定为后位继承人，或者指定遗嘱执行人进行遗产管理。限制及其原因必须在终意处分中充分具体化且表明。

因为这些考虑根据《民法典》第 2338 条必须在遗嘱中说明，因而这首先只是被继承人的一项决定。但是，限制继承权的这些充足的理由必须也在与共同继承人的交往中相互生效。此处人们可以考虑《民法典》第 2338 条的观察角度，如果继承权在一个继承人之间的合同中由于所列举的一项原因而被限制；这尤其适用于根据《民法典》第 138 条第 1 款判断该合同是否违反善良风俗之时。

剥夺要符合形式要求：根据《民法典》第 2336 条第 2 款，剥夺特留份的原因 15
的相关具体过程要在遗嘱中指明。犯罪行为越严重，已经遭受指责的核心构成要件就越可能足够，对于理由进行说明的要求就越低。[133] 理由必须在终意处分之时已经存在。

根据《民法典》第 2337 条，对剥夺特留份的撤回被视为宽恕。特留份权可以因为过错被宽恕而不被剥夺。宽恕也可以通过推定来表示，比如通过恢复家庭联络。但是，当然并不是每一次新的联络都意味着宽恕。

答案：除了《民法典》第 2346 条第 1 款规定的放弃继承之外，人们也可以根据《民法典》第 2346 条第 2 款仅放弃特留份。如果 S 已经放弃了特留份，他还可以成为意定继承人。但是如果表示放弃继承，这根据《民法典》第 2346 条第 1 款第 2 句后半句也包含了对特留份的放弃。

复习和深化的问题

37. 特留份权的作用是什么？

38. 何为大特留份，在世的配偶何时只能得到“小”特留份？

39. 儿子 K 通过遗赠获得了遗产的 1/8；其法定继承权为遗产的一半。他可以做些什么？

40. 为什么对重建德累斯顿女子修道院基金会的捐赠不属于《民法典》第 2325 条第 1 款规定的会导致特留份补足请求权的赠与？

41. 儿子 S 有毒瘾，继承的财产只会被他全部用来购买毒品。被继承人可以做什么？

---

[133] OLG Hamm，NJW-RR 2007，1235.

D. 意定继承顺序

第19章 引论

第1节 遗嘱权利的意义和任务

问题： 遗嘱的机会和风险在哪里？

遗嘱提供了自由设置自己死后的继承顺序的可能性。被继承人因此得到了根据自己的意见而将财产转移给下一代的可能。如果恰巧遗产的价值较大，甚至有工作岗位依赖于它，人们也认为此时存在谨慎分配遗产的义务。因此，弗里德里希·施莱尔马赫（Friedrich Schleiermacher）曾将遗嘱称为“生命最后的赠礼”[134]，因为最后的慷慨试图给每个人留下合适的东西。义务不会因为知道有些人对其有所畏惧而失去意义。[135] 1

遗嘱法尤其确定了一份有效的遗嘱的形式，即规定了“终意”的表达形式。

因此，遗嘱法的任务首先在于，

（1）确定一份有效遗嘱的前提条件。

（2）此外，遗嘱法必须尽力协助实现遗嘱中所表达出来的意愿，也就是确保保护被继承人的意愿。

（3）法律工作者必须确定对遗嘱的法律限制，比如在《民法典》第138条第1款的范围内基于社会观念来进行。

一方面，可能由于法律构造的不可能或者规定的无效，法律工作者不可避免地要对遗嘱进行干涉。另一方面，被继承人的情况可能在起草遗嘱后发生了如此大的变化，以至于必须对处分进行新的解释，比如说被继承人当时考虑到了“他的子女

---

[134] *Friedrich Daniel Ernst Schleiermacher*，Gedanken II，in：ders. Schriften aus der Berliner Zeit 1796－1799，ed. G. Meckenstock，(Kritische Gesamtausgabe，2)，1874，115.

[135] Gegen *Anatol Dutta*，Warum Erbrecht?，2013，163 ff.

们”，但是在其写下遗嘱之后又有一个孩子出生。

当然立遗嘱人也必须尝试找到一种被认为与善良风俗相一致的形式。但是人们如果开启了非法律工作者制定遗嘱的可能，则必须考虑到其法律认知不足的情况。那么法律工作者的任务就是，对遗嘱进行与法律相一致的解释。

2 历史上曾出现遗嘱法的不同形式。其在罗马法中构成了社会的基础，只要占有一家之主的地位，则也会引起家族权力的转让。因此，最终的遗产分配对国家来说是一项重要的事务。在这方面，立遗嘱人的责任非常明确地表现出来。古典时期之后，财产应当把家庭作为经济共同体保护起来，且这排除了遗嘱。只有对交纳给教堂的份额，即“灵魂份”，教堂才表现出了遗嘱法的想法。否则只有在继承人同意的情况下才可以处分家族财产（继承人同意）。但是近代早期在一些重要的商业国家遗嘱被建立，它们将其视为法律体系中不可放弃的一部分。

由于完全不同的原因，遗嘱法在19世纪经历了一次大换血。在自由主义和早期资本主义时期，人们强化了私人自治和自由权，从而使财产更加吸引人并且刺激经济。自由竞争释放了生产力，这在当时对工业化来说是必不可少的。这以自由的财产权、教育和创业精神为前提。与财产相关的遗嘱自由当时是基础性的自由之一，在此基础之上可以产生私有经济并创造了欧洲在全世界占优势的经济实力的基础。如今，这一观点不像一百年前那般显而易见和著名，明显的限制和保留也有迹可循。但是至少1/5的德国人都利用这一方式来制定遗嘱。遗嘱继承在所有的欧洲国家原则上都被接受，但是形式自由的界限却有着不同的规定。

3 遗嘱法的目的是财产的传递，这在内容上与法定继承权不同。这虽然是一个模式，但却是非强制性的。比如说农场继承法中也包含了一种完全不同的继承模式，农场继承人相比于其他继承权利人享有特权（单独继承原则）。因此，在家族内部平均分配财产并非法律规定的唯一形式。

自主制定继承规定的意义在于，没有人有资格像被继承人一样作出决定。任何第二个人都无法像他一样知道

（1）其权利包含什么以及必须具备何种能力，才能对财产负责；

例如：一枚戒指实际上是一件古老的家族首饰，因而不能根据其材质的价值来估价，而是也应该根据精神价值；一本旧书仅对历史学家来说具有特殊的利益；落地座钟需要一位通晓技术的人；

（2）家族内外可以考虑谁成为继承人以及

（3）相关者有何种能力；

例如：儿子是盲人，传统的书本和画作对他来说没有价值；

（4）财产和人之间可能存在的情感上的联系；

例如：女儿一直希望获得家族的首饰，而儿子对其一窍不通；

或者预计大概谁会对财产负责；

例如：大女儿喜欢首饰，但总是弄丢，而二女儿把所有东西都存进银行保险柜；

（5）因为在不同的情况下，完全不同的标准可能引起理想的分配，因而不仅需

要对情况的准确认知，从而确定可适用的分配标准［见上（1）—（4）］。其实是提出疑问，谁可以决定理想的分配的含义是什么。作为所有权的结果，但是也基于财产上的亲密关系，被继承人有权决定分配的目标。

例如：取决于家族企业的利益最大化还是继承人的幸福？家族中代代相传的圣经应当持续留存在家族之中还是应当交给博物馆而保护其历史价值？决定何种解决方案具有优先性，是被继承人自己的责任。

人们虽然可以代表被继承人授权相当于英国的执行人或者初级法院法官来进行遗嘱分配，且二者无疑都自认为有能力公正地决定继承顺序，但是在正常情况下它们都缺乏必要的了解。首先，它们都缺乏所有权人与财产以及被继承人与他人之间的个人关系。也就是说，被继承人要亲自作出决定，不能被代替。 4

这一亲自决定的社会意义首先从继承权与财产权的关系中得以明确。财产的终意分配的可能普遍增强了财产之上的个人利益。如果个人享有财产权，则也宣布他们与之打交道时有认真负责的能力。因此，法律制度推断，被继承人将找到一种认真负责的继承顺序的形式。[136] 这种信任尤其在生产资料中展现出来。其也能在德国遗产中完整运行。这里也总是期待被继承人认真负责地订立遗嘱。法定继承顺序很可能导致遗产分配，甚至可能导致企业的分裂与关闭。因此，重要的是，发现一位有能力而且也准备好接管企业领导权的继承人。确定据以决定能力的标准再次成为被继承人的责任。如果将利润最大化作为目标，从个性特征角度来看，可能很适合学习了企业经济学且在经济方面卓有成就的女儿，而不是虽然没有经过特殊的培训但是长期在企业中任职且与雇员关系更好的儿子。理想的分配并不是一开始就有的，而是必须（由被继承人）亲自实施。这一决定必须恰好是因为法定继承顺序中可能存在的危险而作出的。德国的法律制度将这一任务转让给所有权人自己。

但是，人们一般可以在何种程度上遵循被继承人的自主负责的决定，是一个普遍的问题。立遗嘱者在其他事项上，人们是不是不能信任他作为消费者在邮寄购物时的自主决定具有持久约束力？如果人们一般不再以认真负责的被继承人的模范为出发点，而是不自主、意志薄弱、反复无常的市民，他每次都把最近来访的家人指定为继承人，那么人们将努力争取限制遗嘱权限。只要还信任人们会像在联邦议会或者州议会的选举中一样作出认真负责的决定，就不进行也不允许实施这样广泛的限制。人物典型形象的问题毕竟涉及整个法律制度。 5

宪法通过《基本法》第 14 条第 1 款第 1 句来保护继承权。财产自由和继承自由的内部关系通过这一规定表现出来。据此保障了多项权利： 6

（1）继承法首先作为制度得到保障，国家不得完全废除继承法。

（2）遗嘱自由被确定为被继承人自主制定其死后继承顺序的权利。

（3）相反，继承人获得遗产的权利也受到保障。这当然只涉及在被继承人死后被查明为继承人的人，而不是那些在被继承人在世时希望获得继承份额的人。也就是说，在遗嘱中被称为继承人的人可以接收财产，没有人可以阻止他。

---

[136] So bereits *Verf*. (Fn. 53), JZ 1999, 517 - 519.

但是遗产税就已经表明，这一权利存在界限。

（1）根据《基本法》第 14 条第 1 款第 2 句，可以通过法律对自由权利的内容进行构造和限制。这与《民法典》密切相关，因此其中的继承法被确认为合法，但是《遗产税法》也被确认为合法。

（2）《基本法》第 14 条第 2 款规定了另一项重要的限制。据此，财产具有社会义务。有争议的是，这在多大程度上只牵涉生前处分或者也牵涉立遗嘱人。

此外还有民法上的限制，除了特留份权之外，特别是违反善良风俗的一般界限。

7 对被继承人意愿的限制从来没有如 1938 年《遗嘱法》第 48 条第 2 款那样被重视。根据其规定，立遗嘱人有义务为了民族共同体而订立遗嘱。如果违反了这一点，那么法官有权指定合适的继承人。此外，这保护了家庭的继承权。战争之后，尽管《遗嘱法》第 48 条第 2 款在 1945 年被盟国管制委员会废除，但是维持了这种有利于家庭的判例。对于《民法典》第 138 条第 1 款，判决在很大程度上进行了内容上类似的表达。此外，为了家庭的利益还可以考虑《基本法》第 6 条第 1 款以及据此必要的对婚姻和家庭的保护；根据《基本法》第 3 条可以认定对家庭成员的不公平对待是违宪的、违背善良风俗的、无效的。但是在过去的 10 年到 20 年间，判例被证实是自由主义的，对家庭的保护在很小的程度上被考虑用来论证遗嘱违背善良风俗。

继承人的权利当然也构成立遗嘱人的自由权的界限。但是需要注意，只有在立遗嘱人死亡之后才会表明谁是继承人。只有在签订了继承协议之后，对继承人地位的任何信赖都受法律保护。如果仅仅是“太子”的希望被估计过高，则人们可能会拿走被继承人的遗嘱自由（详见第 19 章边码 10 及以下）。《民法典》第 1938 条通过与基本法相符的方式也提供了将晚辈直系血亲排除在法定继承之外的可能。[137]

8 但是这可能根据《民法典》第 138 条第 1 款被判定违背善良风俗。因此，有疑问的就是基本权利的第三人效力。根据最原始的观点，存在直接的第三人效力，据此在每一个私法判决中应当直接与基本权利进行衡量。另外，1950 年代初开始贯彻汉斯·卡尔·尼伯代（Hans Carl Nipperdey）所论证的间接第三人效力的观点。[138] 这一观点至今仍被作为通说而遵循。[139] 根据这一观点，基本权利并不直接考虑用于作出判决，而是必须在概括条款的框架内作为联邦共和制的价值体系的表达而被遵守。

与此相反，克劳斯-威廉·卡纳里斯（Claus-Wilhelm Canaris）发展出了经过修正的间接第三人效力理论。每一位法官都是德国司法的一个器官，本身直接受宪法

---

[137] 宪法上，并非必须平等对待子女，BVerfG 19. 4. 2005 – 1 BvR 1644/00，NJW 2005，1561 u. v. m。

[138] 直接参见 *Hans-Carl Nipperdey*，Gleicher Lohn der Frau für gleiche Leistung，Recht der Arbeit 1950，S 121 – 128。

[139] Vgl. etwa Palandt（Fn. 26）/*Weidlich*，§ 1937 Rn. 15.

的约束。[140] 因此，不仅在概括条款中，而且在每一个判决中都要注意这一原则。据此，个人在适用民法规范时也有义务注意有关基本权利的必要的解释。但是，不仅对自由权利的限制得到承认，而且要将对自由的保障与其进行对比，也就是《基本法》第 14 条第 1 款第 1 句或者合同法领域的《基本法》第 2 条第 1 句。那么每一个民法判决必须通过与实践相一致的方式来评估当事人逆向的基本权利。在卡纳里斯之后，这一观点确实实现了法律制度的统一。因此，溯及《民法典》第 138 条第 1 款往往非常不完整且有缺陷。[141]

相反有疑问的是，民法判决是否确实可以通过宪法的检验而得到改善。基本权利是如此的概括，以至于判决最终还是要根据并非从《基本法》中提取出的具体的评价来得出结论。在个案中，人们可以通过基本权利方面的论证而实现公正的解决办法；但是督促民事法庭在解释继承法时始终注意基本权利的评价[142]，会引起司法裁判上更大的自由度以及不受限制和不可预见的解释的危险。[143] 9

民法的实质检验在 20 世纪 70 年代之后才逐步发展起来。《基本法》年份越久，就越被公认为是修正民法的一般标准。但是人们不得让其堕落成为《遗嘱法》第 48 条第 2 款的功能上的补充。这一“价值专制”［卡尔·施密特（Carl Schmitt）］为了一般伦理学的利益而减少了一个学科的教义学价值，由此降低了法学的重要性。随着教义学重要性的萎缩，司法失去了其透明度以及每一个判决的可预见性。联邦宪法法院不能捍卫教义学，而是自己偶尔地犯下错误。很多原因都支持保守地适用基本权利。对于一般规则必须由联邦议会主管，只要初级法院法官和上诉法院作出判决，这就应当受法律和教义学的指导。

答案： 遗嘱开启了个人设定继承顺序的可能，并由此实现了一项自由权。这是有风险的，因为所选择的形式很容易因为后来的实际变化和法律的错误判断而被证实是错误的或者是有缺陷的。在被继承人死后对这些缺陷的修正仅存有限的可能性。

第 2 节 遗嘱自由的功能

问题： 遗嘱自由的功能是什么？

遗嘱法的中心要素，如果不是整个继承法的，那就是对财产的最终决定，即遗 10

---

[140] 基础文献为 *Claus-Wilhelm Canaris*，Grundrechte und Privatrecht，AcP 184（1984），201 - 246；*Johannes Hager*，Grundrechte im Privatrecht，JZ 1994，373 - 383。

[141] *Claus-Wilhelm Canaris*，Grundrechtswirkungen und Verhältnismäßigkeitsprinzip in der richterlichen Anwendung und Fortbildung des Privatrechts，JuS 1989，161，164 ff，已经表明，适用《民法典》第 138 条第 1 款有时候会导致不恰当的结果。

[142] So BVerfG 19.4.2005 - 1 BvR 1644/00，NJW 2005，1561.

[143] 合理的观点参见 *Josef Isensee*，DNotZ 2004，754 - 766。

嘱自由（见第4章边码11及以下）。每个人都有权再一次根据自己的判断对其财产进行终意处分。这正如上述解释所述，被继承人最好知晓分配的标准和可能，且只享有对其进行规定的权利。正因为如此，他的最终意愿才能要求受到周围的人的尊重和遵守；通过法官或者继承人的意愿来代替被继承人的意愿违背了意定继承顺序的本意。对此从社会学上来看，周围的人的期待有所不同：在市民家庭中尤其重视保持家庭传统，而在农民家庭中更看重保障作为经济基础的农场。两者的共同之处在于都希望确保某种特定的因素得到更长久的存续。[144]

11 如果对财产进行有意义的传递更加重要，则被继承人不仅有权利，而且有义务检验一项处分的优缺点，并且决定合适的继承顺序。[145] 从经济学角度来看，遗嘱首先用于确保将遗产转移给下一代。[146] 其中包括，他必须熟知如何订立遗嘱以及可能的处分内容可以是什么。由此他避免了处分的无效或者执行中的不可能。

这不取决于周围的人以及法官是否理解被继承人的决定或者认同评价的基础。遗嘱自由的界限在民法上首先通过《民法典》第138条第1款来确定。

（1）违反善良风俗的一定是触及被继承人的名誉、过分干涉其自由权利或者严重损害了对家庭的义务。由于《民法典》第1938条，原则上无须怀疑排除法定继承人的身份是否违反善良风俗。但是如果涉及侮辱或者包含歧视的论证，则不适用这一点。对于损害公共秩序则必须适用《民法典》第138条第1款。

（2）进行基本权利的衡量时，必须将当事人的利益进行对比：牵涉何种权利，当事人的负担有多重？干涉继承人的权利是否属于被继承人的目标之一？衡量的程序类似于宪法上的实际一致性原则。对此，由于原则上适用私人自治以及遗嘱自由，人们必须首先注意自由权利。只有严重的、明确的、不可容忍的因素才会导致判决违反善良风俗。

另一个界限根据《民法典》第2303条及以下条文规定的特留份权而确定，这确保了扶养最近的亲属的最低标准。

12 遗嘱自由被不同的制度所保护。除了已经讨论的《基本法》第14条第1款第1句进行基本权利的保障之外，根据《民法典》第2302条，所有包含合同约定的被继承人关于遗产分配的义务的法律行为均被宣告无效。[147]《民法典》第2064条和第2274条中表达出被继承人个人设立处分的原则。任何其他人不得取消其对遗产分配的决定。如果仅取决于被继承人的意愿，那么就他而言，观点的改变可能没有问题。根据《民法典》第2253条，单方面的死因处分在任何时候都是可以撤回的。人们同样可以根据《民法典》第2078条及以下条文因为错误而撤销这项处分。虽

---

[144] *Ulrike Langbein*，Geerbte Dinge Soziale Praxis und symbolische Bedeutung des Erbens，2002，S. 222.

[145] 德国《民法典》的立法理由，认为被继承人负有不得滥用其遗嘱自由的法律义务，in：*Benno Mugdan*，Die Gesamten Materialien zum Bürgerlichen Gesetzbuch für das Deutsche Reich，Bd 5，1899 ND Aalen 1979，S. 205。

[146] So auch *Langbein*（Fn. 144），S. 226，233.

[147] Ann-Marie Cathérine Kaulbach，Gestaltungsfreiheit im Erbrecht，Pflichtteilsrecht und Testiervertrag auf dem Prüfstand，（Schriften zum deutschen und ausländerischen Familien-und Erbrecht，8），2012，230，其基于遗嘱自由认为《民法典》第2302条不是必需的；但是，《民法典》第2302条的实用性源于在一般禁止不复存在的情况下必须确立的规定。

然被继承人可以起草一个新的遗嘱，但这更容易成为继承人可以使用的、指责被继承人的错误的手段。

此外，《民法典》第 2339 条规定的继承不够格全面地保护了遗嘱自由。人们不仅在攻击被继承人的身体的情况下丧失继承权，而且在故意和违法影响订立遗嘱的行为、为影响遗嘱而恶意欺诈以及任何对作为证书的遗嘱的犯罪行为的情况下，都同样丧失继承权。当然，以上情形同样地都适用于未遂。继承不够格的机制保护了订立遗嘱的行为、立遗嘱人的自由意志以及作为证书的遗嘱。因此，任何形式对遗嘱自由的干涉都会导致继承不够格。这并不取决于构成了犯罪行为。民事法庭不受刑法的评价的限制[148]且无罪的行为也可能导致继承不够格。[149] 对于法院的衡量来说，保护遗嘱自由的目的也是决定性的。而帮助自杀不是对遗嘱自由的干涉，所以也不导致继承不够格。[150] 13

《养老机构法》第 14 条第 1 款规定了一项特别的保护，原则上不允许一家养老机构的经营者或者工作人员接受养老机构住户作出的违背自身利益的处分。虽然人们可以理解这一做法的目的，即防止养老机构的住户受到机构的诱导。但是通过部分取消养老机构的住户的遗嘱自由来进行保护，是有问题的。这无论在逻辑上，还是在《基本法》第 14 条第 1 款第 1 句进行保障的背景下都无法令人信服。[151]《养老机构法》第 14 条第 1 款甚至排除了通过养老机构住户的亲属进行的终意赠与，但是这存在争议。[152] 另外，这一原则也适用于护理居住的情况。[153]

答案： 它可以实现负责任的价值转让。在市民社会中，它为确保生产资料的最佳继承提供了可能。

第 3 节　亲属的继承权？

问题： E 许诺给其儿子 S 继承份额，从而促使他在 10 年多的时间里帮助自己完成很多日常生活的事务。在其死后，遗嘱被开启，表明女儿 T 是唯一的继承人。S 可以成为继承人吗？

此前已经尝试限制遗嘱自由，从而支持可能的继承人，特别是家庭成员的期望。《基本法》第 14 条第 1 款第 1 句当然包含了为了继承人的利益而保障继承权，否则在被继承人死后应当转移遗产给继承人之时，缺少基本权利方面的保护。但是 14

[148] BGH 16. 3. 2005 - IV ZR 140/04，FamRZ 2005，1070 - 1071 = ZEV 2005，307.

[149] 根据 BVerfG 19. 4. 2005 - 1 BvR 1644/00 u. a.，NJW 2005，1561 导致剥夺特留份。

[150] *Holger de Leve*，Erbunwürdig durch Sterbehilfe? — § 2339 BGB im Praxistest，ZEV 2015，682 - 687.

[151] Vgl. *Bernd Kieser*，Letztwillige Verfügungen zugunsten des Heimträgers，von Heimmitarbeitern oder sonstigen Personen nach § 14 HeimG，ZErb 2002，33 - 38.

[152] Dazu *Wolfgang Roth*，Testierverbot des Heimgesetzes auf dem Prüfstand des BGH，NJW-Spezial 2011，327 f.

[153] 关于 2008 年 7 月 3 日的《巴伐利亚州护理与居住条件法》，s. *Hannes Ludyga*，Vererben im betreuten Wohnen-Zur Bedeutung der „Landesheimgesetze“ in der testamentarischen Gestaltungspraxis，ZEV 2014，177 - 183。

这项保护的前提是，继承人的身份被确定。这并不是说，只要被继承人还可以自由支配其财产，就没有人有权要求成为继承人。尽管有相反的承诺，对于遗嘱规定的信任也因《民法典》第 2253 条而不存在。否则，人们将严重限制遗嘱自由。因此这也是不可容忍的，因为被继承人原则上必须保持其决定自由，从而可以尽可能长久地作出其所期待的关于其财产转移的负责任的决定。

虽然立法在属于继承法的《民法典》第 2346 条、第 2349 条、第 2350 条中提到关于在世的人的遗产，但是这里指的是向被继承人放弃的法定继承权。也就是说，这里没有承认继承权，而是排除任何机会。只要是有关意定继承顺序的，根据《民法典》第 2352 条，放弃的就不是继承权，而只是遗嘱继承人的身份。

15 《基本法》第 6 条第 1 款提出有利于家庭亲属的继承权。联邦宪法法院主要通过历史论证，认为特留份权与《基本法》第 6 条第 1 款是一致的：家庭对财产的分享可以回溯到日耳曼人的传统，这在其他欧洲国家也同样存在。[154] 而具体什么可以被看作亲属对遗产的合理分享的问题，法院没有处理。

根据联邦宪法法院的观点，通过继承协议确定的继承人的期待限制了遗嘱自由。[155] 如果未来的继承人是通过继承协议确定的，则要注意其权利。但是在界限内仍然可能废除继承协议。根据《民法典》第 1931 条第 1 款，被选为继承人的人必须经历继承，但是他同样有权拒绝。因此，由于实际原因和法律原因，继承人在被继承人死亡之前并不确定。有人认为继承协议在被继承人生前就已经确定了继承人，这其实是误解。因此，基于基本权利上的考量，被继承人在继承协议法之外也不能被限制。

16 另外有疑问的是，何种权利可能强于被继承人的遗嘱自由。联邦宪法法院采纳了对晚辈直系血亲结婚自由的侵害，因为继承人的身份取决于和一位“门当户对”的女士结婚，也就是说应当和一位来自高级贵族家庭的女士结婚。对此的前提条件是，被继承人可能完全损害了提出继承要求的人的权利。如果遗嘱中包含有侮辱，则可以认为是这种情况（见第 18 章边码 14）。但是单纯的挑选很少能被认为是对被忽略者违背善良风俗的损害，因为否则，每一个被剥夺继承权的情况都是违背善良风俗的歧视了。被继承人根据《民法典》第 1938 条毫无疑问有权进行剥夺继承权的操作。因此，他可以在子女的范围中偏爱某一个。此处起决定性作用的是，在单纯的挑选中是否存在客观上可以将其评价为《民法典》第 138 条第 1 款规定的违反善良风俗的依据。[156]

17 因此有很多讨论，认为被继承人通过制定遗嘱对继承人施加了压力。例如，只有当在世的配偶不再婚，其才能成为继承人，则该配偶要决定选择新的配偶还是遗产。这种处分使家庭成员面临无法忍受的决策困境，死者必须考虑到他们的决策困难。因此，规定在自由结婚和财产之间二者择一违背了善良风俗（见第 20 章边码

---

[154] BVerfG 19.4.2005 - 1 BvR 1644/00，NJW 2005，1561.

[155] BVerfG 22.3.2004 - 1 BvR 2248/01，NJW 2004，2008 - 2011（„Preußen“）.

[156] *Verf*.（Fn. 53），JZ 1999，517，519.

30 及以下）。但是很多理由也对此表示反对。卖方的每一次报价都强迫买方在获得渴望的物品与保有自己的金钱之间作出决定。此时卖方的行为原则上不违背善良风俗。在继承法中将衡量的决定视为困境，只是保护了决定上的软弱，这无异于性格上的软弱。存在压力的情况其实无处不在。这也存在于继承开始之前被继承人与其亲属关系的考虑中，试图通过适当的行为来影响被继承人订立遗嘱。如果取决于压力，那么遗嘱自由几乎不再有适用空间。如果宣布家庭亲属的这种决策困难是非常重要的，则不仅过分敏感，而且是彩色画报和“基本权利媚俗”层次上的活动。[157]

但是，这种衡量首先在原则上无关紧要。在继承开始之前，被继承人只受共同遗嘱或者继承协议的约束，这一范围之外的任何事情都只是推测。继承人不能排除受益人对此享有的自由。[158] 继承人不会被强迫做任何事情。继承人仍可以拒绝继承人的身份，这至少使他在继承开始之后有机会作出新的决定。对于继承人的希望可能会影响亲属的决定。如果其遵循了被继承人的愿望，则其认为实质利益比其他的更重要。但是其利益的衡量以及因此作出的决定是自由的。没有针对自己的自愿决定的保护措施。但是根据联邦宪法法院的观点，进行衡量时要注意压力论据。[159] 但是这可能被认为是合理的，如果被继承人明确作出的选择被普遍认为是侮辱性的或者完全不可忍受的，也就是侵害了公共秩序的。

答案：不能。根据《民法典》第 2247 条第 1 款第 1 句、第 2276 条第 1 款第 1 句，对 S 的许诺既不是死因处分，也不是继承协议。任何使 E 承担继承法上的义务的合同，根据《民法典》第 2302 条都是无效的。S 在继承法上只能请求特留份。S 的信赖，根据《民法典》第 2253 条本来只是一项希望，不能造成任何改变。最多只能考虑父子之间存在雇佣合同。但是重要的时刻表明，此处的给付多于因家庭关系所应当负担的帮助。然后可以考虑《民法典》第 612 条第 2 款的请求权。如果合同被否定，可以考虑《民法典》第 812 条第 1 款第 1 句第 2 种情况规定的不当得利请求权。但是这不改变继承顺序。S 当初应该通过继承协议来对自己进行保障。

---

[157] So zu Recht *Isensee* (Fn. 143), DNotZ 2004, 754, 762.

[158] 对此进行深入研究的参见 *Thomas Gutmann*, Freiwilligkeit als Rechtsbegriff, 2001。

[159] So *Gerhard Otte*, ZEV 2004, 393, 397.

第 20 章

遗嘱的一般前提

第 1 节　遗嘱的特征

问题：妻子 F 在丈夫 M 生前定了很多规矩。她指示他如何制定遗嘱。在这点上 M 遵从了她。是否存在亲自形成的遗嘱意愿？

1　遗嘱是无须受领的单方意思表示。它可以常年存放在柜子中，直到被继承人死后才被公开。但它是有效的，且在继承开始之时产生效果，除非有其他反对的理由。这对解释来说意味着，只能根据被继承人的意愿来安排；不允许考虑一般交易习惯。也就是说，在解释终意处分的时候要考虑《民法典》第 133 条，而不是第 157 条。

遗嘱随着被继承人的死亡才产生实效。遗嘱在被继承人生前并不产生任何权利和义务，只要其不包含生前行为的因素，比如《民法典》第 331 条规定的人寿保险。

2　如果被继承人独自地、不受他人的影响或者病态的假设，而形成自己的、自由的意思，就构成遗嘱意愿。意思形成的过程必须已经完成，且认真地表示出来。人们可能对写在明信片上的（东西）产生怀疑，写在包装油纸上的很可能只是一份草稿。[160] 遗嘱意愿必须亲自表示出来：也就是说，被继承人作决定时，在意思或者意思表示的发出中都不能被代表：父亲不能替未成年的子女订立遗嘱，丈夫不能替妻子等。人们也不能委托代理人在公证人面前出现且作出表示。根据《民法典》第 2064 条、第 2065 条中所包含的高度人身性的原则，关于范围、继承的标的物以及继承人的决定不得由第三人作出。

---

[160] Vgl. OLG Hamm (10 W 153/15) vom 27. 11. 2015, NJW-Spezial 2016, 168.

同样，根据《民法典》第 2302 条，不允许通过合同约定对遗嘱的内容施加义务。但是被继承人可以和继承人签订有关遗嘱解释的合同。同样可能出现的还有继承人之间关于遗产分配的协议，这也可能在继承开始之前就已经达成。此外，根据《民法典》第 2274 条及以下条文，法律还规定了继承协议，即被继承人和继承人之间关于遗产分配的协议。《民法典》第 2265 条及以下条文规定的共同遗嘱占据了中心位置，其将两份共同宣布的遗嘱结合起来，从而降低形式要求且产生类似于继承协议的约束力。

有关遗嘱的法律任务在于确认遗嘱是否 3

（1）清楚，

（2）在执行方面是否可能和可行，以及最后

（3）完整。

这不仅适用于起草遗嘱的公证人或者其他人，也适用于希望在继承开始之后使用遗嘱的法律工作者。但是遗嘱中经常出现缺陷，尤其是非法律专业人士未经咨询而制定的。它们可能自相矛盾、不清楚或者不完整。但尤其是随着生活的进展而发生的实际变化会导致遗嘱内容上的规定完全失去意义或者引起解释的问题。这同样适用于法律评价的变化，比如处分中的一些要素在数十年后被认定为违背善良风俗，因而出现无效的状况。那么法律工作者的任务就是阐明处分的内容且使其完整，从而尽可能实现终意处分的有效且使其得以执行。

《民法典》第 2084 条也对其进行了规定，这与古老的原则“favor testamenti”（遗嘱有效）相一致：应当尽一切努力来实现遗嘱的内容。为了补充或者更正文本，遗嘱解释在非常大的范围内都是必要的。法律提到了一系列的解释规则，在特定情况下有疑问时如何处理。但是具有决定性的是，人们要找到合理解决个案的方法。

这些基本思想体现在下面将要介绍的对处分内容的处理中。

答案： M 想订立遗嘱，他自己形成了这一意愿。他是否受到指导并不重要。在内容上也只取决于，遗嘱的内容是 M 所希望的。婚姻上的顺从并不排除自由意志。

第 2 节 遗嘱能力

问题： M 是一位 16 岁的少年，他想将他的新女友 F 指定为继承人。其父母不同意。M 可以实施吗？

有效设立遗嘱的首要前提是被继承人的遗嘱能力，这实质上与《民法典》第 104 条及以下条文规定的行为能力相一致，且自 1953 年以来更多地对其模仿。但是也存在明显的内容上的区别。根据《民法典》第 2229 条第 1 款，遗嘱能力的前提是被继承人至少达到 16 周岁。尽管尚未成年，但是其根据《民法典》第 2229 条第 2 款无须法定代理人的同意。但是根据《民法典》第 2233 条第 1 款，未成年人只能通过向公证人的表示来制定遗嘱；也就是说，其只存在订立公开遗嘱的可能。年满 4

18 周岁才可以使用遗嘱的所有形式。

《民法典》明确将关于遗嘱能力和行为能力的决定设置为法律上的决定。经过一个世纪关于心理学等的紧张讨论，立法者不希望由精神科医生或者其他人，而是应当由法律工作者来决定“遗嘱能力”的构成要件，因为其毕竟与身体疾病或者精神状态无关，而是遗嘱能力。[161] 然后，法官应该决定相关人的行为表明他们应对日常生活的程度。这里也存在一项社会控制的委托。如今法官要求医生和精神病医师的鉴定书，但是毕竟只允许他们独自作出法律上必要的决定。在检查过程中，病人不需要再完成一次高中毕业考试，而只允许询问与年龄和个人相适当的问题。

5 患有精神病和意识障碍的人，不能认清他们的意思表示的含义，根据《民法典》第 2229 条第 4 款不具有遗嘱能力。对于遗嘱行为来说，必须要理解意思表示对于自己和继承人的法律上的后果。单纯的心理变态不排除遗嘱能力。考虑到越来越多的老年失智症的情况，这成为继承法实践的一个问题。法院大多数都经历过那种情况，即早已发展成失智症且大多数已经不具备遗嘱能力。但是智力测试是错误的方法，因为它要求比平常更多的知识和能力。医疗和法律鉴定人员很难确定行为能力和遗嘱能力，因为总是需要其他专业领域的知识。

如果公证人经历了立遗嘱人的一个光亮时刻（*lucidum intervallum*），就足够了。不论其他学科对此如何理解，对于法律工作者来说这意味着一个——即使相当短暂的——具有行为能力或者遗嘱能力状态。也就是说，《民法典》第 2229 条第 4 款只要求被继承人在订立遗嘱之时明知其意思表示的意义。尽管平常是精神错乱的状态，如果公证人认为存在一个那样的光亮时刻，就可以成立一份有效的遗嘱。为了保证其判断，如果公证人记录下支撑其观点的线索，将是非常有帮助的。

在医学上，光亮时刻的可能性是有争议的。[162] 这理所应当会被反对，因为在疾病的后期阶段，即使在状况好的时候也很少有自主决定的能力，因为那时至少还认为存在病态的思想后果等。但是在疾病逐渐加重的情况下，从主要行为能力到无行为能力的过渡中的确要依赖现有整体状况的波动来判断。没有什么是稳定不变的，每个人都有状况好或者差的时候，这可能在遗嘱能力和无遗嘱能力的边界上产生影响。

6 此外，对遗嘱能力的前提的认定并不相同。主流学说要求立遗嘱人可以自己确定和表达遗嘱的内容。也就是说，他必须清楚他的指令的影响以及对于被涉者的个人和经济关系的影响。[163] 但这导致遗嘱的有效性以较高的智力能力为前提。其对立面是正确的，不仅因为有疑问时应当认可遗嘱的有效性（遗嘱有效原则，见第 20

---

[161] Vgl. *Andreas Thier*, Entmündigung, Betreuung und Handlungsfähigkeit, Rechtshistorische Perspektiven, in: M. Schmoeckel (Hg.), Demenz und Recht Bestimmung der Geschäfts- und Testierfähigkeit, (Schriften zum Notarrecht, 18), 2009, 75－84, 84 zu § 6 Abs. 1 Nr. 1 BGB-E; *Torsten Schmidt*, Die Entmündigung von den Anfängen des BGB bis zu ihrer Abläsung durch das Institut der Betreuung, (Rechtshistorische Reihe, 181), 1998, 123.

[162] 不认可慢性进行性失智症情况下的 lucidum intervallum，参见 OLG München v. 1. 7. 2013－31 Wx 266/12, NJW-Spezial 2013, 455 f。

[163] Palandt (Fn. 26) /*Weidlich*, § 2229 Rn. 1.

章边码 3；见本章边码 29)，而主要是为了实现在自由社会中自主决定生活的可能性。因此，必须有可以排除遗嘱能力的具体明显的事实，法院才能认定不具有遗嘱能力；仅有推测还不够。[164]

订立遗嘱的人必须知道：(1) 他是谁，(2) 他想通过遗嘱转让什么，(3) 他想留下财产给谁以及 (4) 这应当通过遗嘱实现。[165] 与此相反，有时不要求必须合乎具体行为，而是必须抽象地合乎一般行为能力。但是"部分行为能力"是被承认的，如果被涉者对于特定的问题不能自主决定。病态的嫉妒会持续干扰配偶的客观判断，但是仍然具有行为能力。闹事者在法庭问题上是典型的无行为能力，但是对其他事务认真负责；类似的也适用于受到惊吓的情况。[166] 这至今都在判例中被认可。[167]

有争议的只是"相对行为能力"，即是否需要在艰难的和容易的行为之间进行区分，此时依然认可行为自由和遗嘱自由。至今的判决拒绝了这一点，并论证认为，这样的区分在实践中几乎无法操作且会导致界定的困难。[168] 但是为什么老年人必须在理论上能够理解一份复杂的继承协议，如果他只是希望将财产留给照顾自己的子女？我们的社会还必须学会给老年人留下更多的自主决定空间。

与理解具体遗嘱无关的是，不理解的话也并不能限制遗嘱能力。虽然无能力的人不能指明开始表现出失智迹象的时间和地点，但是这种时间和空间上的迷惑不影响指定某人为继承人的意愿。此处人们不得提出过高的要求：相反，人们并非必须认识到所选择的继承权的形式的经济和社会后果。没有人能确定知道。无论如何，要让一位亲属获得所有东西的人，无论该亲属对此如何反应，绝不是必须知道可能的结果，甚至可以忽略这一问题。

遗嘱和行为能力都旨在服务于社会中的个人的自我决定。在两种情况下，个人都通过意思表示来安排其生活。但是意思表示的特征是不同的，因此二者不需要被同样对待：例如，终意处分原则上无须受领（见本章边码 1)。只要可以形成且表达终意，且周围的人可以理解，就具有遗嘱能力。比如无法形成周围的人根据《民法典》第 133 条、第 157 条可以理解的意思表示，那么可能已经丧失行为能力。

确定行为能力和遗嘱能力的界限中特别困难的是老年失智症的情况。那种疾病 7
存在不同的情况，对其进行准确的确认需要专业的医学知识。此处有问题的是，其属于病症，掩盖了认知上的不足。如果很明显，即表面上都不能维持，那么大多已经丧失了行为能力和遗嘱能力。因此，法院遇到的大多是疾病的后期。但是在第一

---

[164] So OLG Düsseldorf 01. 05. 2012 - 3 Wx 273/11.

[165] So bereits *Rainer Zaczyk*，Kriterien de Selbstbestimmung bei Errichtung eines Testaments - Ein Beitrag aus rechtsphilosphischer Sicht，in：M. Schmoeckel (Hg.)，Demenz und Recht Geschäfts-und Testierfähigkeit Demenzerkrankter，(Schriften zum Notarrecht，18)，2009，S. 89 - 98.

[166] So *Binder*，Das luzide Intervall，Diss. 1999，19.

[167] 参见持续性的判例，如 BGH，NJW 1961，261；BGH 1970，1620；BGH NJW，1970，13；BGHZ 30，112；关于一位律师的部分行为能力与诉讼能力；Palandt/Ellenberger，§ 104 Rn. 6；Franz Jürgen Säcker u. a. (Hrsg.)，Münchener Kommentar zum Bürgerlichen Gesetzbuch，Band 1，7. Aufl. 2015/*Schmitt*，§ 104，Rn. 16f mit weiteren Beispielen。

[168] Vgl. bei *Gabriele Müller*，Betreuung und Geschäftsfähigkeit，1997，17.

阶段，如果只是丧失了空间感和时间感，（行为人）还完全可以进行法律行为。

隐藏自身能力的下降也属于疾病的症状。其中也包括没有能力进行防御行为。如果疾病很突出，那么失智症大多早已进入后期。所以，所有参与者都应当在前期阶段进行合作，以尽可能地进行一项后来的处分，且允许被涉者尽可能地自主安排其财产和命运。

可以通过公证人完成对智力能力的认定，如果应当起草一份遗嘱或者一项概括授权。如果公证人拒绝公证，那么因为没有发生遗嘱行为而无法继承的人可能会对其提起损害赔偿诉讼。但是原告必须证明被继承人的遗嘱能力。所以公证人会尝试进行公证；"表意人的光亮时刻都足够了"的观点对他有所帮助。公证人的这一态度毕竟符合"遗嘱有效"的一般原则。在这种情况下，其中包括允许遗嘱行为和更新个人意思。

8 实际上，无遗嘱能力是指那些由于多重残疾而无法充分表达遗嘱意愿的人，其实一种遗嘱形式就足够了：不能读和写的人，根据《民法典》第2233条第2款可以面对公证人作出表示；而这种方式对不能言语者来说也不存在了。但是这实际上违反了《基本法》第14条第1款第1句以及保证继承权的要求[169]，所以，立法者和继承法的实践者必须寻找实现遗嘱行为的方法。《公证书证法》第22条至第26条对这些情况进行了进一步的规定。

9 大多数情况下，公证人通过公证或者不公证遗嘱行为来作出认定，因为他根据《公证书证法》第11条有义务确定行为能力。如果一份遗嘱经公证设立，那么公证人确认被继承人对此明确理解。他以职业责任担保公证文书的正确性。如果将来可能怀疑遗嘱能力，则建议使用公证认证的遗嘱。有疑问时，病人具有行为能力和遗嘱能力，不允许举证责任倒置。[170]

答案： M可以根据《民法典》第2233条第1款向公证人作出表示，从而符合形式且违背父母意愿地设立遗嘱。

第3节 遗嘱形式

问题： E在其第一次乘船旅行中感觉自己病危，希望起草遗嘱。由于虚弱和不适，他无法书写。他向陪同他旅行的妻子和两个成年女儿口授了遗嘱。在结束旅行一周之后，他的身体又恢复了，但是半年后去世了。他的口授遗嘱有效吗？

一、私人书面遗嘱

10 "形式是自由的双胞胎姐妹"（鲁道夫·冯·耶林）。有权发表意见的人必须这

---

[169] Vgl. BVerfG 19. 1. 1999 - 1 BvR 2161/94, NJW 1999, 1853.

[170] *Mathias Schmoeckel*, Die Geschäfts- und Testierfähigkeit von Demenzerkrankten, NJW 2016, 433 - 439.

样做，以便他们的意志得到承认并具有法律意义。因此，形式的任务在于设法使被继承人的明确的意愿可以被识别出来。德国继承法规定了被继承人进行终意处分的三种形式：私人书面遗嘱、公开遗嘱和紧急遗嘱。

私人书面遗嘱是最容易满足的。只要求遗嘱是亲笔手写的。遗嘱要亲笔手写的规定补充了《民法典》第 126 条第 1 款规定的通常的书写形式。因此，遗嘱的整个文本必须是亲手写下的；第三人代笔是不够的。如果是机器写的文本，则同样缺乏必要的形式，因此该遗嘱无效。另外，根据《民法典》第 2247 条第 1 款，遗嘱必须被签名。签名根据《民法典》第 2247 条第 3 款第 1 句应当包含名字和姓氏。但是如果被继承人的签名可以清楚地被辨别出来，就足够了。因此，姓氏、称呼名和昵称都足够了。所以，比如“你的父亲”、“你的安迪”甚至是“你的小熊”等签名都是可以辨别的，如果这份文件归属于某收件人是清楚明确的——并且签名不会引起对这一处分的严肃性（《民法典》第 118 条）的质疑。必要的情况下，人们必须委托一位专家鉴定人来确认签名的真伪。但是，在真实性 75%可靠的情况下就（需被认定为）缺乏必要的可靠性。[171]

11 只要遗嘱是可读的，字体和风格都不重要。所以遗嘱也可以是用速记字体写的。终意处分的语言也是任意的，只要可以理解。书写的材质也同样不重要：可以使用纸、织物以及其他等。另外，用哪一只手写的遗嘱，或者用嘴巴甚至是用脚拿笔的也不重要。最后，用铅笔或者其他颜色的笔也不重要。人们也可以拿一张描图纸，用一支铅笔来印透，从而使字迹出现在纸上。无论如何必须出现可读的遗嘱原件的结果。如果其消失了，那么法院必须通过询问证人来推断出其内容。[172]

12 重要的只是，写作的过程是亲手完成的。打字机、电脑或者口述录音机原则上都不允许。同样不允许用手拿着笔，而一个设备引导着手。因此，只有当写作辅助器扶着手，而不操控笔法时，才是允许的。如果用手在文字编辑软件“记事本”上写，然后可以打印出这张图片，那么就满足了《民法典》第 2247 条第 1 款的前提条件。

如果这张图片转换成了文本格式并这样被存储，那么就再一次欠缺了亲笔手写的要求。

不能确定是被继承人手写的，就存在被视为无效的风险。比如说简单的箭头指示图被认为是不够的，因为这太容易被第三人改变。[173]

13 《民法典》最初要求，起草的时间和地点同样要手写标明。顺便介绍一下这个改变：据说阿道夫·希特勒（Adolf Hitler）1937 年使用了帝国总理府为其遗嘱准备的纸，上面已经预先打印了地点。人们告知他根据《民法典》第 125 条第 1 句遗嘱会因为这一原因而无效之后，《民法典》第 2247 条被匆忙地重新规定：指明地址和时间在《民法典》第 2247 条中被修改为一项“应当的规定”。如果没有指明，且

---

[171] OLG Düsseldorf（I-25 Ws 84/14）vom 17.11.2014，NRW Spezial 2015，584.

[172] OLG Karlsruhe（11 Wx 78/14）vom 8.10.2015，BeckRS 2015，18616.

[173] So OLG Frankfurt a. M. 11.2.2013-20 W 542/11，NJW-Spezial 2013，263.

其有效性不会因此而产生疑问，则这根据《民法典》第 2247 条第 5 款是不重要的。如果人们考虑到遗产法院面临着多项处分，那么这一规定就很容易理解。那么根据《民法典》第 2254 条、第 2258 条就出现了一个问题，即这些遗嘱中的哪一个有效，也就是哪一个是最后起草的。这对于暂时出现精神疾病的病人也同样很重要，因为遗嘱是否在这期间设立可能导致其无效。根据《民法典》第 2247 条第 5 款第 1 句，对于未注明日期的遗嘱来说，只有当通过其他途径证明它是时间上较晚的遗嘱时，才有效。

14 “页面上方的签名”一般来说不属于签名。放置在证书的末尾可以确保签名认可遗嘱的全部内容。对于签名的空间布置是否意味着认可全部内容，则要根据交往理念来判断。如果遗嘱包含数页纸，只要可以通过装订或者页码识别出这些页之间的联结，那么最后的签名就足够了。[174] 如果页面上的空间不够了，可以像信件那样在边空或者背面签名。在封闭的信封上的签名也被认为足够。由于这一书面形式符合传统的书信，那些亲笔书信可以包含或者就是遗嘱！

在书写遗嘱之时或者之后，被继承人可以进行补充或者修改。但是也同样必须满足遗嘱的形式，也就是亲笔书写和签名，只要其内容并不包含在原先的遗嘱文件中。此时虽然建议为了避免不清楚而说明时间和地点，但这同样不是必要的。如果补充的内容的位置还在旧的签名之前，那么新签名就是多余的。

15 这种容易设立的遗嘱一般由被继承人保管。为了保险，可以根据《民法典》第 2248 条依据特别的请求而由官方保管。

总体来说这一形式要求非常容易满足，但是也许太容易了。这种在罗马法的后古典时期所建立的“holographische”（亲笔的）遗嘱在当时是没有问题的，因为对于订立遗嘱的家庭中的父亲来说，法律知识属于通识教育。但是现代，由证人设立的遗嘱更加流行，其对处分的合法性负责。[175] 制定《民法典》时，引入亲笔遗嘱是有争议的[176]并且持续到后来一段时间。很多没有经过法律咨询的遗嘱是有漏洞的、不清楚的以及需要解释的。继承开始之前没有咨询，这些规定在事后必须经过法律工作者的解释。这威胁到了被继承人的真实意思的执行。就这方面来说，建议规定法律咨询的最低限度，并且规定只有在紧急时刻才能不经法律咨询而设立遗嘱。银行在此时主要代表自身的利益，所以通过它的咨询是有问题的。在司法实践中，这被认定违反《法律服务法》。[177]

二、公开遗嘱

16 公开遗嘱的形式提供了更高的安全性。那些处分根据《民法典》第 2231 条第 1

---

[174] Vgl. Damrau (Fn. 94) /*Weber*，§ 2247，Rn. 43 f.

[175] 拉丁语词汇“testamentum”表明，其内容是经证人（lat testis）确认的。这在当时首先成了通行的、典型的形式，并且一直持续到 19 世纪。

[176] Protokolle der 2. Kommission，Bd. 5，1899，S. 7168 ff = *Mugdan* (Fn. 145)，S. 697.

[177] OLG Karlsruhe，NJW-RR 2007，206.

项、第2232条要送交公证人记录。他们对意思的明确、记录的最终有效以及处分人的遗嘱能力提供担保。这必须在公证人面前作出口头说明。然后公证人一段一段地读出这些处分，被继承人必须通过说“是”来认可，因为点头是不够的。[178] 不能书写的人或者未成年人，根据《民法典》第2247条第4款、第2233条第1款，只能通过这种方式订立遗嘱。也有可能是立遗嘱人交给公证人一份敞开的文件并且说明，这就是他的遗嘱。这份文件可以是被继承人或者第三人书写的，被继承人是否签名也不重要。同样，被继承人也可以将一份密封的文件交给公证人，并说明这就是他的“终意”。偶尔可能会牵涉其他人，比如为该过程而争取见证人。但是公证人自己不能算见证人，因为他已经参与其中了。

公证人的活动详细规定在《公证书证法》（Schönfelder 法条汇编第23号）中。这是一部条理分明且明确规定了各种情况的法律，因而此处只介绍原则。公证人有一般的检查和告知的义务，他必须确定被继承人的身份和遗嘱能力，并且对其处分的内容提供意见。根据《公证书证法》第9条第1款，订立遗嘱的记录中必须包含： 17

- 被继承人的名字，
- 公证人以及其他参与人的名字，当然还有
- 终意处分。

遗嘱中应当包含：

- 《公证书证法》第9条第2款所规定的协商的地点和日期以及
- 《公证书证法》第10条规定的对被继承人的身份和遗嘱能力的确认。

立遗嘱人必须在朗读这些规定之后同意其内容，并根据《公证书证法》第13条第1款第1句在订立遗嘱的记录上签字。[179] 公证人应当将遗嘱的记录连同附件一起放入一个信封内，再用其公章密封。

根据《民法典》第2258a条，这种公开遗嘱由制定地的初级法院或者被继承人选择的初级法院官方保管。司法辅助人和法庭书记员对此负责。自2012年年初开始有了中央遗嘱登记簿，这是由联邦公证协会所领导的，其中登记了所有公证的和官方保管的遗嘱。登记簿记录了存在一份遗嘱以及它被保管在哪里，但是没有其内容。

三、紧急情况下的遗嘱形式

私人书面遗嘱和公开遗嘱在《民法典》第2231条中被总结称为“正式遗嘱”。 18
此外，终意处分在特殊的紧急情况下有着更宽松的形式，即所谓的紧急遗嘱。它之所以存在，是因为担心如果被继承人不能遵循上述形式之一，则允许他在市长和其他两位见证人面前口头说明遗嘱。然后市长根据《民法典》第2249条第1款记录

---

[178] OLG Hamm 8.10.1993 - 15 W 74/93，NJW-RR 1994，593 - 594，593.

[179] 对于残疾人的特别规定参见《公证书证法》第22条至第25条。

下这些处分。

如果市长和公证人都联系不上，那么根据《民法典》第2250条，在三位见证人面前口头说明就足够，无须其他资质。根据《民法典》第2251条，这也同样适用于海上，只要满足了该条明确列举的前提条件。由于要求的准确性，人们几乎无法考虑这种遗嘱特殊形式的类推适用。

19 但是根据《民法典》第2252条第1款，如果立遗嘱人在订立（紧急）遗嘱后存活超过了3个月，则所有的紧急遗嘱都失去效力。根据《民法典》第2252条第2款，只要被继承人不能订立遗嘱，该期间就停止计算。因此，如果被继承人在订立遗嘱后昏迷了4个月，也无碍。直到他再次完全清醒，期间才开始计算。所以，紧急遗嘱仅对紧急情况下的有限时间段有效。

答案：该遗嘱不满足《民法典》第2247条的前提条件。其只能根据《民法典》第2251条作为紧急遗嘱来请求有效性，因为它是在海上订立的且聚集了必要的三位见证人。但是根据《民法典》第2252条第1款，这一遗嘱的有效期仅为3个月；不存在《民法典》第2252条第2款规定的这一期限的停止。因此，（本案情形）适用法定继承顺序。

第4节　遗嘱的撤回

问题：E后悔在遗嘱中将其子女指定为继承人。他现在想指定其新女友为继承人。他如何撤回旧的遗嘱？

20 遗嘱自由的结果是，任何时候都可以订立一个内容不同的新遗嘱。《民法典》第2253条明确规定允许撤回（遗嘱），且允许在任何时候进行。根据《民法典》第2302条，撤回同订立遗嘱一样不能被排除。如果遗嘱之间相互矛盾，那么只有继承开始后在时间上最晚的遗嘱生效并规范遗产的分配。但是后续的遗嘱也可以只包含对第一个进行补充的规定。

要想让一份旧的遗嘱失效，人们可以根据《民法典》第2255条通过销毁而被推断撤回，或者明确表示撤回。根据《民法典》第2256条第1款第1句，从官方保管处取回遗嘱也是撤回。撤回的表示根据《民法典》第2254条同样要以遗嘱的形式作出，即必须满足有效的遗嘱形式。根据《民法典》第2258条第1款，也可以通过订立一份新的遗嘱来撤回，而不用表示撤回本身。在新遗嘱中只需明确，这不只是对旧遗嘱的补充，而是在内容上取代旧遗嘱。根据《民法典》第2255条，撤回同样可以通过销毁或者改变旧的处分来进行。旧遗嘱可以被划掉、撕碎或者添加失效附注。

21 只要被继承人自己亲自销毁终意处分，那么根据《民法典》第2255条第2句，可以推断出他具有废除遗嘱的意图。但是被继承人生前也可以通过第三人来销毁，此时被继承人相应的销毁意图必须明确。[180] 如果被继承人自己销毁了遗嘱，那么可以推断其具有废止的目的。但是对于无法找到的遗嘱，则不能推断撤回。因此，不小心销毁的或者丢失的遗嘱可以继续有效，只要

（1）在丢失的情况下不会违背《民法典》第 2255 条第 2 句所列举的推断规则而被视为撤回。只有当被继承人自己销毁证书，才可以这样认为。主张是销毁的人必须证明撤回。[181]

（2）另外，如果没有复印件，丢失的遗嘱的内容必须是可以确定的。但是证明丢失的遗嘱必须满足严格的要求。

根据《民法典》第 2258 条，对公开遗嘱来说，订立一份新的相矛盾的遗嘱或者继承协议就完成了撤回。如果被继承人要求从官方保管处取回，根据《民法典》第 2256 条第 1 款第 1 句也属于撤回。虽然官方管理部门将遗嘱保管得非常好。希望再次改变其遗嘱的人，应当写一份补充遗嘱之类的代替被取回的遗嘱，并同样将其交给官方保管。

遗嘱的撤回也可能与个别规定相关。那么旧遗嘱“在某一范围内”被废除了，其他规定继续有效。

撤回本身也可以通过提到的形式被撤回，只有销毁是不可撤回的。如果之前的处分还存在，那么根据《民法典》第 2257 条，之前的遗嘱随着撤回的撤回而重新有效。根据《民法典》第 2258 条第 2 款，即使改变后的遗嘱被撤回了，也适用这一点。

答案： E 可以根据《民法典》第 2255 条销毁旧遗嘱或者以新遗嘱的形式撤回。如果他想指定新女友为继承人，那么更加简单。根据《民法典》第 2258 条第 1 款，起草一份新遗嘱，其内容明确废除了原先的规定，就足够了。

第 5 节 高度人身性

问题： 优柔寡断的 E 希望其朋友 F 替他选择，子女中谁合适接管并继承工厂。他可以实现这一目的吗？

终意处分必须来自被继承人自身，意定继承顺序必须被（被继承人）亲自确定。《民法典》和《基本法》只保护被继承人的决定权，而不是第三人的。他的个人决定通过双重方式被保护。《民法典》第 2064 条包含了高度人身性原则，这保证了一种形式的保护。形式上的高度人身性原则表明，书写遗嘱证书的人也必须是被继承人。不允许他人代理进行记录，被继承人亲笔记录表明所写的内容符合被继承人的意愿。 22

[180] Othmar von Jauernig，Bürgerliches Gesetzbuch，17. Aufl 2018/*Stürner*，§ 2255，Rn. 6.

[181] LG Duisburg 29. 3. 2004 - 7 T 49/05，NJW-RR 2005，884.

23 《民法典》第2065条保护了实质的高度人身性。《民法典》第2065条第1款排除了被继承人授权他人对遗嘱的生效作出决定的可能。遗嘱的有效性仅仅是被继承人自主和亲自的决定。根据《民法典》第2065条第2款，第三人也不得决定继承人或者继承的标的物。这些决定同样不得让与遗嘱执行人。作出这些决定恰好是被继承人唯一的和专属的任务。他当然可以听取他人的建议，但是最后的决定必须来自他本人。

24 《民法典》第2065条第2款没有完全排除第三人的参与行为，只是不允许他们自主决定遗产的分配。因此，继承人并非必须指出名字；制定可以指向某继承人的明确的标准就足够了。如果这很清楚，而且指向一个明确的结果，那么第三人就没有对遗产的分配作出个人决定，所以这一遗嘱规定不违反《民法典》第2065条第2款。那么提出挑选的标准也是允许的，如果每一个有经验的第三人据此都会作出同样的决定。[182] 如果企业中的继承人要根据其是否受过经济上的教育来确定，而第三人不得对此进行衡量，则继承人可以在第三人死后被查明。[183] 同样要查明，谁照顾被继承人直至其死亡。[184]

此处存在争议的是，是否可以在预先给定的客观标准中赋予第三人进行评判的自由空间。[185] 如果应当从晚辈直系血亲中提名"最合适"的企业继承人，究竟是应当根据儿子的经济学知识还是女儿的经济上的实践经验来选择，会有不同的决定。如果被继承人没有宣布标准而第三人要进行选择，则无法确定被继承人的明确的意愿。因为这取决于被继承人自己的意思，所以如果赋予第三人选择时的衡量空间，就违反了《民法典》第2065条第2款。

25 所以，所有不转让选择权给他人的规定，都是允许的。这是否有关继承人自己或者不应当成为继承人的其他人，并不重要。如果第三人根据规定应当对继承人作出决定，则人们称其为"欺骗性规定"：第三人的决定也"抓住了"对遗产的决定。比如第三人可以扔硬币，按照遗嘱的规定，出现"数字"遗产就归女儿，出现"头像"遗产就归儿子。虽然在这种情况下被继承人没有形成谁应当继承的意愿；但是他决定了一道程序。但是这根据通说是允许的，足以成为继承的意思。[186]

26 任意条件，也就是以一项意思决定为前提的条件（见第22章边码45），所以表面上看是不允许的：它将其他人关于加入或者不加入条件的意思作为被继承人的意思并以此对继承顺序作出决定。正是不允许（被继承人的）朋友对遗嘱的有效性

---

[182] Palandt (Fn. 26) /*Weidlich*, § 2065 Rn. 8.

[183] BGH 2. 12. 1998 - IV ZB 19/97, NJW 1999, 566 („Preußen"). 后位继承人必须是高级贵族以及信奉路德新教，且只允许同高级贵族成员结婚。这一标准经过数百年的司法实践和法学研究，是清楚且不需衡量的。——如果相反，与"合适的"配偶结婚就足够了，那么在这一衡量中就构成了《民法典》第2065条第2款规定的不允许之处。

[184] *Christopher Keim*, „Wer sich um mich kümmert, soll mein Erbe werden" - Belohnende letztwillige Zuwendungen und § 2065 BGB, ZEV 2014, 72 - 75.

[185] 与帝国法院不同，联邦最高法院不认可。有关这一问题的判决之变迁见 Damrau (Fn. 94) /*Seiler-Schopp*/*Rudolf*, § 2065 Rn. 18。

[186] Julius von Staudinger, Kommentar zum Bürgerlichen Gesetzbuch, §§ 2064 - 2196, Neubearb. 2012/*Otte*, § 2065 Rn. 12; Damrau (Fn. 94) /*Seiler-Schopp*/*Rudolf*, § 2065 Rn. 14, im Anschluss an RG SeuffA 91, Nr. 106.

(《民法典》第 2065 条第 1 款)或者继承人(《民法典》第 2065 条第 2 款)作出决定。但是实际情况没有这么简单,因为继承人根据《民法典》第 1942 条第 1 款当然可以决定接受或者拒绝,就这点来说,其意愿完全决定了继承顺序。如果被继承人在遗嘱中附加条件且提名后位继承人以及替补继承人,也同样是无害的。如果只有当儿子完整地保持企业,不将其拆分成可出租的和不可出租的单位,他才能继承时,则不仅是根据立遗嘱人的意思,也根据他人的意思。但是此处是一项可以理解的且在结果上有效的条件。在这些情况下,人们可以如此区分,被指定为继承人的人的决定对于继承顺序只有间接的决定作用:继承人的规定是确定的;只有其是否真正继承遗产是不确定的。这种继承人的间接规定原则上是被接受的,被认为与《民法典》第 2065 条相一致,因为继承人是否继承对于被继承人和继承人反正有同样的影响。

但是,继承人自己的利益可以在多大程度上代替被继承人的决定的问题,尚未解决。根据判决,一个条件的生效依赖于继承人的意愿,这在原则上是允许的,因为这与拒绝权几乎没有区别。但是如果被继承人只是为了通过一项条件而弥补自己的优柔寡断,那么是不允许的。根据格哈德·奥特(Gerhard Otte)的观点,如果被继承人对于该条件的生效或者失效没有利益,就是后者的情况。[187] 但是也许更取决于,继承人如何作出决定:如果是不依赖于继承顺序而作出决定,则这一规定是允许的。 27

因此,同一条款在不同的情况下可能是允许的也可能是不允许的:如果遗产由所属的罗马天主教会操作,那么长期以来一直是主业会(Opus Dei)成员的儿子不依赖于遗产而作出决定。但是如果继承人对宗教问题完全不关心,他只会决定接受遗产,顺便参加弥撒。只有在后一种情况下,附条件地指定继承人违反了《民法典》第 2065 条,因为第三人直接安排了继承顺序。通过这种方式可以实现,只有被继承人的意愿决定了遗产的分配,而不是被第三人所替代。

人们同样可以按照未参与的第三人的决定,如果他们的决定不是为了确定继承人,而是与其相独立的。例如,女儿只有赢得了音乐比赛,才能继承贵重的乐器收藏品,比赛中的决定与继承无关。这也适用于,比赛的评审委员会已经了解继承权的方式且对这位年轻的女音乐人感兴趣的情况。只要评审委员会或者第三人的决定独立于继承事件,即只依据其他的规则,则确认被继承人不受第三人的影响而独立作出关于遗产的决定。但如果第三人是考虑到了继承顺序而作出的决定,则其意愿取代了被继承人的意愿。如果第三人考虑到了继承顺序而作出决定,则该遗嘱根据《民法典》第 2065 条是不允许的。 28

第三人究竟是被委托自主决定继承人或者只负责根据确定的标准而提出合适的继承人,可能完全是解释遗嘱的事情。如果"最合适的"被指定为继承人,则首先认为第三人被赋予了太大的衡量空间。但是如果人们考虑到被继承人的意图可以发现更详细的标准,则最终可能排除第三人在选择上的衡量空间。在这种情况下,解 29

---

[187] Vgl. Staudinger (Fn. 186) /*Otte*, § 2065 Rn. 14.

释的任务在于尽可能地维持遗嘱的有效性，并根据《民法典》第2084条与遗嘱有效原则保持一致。据此要将遗嘱解释成有效的。通过遗嘱规定或者继承人之间约定指定《民事诉讼法》第1048条规定的仲裁法庭（予以解决）也是可能的。

但是否存在这样的衡量，不只取决于遗嘱，也取决于继承开始时的实际情况。如果处理经济问题最有才华的人应当成为继承人，两个子女中的一个学习了艺术史，而另外一个学习了经济学或者类似的，那么情况就很清楚。但是如果这位艺术史学生在继承开始之前就成为一位成功的艺术品商人，则情况再次不明朗。

高度人身性的问题不能被视为程序上的事情，而是也牵涉被继承人意愿的有效性，认识到这一点是很重要的。如果违反了《民法典》第2064条、第2065条，则没有形成有效的遗嘱意愿。这样的遗嘱不仅在形式上存在缺陷。不是因为被继承人没有指定继承人而导致遗嘱无效，而是实体上不存在被继承人的终意处分。

30 如果第三人必须作出决定，那么他的决定必须清晰一致，第三人一旦作出决定，那么他就失去了该项决定权。但是这一决定在原则上适用意思表示的一般法。因此，人们也可以根据《民法典》第119条第1款、第2款或者第123条在事后撤回这项决定，最初的表示也因此无效（《民法典》第142条第1款）。但是这种撤回也有界限。如果一位预料之中的继承人已经长时间进入这一角色，那么后来人们不能随便剥夺其继承权；这对所有的相关人员来说都是太大的风险。也就是说，除了《民法典》第119条第1款、第123条第1款的情况以及《民法典》第121条、第124条的期限，第三人不得再废除其决定。单单一项更好更新的决定，可能是根据《民法典》第119条第2款以及对继承人的一项新的评估，在这里不足以重新决定继承。最后，这项决定可能发生得不是时候（《民法典》第242条）：如果同意结婚，则几乎不可能在婚礼前一天撤回，否则就忽视了配偶的个人利益。

答案：委托第三人确定继承人的做法违反了《民法典》第2065条第1款。寻找“最合适的”是一项任务，F在此过程中被让与一项自由选择权。被继承人必须自己确定继承人。根据代表性的观点，他最多只能交给F客观的决定标准，据此无须任何自由决定就可以查明继承人。但是，根据《民法典》第2151条第1款，在遗赠的范围之内，关于合适的受遗赠人的决定可以转让给第三人。所以问题只是，工厂是否也能被称为遗赠；原则上不排除这点，甚至可以考虑重新解释遗嘱。

第6节　违反善良风俗的终意处分

问题：E只希望将旧的家庭《妥拉》经书留给信奉犹太教的子女，并且把这个作为条件。这有效吗？

31 遗嘱的条款，尤其是规定的条件，自古以来就是违反善良风俗的问题被讨论最多的领域。作为总论部分的规定，《民法典》第138条第1款对其在继承法中的适用没有提供具体的依据。但是丰富的旧案例实践展示了大量的特殊问题。总体来说，不断变化的社会观念可以直接影响对违反善良风俗和无效的认定。

这不仅适用于具体的个案评价，也适用于违反善良风俗的抽象认定。自 1933 年起存在健康的国民意识，而不是今天的“所有公平和正义的思考者的礼貌观念”。通过 1938 年 7 月 31 日的《遗嘱法》第 48 条第 2 款[188]，处分的存在另外受“一位有责任感的被继承人对家庭和国民共同体”的考虑的约束。这种与家庭之间的强烈的联系在 1945 年之后还在继续。如果一位农民因为儿子们不和儿媳离婚而剥夺他们的继承权，因为该农民认为她们在战争期间对她们的丈夫不忠诚。联邦最高法院 1956 年认为这样剥夺继承权是符合善良风俗的。[189] 这一“情妇遗嘱案”的判决堪称经典。任何对“情人”的馈赠都会被评价为违反善良风俗，因为人们认为这是性交易的酬劳或者认为和情人一起继承对家庭来说是不可接受的。

（上述情形）直到 1970 年才发生改变。从这时起，只有当性交易的酬劳被证实（“委身交易”），这样的处分才是违反善良风俗的。[190] 因此，指定生活伴侣为继承人不违反善良风俗，只要没有查明交易的特征。就这方面来说，越来越多的非婚姻生活伴侣关系也对继承法的改变产生了作用。如果一方面保障遗嘱自由，而另一方面只要没有按照法定继承顺序的有利于家庭的原则来订立遗嘱，就要将其收回，那么总归是前后矛盾的。

但是，在过分优待情人或者亏待家庭的情况下，还要考虑违反善良风俗。因为这样不仅会

（1）导致过分歧视法定继承人，而且

（2）会因为损害家庭义务而导致违反善良风俗。

相反，提供社会救助的人在一定限度之内为了个别家庭成员的利益而进行规避，不被视为违反善良风俗。在所谓的“残疾人遗嘱”的情况下，会使用不同的手段，阻止一位家庭成员直接参与遗产。这种“遗嘱形式的高级阶段”无疑有助于打破团结社会的原则和对继承人的平等待遇。[191] 如果生病的子女的财产不再充足，提供社会救助的人也不能根据《社会法典》第 12 部第 93 条第 1 款而动用继承份额。相反，亲属会被指定来保障无须抵押的额外给付。那么残疾的子女的较差处境只是为了让他们个人最终尽可能多地从遗产中获得财富。此处避免了国家因为其给付而应享有请求权；社会救助的给付毕竟被家庭现有的财产所代替。如果不依赖于其财产而给所有被继承人提供这一路径，则是前后一致的。但是这可能威胁社会救助的资金，并且完全无视《社会法典》第 12 部第 93 条第 1 款。因此，如今关于在遗产较多的情况下进行这一规避是否一律被认为违反善良风俗，存在争论。[192] 但是关于不平等待遇在什么范围内是符合善良风俗的，人们几乎不能找到一个逻辑上令人信服的界限。

---

[188] 被 1946 年 10 月 31 日的《管制委员会法》(KontrollratsG) 第 37 项废除。

[189] BGH 28. 1. 1956 - IV ZR 216/55，JZ 1956，279 - 280 = LM Nr. 5 zu § 138 (CD)，BGB.

[190] BGH 31. 3. 1970 - III ZB 23/68，BGHZ 53，369.

[191] *Gerhard Ruby/Andreas Schindler*，Das Behindertentestament，3. Aufl. 2018.

[192] LG Essen vom 2. 12. 2015 - (2 O 321/14)，NJW-Spezial 2016，327.

32 人们可以将违反善良风俗的原因分门别类地整理出来。

（1）如果指定继承人是为了让其反过来再把自己指定为继承人，那么表明具有互易性（*do ut des*）的违反善良风俗的动机。在《民法典》第2302条的适用范围之外，也不应当再尝试任何有关被继承人的自主决定的行为。

（2）将指定继承人和性乐趣联系在一起，是一种被普遍拒绝的行为。虽然这样既不是指定继承人，也不是性接触本身，但是这种“委身交易”，即遗嘱的目的，是有伤风化的。

（3）处分的客观内容可能违反善良风俗。前提是，人们可以辨别公认的被继承人的义务，违反这一点看起来是有伤风化的。这尤其在与条件相关的情况下发生。

虽然至今为止的判决关于最后一点非常克制，但是标准是可以扩展的。将家族首饰给予家族以外的人可能被判定违反善良风俗。[193] 但是此处应当注意：将首饰给予博物馆或者供其使用，从而为残疾的子女获得生活费用，一般不能被认定为违反善良风俗。另外，通过将残疾的子女排除在法定继承顺序之外恰恰可能实现对其的帮助：如果将财产转让给他们，这只是减轻了提供社会救助者的负担，而不是为了残疾的人。通过将其排除在法定继承之外且规定其他人要照顾残疾人，实际上可以改善残疾人的财产状况。在这些情况下不认为违反善良风俗。[194]

也就是说，一份遗嘱可能因为客观或者主观因素而违反善良风俗。对主观因素来说，并不总是很容易区分动机和目的：动机询问规定是“为什么（warum）”，目的问的是“什么目的（wozu）”。例如，预料中的继承人对被继承人来说是令人喜爱的（动机），因此给钱让他购买汽车，因为想提高其移动的灵活性（目的）。在某些情况下，个别情况本身就足以表明违反善良风俗，或者和其他考虑一起论证这一判决。此处人们称其为“沙堆原则”或者不那么生动地称其为“动态体系”[195]。被认定违反善良风俗的不同的小情况，可以被集中起来论证《民法典》第138条第1款规定的无效。

33 一个特别困难的问题存在于被继承人对继承人施加压力的任何规定中。觊觎继承人地位的亲属或者朋友可能觉得有必要表现得很好，从而获得成为继承人的机会。这样的良好表现的压力甚至可能在被继承人完全不知晓的情况下发生。毕竟这种感官上的“压力”是意定继承所固有的（见第19章边码17）。

然而，压力的论点表明，有关的人不得不顺从这一压力而不能作出不同的决定。但是已经表明，受益者的自由不能通过遗嘱处分而废除。[196] 通过选择的可能性，受益者甚至获得更多决定的可能。强迫决定遗产（分配），既不是事实，也不实际。防止个人的、自愿的决定是无意义的。

---

[193] Staudinger（Fn. 186）/*Otte*，Vorbem zu §§ 2064 ff Rn. 158 ff，163.

[194] Palandt（Fn. 26）/*Ellenberger*，§ 138 Rn. 50a.

[195] Müko（Fn. 167）/*Armbrüster*，§ 138 Rn. 29－32；Hans Theodor Soergel/*Hefermehl*，13. Auflage 2000－2003，§ 138 Rn. 29 f.，这是瓦尔特·威尔伯格（Walter Willburg）创立的学说。

[196] 深入的分析参见 *Thomas Gutmann*，Freiwilligkeit als Rechtsbegriff，2001。

但是联邦宪法法院对这种压力论述给予重视。[197] 人们至少可以将其视为公正的，如果被继承人所明确表达的另一种选择普遍表现为侮辱或者完全无法承受，即对公共秩序的损害。在金钱或者非物质的幸福、爱或者奢侈品之间作出决定太过于日常，因而不能成为不可期待的。

而违反善良风俗的典型情形在于，要求继承人进行一项特定行为或者一个决定，也就是提出只有义务方愿意才能实现的条件（见第 22 章边码 45）。根据条件按要求行事的人，比如不结婚或者结婚时不违反某条件，其行为符合条件，即使他与他人“未婚同居”并等待继承，只为后来以既定继承人的身份结婚。这虽然明显是规避终意处分，但是这里不适用《民法典》第 306a 条规定的禁止规避。为了防止这种规避，被继承人必须在不论何种婚姻都作为解除条件的情况下指定该继承人为前位继承人，这样该前位继承人在违反条件缔结婚姻的情况下就丧失了遗产，转而由后位继承人继承。 34

继承人的指定与受益人的行为之间的关联在特别多的情况下都造成了违反善良风俗的疑虑。长期以来，要求或者禁止继承人转变宗教信仰被认为违反善良风俗；这同样也适用于禁止或者要求再婚。但问题在于，人们如何论证这一点，因为反复不断出现这些条件显得很有意义的情况。指定在世的配偶为继承人，直至其再婚，在这种情况下，共同的子女成为后位继承人，旨在从物质上保障遗属。在世的配偶后来在新婚姻中举办婚礼则实现了这种物质保障。

恰好在这些情况中决定是否违反善良风俗之时，长期以来一直提到基本权利所保障的价值。但问题是，如何在继承法中注意这一基本权利的评价。 35

布里吉特·（科诺博-）库伊科［Brigitte（Knobbe-）Keuk］根据规定是有关继承人的财产的还是人身来进行区分，只有在后一种情况下才应当被认定违反善良风俗。[198] 但是，如果适合企业的继承人根据其个人特点而被选择或者被激励进行一项特别的培训，这项处分虽然与个人相关，但是对社会来说也是负责任的，不得被认定为违反善良风俗。如果因为某晚辈直系血亲加入了一个教派，并且可以期待遗产将立刻使该教派受益，因而不再给予遗产，则该项剥夺继承权是合法的。[199]

格奥尔格·蒂尔曼（Georg Thielmann）诉诸《基本法》，希望将干涉《基本法》第 19 条第 2 款规定的继承人的基本权利的核心领域的行为宣布为违反善良风俗。[200] 但是，这一方面太狭窄了，因为如果不存在这种对核心领域的侵害，也可能被认定违反善良风俗。这一观点另一方面太过宽泛，因为毕竟在继承开始之后才会表明，谁真正成为继承人。凯伦特（Kellenter）更多地遵循基本法的教义学，也要求进行基本权利的衡量，如一般基于基本权利的决定。[201] 格贝尔（Goebel）则希望

---

[197] So *Otte*, ZEV 2004, 393, 397.

[198] *Brigitte Keuk*, Der Erblasserwillen post testamentum, FamRZ 1972, 9-16, 13 f.

[199] OLG Düsseldorf 20. 6. 1997-7 U 152/96, FamRZ 1997, 1506, 1507 = ZEV 1998, 28.

[200] *Georg Thielmann*, Sittenwidrige Verfügungen, 1973, S. 305.

[201] *Wolfgang Kellenter*, Bedingte Verfügungen von Todes wegen, insbesondere auch ein Beitrag zur Sittenwidrigkeit letztwilliger Potestativbedingungen, 1989, zusammenfassend S. 96 ff.

根据最温和的补偿原则来进一步查明（是否）违反善良风俗，其认为只有当遗嘱自由远比继承人受基本权利保护的利益更加重要时，处分才有效。[202] 这种观点倾向于忽视属于基本权利的遗嘱自由。[203] 然而，宪法教义学的考虑使得对一般条款的审查具有一定的结构和透明度，并便于在其他独立的民法中进行审查。（见第 19 章边码 8）。

36 因此，根据遗产的使用而进行的考量，即使针对受益人，也是允许的。而如果对继承人本身产生重大的影响，则不受《基本法》第 14 条第 1 款第 1 句的保护。如果通过“继承人要是犹太人”的条件来把家庭的犹太教法典传递给正确的人，那么这一决定受《基本法》第 14 条第 1 款第 1 句的保护；如果据此要求晚辈直系血亲改变宗教信仰，则有所不同。最后，违反善良风俗的是社会完全无法接受的。比如，如果要求继承人支持纳粹思想，这在联邦共和国的社会秩序中是不可容忍的。这里，《民法典》第 138 条第 1 款包含的公共秩序是社会可以容忍的最外部的界限。

37 在认定违反善良风俗的时候，也要注意遗嘱有效的原则（《民法典》第 2084 条）。例如，在解释遗嘱之时，如果发现没有用语言明确表达的违反善良风俗的动机，以此来论证违反善良风俗的判断，则是错误的。[204] 毕竟这种情况下是解释本身创造了违反善良风俗的属性。相反，有义务通过解释找到一种认定符合善良风俗的方法。也就是说，没有用语言表达出来的，一般不能说明就违反善良风俗。

38 根据通说，是否违反善良风俗要根据设立遗嘱之时来确定，因为合同订立之时的合同同样是（具有）决定性的。[205] 立遗嘱人只能评估当时的事实和法律状态，只有在这一背景之下可以像平常一样根据主观和客观情况得出遗嘱（是否）违反善良风俗。必须保护对于遗嘱有效的信赖。新法只在非常有限的情况下才可以溯及既往适用于过去的案情，这同样必须适用于道德观念的变化。如果发生了如此重大的变化，以至于根据以前的观点还符合善良风俗的遗嘱处分现在被认为是简直不可忍受的，公共秩序的绝对限制也可以回溯适用。

如果认定一项内容违反善良风俗，该遗嘱一般不会根据《民法典》第 139 条被视为整体无效。实际上（此时应）适用《民法典》第 2085 条，即有疑问时保留其他的处分。《民法典》第 139 条不适用于继承法，因为被继承人在确认部分无效之后大多无法再形成新的意思。因此，遗嘱有效的原则（《民法典》第 2084 条）要求要尽可能地符合终意。

39 结果太过粗略的原则，即认为遗嘱中违反善良风俗的内容等于没写的（pro non scriptum/-a habetur）原则，可以由于这一原因不能适用：通过划掉被指控的遗嘱条款往往会导致其失去意义，或者相反进入其对立面。如果仅根据条件由一个

---

[202] Vgl. *Goebel*（Fn. 89），FamRZ 1997，656，661.

[203] *Verf.*（Fn. 53），JZ 1999，517.

[204] 例如 *Walter Zimmenmann*，Erbrecht，Lehrbuch mit Fällen，4. Aufl.，2013，S. 76 sub（2）：这里通过解释才发现了一项违反善良风俗的动机，但实际上压根不存在。

[205] S. dazu *Verf.*，Der maßgebliche Zeitpunkt zur Bestimmung der Sittenwidrigkeit，AcP 197（1997），1 - 79.

朋友而不是家庭来继承，则维持对继承人的指定毫无疑问没有意义。[206] 而要进行补充解释，从而追寻最初的意愿。要尽可能地实现最初的意愿。对于不能再维持的地方，则要查明，假定被继承人在现有的情况下会有什么意愿（对此见第 23 章边码 12）。

答案：根据此处具有代表性的解决途径，这取决于，E 并不希望损害子女的宗教信仰自由，而是希望确保家庭《妥拉》（Thora）经书在下一代中的虔诚使用。这不应当被当作财产或者金钱价值，而是用作信仰的基础。为了保证这种使用，这一条件看起来是合适的，结果也是公平合理的。

复习和深化的问题

42. 遗嘱法的作用是什么？

43. 为什么被继承人必须亲自作出决定？

44. 《基本法》第 14 条第 1 款第 1 句有什么关于继承权的保护？

45. 基本权利在多大范围内适用于民法？

46. 遗嘱自由的界限是什么？

47. 通过哪些民法手段保护遗嘱自由？

48. 要根据什么来解释遗嘱？

49. 遗嘱中规定 A 继承 1/3，B 继承 1/4，C 继承 2/5，没有其他信息。遗产应当如何分配？

50. 在一位继承人退出的情况下，何时考虑增加其他继承人的继承份额？

51. 为什么可以说形式是自由的“双胞胎姐妹”（耶林语）？

52. 未成年人有遗嘱能力吗？

53. 何时必须标明订立遗嘱的地点和时间？

54. 为什么被继承人在公证人面前朗读遗嘱时必须明确通过“是”来确认单个条款？

请解决下面的案例 1：E 在经过公证认证的遗嘱中将儿子 S 指定为单独继承人。但是在其去世前不久，他希望将妻子 F 指定为单独继承人。他取出了其亲笔书写指定 S 的遗嘱。因为圆珠笔出了问题，他取出了一张印片并借助圆珠笔在页面上印透出：

“我重新考虑了这件事情。不是 S，而是 F 应当在我死后获得所有东西。”（签上名字）

然后他又突然想起，也要给他的姐姐 T 留点东西。在上述文本下方 3 厘米处，他又添上：

“再者：我的姐姐 T 应当获得 5 000 欧元。”

---

[206] Vgl. näher *Hans-Georg Hermann*, Pro non scripta habere und § 2085 BGB, Untersuchung eines geltungserhaltenden Lösungsansatzes bei Binnenteilunwirksamkeit einseitiger letztwilliger Verfügungen (Münchener Universitätsschriften, 157), 2001.

S要求F交出遗产。T希望知道，她是否可以要求5 000欧元。

法律状况如何？

55. 被继承人将其企业遗赠给女儿，所附条件为她不再参加科学神教的活动。这是否违反《民法典》第2065条第2款第1种情况？

56. 您如何确定，在上一个问题的情况下被继承人是否违反了《民法典》第2065条第2款的要求，如果将判断（女儿）是否参加（科学神教）的问题托付给企业的代理人？

57. 如果想检验一份遗嘱的有效性，必须考虑哪些检验要点？

58. 被继承人禁止其在世的配偶转变宗教信仰。配偶想在继承开始之后改信伊斯兰教，但是害怕失去目前生活的经济基础。存在什么问题？

59. 在上一个问题中如何评估利益？

第21章 其他种类的终意处分

第1节 共同遗嘱

问题： M 和 F 生活在和谐的婚姻之中，M 从来没有提出反对意见。F 决定了他们夫妇的财产分配。M 将这些记在“M 和 F 夫妇的遗嘱”之中，并且签名。经过一位朋友的建议，F 也在遗嘱上签名。一段时间过后，F 要求离婚，但是她在半年之后去世。M 会成为 F 的继承人吗？

一、适用范围

到现在为止，只假设了被继承人的单方终意处分。另外还有终意处分的特别形式，其中数个人共同订立遗嘱或者允许其他人加入遗嘱文书。终意处分的其他形式的任务在于，使数人订立遗嘱成为可能或者更加容易。另外，《民法典》允许共同遗嘱和继承协议。但是还没有完全说明清楚的是，此时《欧洲继承条例》在多大程度上造成了新的问题。因为当事人可以选择其国籍国的法律，而不是经常居住地的。一对分别来自德国和法国的夫妻，在德国起草了一份继承协议，然后迁往意大利居住，其终意处分的效力就存在风险（《欧洲继承条例》第 3 条第 1 款编号 b 和 c）：根据最后居住地可能要适用外国法，而其可能不接受这种遗嘱形式（除《欧洲继承条例》第 83 条第 2 款、第 3 款、第 4 款的转换规定之外）。无论如何，来自法国的配偶不能自己决定适用德国法。为什么欧洲法律体系就应当意味着这种选择的减少，尚不清楚。所有这些形式，包括继承协议和放弃特留份协议，从外国法的角度来看，都可能无效。这也没有最终说明清楚（原因）。 1

传统上，配偶以相互协调的形式和方式订立遗嘱。为了这一目的，《民法典》 2

第 2265 条至第 2273 条规定了共同遗嘱。《民法典》第 2265 条更准确地说明，这一形式只向配偶开放。根据《生活伴侣法》第 10 条第 4 款，这一选择也向登记的同性生活伴侣关系中的伴侣开放；2017 年以后，同性生活伴侣可以结婚了。仅限于婚姻的原因在于，在终意处分中也应当注意配偶生前的共同经济关系。对此，无论配偶生前采用何种夫妻财产制，对经济共同体和共同遗嘱都不重要。鉴于这种特别的共同体，立法者例外地赋予配偶和已登记的同性生活伴侣使用这种共同遗嘱的特别形式的权利。

共同遗嘱在内容上可以包含单方遗嘱的所有处分。根据《民法典》第 2273 条，配偶中的第一位去世后要开启遗嘱，此时不公布或者让人了解还在世的配偶的处分。

3 如果没有共同遗嘱，则配偶和伴侣关系双方各自必须起草遗嘱且至少亲手书写。因此，允许共同订立遗嘱首先具有一项形式上的优点，即仅需要制作一份证书。因此，无须配偶双方根据《民法典》第 2247 条第 1 款亲笔书写其遗嘱。实际上，配偶中的一方亲笔书写的文本也适用于另外一方（对此见第 21 章边码 4 及以下）。

此外，通过如在一方或者另一方伴侣先去世时的处理方法那样作出规定，共同的遗嘱处分也有助于实现一致的经济目标。就这点而言，伴侣的遗嘱条款也实现统一，因为是出于对另一方遗嘱的有效性的信赖而制定遗嘱的。这种信赖关系完全区分了共同遗嘱与一般遗嘱。下面还要说明其法定后果（见第 21 章边码 5 及以下）。因此，配偶可以为他们两人的遗产制定一个共同的策略。

二、形式上的简化

4 一般来说，关于遗嘱的规定也适用于其他形式的终意处分。但是共同遗嘱的特殊方式需要一项独立的规定。共同订立遗嘱的人的遗产也必须以某种方式进行规制。尤其是通过共同的遗嘱文件而产生的对对方的信赖直接消除了被继承人撤回的可能性。就这点而言，存在排除一般遗嘱法的特别规定。

对于共同遗嘱来说，存在形式上的特别规定，使得夫妻双方可以在一份证书上订立遗嘱。共同遗嘱的这种形式上的简化是必要且合理的。配偶中的一方可以独自书写遗嘱。由一方亲笔拟定内容，另一方只需要签名。根据《民法典》第 2267 条第 1 句，这已满足形式有效性的要求。此时，根据《民法典》第 2267 条第 2 句，“应当”标明共同签名的时间。仅由配偶一方拟定的遗嘱适用于配偶双方的死亡。

三、分离和统一原则

5 配偶双方的处分是考虑到双方可能不会同时死亡而作出的。在这种情况下，在世的配偶大多要和共同的子女一起被考虑。那么在世的配偶是第一继承人，且在其死后，子女是“最后继承人”。在这种情况下，有两种制定遗嘱的可能：

（1）根据“分离原则”，丈夫和妻子的遗产各自分开。先去世者的财产首先由生存者继承，只有在后者死后才归第三人，比如子女。教义学上可以这样实现，即在世的配偶只被指定为先位继承人，而第三人被指定为先去世者的后位继承人（对此见第 22 章）。后位继承的出现大多以前位继承人的死亡为条件；但是在世配偶的再婚等也可以被规定为解除性的条件。

这项规定的缺点是，在前位继承人和后位继承人之间必须要建立复杂的法律关系。这将导致前位继承人通常不能使用遗产，否则后位继承人（继承时可能）就不剩下什么了。但是前位继承人可以从这一义务中解脱出来。

而一个优点是，继承人可以接受后位遗产而拒绝前位继承人的遗产。例如，父亲死后母亲首先成为前位继承人，女儿成为后位继承人，后者可以因为其公司债务而拒绝父亲的遗产，但是接受母亲的。但是母亲因此回溯成为单独继承人，父亲的债务成为母亲的遗产，因而债务（可能）还是又一次归属女儿。分别的拒绝所可能具有的经济上的优点由此也可能丧失了。

（2）根据第二种可能，配偶双方的财产通过先去世者的死亡而融为一体，在世的配偶成为单独的完全继承人。人们称其为“统一原则”。继承人面对其他任何人都完全自由，包括在其死后应当作为“最后继承人”而获得配偶双方遗产的人。最后继承人对遗产只享有在法律上几乎没有保障的、配偶中后一位去世后对遗产的候补资格。因为根据《民法典》第 311b 条第 4 款第 1 句，有关活着的第三人的遗产的合同是无效的，这一候补资格既不可转让，也不可继承。配偶中的后一位死后，最后继承人根据《民法典》第 1946 条只能统一接受或者拒绝在世配偶身后的遗产。

马丁・路德（Martin Luther）在 1542 年就已经这样指定其妻子卡塔琳娜・冯・波娜（Katharina von Bora），这完全违反了当时的法律。在 18 和 19 世纪的柏林，大多数人都考虑采用这一方式，虽然当时的城市法和普鲁士法都没有无条件规定这个。所以，这种根据统一原则而制定的共同遗嘱至今被称为“柏林遗嘱”。这的确是德国人使用最多的遗嘱，但也是最容易出现问题的。[207] 这背后是婚姻作为经济统一体的想法。因此，马丁・路德为了他妻子的利益而制定遗嘱也并非巧合。

共同遗嘱是根据分离原则还是统一原则制定的，这在个案中可能完全不清楚。 6
可以从原文中得到解释，但是同样可以直接从情况的必要性中得出。比如后位继承以再婚为解除条件，则仅考虑分离的解决方法，因为此处先去世者的遗产会再一次从生存者处被拿走，因此不能和其财产进行完全融合。先去世者的财产在在世的配偶生前还必须与其财产分开，由此才有可能在在世的配偶再婚的情况下将其转让给后位继承人。

如果仍然不清楚选择了哪种形式，则要对共同遗嘱进行解释。这根据《民法典》第 133 条要按照被继承人的真实意思进行。如果无法查明真实的意思，可以根据《民法典》第 2269 条第 1 款的规定，在有疑问时认为是“柏林遗嘱”。有疑问

[207] *Rainer Kanzleiter*, Das Berliner Testament, immer aktuell und fast immer ergänzungsbedürftig, ZEV 2014, 225 - 232.

时，在世的配偶之后第二个被提到的只是最后继承人，不是后位继承人；那么应当避免复杂的前位及后位继承人身份。因为更清晰明确，还更容易开展，因而都支持根据统一原则进行的解决方案。在这些情况下还推荐在遗嘱中明确规定替补继承人，那么如果在世的配偶不接受遗产，最后继承人也可以继承。[208] 当然这一解决方案对国库来说比较不利，因为在第一个去世后只有在世的配偶，在第二个去世后只有第三人可以主张其免税金额。

7 但是这一形式选择可能被第三人敏感地阻碍，如果其在配偶中第一个人去世后要求特留份。简单的权利失效条款（*cláusula Sociniana*）在此处没有作用（见第22章边码45），因为特留份权利不能被排除，且大多都不愿意在第二起死亡事件之后被取消继承权。但是人们可以确定两个人作为最后继承人，且对指定继承人附加如下条件：在第一起继承开始后，如果一个人要求特留份，则只有另外一个人在父母中的另一人去世之后应当成为最后继承人。两人中在此处要求特留份的那个人，在两起继承中所得也不会超过特留份，即失去了受赠的继承份额。因此，这种取消的可能是一种非常有效的威胁。遗嘱中这种符合条文的形式被称为“查斯特罗公式(Jastrowsche Formel)”。对本来就不会被使用的继承份额的利息进行约定就已经可能导致继承份额的丧失。[209]

四、相互依存的处分

8 共同遗嘱允许夫妻为二人的遗产制定一个共同的策略。相互依存的处分导致一个特殊的问题，即那些只考虑到另一方配偶的遗嘱条款而进行的处分。《民法典》第2270条第1款将其定义为，没有另一方相应的遗嘱处分就不会作出的遗嘱处分。人们可以考虑一下配偶相互指定为继承人：比另一方活得久的人应当继承死者的财产。所以这种相互依存的关系也可能出现在配偶通过分开的证书订立遗嘱的情况中。[210] 像在合同的情况下一样，此处必须进行信赖保护；在世且将要继承的配偶不能辜负死者的期待。就这方面来说，考虑到配偶的继承文件而规定一项处分，法律称其为相互依存的处分，在世的配偶应当受共同遗嘱规定的约束。但是根据《民法典》第2270条第3款，这种信赖保护只适用于继承人指定、遗赠和负担。在有疑问时不应当认定为相互依存的遗嘱处分，从而不约束在世的配偶。[211]

9 一项遗嘱处分何时是相互依存的？根据《民法典》第2270条第2款，推断存在相互依存的属性不仅存在于相互指定为继承人时，也存在于（遗产）给予另一方配偶的亲属的情况下。由于配偶一方的决定取决于另一方的处分，所以存在规制的必要。因此，对配偶双方而言，继承人的指定并非必须具有相互依存的性质。有问

---

[208] Damrau (Fn. 94) /*Klessinger*, § 2269 Rn. 8.

[209] So OLG München, ZEV 2006, 441.

[210] LG München, NJW-Spezial 2008, 328.

[211] 因此，在指定自己的亲戚的情况下不是相互依存的遗嘱处分。OLG Saarbrücken (5 W 47/14 v. 16. 9. 2014), BeckRS 2015, 09162.

题的只是，在具体相关的被继承人看来，处分在订立遗嘱之时是否属于相互依存的类型。如果在配偶双方死后，妻子的兄弟应当成为最后继承人，则丈夫关于其妻子和她的兄弟的决定都具有相互依存的属性。但是，指定兄弟为继承人并不适用于妻子，因为就这点来说她的决定中没有显示出任何依赖性。也就是说，在其丈夫死后，她不受这一规定的约束。

必要的是，人们可以辨别出被继承人确定一位亲戚为最后继承人的共同意愿。如果不存在这一点，则根据《民法典》第 2069 条的推断，要考虑一位晚辈直系血亲成为候补的最后继承人。适用《民法典》第 2070 条第 2 款的前提是，受益人不仅被推断为继承人，而且可以确定被继承人相应的意愿。[212] 因此，推断相互依存的属性被限制使用：根据通行的观点，如果没有其他指示而指定共同的子女本身不具有相互依存的属性，因为这项指定更可能是因为亲属关系实现的，而不是通过关于相互依存的处分的约定。[213] 所以在世的配偶还可以自由指定其他的继承人。如果（指定的）是在世的配偶的亲属，也是同样的情况。继承人的——亲属关系以及/或者感情关系——越远，就越不能认定具有相互依存的属性。[214]

这种相互性发挥了一种特别的作用。其涉及单方撤回一方配偶的一项规定；他们可以毫无问题地共同撤回遗嘱或者进行相反行为（actus contrarius）。如果一项相互依存的条款无效或者被单方撤回，则其他规定根据《民法典》第 2270 条第 1 款也无效。例如，丈夫和妻子互相指定为继承人且另外规定，共同的子女只应当获得遗赠。如果妻子撤回了他们的遗嘱，则其丈夫死后她也失去了继承人的身份。但是由丈夫所规定的对孩子的遗赠不受影响。

通过《民法典》第 2271 条第 1 款第 1 句并且参引继承协议的规定，规制了配 10
偶生前的单方撤回的执行。根据《民法典》第 2296 条第 1 款，（被继承人）只能亲自表示解除。对此，根据《民法典》第 2271 条第 1 款第 1 句、第 2296 条第 2 款，必须要有公证认证的解除表示。[215] 此外，可以考虑根据《民法典》第 2254 条、第 2258 条并结合第 2291 条及以下条文，通过一份新的遗嘱文件来撤回。但是配偶必须根据《民法典》第 2291 条同意他人的单方遗嘱或者起草一份新的共同遗嘱。同样，根据《民法典》第 2272 条、第 2255 条，通过共同从官方保管处取回或者共同销毁遗嘱证书可以废除共同遗嘱。

配偶双方死后，根据《民法典》第 2271 条第 2 款，撤回权也灭失。由此产生 11
了与共同遗嘱更加紧密的联结，这类似于继承协议的情况。违背相互依存的规定的单方处分是无效的。这种联结的效果只在很少的情况下结束，比如根据《民法典》第 2271 条第 2 款第 1 句，如果在世的人拒绝遗产。还要考虑类推《民法典》第 2281 条第 2 款并结合第 2078f 条，由在世的配偶撤销相互依存的处分（关于撤销见

---

[212] BGH 16. 1. 2002 - IV ZB 20/01，NJW 2002，1126.

[213] Palandt (Fn. 26) /*Weidlich*，§ 2270 Rn. 5.

[214] 例如，关于共同的熟人可参见 OLG München，NJW-RR 2008，387。

[215] Vgl. BGH 14. 12. 1961 - V ZB 20/61，BGHZ 36，201；19. 10. 1967 - III ZB 18/67，BGHZ 48，374.

第 27 章边码 1 及以下）。[216]

根据《民法典》第 2079 条，特留份权利人的撤销也同样有效果，只要撤销的期限尚未届满。在世的配偶根据《民法典》第 2271 条第 2 款第 2 句、第 2294 条可以通过同样的方式退出共同遗嘱，如果其知晓了先去世的人的过错或者根据《民法典》第 2271 条第 2 款第 2 句、第 2336 条存在取消特留份的原因。同样，在世的人的撤回权可以保留在共同遗嘱中。

五、特殊的无效原因

12 根据《民法典》第 2268 条、第 2077 条，如果婚姻无效或者在一方配偶去世之前已经被解除、已经提出离婚申请以及存在离婚的前提条件之时，则共同遗嘱整体无效。根据《生活伴侣法》第 15 条，这也相应地适用于同性生活伴侣关系。

答案：虽然 F 没有手写遗嘱，但是《民法典》第 2267 条的形式简化使得 M 书写的遗嘱经过 F 签名也可以被视为其遗嘱。但是离婚消除了共同遗嘱的前提。根据《民法典》第 2268 条第 1 款、第 2077 条第 1 款第 2 句，这也适用于存在离婚的前提条件的情况。但是因为一年的分居期限没有届满，所以不存在这种情况。

第 2 节　继承协议

问题：E 希望将他的企业完整地转让给一位后代。他希望指定长子继承生意，其他的子女只获得补偿。这里存在哪些可能？

一、适用范围

13 继承协议是包含有终意处分的协议。其在内容上可以是单方的形式，如果只有一位被继承人通过继承协议的形式来确定处分。但是也可以是双方或者多方的，如果数个被继承人希望通过继承协议而相互约束。与共同遗嘱不同，继承协议不仅可为配偶使用，而且更具约束力。基于其协议的特征，它们建立了有约束的、原则上不可撤回的死因处分。通过继承协议被确定为继承人的人根据《民法典》第 2279 条第 1 款、第 1923 条第 1 款成为继承人，如果其经历继承。虽然其受到协议的保护，但是没有理由在继承开始之前将其视为真正的继承人，并对其提供《基本法》第 14 条第 1 款第 1 句的保护（见第 19 章边码 14）。被继承人方面受到指定的约束。根据《民法典》第 2289 条第 1 款第 1 句，甚至先前冲突的遗嘱也被继承协议废除。同样，后来的处分根据《民法典》第 2289 条第 1 款第 2 句也因此无效，只要其与

---

[216] *Leipold* (Fn. 95), Rn. 476.

继承协议不一致。

根据罗马法，这种对遗嘱自由的限制违反善良风俗。尽管存在《民法典》第2302条，这如今在德国也不适用。但是在罗马法系的很多国家，继承协议（的效力）至今仍然是未知的，甚至是违反善良风俗的。恰巧《欧洲继承条例》抛出了这一问题，即可能出现必须根据意大利法处理一份德国的继承协议且宣布其无效的情况。那么选择继承协议作为终意处分的形式也必须考虑到，日后尽可能不适用其他继承法规则。从外国的角度来看，规定共同遗嘱更加不安全。[217]

应当反对罗马法的传统，因为继承协议对于较大规模的财产和数个参与者来说是有意义的策略，比如对隔代的计划来说。继承协议的当事人不一定是家庭亲属，例如也可以是为了保护共同企业的合伙人。继承协议的当事人互相约束，为了共同实现更大的目标，并且/或者跨越较长的期间才能实现。这种协议很明确，可以在一定程度上排除诉讼，这样就可以更加确定未来的情况。

但是根据《民法典》第2278条第2款，继承协议只能规定继承人的指定、遗赠、负担以及将来有关事后补偿的规定。继承协议中可以包含其他的处分，但是不成为协议的组成部分。它们是对继承协议的遗嘱补充，可以包含取消特留份、排除一位法定继承人以及指定遗嘱执行人。继承协议中也同样可以包含生前的法律行为，但是不成为协议的组成部分。因此，（人们）在不同的情况下可以灵活地制定继承协议。甚至可能出现有偿的继承协议，而并不违反《民法典》第2302条。 14

继承协议有两种形式：在单方继承协议的情况下，有被继承人的表示，另一方只是接受这一表示。在双方继承协议的情况下，双方根据《民法典》第2278条第1款都作为被继承人而行动，比如兄弟姐妹共同为了第三人的利益而缔结继承协议，比如一个基金会。根据《民法典》第2298条第1款，即使只有一条规定被证实无效，整个继承协议都无效。同样，根据《民法典》第2298条第2款第1句，行使所保留的撤销权会废除整个继承协议。 15

二、规避行为

继承协议使得所有与之矛盾的终意处分无效。之前或者之后的遗嘱，只要其内容与继承协议相矛盾，都无效。 16

根据《民法典》第2286条，被继承人只有通过生前法律行为才能继续处分其财产。那么此处也必须划清滥用和规避行为的界限。如果以损害为故意进行赠与，继承人可以根据《民法典》第2287条第1款根据不当得利的法律规定要求交还。根据《民法典》第2287条第2款，这一请求权的消灭时效在继承开始后3年届满。

《民法典》第2287条将被扩张解释：其同样适用于未提及的配偶之间的给予，即配偶之间那些无偿的给予，联邦最高法院在没有相应的约定的情况下不希望称其

---

[217] Vgl. *Dieter Leipold*, Das Europäische Erbrecht（EuErbVO）und das deutsche gemeinschaftliche Testament, ZEV 2014，139－144.

为赠与。故意亏待的情况很常见，尤其当处分人生前没有明显的自身利益。对于处分人来说，赠与或者亏待哪个更重要，不起决定性作用。

法律在《民法典》第2288条中针对规避行为给受遗赠人提供了一项广泛的保护。根据《民法典》第2288条第1款，在出于故意亏待而毁坏、转让或者类似的情况下，受遗赠人可以要求赔偿价值或者重新购置。如果标的物被赠与了，则受赠人像《民法典》第822条一样，根据《民法典》第2288条第2款第2句承担补充责任。

17 但是不存在其他的限制。在过去，《民法典》第134条被慷慨地用于每一个涉嫌规避的情况，但是自BGHZ 59，134判决[218]起，单纯对继承协议内容的侵蚀不是决定性的。在确定是否违反善良风俗之时，也应当进行狭义解释。因此，被继承人为了以后得不到收益，可以将其财产投入基金会或者变卖全部家产。但是，生前的法律行为，包括继承协议，可以使被继承人有义务，在一定范围内不进行具有侵害性的法律行为。这项法律行为上的禁止处分，根据《民法典》第137条虽然没有物权的效果，但是可以产生损害赔偿请求权。当然，如果协议继承人在继承开始之后才可以行使这一请求权，然后他作为单独继承人本身就被禁止这样做。那么这就无济于事了。同样，对继承人来说，确定是否违反善良风俗以及规避时也要进行狭义解释。按照条件不结婚的人，不能因为其与他人"未婚同居"而对其进行指责，因为该条件的目的并不在于生活方式，而在于保全财产。如果也应当阻止这种生活伴侣关系，就必须说明这一点。

三、前提条件

18 根据《民法典》第2275条第1款，缔结继承协议的前提是被继承人根据《民法典》第2275条第1款具有完全行为能力。而在一位被继承人和一位协议继承人签订继承协议的情况下，表示的受领人根据《民法典》第107条不需要具有完全行为能力。未成年的被继承人根据《民法典》第2275条第2款、第3款可以为了配偶或者订婚对象的利益或者同他们一起缔结继承协议，只要法定代理人同意。

根据《民法典》第2276条第1款，继承协议只有在双方同时在场且公证人进行记录的情况下才能签订。对于配偶来说，继承协议也可以与夫妻财产协议相结合。那么根据《民法典》第1410条、第2276条第2款，继承协议适用夫妻财产协议的形式。但是在这种情况下，也要求在公证人面前同时出现。也就是说几乎没有区别。

19 被继承人根据《民法典》第2274条必须亲自签订继承协议。相反可以得出，其他当事人可以由代理人操作。根据《民法典》第2276条第1款第1句，继承协议要在双方同时到场且公证人进行记录的情况下订立。对于其订立，根据《民法典》第2276条第1款第2句，相应地适用有关公开遗嘱的规定。

---

[218] BGH 5.7.1972 - IV ZR 125/70，BGHZ 59，343.

通过公证的形式，继承协议也可以供那些书写能力很差或者压根不能书写的人使用。但是必须明确认可协议中的单个条款。因此，不能言语者不能自己订立公证遗嘱，但是可以订立继承协议，因为此处协议相对方可以进行确认。根据联邦宪法法院的观点，这是违反宪法的、对残疾人的不平等对待。[219] 因此，《民法典》第2232条、第2233条被宣布违宪，暂时不适用于不能言语者：《公证书证法》第24条致力于解决这一问题，比如这里仍然可以公证。

四、约束力的界限

20 继承协议根据其性质是具有约束力的。相应的只在例外情况下有理由终结其效力。当事人当然可以根据《民法典》第2290条第1款在生前共同签订废除协议。这根据《民法典》第2290条第4款必须满足继承协议的形式。被继承人必须亲自签订废除协议。对此，根据《民法典》第2290条第2款第2句，被继承人不需要具有完全行为能力。从中可以发现一个矛盾：继承协议根据《民法典》第2275条第1款只能由具有行为能力的人亲自签订，废除协议作为相反行为（*actus contrarius*）和《民法典》第2290条第4款规定的一样应当遵从签订继承协议时相同的条件，应当禁止未成年人签订废除协议。因此，《民法典》第2290条第2款第2句规定，限制行为能力人没有代理人时也可以签订废除协议。

合同当事人也同样不需要具有完全行为能力。如果其处于监护之下，则根据《民法典》第2290条第3款需要家庭法院的同意。被继承人根据《民法典》第2291条第1款第1句可以通过遗嘱废除遗赠或者负担；但是根据《民法典》第2291条第2款第2句，为此还需要合同相对方的经公开公证的同意。

21 受益人放弃给予可能恢复遗嘱自由，只要放弃给予的行为根据《民法典》第2357条第3款由放弃人亲自签订合同，且根据《民法典》第2348条作成公证文书。

根据《民法典》第2293条，可以通过合同约定保留解除权。对于可能生效数十年以上的合同来说，这可能是一个有用的补充。同样，如果这一“过错”致使被继承人有权取消特留份，则要考虑在受益人有过错的情况下根据《民法典》第2294条、第2333条及以下条文解除；对婚姻不忠不属于此范畴。[220] 对于约束力进行限制的规定也要在狭义上解释。另外，如果建立了受益人经常性给付义务且根据《民法典》第2295条在被继承人去世之前被废除，则被继承人同样可以解除（继承协议）。解除权每次都必须通过作成公证文书的声明在合同相对人生前实施。在其死后，根据《民法典》第2297条、第2298条第2款和第3款，在形式上只有可能通过遗嘱废除符合协议的处分。

如果是配偶签订继承协议，则其有效性和共同遗嘱一样依赖于婚姻的存续。在这种情况下，也可以根据《民法典》第2292条通过共同遗嘱将其废除。如果第三

[219] S. BVerfG 19.1.1999 - 1 BvR 2161/94, NJW 1999, 1853.

[220] OLG Köln (2 Wx 86/17) vom 5.7.2017, NRW-Spezial 2017, 744.

人被指定为配偶之后的最后继承人，有疑问时同样适用统一解决办法；第三人不成为先去世者的后位继承人，而只在后去世者死后继承配偶双方的总遗产。

22 继承协议在存续过程中，同样受到撤销的特别规定（见第 11 章边码 8；详见第 27 章边码 1 及以下）的保护。根据《民法典》第 2281 条第 1 款，只要被继承人活着，就可以由其自己表示。在其死后，他根据《民法典》第 2080 条、第 2281 条第 1 款所享有的撤销权，只要尚未灭失，根据《民法典》第 2085 条仅归属于从废除继承协议中得利的人。根据《民法典》第 2281 条第 2 款，撤销相对人是遗产法院，其必须通知相关的第三人。根据《民法典》第 2282 条第 3 款，撤销的表示通过公开证明而实现。根据《民法典》第 2283 条，这必须在 1 年期限之内完成。

23 继承协议中所包含的规定的约束力可以有所区别。继承协议中符合协议的规定，即《民法典》第 2278 条第 2 款规定的指定继承人、遗赠、负担和事后补偿规定，受到《民法典》第 2281 条及以下条文的特别保护。而对于其他按照协议而达成的内容，则适用一般的合同法。最后，继承协议也可能包含单方终意处分，否则，其将被规定在遗嘱中。对此，适用遗嘱法的自由撤回。

答案：通过继承协议可以和晚辈直系血亲约定将长子指定为继承人。在这份继承协议中，其他子女认可对继承人的指定，且获得遗赠作为补偿。对他们也可以承诺进行其他给予，这也可以包含在继承协议中。根据《民法典》第 2278 条第 2 款，虽然这些规定也包含在证书之中，但不是继承协议的组成部分。

复习和深化的问题

60. 共同遗嘱是为了什么目的？
61. 什么是相互依存的处分？
62. 继承协议的作用是什么？
63. 继承协议的约束力在何处？
64. 继承协议如何丧失其约束力？

请解答下面的案例 2：夫妇 M 和 F 共同设立一份遗嘱，由 F 书写，两人均签了名。其中互相将对方指定为单独继承人；配偶中后一个人死后他们共同的子女 T 成为继承人。M 的财产总价值为 80 万欧元，其中大部分来自房子。

5 年后，F 去世。不久之后，M 认识了 G，她越来越经常在（M 的）房子里逗留。因此，T 搬出去了。出于愤怒，M 和 G 签订了一份作成公证文书的房屋赠与合同，M 自己只保留了终生的居住权。这项不动产转让合意表示，日后 G 会作为所有权人而登记进入不动产登记簿。几个月之后，已经相当年迈的 M 与 G 结婚，一年之后 M 去世。这时候房屋地产价值 100 万欧元。

T 认为，该项赠与无效，要求 G 交出其父母的房屋地产。

第 22 章 遗嘱规定

第 1 节 继承人的指定

问题： E 的儿子和女儿被指定分别继承 1/3 的遗产，没有其他的继承人。如何确定继承比例？

一、指定与继承比例

1 被继承人当然是根据自己的喜好确定死因处分的内容。但是大多数都指定继承人。但这不是必需的，因为被继承人原则上也可以将其保留给法定继承人，而只规定一些遗赠（详见第 22 章边码 26 及以下），比如赋予朋友对某物的请求权，或者确定分配遗产的规则。但是，被继承人通常会指定一人或者数人为继承人。在后一种情况下，必须可以查明继承人的继承比例。但是还要考虑到，遗产是根据时间顺序分配的，首先给前位继承人，然后给后位继承人（详见第 22 章边码 8 及以下）。

受益人作为继承人共同体的成员，既享有遗产也承担负债，这对于继承人的指定是决定性的。需要与其相区分的是，那些只获得特定的标的物或者价值，也就是遗赠，而不成为继承人的人。遗赠只提供对继承人的债权请求权，要求他们交出一件物品或者一笔钱款。进行区分时要解释遗嘱。特殊继承，也就是直接继承特定的标的物，因为概括继承的原则，所以在原则上是不可能的（见第 4 章边码 1 及以下）。

2 但是遗嘱可能出现问题，如果不清楚继承人应当从遗产中得到多少，那么对于个案，要通过解释遗嘱来寻求解决方案。如果没有任何部分提到了继承比例，则要考虑适用法定继承顺序的规则。如果被继承人规定，其“法定继承人”或者子女应当成为继承人，则人们可以根据人头数来进行分配，且孙子获得其祖父的已经去世的子女的继承份额。如果这一小部分只被部分提及，则人们可以采取不同的措施：

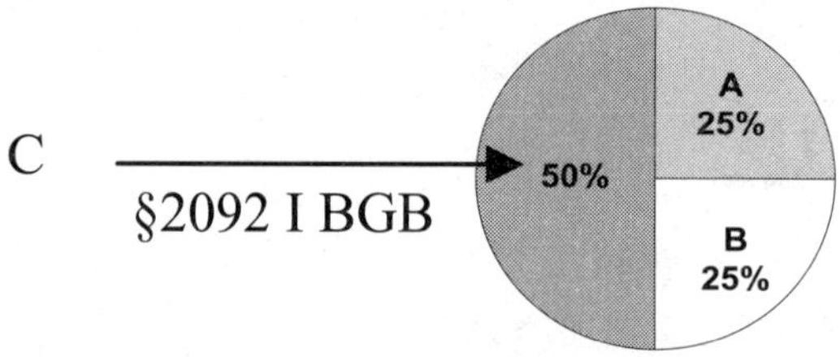

● 根据《民法典》第 2092 条第 1 款，那些未被指明继承比例的人可以获得遗产中扣除指明的继承比例之后剩余的东西。比如说，如果子女 A 和 B 各继承 1/4，此外还有朋友 C 是继承人，那么根据这一解释方法他可以获得遗产的一半。

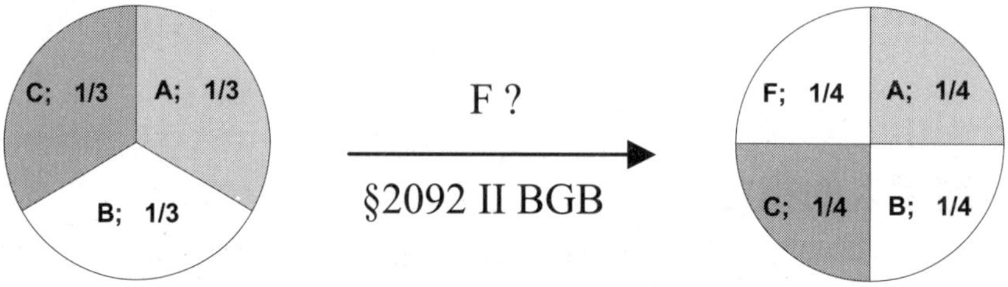

● 但是如果在扣除 A 和 B 的份额之后，遗产中没有剩余了，则 C 就落空了。因此，《民法典》第 2092 条第 2 款针对这一情况规定，没有指定继承比例的继承人应当继承和最小比例的继承人一样多的遗产；比例相应地进行减少。如果子女 A、B、C 各继承 1/3，此外还有朋友 F，则所有人必须被设置为继承遗产的 1/4。

3 最后要注意的情况是，所有继承人都被指明份额，但是遗产尚未被分完。此时必须根据《民法典》第 2089 条依据继承比例增加份额，直到遗产被分完。如果 A 应当获得 1/5，B 应当获得 2/7，C 应当获得 3/7，首先要将继承份额算成相同的分母，即 1/35。根据继承份额折算，A 是 7/35，B 是 10/35，C 是 15/35。然后将继承份额累加：现在将要分割 32/35。分子的总数然后要成为新的分母，据此 A 获得 7/32，B 获得 10/32，C 获得 15/32。——如果各部分累加超过整体，则根据《民法典》第 2090 条按照份额比例减少。

此外要根据《民法典》第 2088 条第 1 款和第 2 款，考虑对没有被分配的部分适用法定继承顺序。如果妻子 F 应当继承一半，则人们可以认为，她没有权利获得更多了。遗产中的其余部分因此要在其他法定继承人之间分配。对此人们可以得出，更高的继承比例应当只修正法定继承。但是根据《民法典》第 2066 条，也可能将指定法定继承人而不确定比例理解为参照法定继承顺序，然后这规定了全部遗产的分配。比如，妻子和子女是受益人，那么就这点而言，根据《民法典》第 1924 条、第 1931 条确定继承顺序。

选择不同的解释方式提醒我们，要根据被继承人的明显的意愿来理解。

答案：遗嘱规定的受益比例没有分完遗产。此时要考虑适用《民法典》第 2066 条，因为法定继承人是受益人，但是此处没有进一步规定继承比例。如果没有迹象表明存在其他的遗嘱意思，则两位被指定的继承人根据《民法典》第 2089 条应当成为仅有的继承人。因此，儿子和女儿的继承比例都上升为 1/2。

二、一位继承人出缺：替补继承人、后位继承人、份额的增加

问题：M 将其妻子 F、子女 S 和 T 指定为继承人。T 去世了，留下了孩子 E。谁将成为继承人？

遗嘱指定的继承人可能会出缺或者不能再成为继承人，比如因为其先去世了或者拒绝遗产。在这种情况下，可以根据《民法典》第 2096 条提名替补继承人，来代替原始继承人。但是同样要考虑，遗产增加给其他继承人，并且部分适用法定继承顺序。被继承人可以根据《民法典》第 2096 条提名一位替补继承人，比如妻子是继承人，但是为了应对她先去世的情况而指定他们共同的女儿为替补继承人。通过死因处分来确定替补继承人是必要的。意定继承人和法定继承人都可以被替补。如果被继承人的“子女”被指定，要考虑根据《民法典》第 2068 条的推断，被指定者的晚辈直系血亲被指定为替补继承人。法定继承顺序的加入原则的模式导致，除非查明被继承人的其他意愿，子孙可以被确定为替补继承人。根据《民法典》第 2096 条，这也可以类似地适用于晚辈直系血亲被具名提起且在继承开始之前去世的情况。此处，同样要考虑他的晚辈直系血亲作为替补继承人。 4

替补继承人也必须经历被继承人的死亡，否则他也不能继承。“替补继承人”要从概念上和“后位继承人”进行区分。根据《民法典》第 2100 条，在规定后位继承的情况下，首先是前位继承人进入被继承人的法律地位，然后在一个由被继承人确定的时间点才是后位继承人。后位继承意味着立即继承原则的一项例外：虽然后位继承人是被继承人的真正的继承人，但是并不立即进入被继承人的法律地位，而是在继承开始之后的一段时间后才获得这一地位。根据《民法典》第 2106 条第 1 款，这种后位继承最迟随着前位继承人的去世而发生。这允许对继承人进行时间上的分级：比如妻子可以成为前位继承人，子女被指定为后位继承人。前位和后位继承使被继承人可以更长时间地根据自己的愿望来组织财产的转让。人们批判其为“来自坟墓的控制”（详见第 22 章边码 9）。 5

因此，这种形式与替补继承明显不同。但是两者也有共同点：如果被提名的前位继承人在继承开始之时已经去世，则可以适用《民法典》第 2102 条第 1 款的推定，据此后位继承人在有疑问时也应当成为替补继承人。所以，如果被指定为前位 6

继承人的母亲在父亲去世之前已经去世了，子女也是替补继承人并立即继承父亲的所有遗产。

如果规定，妻子以及“之后”子女应当继承，则可能不确定子女应当是后位继承人还是替补继承人。母亲可能成为完全继承人或者只是前位继承人。根据《民法典》第2102条第2款，有疑义时，也就是如果无法进一步查明被继承人的意思时，应认为仅指定了替补继承人。所以，只有当母亲在父亲的继承开始之时已不在世或者拒绝遗产，子女才能继承。这样就避免了前位和后位继承人之间可能的冲突。

7 如果一位或者多位继承人出缺，则其余继承人的继承份额根据《民法典》第2094条第1款可以相应地增加。这样做的前提是，继承人被明确指定，从而排除法定继承顺序且被继承人希望被提名的继承人得到全部遗产。根据《民法典》第2094条第3款，不得通过终意处分排除这种份额的增加。根据《民法典》第2096条，规定一位替补继承人也是这种情况，因为替补继承根据《民法典》第2099条优先于份额的增加。在份额增加的情况下，继承份额根据比例提升，也就是对所有提名的继承人进行。如果数个继承人被指定继承一个继承份额，而其中一人出缺，则根据《民法典》第2094条第1款第2句，首先在这个小群体内增加份额。比如A继承1/3，B和C也共同继承1/3，其他的归法定继承人。如果A出缺，那么法定继承人获得遗产的2/3。但如果B出缺，则C获得全部1/3。最初的继承份额和增加的构成一个整体，因此只能被一起拒绝。如果既有替补继承人，又可以接受份额的增加，则替补继承人根据《民法典》第2099条优先。

但是，如果对于一个继承份额既没有指定替补继承人，也没有规定份额的增加，当相关的继承人出缺时，则只有法定继承顺序可以作为遗产分配的解决办法。也就是说，这时将出缺的继承人的继承份额在法定继承人间分配。

答案：因为案件中没有进一步的线索，解释可能支持法定的推定规则。M已经通过遗嘱将其子女指定为继承人，因此根据《民法典》第2069条，在有疑义时适用这一推定，即孙子E应当是替补继承人。那么E就是《民法典》第2096条所规定的其母亲的替补继承人。但是也有可能增加剩下的继承人F和S的继承份额。根据《民法典》第2099条，认定替补继承人优先于继承份额的增加。因为根据《民法典》第2069条，替补的晚辈直系血亲与被指定的替补继承人地位相同[221]，最终F、S和E成为继承人。

三、前位和后位继承

问题：E希望尽可能长久地按照自己的想法转让其财产。他如何才能实现这一目标？他关于继承所制定的规则在未来最长多久可以被遵循？

（一）功能

8 有不同的形式来限制或者约束继承人的地位。除了遗赠和负担之外，还有通过

---

[221] Palandt (Fn. 26) /*Weidlich*, § 2069, Rn. 1.

规定前位和后位继承来进行时间上的限制。据此，首先由前位继承人继承遗产；被继承人同时规定，出现某特定条件之后，后位继承人应当紧接着获得遗产。后位继承的目的在于，通过不同继承人时间上的先后顺序来确保按照被继承人所确定的标准来使用遗产。通常应当尽可能长久地按照被继承人的想法来传递财产。从老一代的角度来看，根据古老的格言保留一代或两代不受限制的财产可能是有利的："祖父买了它，儿子得到它，孙子失去它。"通过前位和后位继承不仅可以使不同的几代人相互约束，而且确定了得到和失去遗产的条件。尤其对于属于遗产的企业来说，这一先见之明可以保证商界的稳定与信任。

负面因素在于允许被继承人来自坟墓的控制。只要终意处分是合法的，前位继承人就无权要求成为完全继承人。比如在共同遗嘱的情况下，根据分离原则，妻子可以成为前位继承人而共同的子女成为后位继承人。 9

这可能是一项违反规则的限制，但是至今仍然认为被继承人可以就其死后的财产转移情况最后一次作出决定。在罗马法中适用"一朝继承人，永远继承人"（semel heres，semper heres）。所以当时禁止对继承人划分时间等级。因此，在一些罗马法系的法律规定中，后位继承人在很大程度上被排除了，比如法国、比利时和荷兰的《民法典》中禁止"替代"。在英国，通过设立信托解决这个问题；独自积累的全部财产可以依次服务于好几代继承人。但是人们也可以通过规定遗赠或者通过生前的法律行为，要求继承人允许他人在世时对财产享有用益权。就这方面来说，只有德国法中前位和后位继承人的教义学形式非常清楚，而且可以前后一致地实现。不是被继承人的权限本身，而是大多数情况下其时间范围都是有问题的。

前位和后位继承人都是被继承人真正的继承人。[222] 前位继承人也是遗产的主人，但是对后位继承人负有体恤义务。后位继承人同样直接是被继承人的总继承人，而不是前位继承人的权利继承人。基于被继承人的终意处分，其根据法律随着条件的满足获得遗产。但是只要前位继承人正常管理遗产，后位继承人也承受前位继承人所签订的使用租赁合同和用益租赁合同以及由前位继承人所接受的债务，只要涉及遗产。 10

（二）形式的选择

根据这种设计是明确或有意安排的，或者它们是否只是必须从死者的指定中建设性地得出的，来区分继承的情况。在希望进行后位继承的情况下，死因处分明确包含后位继承的规定或者至少可以通过解释查明的规定。由于对参加者的巨大的限制，人们可以认为，应当明确规定后位继承。 11

但是，给予某一特定时间点之前的遗产管理或者用益权可能意味着要推定存在前位继承的规定。另外，根据《民法典》第 2103 条，可以指明一个特定的结果或

---

[222] 这也适用于税法方面；因此，前位和后位继承人原则上不是减少纳税的典型。但是如果父亲是被继承人，姐姐是前位继承人，则后位继承人就位于较为优惠的税收等级，如果该人作为父亲的继承人（第一税收等级）而不是姐姐的继承人（第二税收等级）而登记。

者特定的时间点，从而交出遗产。此处法律也推定存在后位继承的规定。如果被继承人只指定了一位前位继承人，则法定继承人根据《民法典》第 2104 条必须被视为后位继承人。相反，如果只指明了后位继承人，则他们根据《民法典》第 2105 条是前位继承人。除了这些情况之外，像在《民法典》第 2269 条第 1 款中一样，法律试图在有疑问时排除后位继承。判例遵循了这一趋势。[223]

12 即使没有特别规定，人们也能从终意处分中建设性地推断出后位继承的安排。如果一个尚未出生的人被指定为继承人，而被继承人在其出生之前死亡，则这个胎儿只能作为后位继承人获得遗产。根据《民法典》第 2101 条第 1 款，在其出生之前都由法定继承人充当前位继承人。如果只在特定的解除条件或者特定时间之下指定继承人，且不确定谁应当成为后位继承人，此时法定继承人根据《民法典》第 2104 条也成为后位继承人；所以被指定的继承人只是前位继承人。有时还不确定，条件是否真的实现了。如果没有实现，则事后表明，前位继承人实际上自始至终都是完全继承人。此时也要考虑，企业的延续作为负担（见第 22 章边码 43）时，将提名其他人看作是指定替补继承人。

13 甚至在没有明确规定时，奥特在丧失权利条款的情况下也认定前位和后位继承。[224] 如果继承人的地位是附条件的，可能另外一个人随着条件的成就而成为继承人。例如，子女应当至少保留家族企业 12 年，人们从中可以看到一个条件；如果 10 年后这个企业就被转让了，那么前位继承人就丧失了遗产，遗产就归属于那些之后被任命的人，紧急情况下是法定继承人。但是这已经出现了一个问题，即这种设计是否符合被继承人的意愿：是否真的是一个一旦违反就要剥夺继承份额的条件？怀疑不仅来自严峻的法律后果，而且还来自前位和后位继承所产生的众多问题和任务：除了前位和后位继承人的权限区分的困难，要从明显有漏洞的终意处分中得出前位继承人在多大程度上免于处分的限制，也是很困难的。与此同时，人们必须问问自己，对（前位）继承人的限制应当持续多长时间：只要条件有效，其在有疑问时也必须适用于其继承人。因此，随着前位和后位继承而出现的法的不安定性会继续存在于后位继承人之上。因此，最终还有一个问题，人们是否没有比完全继承人更好地对待这类继承人。也就是被继承人应当有一个选择，减少附条件的继承人的权限——且只能通过继承的明确规定。如果他没有这样做，那么人们有疑问时宁愿认为，他不希望有这样的限制——以及与此相关的执行问题。

14 《民法典》第 2104 条及后一条明确规定，被继承人只能确定前位或者后位继承人。另外也有可能还规定数个其他的根据时间划分等级的后位继承人（被划分等级的后位继承顺序）。那么第一位后位继承人相对于第二位后位继承人来说就是前位继承人。这样可以将财产保留在家庭内部，只要维持遗嘱的有效性和效力。同样也可以同时指定数个共同前位继承人和共同后位继承人。也可以只对遗产中的一部分

---

[223] Vgl. OLG Jena（6 W 516/14）vom 23. 2. 2015，NJW-Spezial 2015，520.

[224] *Gerhard Otte*，Das Elend der Verwirkungsklauseln，in：Stefan Chr. Saar u. a.（Hrsg，）Recht als Erbe und Aufgabe，FS Heinz Holzhauer，2004，S. 527－537.

指定前位和后位继承：例如，只有房产或者家族的档案应当在家族内部代代相传。

15 如果某人被指定为其他继承人，则要考虑替补继承人的规定（见第 22 章边码 4）。根据《民法典》第 2096 条的法定定义，这是当第一位的继承人实际上没有成为继承人时，而应当成为继承人的人。对于最初被提名为继承人的人出缺的情况，由替补继承人来代替。例如，如果第一位被提名的已经去世了或者拒绝遗产，则他没有成为继承人。有疑问时，根据《民法典》第 2102 条第 2 款适用法定推定，即在这样的情况下存在替补继承。如果无法查明被继承人的真实意思，则只有当第一位被提名的人已经去世时，第二位被提名的人才成为继承人；这样避免了关于前位和后位继承的复杂规定。

（三）前位和后位继承开始

16 对于后位继承的开始存在两个重要的时间点，即前位和后位继承开始。随着被继承人的去世，前位继承人获得遗产（“前位继承开始”）。如果前位继承人拒绝遗产，有疑义时，那么后位继承人在被继承人死后直接成为完全继承人。随着前位继承的开始，后位继承人获得一项可继承的、可转让的对遗产的期待权。[225]

但是并非在所有情况下都可能转让这一期待权。

● 如果后位继承人在被继承人之前去世，则后位继承出缺。这种情况下，被指定的后位继承人的晚辈直系血亲没有继承权，因为他从来没有成为继承人。

● 如果后位继承人在前位继承开始之后才出生，则其根据《民法典》第 2108 条第 1 款、第 1923 条第 2 款，随其出生获得这一期待权。

● 如果后位继承人在后位继承开始之前去世，则被继承人的意愿起决定性作用，后位继承人的遗嘱继承人或者后位继承人的晚辈直系血亲成为替补继承人。对于后一种方案，如果不能确定被继承人的意愿，则适用《民法典》第 2069 条的法定推定来决定。

● 根据《民法典》第 2108 条第 2 款第 2 句、第 2074 条适用不同的推定。据此，附延缓条件而被指定的后位继承人的期待继承权在有疑义时是不可继承的：如果后位继承人被取消，那么整个后位继承都不应当发生。例如，某人随着成年而应当成为后位继承人，但是这一情况没有出现，则后位继承顺序也取消。

17 第二次继承开始，即后位继承开始，随着被继承人确定的时间点或者特定的结果而发生。这可以单独规定，或者如果没有规定，则根据《民法典》第 2106 条随着前位继承人的死亡而发生。随着后位继承的开始，前位继承人的权利依法灭失，遗产归于后位继承人。但是根据《民法典》第 2140 条，前位继承人依然有权支配遗产，直到其获知后位继承开始。如果后位继承人在继承开始之后拒绝后位继承权，其根据《民法典》第 2142 条第 2 款随着后位继承开始才有权这样做，则前位继承人成为完全继承人。

根据《民法典》第 2108 条第 1 款、第 1923 条第 1 款，后位继承人当然应当已

---

[225] Vgl. BGH 4.7.1962 - V ZR 14/61，BGHZ 37，319，325 f；9.6.1983 - IX ZR 41/82，BGHZ 87，367，369.

经出生，或者至少已经被孕育了。如果其在继承开始之后才出生，则随其出生成为后位继承人。如果其在后位继承开始时尚未出生，则根据《民法典》第 2101 条第 1 款第 1 句、第 2104 条相应地成为第二后位继承人。那么在前位继承人之后，法定继承人成为第一后位继承人。如果后位继承人已经去世，有疑义时，只要期待权是可以继承的，则遗产归其继承人；根据《民法典》第 2108 条第 2 款第 1 句，有疑义时这样认定。

(四) 后位继承顺序的时间上的限制

18 后位继承顺序的一个重点是后位继承顺序的时间限制问题。被继承人不得作出必须永远遵守的规定，否则实际上是再次引入了不可分割、不能转让的财产权（见第 2 章边码 2 和 3）。因此，《民法典》第 2109 条第 1 款第 1 句规定，最后的后位继承必须要在 30 年之内发生。否则，有关后位继承人的指定无效且遗产成为前位继承人的自主财产。只有在例外情况下，继承法中常用的 30 年期限才会被延长。

19 一方面，如果根据《民法典》第 2109 条第 1 款第 2 句第 1 项规定了后位继承，即前位继承人或者后位继承人身上发生一个特定的事件且应当发生这一事件之人在继承开始之时生存，则适用这一点。很多法院曾经研究的一个案例可以用来进行解释说明：被继承人是 N 的第五代侯爵，1925 年通过继承协议规定了后位继承顺序。[226] 财产应当永远传递给其后代中的长子（“长子继承权”）；如果长子去世时没有子女，那么其年龄最大的弟弟有继承权。被继承人于 1939 年去世，其子继承，即第六代侯爵。但是在 1939 年继承开始之时，（被继承人的）孙子已经出生了，其不久之后作为第七代侯爵继承。其 1991 年去世之时，继承协议已经过去 52 年了。但是每一个后位继承人去世时的继承顺序都被规定了，即也适用于第七代侯爵去世的情况。这就是《民法典》第 2109 条第 1 款第 2 句所规定的必须发生在后位继承人身上的特定事件。由于第七代侯爵在 1939 年继承开始之时已经出生，所以 1925 年的继承协议可以再一次用于查明最后的后位继承人。

20 另一方面，存在延长的其他可能性，如果根据《民法典》第 2109 条第 1 款第 2 句第 2 项，对前位或者后位继承人来说

（a）一个弟弟或者妹妹已经出生，并且

（b）已就其出生的情况而指定该弟弟或妹妹为将要去世的前位或者后位继承人的后位继承人。

如果恰好在上述案件中，第七代侯爵死后，其长子成为后位继承人，但是该长子没有有资格继承的晚辈直系血亲，则其年龄最大的弟弟甚至还同样可以根据 1925 年规定后位继承人的继承协议而成为后位继承人。那么年龄较小的弟弟可以根据《民法典》第 2109 条第 1 款第 2 句第 2 项作为优先的（后位）继承人的弟弟而享有继承权。这样，1925 年的继承协议甚至还可以在这一代中再一次使用。这种超过三代或者一个世纪的应用当然可以被批判。

---

[226] Vgl. BayObLG 3. 9. 1996 - 1 Z BR 41/95，BayObLG 1996，204 - 233，s. o. Fn. 89，91.

（五）前位继承人的权利

可以看出，前位继承人可以长时间享受遗产。这就抛出了一个问题，即在后位继承顺序发生之前其与后位继承人的关系的法律状况。前位继承人本身拥有一个真正的继承人的所有权利和义务。但是为了保护后位继承人，必须存在限制。对此，法律根据《民法典》第 2112 条原则上分配给前位继承人自由的处分权限。与此相对应，前位继承人在后位继承开始之前对遗产债务承担责任。但是，这在《民法典》第 2112 条及以下条文中受到了限制。结果，前位继承人的权利更像是为了后位继承人的利益的用益权或者托管。保护条款原则上也涉及被视为遗产替代物的财产。根据《民法典》第 2111 条第 1 款，这里也发生有利于遗产的物上代位，所以通过遗产而获得的（财产）也属于遗产。在危险的情况下，后位继承人根据《民法典》第 2127 条针对前位继承人享有知情权。前位继承人甚至可能必须提供担保。极端情况下要考虑根据《民法典》第 2129 条并结合第 1052 条由法院进行管理。 21

（1）首先，前位继承人的处分受限制。 22

——根据《民法典》第 2113 条第 1 款，前位继承人关于土地和土地上权利的处分无效，例如抵押或者地产债，只要这会妨害或者损害后位继承人的权利。这种无效性是针对任何人的，也就是说，这是一项绝对的禁止处分。但是，在后位继承顺序出现之后才发生这种无效，因为只有在那时候后位继承人才会被损害。那么所获得的法律地位必须根据《民法典》第 2113 条第 3 款的规定在后位继承开始之后交给后位继承人。

但是，根据《民法典》第 2113 条第 1 款，如果善意取得人根据《民法典》第 2113 条第 3 款被相应的适用《民法典》第 892 条第 1 款第 2 句、第 893 条所保护，则绝对的转让禁止不生效。如果取得人不知道前位继承的归属且这没有登记在土地登记簿中，要考虑善意取得。但这是一种很罕见的情况，因为土地登记簿管理局在以官方之名登记前位继承时要首先登记前位继承的归属。

但是，可能有必要在正常管理遗产的范围之内进行那样的处分。《民法典》第 2120 条第 1 句规定，前位继承人向后位继承人请求同意时，后位继承人必须同意。另外可以从中得出，经后位继承人同意的处分即使超出正常管理的界限之外也是有效的。即使没有后位继承人的同意，也可以履行被继承人建立的义务。

——根据《民法典》第 2113 条第 2 款，出自遗产的赠与同样无效，只要其不符合道德上的义务。但是后位继承人也可以同意这样的赠与，这样赠与有效。根据通说，禁止处分要进行广义解释：只要一项出自遗产的给付没有对待给付或者对待给付客观上并不等价，就要适用《民法典》第 2113 条第 2 款。如果一项处分由于缺乏基础行为而没有法律基础，或者如果对待给付没有进入遗产而是流向第三人，都同样适用。如果该行为部分无偿，则处分整体无效。返还遗产标的物和返还第三人提供的对待给付只能同时履行。

在这种情况下，善意取得人也受到保护：如果是有关动产标的物，《民法典》第 2113 条第 3 款理所当然地参引《民法典》第 932 条及以下条文，但是也有第 892

条、第893条、第932条、第1032条、第1027条、第1208条等有关善意取得的条文。根据《民法典》第816条第1款第1句，出让人必须就对后位继承人来说有效的处分提供价值补偿。但是如果是一项赠与，则根据《民法典》第816条第1款第2句由取得人承担这一义务。[227]

——如果遗产中包含地产债或者抵押，前位继承人根据《民法典》第2114条可以通知终止。但是只有得到后位继承人的同意，钱款才能支付给前位继承人，否则必须为了双方的利益而把钱存起来。

——由于前位继承人的债务而对遗产进行强制执行的处分，根据《民法典》第2115条也是无效的，因为这会妨害或者损害后位继承人的权利。后位继承人此时也可以根据《民事诉讼法》第773条第2句并结合第771条，提起第三人异议之诉，从而阻止这一利用。[228]

——根据后位继承人的希望，前位继承人必须把有价证券存在银行。通过冻结可以根据《民法典》第2116条、第2118条阻止相关的处分。

23 （2）除了已经提到的处分限制，前位继承人有关遗产的管理也受限制。根据《民法典》第2130条第1款第1句，其有义务正常管理遗产。为了清偿遗产债务，前位继承人可以根据《民法典》第2120条要求后位继承人的同意。

（3）最后要考虑后位继承开始之前前位继承人对后位继承人所承担的责任。相反，前位继承人可以根据《民法典》第2125条、第2126条要求后位继承人支付其已经承担的遗产管理中的特别的费用和负担。

（4）前位继承人像普通的完全继承人一样对第三人承担责任（对此见第40章）。关于后位继承人，如果前位继承人不能履行其交还义务，在后位继承开始之后适用一项特殊的责任。根据《民法典》第2131条适用罗马法中“个人在处理自身事务时的注意程度”（diligentia quam in suis）作为责任的标准，即《民法典》第277条规定的处理个人事务时的谨慎责任。根据前位继承人的惯例，可能不考虑一般过失情况下的责任。根据《民法典》第2132条，被继承人也不承担不可归责于他的或者常见的变化或毁损的责任，比如日常的损耗。前位继承人为了自己而利用的遗产部分，必须根据《民法典》第2134条在后位继承开始之后以价值补偿的形式给付后位继承人。

根据《民法典》第2145条第1款第1句，前位继承人对于遗产债务的责任随着后位继承的开始而消失。例外情形下，这一时间点之后并非后位继承人承担责任，而是前位继承人，

（a）如果被继承人只委托其履行遗赠和负担，或者

（b）如果是关于支付义务，对此存在前位继承人的一项剩余的支付义务，比如前位继承时间内的抵押利息。

前位继承人只因为使用遗产而承担责任。如果遗产已经被用光，则其在后位继

---

[227] Staudinger（Fn. 186）/*Avenarius*，§ 2113 Rn. 103.

[228] 后位继承人也可以选择，是不是反而希望根据《民事诉讼法》第766法提出抗议。

承开始之后可以根据《民法典》第 2145 条第 2 款拒绝支付。

对前位继承人的广泛的限制可能违背了被继承人的意愿。尤其是，如果在世的配偶被指定为继承人，可能也允许其消费遗产。根据被继承人的意愿，此处可能要解除对前位继承的限制。通过其指示，被继承人有可能解除《民法典》第 2113 条第 1 款以及《民法典》第 2114 条、第 2116 条至第 2119 条、第 2123 条对前位继承人的大量限制，取消请求答复义务（《民法典》第 2127 条），甚至允许前位继承人像所有权人一样处分财产（《民法典》第 2128 条至第 2131 条，第 2133 条，第 2134 条）。 24

这种解除可以通过三种方式实现。 25

（1）被继承人可以根据《民法典》第 2136 条通过死因处分在较大或者较小的范围内解除对前位继承人的限制，尤其是处分限制。如果处分的限制没有明显保护期待权，则从中可以推定全体解除。[229] 但是《民法典》第 2136 条最终确定了：被继承人不得授予比规定中所提到的更加广泛的解除。[230] 因此，解除《民法典》第 2113 条第 2 款中有关无偿处分的限制尤其被排除在外。同样，解除《民法典》第 2111 条的物的替代以及《民法典》第 2128 条第 2 款的损害赔偿义务是无效的。不允许被继承人将前位继承人从这些限制中解放出来。

（2）另外，被继承人可以指定后位继承人继承遗产的剩余部分。根据《民法典》第 2137 条第 1 款的解释规则，这意味着，前位继承人应当像在《民法典》第 2136 条中一样被解除限制和义务。那么前位继承人只需交出后位继承开始之时遗产中现存的财产即可。也就是说，他尤其可以为了自己而消费遗产。只有经前位继承人的用益之后还剩余的，仍归属于后位继承人。但是根据《民法典》第 2138 条第 2 款，前位继承人有赔偿义务，如果其违背《民法典》第 2113 条第 2 款而无偿处分了一个标的物。根据《民法典》第 2113 条第 1 款，如果故意减少遗产以损害后位继承人，那么（赔偿）也同样适用。

（3）最后，前位继承人可以根据被继承人的规定而获得对遗产的自由处分。根据《民法典》第 2137 条第 2 款的解释规则，前位继承人可以根据其喜好而处分遗产。但是这里也适用《民法典》第 2136 条的界限。

从后位继承开始之时起，后位继承人作为继承人承担责任，因而其根据《民法典》第 1967 条第 2 款承担遗产债务的责任。根据《民法典》第 2144 条第 1 款，他以作为后位继承人而从遗产中所得到的财产为限承担责任。这包括对前位继承人的请求权。

答案：通过规定前位和后位继承，E 原则上可以在 30 年的期限之内规定其财产的传递。但是，要考虑《民法典》第 2109 条第 1 款第 2 句第 1 项和第 2 项的延长这一期限的例外规定。如果财产应当一直传递给长子，没有儿子时传递给年龄最大

---

[229] Staudinger（Fn. 186）/*Avenarius*，§ 2136，Rn. 26.

[230] Damrau（Fn. 94）/*Heinnicke*，§ 2136 Rn. 1 完整列举了所有不可废除的限制；Palandt（Fn. 26）/*Weidlich*，§ 2136 Rn. 2。

的弟弟，并且在E去世时他的孙子已经出生，则在长孙去世之后，如果其没有儿子，则继承协议可以再一次适用。孙子是90岁或者年龄更大都没有关系，其年龄最大的弟弟可以根据继承协议再一次成为继承人。

第2节 遗赠

问题：E不仅希望其女儿得到一份遗产，还希望在遗产分割之外无论如何让她得到一件特殊的家族首饰。如何实现这一想法？

一、功能

26 人们分割遗产，可能只希望接受者得到一份遗产或者遗产中一件特殊的标的物。人们也可以决定，随着死亡的发生，接受者是否就应当被视为有权获得遗产之人，或者只是面对继承人而对被给予之物享有一项债权请求权。在德语的日常使用中，不区分一个物是被"继承（vererbt）"或者"遗赠（vermacht）"的，两种表达被同义使用。而《民法典》明确区分了遗赠与继承：根据《民法典》第1939条的定义，在遗赠的情况下，被继承人使接受者获得一项财产利益，而不将其指定为继承人。也就是说，一个人不用成为继承人，就可以获得遗产中的份额。相反，另一个人，也就是继承人，有义务交出遗产中的某一标的物或者一定份额。前一种人被称为受遗赠人。

27 继承和遗赠在内容和法律结果上有所不同。

● 内容上：

继承人是对遗产享有一定份额的人；受遗赠人是只获得一个或者数个特定标的物的人。实际上，任何一个财产利益都可以通过遗赠的方式来转让。因此，理论和判例区分对整体遗产享有权利的继承人，比如通过一个比例（见第22章边码2），而受遗赠人只是个别接受特定的标的物，即使其具有较大价值而可能是财产中的一个重要部分。

● 根据法律结果：

随着继承开始，继承人成为所有权人和占有人；而受遗赠人根据《民法典》第2174条只对继承人享有一项债权请求权。

为了这种明确的教义学上的区分，《民法典》也放弃了罗马法仍然接受的混合模式：那里有"给付请求权遗赠（Damnationslegat）"和"所有物返还请求权遗赠（Vindikationslegat）"。在给付请求权遗赠的情况下，受遗赠人享有要求继承人交出遗赠物的请求权。这是德国《民法典》中遗赠的唯一形式。而在所有物返还请求权遗赠的情况下，随着继承开始，受遗赠人已经获得了遗赠标的物的所有权，所以人们可以作为物主而要求占有人归还。所有权遗赠如今存在于《法国民法典》第649

条中。只有在涉外案件中，德国的法律工作者才可能要面对所有权遗赠。[231] 而《民法典》同样清晰区分了继承和遗赠的法律结果。但是仍然造成了大量的区分问题和适用难题，这在《民法典》第 2147 条至第 2191 条中被论述。

二、区分

遗赠需要与《民法典》第 1940 条和第 2193 条的负担相区分，在负担的情况下继承人只有做某事的义务。但是受益人甚至没有获得要求被加重负担者履行其义务的债权请求权。 28

与死后要履行的有利于第三人的合同不同，遗赠并不基于生前的法律行为，而是基于一项死因处分。

《民法典》第 2048 条第 1 句意义上的分割指示使得某一特定标的物被分配给某个人。这种分配既可以适用于继承人，也可以适用于受遗赠人。分割指示一般的前提是，某人是继承人或者受遗赠人，并且只要弄清楚分割遗产标的物的具体问题。如果在遗嘱中没有明确规定其法律地位，则人们必须根据被继承人的意愿来区分，给予他人的财产利益更有可能构成继承人的身份还是遗赠。此时又提出另外一个问题，如果继承人应当获得一个具体的标的物，那么遗产应只在继承人之间分割，或者该继承人在继承比例之外还应当额外获得此标的物作为遗赠（“先取遗赠”，见下）。

三、先取遗赠

遗赠和继承之间是相互排斥的，但是继承人除了遗产之外还可能另外得到遗赠。例如，如果子女原则上应当获得遗产中的相同份额，但是唯一的女儿应当额外获得 5 000 欧元用于其子女的婚嫁资财，那么就可以认定构成先取遗赠(Prälegat)。这通过《民法典》第 2150 条开头部分被定义为继承人的遗赠；这不是继承份额。那么在遗产分割之前，女儿作为继承人首先获得遗赠的金额。遗产因而要减少这么多的金额。继承人只分割交付之后所剩下的价值。 29

但是这也有可能只是分割指示：子女在任何情况下都应当在数额计算上被平等对待，这 5 000 欧元要从女儿的继承份额中折抵。区分在任何情况下都要根据被继承人的意愿来进行。也就是说要考虑，继承人在遗产分割中是否应当通过先取遗赠而额外获得一项财产利益。

如果数个继承人一起因为先取遗赠而被加重负担（广义上的先取遗赠），这没有特殊之处。而如果只有一个继承人自己因为先取遗赠而被加重负担（狭义上的先取遗赠），则实际上遗赠请求权的权利人和义务人合二为一。但是不会出现“混

---

[231] *Jan Peter Schmidt*, Ausländische Vindikationslegate über im Inland belegene Immobilien – zur Bedeutung des Art. 1 Abs. 2 lit. 1 EuErbVO, ZEV 2014, 133 – 139.

乱”：其实《民法典》第2150条规定，在这种情况下遗赠也有效存在。

四、前提

30 一项有效遗赠的前提是终意处分的有效性。《民法典》认为遗赠只是整体处分的一部分，且具体的指定必须首先符合所有实质和形式的前提。和指定继承人一样，遗赠根据实体法的观点也可能是无效的，尤其在可能违反善良风俗的情形下。

另外，对于请求权的处理适用债法的一般规定。根据一般规则，要处理给付障碍和期限问题。

31 但是，如果受遗赠人已经去世，则遗赠无效；遗赠权根本没有产生。根据《民法典》第1923条第1款，权利能力是继承能力的前提条件，而根据《民法典》第2160条，这同样是接受遗赠的前提条件。对于附延缓条件或者附期限的遗赠，受遗赠人享有期待权，其随着事件本身才获得受遗赠人的权利。这一事件原则上必须在30年之内发生，否则遗赠的规定根据《民法典》第2162条第1款无效。同样，根据《民法典》第2162条第2款，受遗赠人必须在这一期限内已经出生或者被孕育。《民法典》第2163条规定了其例外，这与延长后位继承的时间期限是一致的（见第22章边码10）。

32 根据《民法典》第2176条，来自遗赠的请求权通常随着继承开始而产生。法律称其为“遗赠的归属”。遗赠和继承一样，自己根据法律发生，但是受遗赠人可以拒绝。也就是说，遗赠可以被认为是不要式的。但是根据《民法典》第2180条，受遗赠人在例外情况下不受任何期限的约束。

继承和遗赠的有效性或无效性相互独立且不相互影响（《民法典》第2085条）。继承人地位的无效或者拒绝遗产不对遗赠产生影响，受遗赠人保留其对后位继承人的请求权。如果遗产被整体出售（“遗产买卖”），有疑义时，先取遗赠根据《民法典》第2373条不一同出售。

五、债权

33 遗赠在被加重负担者和受益人之间有所区分。被加重负担者可能是继承人，也可能是受遗赠人。根据《民法典》第2147条第2句的疑义规则，被加重负担者更可能是继承人。也可能是，数个继承人被履行遗赠而加重负担。那么在有疑义时，他们根据各自的继承份额而被加重负担。即使因为死亡或者拒绝而导致被加重负担者出缺，遗赠自身根据《民法典》第2161条第1句在有疑义时继续存在。然后根据《民法典》第2161条第2句，（加重负担）必须由因继承人出缺而获利的人履行。

34 受益人由被继承人确定，此处也必须根据《民法典》第133条通过解释来查明其真实意思。必要时继承人可以规定，遗嘱指定的继承人不应当获得遗产中的某一特定部分。那么根据《民法典》第2149条，被排除的部分只能归属于法定继承人，其在这方面要被视为受遗赠人。

受遗赠人自己也可能因另外一项遗赠而被加重负担。那么在面对次级受遗赠人时，主受遗赠人成为被加重负担者，比如要将其遗赠中的一部分或者一件物品交给其他人。

不同于指定继承人的情况（参见《民法典》第1923条第3款），尚未被孕育成胎儿的根据《民法典》第2178条也能成为受遗赠人。因此，并不需要可以据以查明受遗赠人的事件已经发生。继承人必须等待，直到其可以履行义务。 35

遗赠法的另一个特别之处在于，确定受遗赠人不需要亲自进行，这一决定也可以由第三人作出。遗赠法在此处与《民法典》第2065条第2款规定的继承人的指定有决定性的不同。根据《民法典》第2151条第1款，被加重负担者或者第三人可以决定，谁应当获得遗赠。如果被继承人只确定了几个可能的遗赠接受人，而没有进行其他规定，则被加重负担者可以根据《民法典》第2152条决定给予谁。如果（该被加重负担者）没有作出决定，则遗赠的所有候选人根据《民法典》第2151条第3款成为共同债权人。但是获得遗赠的人根据《民法典》第2151条第3款第3句不需要分割。对一人的给付使继承人免于对其他人的债务。

也可能数人同时获得遗赠。在这种共同遗赠或共有遗赠的情况下，要弄清共同受遗赠人之间（Kollegatare）的关系。这种区分的难题与数人继承相符，因此，法律大多参引那里。 36

- 在将一件标的物给予数人时，《民法典》第2157条参引《民法典》第2089条至第2093条，因而参引至按份指定继承人。同样，《民法典》第2158条也是如此，即接受者中一人出缺，则其他人的份额相应地增加。
- 同样可能的是，只有一个人应当获得遗赠，但是其他人被视为“替补受遗赠人”。《民法典》第2190条将这种情况参引至《民法典》第2097条及以下规定的替补继承规则。
- 最后，被继承人也可能希望根据时间划分“前位受遗赠人”和“后位受遗赠人”。根据《民法典》第2191条，对于这种前位和后位遗赠的关系适用后位继承的规则。

注意到这些可能性及其优缺点之后，人们必须解释终意处分，从而查明被继承人希望的结构形式。

六、继承人的责任

只有继承人对遗产债务承担责任（见第41章）。相比于受遗赠人来说，这是其地位的一个巨大的弱点。但是，继承人原则上只以遗产为限对受遗赠人承担责任。根据《民法典》第1992条，如果遗产不足以清偿债务，其可以对遗产债权人提出遗产用竭的抗辩。此时，要像对待真正的遗产债权人一样满足受遗赠人。如果遗产不够，则要在不同的受遗赠人中按照比例相应减少。 37

在一项遗赠被另外一项遗赠加重负担的情况下，根据《民法典》第2186条，当主受遗赠人可以要求履行主遗赠时，其才负有义务。当面对次受遗赠人时，只要主遗赠不足以支付次遗赠，主受遗赠人可以根据《民法典》第 2187 条援引遗产用竭的抗辩。

七、遗赠的不同种类

38 如果遗产中的一个特定标的物被称为遗赠（物件遗赠），根据《民法典》第 2169 条第 1 款，只有当被遗赠的标的物在继承开始之时仍属于遗产，这才有效；这里不发生物上代位。但是遗赠的规定中可能存在《民法典》第 2170 条规定的使受益人取得标的的遗赠；因此，被继承人指示继承人利用遗产尽可能再获得此标的物。如果标的物并非被继承人的财产，但是在遗产的占有之中，则根据《民法典》第 2169 条第 2 款只遗赠占有，遗赠在这方面有效。如果被继承人已经享有给付标的物的请求权，那么根据《民法典》第 2169 条第 3 款，该项请求权被遗赠。只有在第三人将遗赠标的物从遗产中移除之后，受遗赠人才能根据一般债法对其主张债权中的权利。

39 在债权遗赠的情况下，受遗赠人有权要求转让一项债权。同样，在免除（债务）遗赠的情况下，受遗赠人面对被继承人以及遗产也可以被免除债务。这项免除并非自主发生，而只是建立了要求免除债务的请求权。

40 被继承人甚至可以使遗赠的部分内容不确定。在《民法典》第 2154 条规定的选择性遗赠的情况下，受益人可以自己挑选希望得到什么：他选择的图书馆中的一本书或者集邮册，或者酒窖。根据《民法典》第 2155 条的种类遗赠的规定，要转让特定标的物种类中的一件给受遗赠人。此处不应当是《民法典》第 243 条第 1 款的一般规定中的中等种类和品质的标的物，而实际上应当特别根据《民法典》第 2155 条第 1 款挑选一件与受益人的关系相符的物品。如果被继承人遗赠其酒友“100 瓶葡萄酒”，且俩人从来只喝中等品质的阿尔河地区产的葡萄酒（Ahrwein），那么这项遗赠就包含 100 瓶来自这一小产区且至少是平均品质的葡萄酒。如果被遗赠可以获得一辆“汽车”，且众所周知接受者作为农业经营者需要一辆越野车，那么就要挑选一款越野的车型。但是，关于质量和价值也要注意被继承人的情况。所以，对于确实富裕的被继承人来说，遗赠包含确实优质的——也相应昂贵的——阿尔河地区产的葡萄酒或者一辆像样的越野车，只要这符合被继承人日常的生活状态。在这种情况下，被加重负担者像种类物的销售者一样根据《民法典》第 2182 条、第 2183 条承担责任。

在确定遗赠或者目的遗赠的情况下，继承人遗赠出其财产的一部分，以此来履行特殊的任务。对此，必须花费多少钱来实现特定的目的，可能没有定论。必要的资金的确定可由被加重负担者或者第三人根据《民法典》第 2156 条自行决定。例如，如果继承人 S 要照顾残疾人 T，则其有权确定花费的必要数额。

八、遗赠和指定继承人的区分

41 区分遗赠和指定继承人时，解释可能尤其重要。对此，遗嘱中的名称完全不重要，因为一般的语言使用中不区分“继承”和“遗赠”，“遗产”和“遗赠物”。那么指的是对特定的部分或者标的物的指定，还是遗产中的一个份额，必须根据被继承人的真实意思来确定。查明真实意思永远优先。只有当这样无法实现目的时，才能考虑适用法定的解释规则。

《民法典》第2087条第1款规定，如果给予全部财产或者其中的一部分，那么有疑义时应认定为指定继承人。而根据《民法典》第2087条第2款，如果指向个别标的物，有疑义时是设立了遗赠。但是，一个标的物实际上可能是全部财产或者至少构成其一大部分。比如，应当继承“房子”的人，在德国通常获得了财产中的最大部分。此处还有疑问，是不是不管《民法典》第2087条第2款的推定规则而认定是指定继承人（对其他的解释规则，见第23章边码8及以下）。区分遗赠和指定继承人在实践中非常重要，也经常被作为研究的题目。在考虑适用《民法典》第2087条的推定规则之前，要优先考虑被继承人的意愿，只要这是可以查明的，这非常重要。

但是，人们也必须要求在解释意思表示时遵守为终意处分而规定的形式。也就是说，解释至少需要一个书面写下的意思表示（见第23章边码5）。在适用“错误的表达没有不利影响（falsa demonstratio non nocet）”规则时，人们可能会论述道，被继承人指的是正确的事情。[232] 但是真正的被继承人的意思也必须是可以证明的。也就是说，只要一个意思是可以确认的，且与遗嘱中所表示的协调一致，则其也是通过遗嘱表示的且有效。比如，A应当继承动产，B应当继承不动产，根据《民法典》第2087条第2款的推定不存在对特定标的物的指定，因此，最终这被认定是指定继承人。 42

答案： E应当为了T的利益而根据《民法典》第2150条规定先取遗赠，这使得T可以事先要求从自己所属的继承人共同体中将首饰取走，而其继承份额不受折抵的威胁。

第3节 负担

问题： E在过去的数年间一直资助几乎没有收入的画家M。E希望儿子S偶尔利用遗产资助M，但是不希望直接通过遗嘱规定而使M获利。存在哪些可能的形式？

继承人还可能要承担一项负担（拉丁文 *Modus*）。根据《民法典》第1940条规定的负担，继承人或者第三人由于死因指示而有义务进行一项给付，而受益人并不获得其上的一项权利。例如，负担可能是照管墓地，处理仍然到来的信件，对博物馆等公益性机构或者为了私人或者群体利益的捐赠，或者以照料存活的宠物为 43

[232] Zuletzt OLG Stuttgart 9. 3. 2012 - 8 W 85/12.

目的。

负担是继承人的真正的义务，但是受益人自身没有给付请求权。而根据《民法典》第 2194 条第 1 句存在第三人受托的诉讼权：只有继承人、共同继承人和那些因首先被加重负担者出缺而受益的人，可以起诉。只要负担涉及公共利益，有实体管辖权的机关根据《民法典》第 2194 条第 2 句可以提起诉讼，从而实现负担规定的转化。因此，负担可以得到执行。

遗赠法的规定根据《民法典》第 2192 条可以相应地适用。因此，不需要对负担进行进一步的讨论。只有指定继承人、遗赠和负担之间的相互作用还需要指明。在指定继承人和遗赠的情况下可以被评价为损害客观义务的，被解释为负担可能是合法的。与此处所说的不同，如果要认定指定家庭之外的人为继承人违反了家庭义务并且导致违反《民法典》第 138 条第 1 款，那么使家庭有义务承担照顾第三人利益的负担，是有效的。

答案： 因为 S 只应当偶尔地行动，因而由他自行决定，所以遗产的（解除）条件根据《民法典》第 158 条第 2 款没有意义。S 通过负担而得到了资助 M 的义务，而 M 没有权利提起诉讼。只要人们不认为这项任务牵涉公共利益，公共机构也不得起诉。这一负担只是号召和提醒 S，由他自行决定（是否）帮助 M。

第 4 节　遗嘱的其他可能的内容

问题： 被继承人 E 希望在其子女之间尽可能实现和谐的遗产分配。他害怕像一些常见的情况一样，继承人们因为遗产分割而闹翻。E 可以做些什么？

44 如果不指定继承人，则可以考虑排除法定继承人，也就是《民法典》第 1938 条规定的排除在法定继承之外。这可以明示或者默示实现。但是被继承人在对此进行论证时要防止出现侮辱，因为这可能会产生违反善良风俗的嫌疑（见第 19 章边码 11 和 16）。除此之外，在特定的情况下，特留份也可能被限制或者取消。根据《民法典》第 2333 条，被继承人在有资格的继承人出现特定的错误行为时可以这样规定（见第 18 章边码 14）。

45 丧失权利条款也同样可能。被继承人在其处分中规定一条“宣布无效”或者“丧失权利”条款，据此在特定情况下，继承份额无效或者被取消。比如，一位继承人损害了遗嘱，那么他可能被排除在法定继承之外，仅享有特留份。因此，这是惩罚条款，阻止法定或者意定继承人的特定行为。此处可能出现负担和限制，如遗赠、任命遗嘱执行人、后位继承或者规定遗产暂不分割而交由第三人占有。

这种为了保护在世的配偶而通过遗嘱规定的丧失权利条款被人们称为“cautela Socini”［根据意大利法学家 Marianus Socini（1482—1556 年）命名］。立法者在《民法典》第 2306 条第 1 款第 2 句中以特留份权利人的这种负担为基础，因而已经接受了这些惩罚性条款。被继承人通过这种方式可以将仍在世的配偶和子女指定为继承人。但是通过“cautela Socini”，子女们在被继承人死后不能要求其继承份额，而是让在世的配偶得到照料。所以，子女们被指定为在世的配偶之后的最后继承人，且应当在遗嘱中尽可能清楚地表达这一点，从而避免解释的难题。比如，丧失权利条款规定，在出现违反规定的行为的情况下，子女只应当获得其特留份权利。如同已经展现的（见第 7 章边码 7），指定数位继承人有一个优点，即可以更多地充分利用遗产税中的免税金额。在世的配偶遭受太大损失的缺点将受到“cautela Socini”的惩罚性规定的抵消，比如通过指定继承人的解除条件。

同样，指定继承人和任何意思表示一样，可以根据《民法典》第 158 条及以下条文附加条件或者期限。规定前位和后位继承就是附条件地指定继承人。但是，还有无数进一步规定继承顺序或者影响继承人的其他详细说明。因此，在世的配偶再婚时，遗产可能被拿走。在后位继承开始之前指定配偶为继承人被附加了解除条件。相反，比如规定了成年的时间点，在此之后允许子女继承遗产，则遗产被附加了延缓条件。

“任意条件”，也就是与受益人的一项行为挂钩的条件，前面已经有所论述（见本书第 20 章边码 26）。继承人的喜好决定了条件是否发生；这取决于他的意思，是成为继承人还是保持原状。有关再婚或者转变宗教信仰的条款等都属于这样的任意条件。此处有一个问题，被继承人是否过多干涉了继承人的权利以及其指定继承人是否违反善良风俗。

《民法典》第 2048 条规定的分割指示构成了规定的另一个重要领域（见第 22 46
章边码 28）。被继承人据此在继承人之间具体分割遗产，例如为了确保财产的特定归属或者为了避免继承人之间的争议。所以，比如可以规定，女儿和儿子各获得遗产的一半，女儿获得有价证券，儿子获得不动产。正如所见，这种分割指示不应当触及继承比例，也就不会质疑遗产的平均分割。其只应当提供一条指引，遗产的个别项目在继承人之间如何具体分配。

这样的指示可能与先取遗赠相混淆，因为一个继承人除了其继承份额之外还可能获得一个标的物作为遗赠。如果儿子和女儿应当继承相同的份额，但是女儿获得首饰，这是否可以在继承比例中折抵？女儿首先获得首饰，在剩余的遗产中再另外获得一半。这项除继承份额之外的额外给付被称为先取遗赠（对此见第 22 章边码 29）。被继承人的意思是什么，在这些情况中必须根据《民法典》第 133 条通过解释来查明。

遗嘱的其他可能的内容是《民法典》第 2197 条规定的指定遗嘱执行人（见第 47
39 章边码 1 及以下）或者对继承人之间的争议指定仲裁庭。遗嘱中最后也可能出现家庭法方面的指示，例如指示对一个孩子进行监护。终意处分的撤回根据《民法典》第 2253 条及以下可能以遗嘱的形式作出。但是根据《民法典》第 2258 条第 1 款，通过一份新的遗嘱就已经可以实现这个目的，因此无须另外的撤回。

答案：首先可能是《民法典》第 2048 条规定的分割指示，被继承人自己在其中尽可能详细地规定分配。但是这样也几乎不可能实现完全的分配；同样也很难确保某物总是到达需要它的人手上。这两点都可能成为争议的诱因。丧失权利条款提供了另外一种可能性，也就是附条件的继承人指定，这涉及那些想对共同继承人提起诉讼的继承人。但是，大多数情况下，好争吵的人也不应当丧失其继承份额。更值得推荐的是通过分割指示或者被继承人尽可能准确的指示来进行分配。没有办法保证避免争议。

复习和深化的问题

65. 规定前位和后位继承的目的是什么？

66. 前位和后位继承顺序中有哪些相关的时间点？

67. 后位继承的指示原则上保有多长时间的效力？为什么在N侯爵案中（参见BayObLGZ 1996，204－233 vom. 3. 9. 1996 ＝FamRZ 1997，705－710），第七代侯爵死后还可以适用1925年的继承协议？

68. 前位继承人对后位继承人有什么义务？

69. 什么情况下，虽然出现了毁损或者遗失，前位继承人对后位继承人也不承担责任？

案例3：M和F互相指定为继承人，且他们共同的子女T和S是后位继承人。M去世了。遗产中有一幢出租公寓，F和T希望将其改成新样式。对此她们想从B银行贷款。银行要求进行一项抵押，从而让F和T获得一项非常优惠的贷款。S拒绝同意抵押地产。

F可以实现公寓地产的抵押吗？

70. 解除前位继承人的目的是什么，这如何实现？

71. 遗赠的目的是什么？

72. 遗赠和继承人身份如何区分？

73. 先取遗赠和分割指示的区别是什么？

74. A将其房子赠送给B，这是其财产中的大部分。这是指定继承人还是遗赠？

案例4：O自己没有晚辈直系血亲，但是有一个和他共同居住的侄女N，以及一位远房的年轻同姓亲戚V。他想给V留下一条哥白林挂毯，这上面展示了家族命名的地方。为了确保这些，O给V亲笔写了一封信并签名后寄出。他也制作了一个复印件。他没有留下其他的终意指示。

O死后，N认为自己是所有遗产的继承人且把所有东西都出售了，也包括那条哥白林挂毯。这条哥白林挂毯价值200 000欧元。N精明地把这条哥白林挂毯出售给所展示的地方的市政当局，售价250 000欧元。

在出售之后，V才获知O去世了。他是否可以向N要求损害赔偿或者要求其交出250 000欧元？市政不打算再次出售这条哥白林挂毯。

75. 负担是什么？

76. 谁保证负担被遵守？

77. 遗嘱中 *cautela Socini* 的丧失权利条款的作用是什么？

第 23 章 终意处分的解释

第 1 节 引论

问题：所有对死因处分的解释的目的是什么？

1 死因处分包含大量普通人常常没有认识到的法律上的难题。没有法律顾问而订立出来的遗嘱非常容易含混不清、存有漏洞甚至是部分无效。但是法律工作者制定的遗嘱也可能在适用中出现问题，如果最初没有考虑到的情况出现了。现在法律工作者的任务就是，实现死者自己无法实施的意愿。

对此，解释的方法原则上同《民法典》其他编一样，但是此处要通过特殊的方式来考虑。通过 20 世纪新的解释方法的发展以及解释可能性的扩大，为处理终意处分开辟了新的机会。

2 但是这里存在一个困境：一方面，法律上的外行恰好在法律表达方面非常容易让人误解。所以他们需要解释的帮助，来探究他们真实的意思。但是如果解释太拘泥于字句，很容易给非法律工作者一个印象，即在多大程度上成功地传达了他想处分的东西是一个偶然的问题。另一方面，如果解释太偏离原文，就很容易遭到指责，其解释过于随意。这两方面将减小亲笔遗嘱的吸引力。也就是说，解释为法律工作者提供了很多选择，但即使在其提供的各种不同程度的帮助中，他也被迫找到中间路线。

3 有三个原则引领着继承法的解释。

（1）根据《民法典》第 133 条要查明被继承人的真实意思。这是继承法古老的、中心的原则。[233] 真实的意思作为内在事实，调查取证是可以接触到的。这优于

[233] *Paulus* D. 50，17，12：in testamentis plenius voluntates testantium interpretamur.（我们解释遗嘱时，根据立遗嘱人的意思会更好。）

任何其他的解释。[234] 人们此时不得拘泥于原文，正如所见，应该考虑到被继承人特殊的词汇用法。如果要考虑被继承人所说的“同时”死亡，则也可能指的是两人间隔短暂地相继死亡的情况。

此处原则上不适用诚实信用原则以及《民法典》第157条的客观接收者的视角的解释，因为遗嘱虽然是写给一个接收者的，但它是无须受领的意思表示。受益人不享有信赖保护，因为遗嘱在任何时候都可以被撤回或者修改。也就是说，遗嘱只根据立遗嘱者的观点来解释，而不是根据有希望的继承人的期待。交易习惯在必要时可以指明，被继承人在制定遗嘱时是如何考虑的；只要没有其他明显的线索，就要遵循通常的理解。

这同时表明，在共同遗嘱和继承协议的情况下至少可以适用《民法典》第157条，且此时当然要注意合同当事人以及共同处分人。

（2）继承法中适用“遗嘱有效”的原则：要尽可能维持终意处分。在一般合同法中就已经存在“支持协议原则”，也就是维持行为有效性的原则。但是这一原则在继承法中尤其重要，因为被继承人死后必然无法再为自己的终意辩护了。

这一原则的一个体现在《民法典》第2084条中。据此，在各种不同的解释可能性之中应当选择那个使遗嘱有效存在的解释。如果不同的解释都会导致遗嘱无效，但只有一种可以维持终意，则要选择这一解释方法。但是，《民法典》第2084条并未将存在遗嘱的推定（即终意处分的“是否”）标准化。但是，一旦人们可以得出存在一项遗嘱，《民法典》第2084条证明了它应该保持有效的推定。即使在遗嘱被销毁的情况下，尽管出现了《民法典》第2255条第2句规定的实体的毁灭，但是其内容可以保持有效，如果遗嘱继承人可以证明被继承人希望处分继续有效（见第20章边码21）。

（3）与此紧密相关的是“好意解释”原则，也就是有益解释的原则；这同样可以从《民法典》第2084条中得出。因此，不仅预先确定了维持有效性的解释结果，而且还有尽可能实现终意处分的解释义务。也就是说，要首先尝试实现立遗嘱人的意愿。这一解释原则也来源于罗马法。[235] 例如，如果一家医院被指定为继承人，则这一规定由于缺乏法律人格而自身无效；但是通过解释人们可以轻而易举地将医院的经营者确定为受益人。

在一些情况下人们会有争议，法律是否规定了解释规则或者法定推定。但是，因为在所有情况下被继承人的真实意思都应当优先，所以即使适用法定推定，也必须得到相似的解释结果。

答案：通过解释应当查明真实的遗嘱意思。也就是说，这并不涉及周围环境或者法院的想法，而是涉及《基本法》第14条第1款第1句规定的唯一有权规定继承顺序的人的计划的实现。

---

[234] OLG Hamm（I-15 W 98/14）vom 22.7.2014，FG Prax 2014，264.

[235] *Marcellus* D. 34，5，24：Cum in testamento ambigue aut etiam perperam scriptumest，benigne interpretariet secundum id quod credibile est cogitatum credendum est.（如果遗嘱的内容不明确或者违法，则必须进行有益的解释，且人们必须从中得出可能的内容。）

第 2 节　真实意思的查明

问题：E 在一次大扫除中把遗嘱和草稿纸混在一起撕了，然后他去世了。现在适用法定继承顺序吗？

首先有一个问题，人们如何查明被继承人的真实意思。与罗马法的原则相反， 4
此时人们不必拘泥于相关词汇的字面意思［“语意明确原则（sens clair - Doktrin）”］。所以，比如人们也可以考虑被继承人日常的语言使用方式：如果他总是称酒窖为“图书馆”，那么遗嘱中规定将图书馆遗赠给一位朋友则必须被认为遗赠酒窖。[236] 根据《民法典》第 133 条，最后只能根据被继承人的意思来确定。

因此，被继承人清楚和明确的语言使用本身并非解释的绝对界限[237]：如果被继 5
承人总是用“图书馆”来指他的酒窖，他很喜欢在里面“阅读”，那么遗嘱的理解和解释都不困难。尽管酒窖客观上并非图书馆，但是它在遗嘱中就是这样被称呼的。根据个人的语言使用习惯，这种情况下既没有错误，也没有错误描述（*falsa demonstratio*）。但是遗嘱的内容中必须不能产生疑点。因此，简单的箭头示意图不足以成为对遗嘱继承人的指定。[238] 它实际上更像是将要制定的遗嘱的准备工作，因此，人们甚至可以否认遗嘱意愿。

但是有一个形式问题。如果真实意思只是口头表达的，那么这根据《民法典》第 2247 条不重要。如果解释偏离原文太远，形式就会被忽视。也就是说，解释必须有界限。否则被继承人书面确认的意思终究会被忽视，而由解释的想象取而代之。但是确定这一界限非常困难。人们不能再次放弃主观的理解视野。

判例和学界通说试图首先查明被继承人的意思。然后要问，表示的形式是否也符合继承法的必要形式，以及通过解释而查明的意思是否也符合亲笔遗嘱的书面形式。根据通说，此处遗嘱中的暗示已经足以将解释的结果视为符合表示的形式要求。人们称其为“暗示理论”，判例[239]和非常权威的文献[240]中都考虑了这一理论。据此，口头表达、书信和其他书面文件都可以被考虑用来补充解释。遗嘱中必须只接受真实的意思。[241] 甚至誊清稿时所忘记的条款都还可以被包括在内，如果实际写下的内容表明该条款被遗忘了。[242] 因此，不能划出一条清晰的界线。从遗嘱中读出某些东西的人，也能发现必要的暗示。因此，暗示理论只提醒解释者必须重视遗嘱的

---

[236] 经典的范例参见 *Brox/Walker*（Fn. 99），Rn. 200。

[237] Vgl. BGH 8. 12. 1982 - IVa ZR 94/81，BGHZ 86，41，45 f；28. 1. 1987 - IVa ZR 191/85，FamRZ 1987，475 f.

[238] So OLG Frankfurt a. M. 11. 2. 2013 - 20 W 542/11 = NJW-Spezial 2013，263.

[239] BGH 8. 12. 1982 - IVa ZR 94/81，BGHZ 86，41，47.

[240] MüKo（Fn. 94）/*Leipold*，§ 2084 Rn. 14.

[241] 这也适用于继承协议，参见 OLG Düsseldorf 6. 12. 2011 - 3 Wx 261/11。

[242] *Brox/Walker*（Fn. 99），Rn. 200.

原文，并且警告其不要进行太大胆的虚构。另外，这有利于法定继承人，因为这为考虑遗嘱中没有确认的被继承人的意思划定了界限。[243] 但是，它只实现了形式要求，并以相当小的方式实现。正是由于 20 世纪更大的解释空间，暗示理论是尽可能实现被继承人意愿的尝试。

6 外行很难在意思表示中区分意思和表示：遗嘱的意思表示从一开始就只包括已经表达出来的意思。意思和表示在这方面并不分离。据此人们必须查明，

（1）表达出来的意思的目的是什么，

（2）这根据《民法典》第 133 条是否符合被继承人的真实意思，也就是根据客观解释能否得出与主观的表示内容不同的含义。

（3）最后考虑适用“错误的表达没有不利影响”的规则。如果被继承人表达出了某些他实际上并不希望的意思，但可以查明其真实意思，则可以通过解释来修正这一错误。例如，如果被继承人希望遗赠其轿车并提到他的“宝马”，但是他只有一辆“奔驰”，则指的应该就是这辆奔驰汽车。

7 但是，对过度扩张的解释也有顾虑。如果法律工作者最终通过其想象而用解释的方式来确定遗嘱的内容，那么这在多大程度上还可以代表被继承人的终意？通过不断扩展的结构，遗嘱的存在可能就是越来越不尊重被继承人本来意愿的原因。遗嘱必要的形式，也就是《民法典》第 2247 条规定的至少需要的书面形式，因而具有保护被继承人免受随意解释的功能。因此，明确的原文也设置了界限：如果妻子被指定，那么这表明不能指定同居的女友为继承人。同样，如果原文中没有暗示，被继承人的书写错误也不能被消除：如果被继承人由于疏忽而没有将草稿中的受遗赠人誊写进最终文件，或者公证人听错了，则只能考虑撤回。在这些情况下不允许解释，因为在原文中找不到对错误的指定的暗示。因此，处分缺少必要的形式。[244] 对此不允许忽视形式要求：如果遗嘱指向一个更早的、形式上无效的遗嘱，而不重复其内容，则不存在任何有效的遗嘱指定。[245]

如果通过解释查明了被继承人的真实意思，而这导致遗嘱无效，也同样不允许其他发散的解释。在这些情况下只考虑根据《民法典》第 140 条转化相应的处分。

答案： 撕碎遗嘱这一行为中包含什么表示的内容？E 是否希望从旧的负担和条件中解放出来，所以也撤销遗嘱，或者他只是弄混了纸张且无法推定出撤销的意思？当然这是一个举证的问题，就这点来说，两种解释都必须被证明。但是必须选择一种解决方案，在这方面已经展示了解释的力量。只有当无法确认被继承人的意思时，才适用《民法典》第 2255 条第 2 句的推定。

---

[243] So *Jakob F. Stagel*, Der Wortlaut als Grenze der Auslegung von Testamenten. Die Andeutungstheorie im Testamentsrecht Deutschlands, Österreichs und der Schweiz, 2. Aufl. 2005, 163.

[244] So BGH 9. 4. 1981 - IVa ZB 4/80, BGHZ 80. 242, a. M. *Brox* (Fn. 99), Rn. 200.

[245] 结果参见 OLG München 25. 9. 2008 - 31 Wx 42/08, NJW-Spezial 2008, 744。

第3节 解释规则和法定推定

问题：如何区别法定推定和拟制？

如果不能查明被继承人的真实意思，则必须进行推定，从而实现遗嘱有效。法定推定要求法官遵从被继承人的一项特定的意思。只有当实际情况或者真实意思不可知晓时，才用其来补充终意处分。在缺乏其他线索的情况下，法律决定采取一种特别经常选用的形式，使法律行为并不因这一漏洞而失效。法定推定是为了事实情况或指示（事实推定）而存在，比如在澄清不准确的指示的情况下，但是也适用于法律状态（法律推定）。这些推定在任何时候都可以被反驳，只要真实意思或者真实情况被查明。 8

在人员信息不准确的情况下，《民法典》第2066条及以下条文发挥作用。如果“法定继承人”是受益人，那么根据《民法典》第2066条，要认为在继承开始时他活着且根据《民法典》第1923条及以下条文享有继承权的那些人被指定了。根据《民法典》第2067条第1句，那些享有法定继承权的人要被理解为血亲。如果子女是受益人，而一个子女在设立遗嘱之前去世，则根据《民法典》第2068条由其晚辈直系血亲代替其位置。如果被继承人的晚辈直系血亲是受益人且其在设立遗嘱之后去世，那么根据《民法典》第2069条，晚辈直系血亲的晚辈直系血亲同样被视为受益人。如果一个称谓具有多重含义，那么这些竞争者根据《民法典》第2073条都被指定相同的份额：如果“我的儿子”被指定为继承人，而被继承人有两个儿子，则他们分割遗产。如果遗嘱给予“穷人”，则根据《民法典》第2072条，当地领取社会救济的人都可以获得。 9

只要这些推定是基于终意处分的规定，则其涉及法定解释规则，其中立法者规定了法官在没有明确的被继承人的意思的情况下如何理解一项处分。对于遗赠和指定继承人的区分，《民法典》第2087条及以下规定了这样的解释规则（见第22章边码41）：根据《民法典》第2087条第1款，指定几个继承比例意味着指定继承人。只要某人只获得个别标的物，那么这根据《民法典》第2087条第2款要被理解为遗赠。 10

在附条件的处分的情况下，如果关系有所改变或者处分被证明无效，则解释的技巧特别重要。此时必须替换无效的处分，从而使解释的结果尽可能地与被继承人的意思相一致。如果是一项附延缓条件的处分且受益人已经去世，根据《民法典》第2074条，只有当条件发生时受益人还活着，对其给予才有效；这与《民法典》第1923条第1款相一致。如果受益人被附条件地指定，持续地实施一个行为或者不实施（只有义务方愿意才能实现的条件），则根据《民法典》第2075条，对于违反行为的情况，有疑义时应认为是一项解除条件。如果由“戒了酒瘾的儿子”继承，则持续未醉酒的儿子立刻获得其份额；但是如果他再次上瘾，则必须再次交出 11

所得。这背后是一项解除条件。人们在罗马法和其传统中就已经可以用一个条款来保障返还：通过这种“遗产继承保证（cautio Mutiana）”，被附条件指定的继承人有义务对父亲生前的给付提供担保。据此，在有更详细规定的情况下，已经给付的可以被要求返还。但是，这种事后追溯对保全财产价值来说是致命的；因此，真正大额的财产通常不使用这一方法。如果存在一项有利于第三人的条件且该第三人拒绝接受，则根据《民法典》第2076条认为条件已经成就。如果只要女儿资助母亲，那么她就可以得到财产，但是母亲因为自己的财产富足而拒绝了资助，则女儿可以不受限制地获得遗产。

答案：推定的出发点在于，真实的情况可能有所不同。但是也有不可反驳的推定（*praesumptio iuris et de iure*），比如《失踪法》第10条的推定，据此，失踪的人在被宣布死亡之前，一直被视为活着。这类似于法定拟制的不可反驳的推定。由此，法律规定有约束力地认定一项法律或者事实情况。通过推定认定了事实情况，从中得出了法律结果，但是对拟制来说，结果的得出独立于真实的情况。只要推定是可以反驳的，两种形式在法律结果中就有所区别。

第4节 补充解释

问题：E将其子女A和B指定为继承人，但是没有指定C。这是一个漏洞吗？

12 如果一项遗嘱规定无效，那么根据《民法典》第2085条，终意处分的其余部分在有疑义时继续有效。但是要考虑，其余部分是否还符合被继承人的意思。或许继承权规定中的核心部分已经不复存在，因此剩余部分本身不再符合被继承人的意思。例如，继承人只有在遵守一项无效的条件之下才可以获得遗产，那么不附条件的继承人指定就大多不再符合被继承人的意思。相反，人们必须自问，是否有解决方案可以尽可能地实现被继承人的意愿。比如，继承人应当利用遗产资助一个特定的政党，但是该党此时已经解散了，则要考虑资助一个在政治（立场）上类似的政党。

13 原则上，人们只要删去条件且不加改变地保持剩余部分。人们将此称为“被视为没有（pro non scripta habetur）”规则；有伤风化的内容直接被视为没有写。这是一种传统的解释方式。然而，这种方法太粗糙，无法达到始终令人信服的解决方案。历史调查表明，那是一项以政治为目的的手段，其目的只是维持任意一种形式的基础行为。[246] 这不再适用于继承法。

14 其实此处解释的目的也必须是实现被继承人的意思。如果只是情况发生了变化，那么人们必须寻找一条实现被继承人意思的新的道路。但是如果终意处分中的一些部分被取消了，那么对与之相关的情况所表达出的意思也不复存在。对于补充

[246] So Hermann（Fn. 206），S. 62 f.

解释来说，必须查明被继承人可能的意思，从而填补遗嘱的漏洞。此处，真实的意思成为标准。

如果被继承人希望进行全面的适用，因此不存在漏洞或者是有意造成的歧义，则不进行补充解释。在这些情况下，根据《民法典》第 2084 条或许可能选择一种维持遗嘱有效的解释方法。最后，补充解释无论如何必须在遗嘱原文的暗示（见第 23 章边码 5）中找到支撑。

补充解释经常要求创造性。解释者将自己置于被继承人的位置上，并且考虑通过何种手段可以最好地实现从遗嘱中查明的目的。此时可能发现与遗嘱中所提到的完全不同的方法。比如，被继承人将其房子转让给一个基金会，所附条件是不得出售，从而获得对其个人的纪念。后来财产不足，无法维持该房子的现有状况，那么基金会一定完全出售该房屋。但是可以通过在房屋上留下纪念标志等来纪念捐赠人。因此，购买者有义务进行这样的设置。出售的价款使得基金会有可能通过其他方式来实现其目的。 15

答案：只有当剥夺 C 的继承权不是其本意时，才构成一个漏洞。这里是不是这种情况，要通过解释来查明。

第 5 节　后来的意思改变

问题：E 在设立遗嘱时有两个子女，A 和 B，在遗嘱中具名指出二人获得相同的份额。几年之后 C 出生了，但是 E 忘记了修改遗嘱。C 可以成为继承人吗？

有一种情况对解释构成了一个特殊的挑战，即关系以及被继承人的意思倾向在设立遗嘱之后发生了变化，但是没有撤回原遗嘱。下面的情况非常典型：起初指定两个子女为继承人，但是在设立遗嘱之后第三个子女出生了——被继承人一直认为，所有的子女都要同等受益。或者遗嘱有利于妻子，但是被继承人在设立遗嘱之后离婚了并且后来再婚了——他至死都以为，新的妻子已经被遗嘱指定为继承人了。 16

根据判例和文献中的通说，不可能注意到后来的意思。[247] 这是基于这样一个原则，即对于一项意思表示的解释，永远只有作出时的情况才可能是决定性的。为了理解被继承人当时的想法，人们必须查明个人动机以及客观背景，比如要查明订立遗嘱时的法律状况。反之，有人认为，维持遗嘱无异于一项承认遗嘱有效的新的意思表示。但是，这创造出一项新的法律规则，即在继承开始之前维持遗嘱的稳定的意思表示，即使被继承人已经完全忘记了遗嘱。但是，需要反对利用表达终意的机会来给个人创设责任，即使遗嘱保持最新，并在必要时撤销遗嘱。 17

但是，人们可以在解释后来的表达或者对被继承人进行评估的背景下认可一种 18

---

[247] 证据位于 *Verf.*（Fn. 205），S. 1 - 79；BGH 2. 12. 1998 - IV ZB 19/79，NJW 1999，566，568。

指原性作用。因此，平等地指定两个子女“A 和 B”为继承人实际上意味着应当让“所有子女平均”受益。同样，特别地指定“我的妻子”本身可能并不意味着具体的人，而考虑的是当时的妻子。所以在此期间已经离婚的妻子不能继承，而应当由在继承开始之时具有婚姻关系的妻子成为继承人。在解释和法律工作者由此获得的其他形成权限范围之内，被继承人后来的意思完全可以作为线索被注意到，从而查明订立遗嘱时决定性的意思。限制只存在于解释的一般界限之中，也就是尤其要注意形式（暗示理论，见第 23 章边码 5）。

答案：如果人们可以得出，只是忘记将 C 指定为继承人，并不是有意的，则可以考虑进行补充解释。如果从指定两个子女 A 和 B 为继承人中推断出所有的子女都应当获得相同的份额，那么人们可以通过解释而解读出，C 也应当获得相同的份额。在忘记了继承人的情况下，还可以考虑撤回。

第 6 节　解释协议

问题：某家庭数十年来一直有一份继承协议，并且越来越被感受到其不完善，其解释也有问题。该家庭暂时还受该继承协议的约束，他们可以做什么来减少潜在的矛盾？

19　为了避免继承人之间的争议，他们有时会签订解释协议，尤其在遗产数额巨大的时候。继承人们达成一致，如何解释终意处分。虽然根据通说允许这样的解释协议，但是其只约束参与者，尤其不适用于法官。如果并非所有将来可能成为继承人的人都参与了，则未参与的人不受该协议施加给第三人的义务的拘束。另外，继承人无权处置继承权。解释遗嘱和遵从被继承人的终意是法官的任务，因此，其不受继承人的观点的约束。所以，解释协议对于遗产的分配只具有间接作用，如果法官解释之时遵循了继承人的共同观点。解释协议尤其有助于在家庭具有特殊的语言使用方式或者独特的形式的情况下查明被继承人的意思。如果所有继承人对于被继承人的可解释的指定的含义具有一致意见，法官几乎不会再寻找一种方法，来证明被继承人具有其他意思。

20　解释协议无论如何都具有重大的实践意义。所以在庭外合意的情况下，也就是《民法典》第 779 条规定的和解，完全不需要进入诉讼程序，并且这一问题也无须法院来澄清。即使是遗嘱法院在授予继承证书时的反对决定，也可以通过双方的共同协议予以否决。如果是在法院达成协议，那么就是诉讼和解。这被法院认定为该案的实质解决方案。在诉讼和解中，人们甚至可以看到《民事诉讼法》第 794 条第 1 款第 1 项规定的执行规定。[248]

---

[248] 但是，巴伐利亚州最高法院在 N 侯爵案中拒绝了这一点，vgl. BayObLG 3. 9. 1996 - 1 Z BR 41/95，BayObLGZ 1996，204 - 233 = FamRZ 1997，705。

答案： 首先考虑解释协议，其在家庭亲属和未来可能成为继承人的人之间有约束力地明确了继承协议的解释。但是如果难以达成一致，或者聚集到一起都成问题，那么可考虑借助调解人。只有特别富裕的家庭才可能考虑“家庭事务所”。

复习和深化的问题

78. 如何理解“遗嘱有效（favor testamenti）”的原则？

79. 何为暗示理论？

80. 人们如何考虑遗嘱订立之后情况的变化和被继承人意思倾向的变化？

81. 如果一项终意处分无效，为什么人们不能简单地按被继承人的规定执行其他指示？

82. 解释协议的作用是什么？

E. 排除在继承顺序之外

第24章 引论

问题： S为了最终得到钱财，曾经试图谋杀其父V。谁可以将S排除在继承顺序之外?

不同的原因都可能导致排除继承人的身份。这个决定也可以由不同的人作出： 1

(1) 被继承人决定剥夺继承权（《民法典》第1938条）。对此其必须接受被剥夺的继承人的特留份权（见第18章边码4及以下），只要这根据《民法典》第2333条不能被剥夺（见第18章边码14）；

(2) 继承人可以拒绝遗产（见第11章边码3）或者

(3) 对其进行放弃（对此见第25章边码1及以下）；

(4) 利益相关的当事人可以撤销继承（对此见第27章边码1及以下）或者

(5) 宣布继承不够格（对此见第26章边码1及以下）。

前面已经讨论了接受和拒绝遗产。通过在遗嘱中不提名法定继承人，甚至明确禁止参与分享遗产，就导致了《民法典》第1938条规定的剥夺继承权。被排除的法定继承人原则上可以根据《民法典》第2303条及以下条文要求一项特留份权利（见第18章边码4）。但是在一些情况下这也被禁止。还有放弃继承、继承不够格和撤销需要讨论。

答案： V可以将S排除在法定继承之外，但由此并不取消其特留份权。改过自新的S也可以放弃继承，根据《民法典》2346条第1款第2句后半句也一同排除了特留份；作为继承人而从S被剥夺（继承权）中获利的人，也可以因为继承不够格而依据《民法典》第2341条、第2340条第2款、第2339条第1款第1项撤销对S的继承人指定。继承不够格根据《民法典》第2344条第2款、第2345条也包括特留份权利。但是检察官对此无权排除。

第 25 章

放弃继承

问题：父母生前在儿子创立企业时资助了一笔巨额财产。为了补偿其兄弟姐妹，父母死后儿子不应该再得到任何东西。如何可以确保这一点？

1 放弃继承的协议，即根据《民法典》第 2346 条由一位血亲或者配偶向被继承人放弃继承权，在内容上是通过协议指定继承人的继承协议的对立面。但是放弃继承不是死因处分。

放弃继承的协议是一个抽象的继承法上的处分行为。因此，如果它不是基于有效的原因行为，那么是可以要求偿还的。[249] 在预先支付继承份额的情况下往往应当确保，受益人在继承开始之后不再获得其他财产。因此，放弃继承大多以一项债权补偿协议为基础。但是如果晚辈直系血亲宣布无偿放弃继承，则其因为《民法典》第 517 条不能成为一项赠与。

2 放弃继承要与这样的情况相区分，即法定的共同继承人相互间放弃将来的法定继承份额。共同继承人之间的这一协议是一项遗产协议，这根据《民法典》第 311 b 条第 5 款第 1 句是允许的，且根据《民法典》第 311 b 条第 5 款第 2 句需要公证的形式。根据其法律属性，这是一项抽象的处分行为，如果不是基于有效的原因行为，同样可以要求偿还。放弃取得财产根据《民法典》第 517 条一般不属于赠与。[250]

3 根据《民法典》第 2347 条第 2 款，放弃继承只能自己进行。其根据《民法典》第 2348 条需要公证证书，这也相应地适用于签订放弃继承的协议的债权负担。通过类推《民法典》第 311 b 条第 1 款第 2 句、第 518 条第 2 款、第 766 条第 2 句，不符合形式要求的负担行为可被符合形式要求的放弃补正。

4 放弃继承导致放弃者失去继承人的身份。他由此被排除在法定继承顺序之外，且根据《民法典》第 2346 条不能获得特留份。根据《民法典》第 2349 条，其晚辈直系血亲一般也不能代替其位置。因此，其整个一支血亲都从继承顺序中退出。在

---

[249] *Karl H. Cursky*, Erbrecht, 6. Aufl. 2010, S. 57.

[250] 对于实践中的重大问题，s. *Jürgen Damrau*, Zu den Grenzen und Gestaltungsmöglichkeiten des Erbschaftsvertrags. ZErb 2004, S. 206 - 214。

为了他人的利益而放弃的情况下，《民法典》第 2350 条假设，如果受益人没有成为继承人，则放弃继承无效。

根据《民法典》第 2346 条第 2 款，通过将放弃限于特留份权而放弃特留份也是可能的。那么放弃者依然是法定继承人。放弃特留份扩展了被继承人计划的可能性。所以继承份额可以在生前被完整地转让，而接受者在继承开始之后不能依据特留份请求权而主张其他权利。被继承人也可以通过这种方式来实现延期支付特留份给继承人。

另外，根据《民法典》第 2352 条，人们可以放弃根据继承人或者受遗赠人的身份而必须产生的给予。那么当事人放弃了一项从遗嘱中获得的权利。放弃继承、特留份和给予本身都不是死因处分，因此不受其形式规定的约束。

放弃继承根据《民法典》第 2351 条可以被废除；不同于在体系中的位置，这 5
也适用于《民法典》第 2352 条规定的放弃给予。但是废除必须通过作成公证文书
的合同而完成。遗产争夺者由此再次获得其放弃之前的法律地位。

答案：可以考虑一项指示，据此必须将已经给付的数额作价算入继承权。但是如果不确定已经进行给付的是否多于继承份额，则更容易想到完全排除（儿子）所有其他的继承权。这可以通过儿子向被继承人表示放弃继承而实现。

第 26 章

继承不够格

问题：S 已经三次试图毒死父亲。每次他的父亲都宽恕了他，并且保留其继承份额。在第四次谋杀时 S 才终于成功了。他还有资格继承吗？

1 根据一般的观念，特别的过错必须导致丧失法定或者遗嘱继承人的身份。这规定在《民法典》第 2339 条至第 2345 条中。特别是针对被继承人的严重的过错，尤其是如果其影响继承顺序。《民法典》第 2339 条中列举了容许的理由：

- 杀害或者试图杀害被继承人，
- 致使被继承人处于无遗嘱能力的状态，或者
- 自己通过欺骗或者威胁而影响订立遗嘱的行为，或者
- 阻止被继承人进行或者废除一项死因处分，以及最后
- 伪造证书。

人们也可以对这些过错进行如下的系统分类：他们是侵害

- 物理上订立遗嘱的可能，
- 订立遗嘱的行为本身，或者
- 遗嘱。

《民法典》第 2339 条首先是保护遗嘱自由的另一个手段，以剥夺继承权来威慑有犯罪的想法的遗产争夺者。起决定性作用的只是对订立遗嘱的行为的客观威胁，而不取决于造假者的动机。因此，即使其将真实情况伪造成遗嘱，也将导致其自身继承不够格。[251]

这里至关重要的是法律的详尽列举，它只允许很少的解释空间。但是在法国，法院可以根据《法国民法典》第 727 条第 1 款决定继承不够格，如果该继承人由于对被继承人的犯罪而被判处刑罚（*peine correctionelle*）。德国《民法典》没有给法官这一自由。

2 根据《民法典》第 2340 条，必须通过在诉讼中撤销遗产取得而主张继承不够

[251] So OLG Stuttgart 26. 3. 1998 - 19 U 239/97，ZEV 1999，317.

格。根据《民法典》第2341条，任何一个因此而可以获得更多遗产的人都有权撤销遗产取得。诉讼目的是宣布某些继承人继承不够格。因此，这是一项形成之诉，其根据《民法典》第2342条在形成既判力之后才有效。根据《民法典》第2340条第3款，必须在获知继承不够格的原因之后一年之内撤销。根据《民法典》第2344条，具有法律效力的关于继承不够格的宣告的效果等同于拒绝遗产，继承人丧失其分享遗产的个人权利。根据《民法典》第2345条第2款、第1款第1句，《民法典》第2339条第1款规定的过错同样导致丧失特留份请求权。依据《民法典》第2345条第1款第1句，受遗赠人由于同样的原因也丧失其权利。

但是被继承人可以宽恕犯罪的继承人。所以只要被继承人了解了犯罪行为，不发生继承不够格。根据《民法典》第2343条，在这样的情况下排除了通过继承人的撤销而确认继承不够格的可能。宽恕自身与《民法典》第532条、第2337条的构成相一致。其不受任何形式规定的约束，因而也可以通过推定而宣布，比如给予实质性的信贷或者通过个人联系的常态化。

答案： S依据《民法典》第2339条第1款第1项丧失了其继承权，被视为继承不够格。但是可能符合《民法典》第2343条规定的宽恕的构成要件。虽然S至今为止一直被宽恕，但父亲再也无法宽恕他成功的谋杀。如果不能再形成真实的意思，则如意定继承顺序的一般情况一样，应当考虑注意父亲可能的意思。对此，父亲必须要考虑到死亡[252]，人们也必须研究被继承人对于这一情况的暗示。人们当然无法建立家庭活动，从中可以得出S的宽恕请求权。宽恕每次都应当在假定儿子已经远离其犯罪倾向的情况下完成。

[252] So auch Damrau (Fn. 94) /*Mittenzwei*, § 2343 Rn. 1, 2.

第 27 章 撤销终意处分

问题：E 在订立遗嘱之时有两个子女，A 和 B，遗嘱中明确指定两人继承相同的份额。数年之后，C 出生了，但是 E 忘记修改遗嘱。C 可以成为继承人吗？

1 与所有其他的意思表示一样，死因处分也可以被撤销。但是《民法典》第 119 条及以下仅与表意人有关。被继承人生前也可以将这些规则用于其终意处分，但是其更有可能选择一种更容易的撤回方式。但是在继承开始之后，根据这些规定无法再撤销一个错误。因此，《民法典》第 2078 条及以下条文中的撤销权转让给了继承人。继承法中对于重大的错误原因有着确定的特别规定，这基本上与一般撤销的体系相一致。虽然这些规定的基本特征要追溯到罗马法，但是德国《民法典》对于法律精确度的努力使得继承法上的撤销形成了独立的模式，而法国和意大利适用规定一般解释的条款。

只有当解释的手段不起作用了，才允许撤销。解释相对于撤销的优先地位应当确保维持遗嘱：遗嘱可以通过解释而得以维持，而撤销导致死因处分中相应规定的消灭。只有当不能通过解释遗嘱而消除所发现的缺陷时，才可以撤销。

2 在检查是否要考虑撤销时，人们首先必须查明撤销权人。根据《民法典》第 2080 条第 1 款，任何可以通过废除终意处分而直接受益的人都是撤销权人。如上所述，被继承人不需要这项撤销权。为了撤销，必须存在至少一个有效的撤销理由，当然也可以同时存在多个理由。根据《民法典》第 2078 条第 1 款，与《民法典》第 119 条第 1 款的规定一致，存在对一项表示的内容的错误（内容错误）以及表示行为的错误，如果表意人不希望作出该内容的意思表示（表示错误）。《民法典》第 2078 条第 2 款第 1 种情况的相应规定比《民法典》第 119 条第 2 款规定的要更广泛：据此，任何错误的假设或者期待都导致有权撤销。因此，不仅涉及交易中重大特征的错误允许撤销，而且任何关于动机的错误也都可以。因为终意处分不是一个需受领的意思表示，因此不需要考虑交易往来。因此，认为配偶会为了共同的子女的利益而处分的期待没有实现，或者继承人无法预见到的不良行为以及对遗产规模的错误认识，都导致有权撤销。如《民法典》第 123 条第 1 款第 2 种情况，根据

《民法典》第 2078 条第 2 款第 2 种情况，通过胁迫而发出的以及通过非法欺诈而得到的意思表示可以被撤销。

最后，根据《民法典》第 2079 条，忽略特留份权利人也导致有权撤销。如果特留份权利人根据遗嘱得不到任何东西或者所得少于其特留份，那么他就被忽略了。如果特留份权利后来才出现，也构成忽略。文献中与判例所要求的有所不同，如果（特留份权人）被给予的少于特留份，则已经可以认定是忽略。[253] 只有当撤销权利人真正撤销了处分之后，才适用无效的推定。因而可以提出疑问，处分是否必须被视为自始无效。[254]

3 但是撤销的理由必须重大。在主观方面，这意味着错误和表示之间的因果关系。该错误必须恰好引起了该表示，意思中的瑕疵必须是表示的前提：认识到真实情况时，被继承人不会作出这样的处分。

如果被继承人已经认识到了其错误且没有改变处分，则可能不具有因果关系。如果被继承人在知晓错误之后也没有改变终意处分，那么这根据《民法典》第 144 条第 1 款可以被视为认可。如果该认可根据《民法典》第 144 条第 2 款不要求基础行为的形式，则更是如此。但是，不作为本身不能说明这样的意思。实际上人们必须根据外部状况和提示进行判断，是否可以从中得出这样的认可。

《民法典》第 119 条第 1 款规定，表意人在“合理地评价情况时”不会作出该表示，而《民法典》第 2078 条中没有相应的规定。也就是说，在继承法中不取决于客观的、符合理性的撤销理由。实际上，任何一个影响被继承人进行意思表示的状况都已足够。这只要根据其主观视角来判断。

4 撤销根据《民法典》第 2081 条必须表示出来。不要式的撤销的表示必须向遗产法院作出，只要其涉及指定继承人、排除法定继承人、指定遗嘱执行人或者其撤回，因为在这些情况下遗产法院本身必须采取行动。在所有其他的情况下都必须把受益人作为撤销相对人而作出表示。表示有一个撤销期间，这根据《民法典》第 2082 条第 1 款、第 2 款第 2 句是知道撤销理由之后的一年。根据《民法典》第 2082 条第 3 款，继承开始 30 年后不得撤销。

5 根据《民法典》第 142 条第 1 款，撤销在继承法中也具有溯及既往的效力：继承法上的处分，如果被撤销，则溯及既往地无效。根据《民法典》第 2085 条，其余的处分在有疑问时继续有效。问题是，由被忽略的特留份权利人撤销的继承人指定在什么程度上导致该项继承人指定的全部无效，或者只是在被忽略的特留份权利人的法定继承权的范围内无效。例如，没有子女的被继承人在设立遗嘱之后才结婚，则被遗嘱指定为继承人的兄弟可能由于撤销而完全丧失其继承权。但是要考虑到，根据《民法典》第 1931 条第 1 款，妻子只获得 3/4 的遗产，（被继承人的）兄弟无论如何都能获得剩下的。根据通说，对继承人的指定要整体废弃，因为其无论如何是要失效的，从中不能推断出被继承人的意思；只有剩余的规定，比如遗赠，

---

[253] Müko（Fn. 94）/*Leipold*，§ 2079 Rn. 6.

[254] BGH（III ZR 382/13）vom 27. 3. 2014，ZEV 2014，660.

继续有效，且约束作为法定继承人的妻子。[255] 但是，这与意定继承顺序中适用的遗嘱有效原则相违背，因为后者要求要尽可能地维持继承人指定。如果查明在任何情况下（被继承人）都希望兄弟具有继承人的身份，则被忽略的妻子只有权得到3/4的遗产。如果此外还存在一个有继承权的兄弟姐妹，则根据通说，最初被指定的兄弟必须与该作为法定继承人的兄弟姐妹平分遗产的剩余部分。但是，在这方面应当保留（被继承人）最初希望的对（指定为继承人的）兄弟的偏爱，并且他作为遗嘱继承人要获得遗产的剩余部分。

与总论部分相反，此处不考虑信赖损失。《民法典》第2078条第2款明确排除了《民法典》第122条的适用，因为对一个任何时候都可以被撤销的遗嘱不能给予信赖。

答案：可以考虑解释，据此被继承人希望所有的子女都获得相同的份额，同样也可以考虑《民法典》第2079条规定的撤销。在撤销法中，“解释优于撤销”的原则占主导地位。这在继承法中也适用，从而通过维持死因处分来实现被继承人的意愿，反之，撤销导致遗嘱的毁灭以及法定继承的发生。也就是说，首先要检查是否可以进行解释。

复习和深化的问题

83. 放弃继承会导致什么结果？
84. 继承不够格为何产生？
85. 什么情况下需要《民法典》第2078条及以下的撤销规定？

---

[255] Vgl. Damrau (Fn. 94) /*Seiler*/*Rudolf*, § 2079 Rn. 30.

F. 超越继承的生前行为

第 28 章 引论和后续问题

问题： 为什么以及在多大程度上有可能通过生前行为影响继承权的安排？

第 1 节 引论

死因处分在生前作出，应当随着死亡而生效。但是人们的生前行为同样可以超越死亡。此处指的不是“提前的遗产补偿”，因为这在废除非婚生子女的特殊继承权之后就没有立法规定，因此在任何情况下可以通过合同约定来实行（见第 15 章边码 2）。实际上，在生前行为的情况下，比如由于某种条件而产生的影响反应在死亡时才发生，或者是出于这种目的而实施的，那么就会产生与继承法的行为进行区分的问题。作为被继承人的叔父可以在生前赠与侄子金钱，但条件是推迟至叔父死亡时再支付。这样叔父就保留了对金钱的处分权。这提出了一个问题，即继承法是否应该适用并且强制适用。 1

原则上可以通过一个债法上的合同建立一项负担，这项负担必须在一方当事人死后或者作为遗产债务由继承人履行。即使合同尚未有效成立，其根据总论部分的规定也仍然可以成立：根据《民法典》第 130 条第 2 款，表意人的死亡对意思表示不产生影响，其继续有效。另外，根据《民法典》第 153 条，要约人死亡之后合同依然可以被承诺。因此，根据这些规定，合同在最后时刻也可以适用生前行为的规定。 2

所以，被继承人可以根据《民法典》第 518 条第 1 款通过公证表示赠与，但是表示是否生效依赖于其死亡这一延缓条件。即使没有承诺，被继承人的这一表示也依然有效，可以在其死后被承诺，即使继承人对遗产早就享有权利（也不例外）。但是如果赠与是未按照形式要求作出的，那么不符合《民法典》第 518 条第 1 款的规定，即形式缺陷根据《民法典》第 518 条第 2 款只有通过履行才能被排除；只要 3

欠缺了这一点，赠与就一直无效。

如果当事人借助代理人，那么生前行为对死亡产生影响的可能性会变大。根据《民法典》第130条第2款，授权声明本身在被代理人死亡后继续有效。根据《民法典》第168条第1句，其根据基础行为的规定而灭失，也就是附属于代理的合同。如果是一项委托，那么根据《民法典》第672条，有疑义时，委托本身并不随着被代理人的死亡而终止。也就是说，代理人可以继续行为以及建立负担。如果E给其朋友F一本书，为了让其作为礼物交给G，因此，如果有疑义，F在E去世之后依然可以进行赠与；那么赠与的法律后果只会影响E的继承人。

如果授权具有超越死亡的效力，或者甚至专门就是针对死亡事件而宣布的，比如上述案件中如果F应当在（E）死后才有某些行动，那么授权的情况可能会更加有问题。如果预料到被代理人不久之后将去世是行为的基础，也就是E提名了一个代理人，因为他预计自己不久之后会去世，那么也是同样的情况。这种在死后才有采取某些行动的授权，在文献中被称为“死后授权（postmortale Vollmacht）”。被继承人还要求在其死亡之后具有处分权，这远远超出了继承法的范围。

4 最后，人们也可以在银行开设一个储蓄账户，根据与银行的协议，其受益人应当是第三人。根据《民法典》第331条，可以让账户所有人的死亡成为付款的延缓条件，而此时无须引用继承法的规定。这同样也适用于为了第三人的利益而签订的人寿保险。在这种情况下，《民法典》第331条中明显有意识地不参引继承法是很重要的。因此，根据《民法典》第331条，通过生前行为承诺死后给予第三人一项给付，对于第三人来说只有在承诺人死后才生效。这是一个真正有利于第三人的合同。

5 这一行为与遗嘱在分配财产方面存在竞争。从生前行为中受益的人不一定是继承人，因而也存在其他规避继承法的可能性。被规避的不仅是为了法律的明确性而存在的继承法的形式规定；首先遗产会被减少，从而使遗产请求权或者特留份请求权降低，会使遗产债权人失望。在传统的罗马法中，关于赠与人临近死亡而进行的赠与（*donatio mortis causa*），由于生前的管理权，原则上是允许的：但是人们认为该项赠与以受益人的生存为条件，因此可以适用赠与及其条件的法律。直到优士丁尼皇帝才要求遵守继承法的形式。此后，遗赠法广泛地适用于这种附条件的赠与。赠与和死因获得经常被一同处理。

6 但是《民法典》在第2301条对附条件的赠与进行了原则性的规定，何时应当适用继承法以及何时应当适用生前行为的法律：根据《民法典》第2301条第1款，如果一项行为以受益人的生存为条件，则适用继承法。但是如果赠与人仍然自己完成了赠与，那么根据《民法典》第2301条第2款不适用继承法，而是赠与法。也就是只有生存的条件才导致适用继承法。因此，当初所希望的是生前行为还是死因行为，要通过解释来查明。

但是，如果赠与人当时没有考虑继承的可能，则《民法典》第2301条是有问题的。如果他在可预见的死亡来临之前想宣布一项赠与，而不遵守继承法的形式，那么根据《民法典》第2301条第2款，取决于赠与要在其生前执行。也就是说，一个将死之人的赠与的有效性取决于，宣布行为之后其是否还能在生前执行。但是执行也要有受赠人的配合，因而并不仅由赠与人掌控。

生前和死因法律行为的界限从教义学上来看是流动的。但是从历史方面来看， 7
（它们的）区分也是模糊的，因为划分界限的问题在过去 100 年《民法典》的治理之下得到了不同的回答。一些著名的古老案例，如仍然在展示的“圣波尼法爵案（Bonifatius-Fall）”（见第 30 章边码 4），如今会被以不同的方式解决，实际上使得进入这一问题更加困难。

答案：如果被继承人选择意定继承顺序，那么他在订立遗嘱和其死亡之间依然可以支配其财产。在此期间，他可以进行财产赠与等。但是他也可以委托第三人，在其死亡的情况通过特定的方式来处理其财产。

第 2 节　与特留份补足请求权的关系

问题：E 通过设立一个有利于 T 的储蓄账户以及相应的赠予协议，而明显减少了自己的财产。S 发现，他通过继承比例而总共可以获得的太少了。他为了自己的利益可以做些什么？

通过适用赠与法，虽然只要特留份权利人可以根据《民法典》第 2325 条主张 8
特留份请求权，就不会被亏待。但是生前有效作出的行为从遗产中抽走了部分，而原有的债权人可能对其存有信赖。[256] 尤其是如果由此可以使后位的债权人被提前，那么赠与权将会威胁遗产债权人的排序。

所有避开继承法而遗留财产的情况都有一个共同的问题，即对特留份权利人来说，很大一部分财产，也就是特留份请求权的一大部分被抽走了。因此，在所有情况下都要考虑《民法典》第 2325 条及规定的特留份补足请求权（对此见第 18 章边码 11 及以下）。给予可以被当作赠与，只有当继承在 10 年之后或者更晚才开始，那么其根据《民法典》第 2325 条第 3 款第 2 句才可以不予考虑。继承人有义务进行补足，被赠与人根据《民法典》第 2329 条仅承担补充责任。

问题是，要安排多高的金额来补充遗产。恰好在人寿保险的情况中，这在判例 9
中有争议：可能要安排全部要支付的数额[257]或者明显少于被继承人已经支付的金额的数额。[258] 对于遗产破产的情况，联邦最高法院判决，应当包括破产的全部保险金额。[259] 这不取决于第三人是否被给予一项可撤回或不可撤回的承购权。[260]

---

[256] Vgl. *Medicus/Petersen*，Bürgerliches Recht，23. Aufl. 2011，Rn. 394.

[257] So LG Göttingen NJW-RR 2008，19 = ZEV 2007，386；OLG Düsseldorf，ZEV 2008，292.

[258] Etwa OLG Stuttgart，NJW-RR 2007，389；对于协议继承人也参见 OLG Köln，NJW-Spezial 2009，103。

[259] BGH 23. 10. 2003 - IX ZR 252/01，BGHZ 156，350 = NJW 2004，214.

[260] So *Bernhard Klinger/Thomas Maulbetsch*，Die Lebensversicherung im Pflichtteilsrecht，NJW-Spezial 2005，13.

答案：如果S是法定继承人，那么要考虑由于对T的过量补助而根据《民法典》第2050条第2款第1种情况进行补偿。两个人都是晚辈直系血亲以及法定继承人。如果要查明这样的过量，而没有表明E要排除解释的意愿，那么给付（银行账户）的价值根据《民法典》第2055条第1款要记入遗产，且从T的继承份额中扣除。最终S的继承份额会变得更大。

如果只有意定继承顺序，那么S不能采取这一方法，因为适用《民法典》第2050条第1款以法定继承顺序的存在为前提。如果他拒绝接受遗产，那么他作为儿子可以根据《民法典》第2303条第1款第1句要求特留份。那么要考虑《民法典》第2316条规定的T的补偿义务，只要涉及晚辈直系血亲和法定继承人，且在法定继承的情况下考虑《民法典》第2050条第2款第1种情况规定的补偿义务，被提高的特留份是否使他在经济上优于分配给他的继承比例，依然是个问题。

复习和深化的问题

86. 死者的意思表示为何还能引起合同的订立？

87. 人们如何可以通过代理而削弱继承法的作用？

88. 何时要认定《民法典》第2301条第1款第1句规定的在其之后死亡的条件？

89. 《民法典》第2301条第2款规定的赠与何时被执行？

90. 如果受赠人在赠与人去世之后才获知该项赠与，那么在《民法典》第331条第1款的情况下，赠与人与受赠人之间的关系要遵循继承法的形式吗？

第 29 章

根据《民法典》第 2301 条的区分

问题： E 授权其朋友，将有价证券转让给第三人。如果 E 即将死亡，对这种情况的评价会有所不同吗？

1 只要前提条件是受益人在赠与人之后去世，那么根据《民法典》第 2301 条第 1 款，可以适用有关死因处分的规定。由此排除《民法典》第 518 条的适用，因为这不再是一项需要公证形式的赠与。在其之后死亡的条件可以是迟延或者解除性质的。起决定作用的是，赠与的承诺是附条件的；而不取决于其履行。无条件的赠与随着死亡的出现而到期，因此不受《民法典》第 2301 条的约束。如果在其之后死亡的条件没有明确表达出来，则可以通过解释来查明。对此起决定作用的永远是个人的意愿。如果从含义和目的中可以得出在其之后死亡的条件，那么就已经足够。[261] 但是，有疑义时，应当根据联邦最高法院的观点认为不存在在其之后死亡的条件。

2 联邦最高法院通过支持认定生前行为，从而为该行为提供了赠与法的优势。这首先出现在《民法典》第 518 条第 2 款的瑕疵补正中：如果赠与已经被执行，则适用赠与法。根据《民法典》第 518 条第 2 款，赠与的履行补正了形式上的瑕疵。因此，没有遵守任何形式、但已经被执行的赠与有效。所有已经实际发生的由此获得法律效力。但是与遗嘱相反，赠与合同只能在《民法典》第 528 条及以下条文的狭窄界限中被撤回。

3 但是，根据《民法典》第 2301 条第 1 款第 1 句，适用继承法的优势首先在于形式简化：转让也不需要《民法典》第 518 条第 1 款第 1 句的公证形式，而是可以根据《民法典》第 2247 条以亲笔书写的方式完成。同样，只要没有签订继承协议，它们可以在任何时候被撤回。而根据《民法典》第 530 条及以下条文，赠与只能在有限的例外情况下被撤回。如果遗产全部或者一小部分被给予，那么受益人获得继

---

[261] BGH 12.11.1986 - IVa ZR 77/85，BGHZ 99，100 f.

承人的地位。

4 结果两条规则都遵循遗嘱有效及支持协议（*favor testamenti bzw. negotii*）的意义，据此要选择那些可以成功实现死者的意愿的解释。如果要在继承法和赠与法之间进行选择，这一原则也应适用。继承法恰好不会被用作通过瑕疵补正功能而让行为有效的方法。另外，采纳一项继承法的解决办法恰好会导致法律行为的无效。[262]

5 因为根据《民法典》第518条第2款，实施对于认定瑕疵补正是决定性的，所以问题是，《民法典》第2301条第2款意义上的赠与何时被实施。如果财产被有效地转让给受赠人且合同有效，那么当然是这种情况。也就是说，处分行为的实施在原则上是必要的，附条件的实施也足够了。即使获得者已经获得了由期待权所保障的法律地位，人们也可以从中得出（赠与已经）实施。相反，授权在死后处分账户并不足够，因为这样赠与人的财产在生前并未减少。在这种情况下，他没有损失任何财产。生前的财产损失的这一标准可用于区分（适用继承法还是赠与法）。

根据立法者的意思，应当存在一项立刻、直接的财产减损。[263] 根据一种观点，赠与人因此必须在生前造成财产损失，至少第三人必须获得一项期待权。[264] 例如，如果赠与人已经将财物送交邮政，但是在其死后才会送达以及交付，那么就不符合要求。在这种情况下，接收者因为缺乏合同而不能在这一时间点之前获得期待权。

判例和通说还要更加慷慨。如上述例子中，被继承人将包裹交付给邮政，为了让对方成功获得而安排了所有获取必要的事宜，那么是否获得原则上只取决于获得者的行为。就这方面来说，确保了接收者的获取过程，可以等同于"实施"[265]。因此，联邦最高法院要求，赠与人客观上已经做了所有为了转让所必需的事情[266]，因为只有那样，受赠人才有一个像期待权人一样的确定的地位。如果物权的履行行为在赠与人宣布和去世之后才成立，那么尽管如此，人们必须宣布这一行为有效。根据《民法典》第130条第2款、第153条，死者的意思表示和其要约同样有效。根据《民法典》第151条甚至可以放弃公布承诺。

但是关于确定的获取过程存在一个限制。根据《民法典》第130条第1款，被继承人的意思表示在到达之前可以被自己或者其权利继受人撤回。所以继承人可能选择通过撤回而阻碍负担行为和处分行为。但是，为了尽可能地支持被继承人发起的行为，这种不确定性被普遍接受。

对于有意识地将到达拖延至死亡的情况，另外认定《民法典》第130条第2款部分不可适用[267]，意思表示随着死亡已经丧失了其效力。

6 有疑问的是，如果被继承人指定了一位被授权的代理人来实施赠与，那么其是

[262] BGH 18.5.1988 - IVa ZR 36/87, NJW 1988, 2731, a. A. *Bork*, Schenkungsvollzug mit Hilfe einer Vollmacht, JZ 1988, 1059, 据此，《民法典》第2084条的适用恰好被第2301条排除。

[263] Protokolle der 2. Kommission, Bd. 5. 1899, 252 = *Mugdan* (Fn. 145), 133.

[264] *Brox/Walker*, Erbrecht (Fn. 99), Rn. 744.

[265] Müko (Fn. 94) /*Musielak*, § 2301 Rn. 19.

[266] BGH 23.2.1983 - IVa ZR 186/81, BGHZ 87, 19, 26.

[267] Soergel (Fn. 195) /*Wolf*, § 2301 Rn. 18, Müko (Fn. 94) /*Musielak*, § 2301 Rn. 23.

否已经做了为了转让所有必要的事情。这是有争议的。只要不是一项不可撤回的授权，那么根据联邦最高法院的观点[268]就是足够的。虽然对此没有大规模的判例。[269]但是人们可以将这一判例原则作为规则来遵守并认可实施，如果给予人已经做了为了转让所有必要的事情。这至少可以得出生前行为和死因行为的一个大概的界限划分。

答案：和每一位活着的人一样，E 可以处分其财产，并通过一位代理人来转让。此时，根据《民法典》第 130 条第 2 款、第 153 条，E 在授权之后是否去世原则上并不重要。在《民法典》第 2301 条第 1 款规定的死因赠与承诺的情况下有所不同，其为了不破坏继承法的规定而必须维持死因处分的形式。但是形式上的瑕疵可以通过赠与的实施而被补正。此处通过代理人的实施是否足够，非常有争议。根据联邦最高法院的判例，按照《民法典》第 2301 条第 2 款，要求被继承人已经做了所有对于实施该行为来说是必要的事情。实际上，如果不需要 E 的其他行为，那么该行为可以在其死后成立，而不论继承权的状况如何。

---

[268] BGH 23. 2. 1983 - IVa ZR 186/81，BGHZ 87，25.

[269] Müko（Fn. 94）/*Musielak*，§ 2301 Rn. 24.

第30章 死后授权

问题： X想获得E的财产的一部分，但是E的子女不允许对遗嘱进行任何修改。X劝E把一副挂在市立博物馆的昂贵的油画赠送给自己。该博物馆收到指示，在E死后将这幅画交付给X。X的计划可以成功吗？

1 如上所示，授权在有疑问时并不随着授权人的死亡而灭失，这可以通过《民法典》第168条第1句结合《民法典》第672条第1句得出。根据通说，甚至可以恰好为了死亡事件而授予"死后授权"[270]。如果代理人实施赠与，其不再作为死者的代理人而行为，而是其继承人的（代理人）。因此，人们虽然可以根据《民法典》第2301条第2款拒绝实施，但是根据《民法典》第130条第2款、第153条，赠与人的意思表示在其死后依然有效。但是本人自己提出要约还是使用一位代理人，原则上并不重要。如果本人使用了一位代理人并且在此期间去世了，必须仍然适用这一评价。在死后授权的情况下，实施也必须同样被视为是可能的。

2 但是根据《民法典》第168条第2句、第671条第1款，任何时候都可能通过继承人撤回授权，只要行为还没有被实施。撤回必须由所有继承人作出表示，只要这不是《民法典》第2038条第1款第2句后半句所规定的紧急管理（见第34章边码6）。[271] 随着基础行为的实施，根据《民法典》第168条第1句，死后授权无论如何也终止。但是，这以继承人知晓授权的存在并且熟悉遗产关系为前提。根据联邦最高法院的观点，如果继承人只是就法律行为询问被授权人，则不足以撤回授权。为了保护诚实可靠的法律交往，撤回依据《民法典》第157条的原则必须是明显的。[272] 就这方面而言，死后授权适用一般规则。

但是授权也可能是不可撤回的，只要通过明确或者推定的方式宣布。如果被授权人在其上存在自身利益，那么人们可以从中得出默示表示的不可撤回性。恰好在

---

[270] *Leipold* (Fn. 95), Rn. 573.

[271] S. *Stephan Madaus*, Der Widerruf trans- oder postmortaler Vollmachten durch einzelne Miterben, ZEV 2004, 448 f.

[272] BGH 29. 11. 1994 - XI ZR 175/93, NJW, 1995, 953.

代理人具有自身利益的情况下，人们甚至可以从中得出，明确表明不可撤回的授权是有效的。

与此类似，生前赠与可以通过信使的参与而实现。此处根据《民法典》第 130 条第 2 款，意思表示在表意人死后且实施行为之前继续有效，且根据《民法典》第 153 条可以接受。甚至可以根据《民法典》第 151 条放弃宣布承诺。 3

这一法律问题随着“圣波尼法爵案”而出名。[273] 一位天主教的牧师考虑到自己将要去世，派一位访客将有价证券交给圣波尼法爵协会。然后他订立了一份遗嘱，仅有利于为其料理家务的姐姐。如该牧师所愿，有价证券在其死后才被交付给协会的一位代表；一位副主教作为该协会的代表接受了赠与。帝国法院认为这项给予无效。该法律行为按照计划没有在生前进行，因而没有遵守《民法典》第 2301 条第 1 款规定的继承法上必要的形式，其同样没有按照《民法典》第 2301 条第 2 款在生前实施。 4

根据如今的解释，只有当被授权人在（授权人）死后才应当实施法律行为，才适用《民法典》第 2301 条。因为只有这样才存在一项在其之后死亡的条件。在有疑义的情况下，根据联邦最高法院的观点不予认可。另外，被继承人为了实现证券的交付，已经做了所有的事情。虽然其姐姐在这种情况下还可以阻止证券的交付，但是她并没有这么做。因此，《民法典》第 2301 条第 2 款所规定的赠与也被实施了。所以，按照如今的标准，证券的转让是有效的。

答案：X 的策略可以获得成功。虽然这项赠与没有以公证的形式订立，但是通过实施可以补正瑕疵。博物馆不再是 E 的代理人，而是继承人的代理人，在 E 的继承人撤回授权之前，可以根据《民法典》第 168 条第 1 句、第 672 条第 1 句交付这幅画。

---

[273] RG 28.10.1913 - VII 271/13，RGZ 83，223，227.

第 31 章

《民法典》第 331 条的情况

问题： 祖母 G 在 B 银行开设了一个储蓄账户，孙子 E 被指定为权利人。但是他完全不知道，B 其实要在 G 死后将钱款支付给 E。G 的儿子 S 成了她的继承人。S 可以要求从储蓄账户取款吗？

1 慷慨的血亲有时候会开设储蓄存折，余额在自己死后才应当支付给受益人。此时的合同相对人是存款人和银行。受益人只是第三人，合同是为了其利益而签订的。[274] 类似地也适用于被保险人、保险公司和受益人之间的人寿保险。

《民法典》第 331 条第 1 句和《保险合同法》第 159 条及以下一条都没有提到这样的合同应当被作为死因法律行为而对待。因此，《民法典》第 331 条第 1 句可以被理解成解释规则，因此原则上不考虑继承法。但是这还没有划分其与遗赠间的界限。

2 对此要进行区分：抵偿关系，也就是一方是银行或者保险公司而另一方是支付人之间的行为，并不是死因完成，而明确是生前行为。对于寄存管理和利息支付等银行业务以及给予人的存储，自始不适用《民法典》第 2301 条。在对价关系中，也就是规制支付的关系，存在存储人对受益人的无偿的给予，而这应当在存储人死后才实现。这可能构成一项赠与或者死因给予。

3 在这种情况下，所计划的给予往往不会被告知。甚至在给予人死后，人们才能在银行寄给受益人的信件中看到这项告知，其中银行通知希望支付以及交付储蓄存折。人们可以将其认定为通过代理人表达出的缔结赠与合同的要约。给予人如果指示死后才能支付，那么这可以被视为要求被给予人在其之后死亡的条件，因而《民法典》第 2301 条第 1 款可能可以适用。鉴于这一条件，给予人甚至明确规定了要求被给予人在其之后死亡的条件。

4 对价关系中的赠与能否适用《民法典》第 2301 条还存有争议。支持适用继承

---

[274] 虽然人们也可以将受益人称为账户的持有人。但是他立刻成为金融机构的债权人和储蓄存折的所有权人，而不论存款人自己是否还保留着存折。Vgl. BGH 25. 4. 2005 - II ZR 103/03，NJW 2005，2222 f. 无法得出这里要介绍的问题。

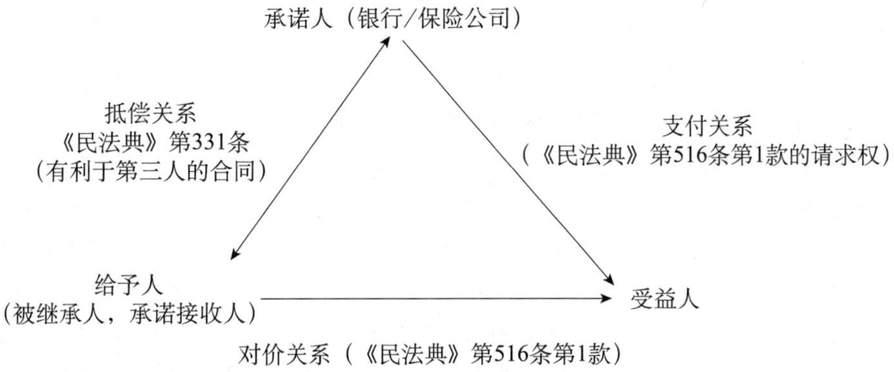

法的形式规定的原因在于死因处分具有更高的证据安全性，主要原因是总是在给予人死后才发生争议。反之，生前行为所导致的财产的流失抽走了对遗产债权人承担责任的财产，且没有注意到其顺序。[275] 因此，在曼弗雷德·哈德尔（Manfred Harder）看来，虽然对价关系中只是一个继承法的问题，但是根据他的观点应当类推适用遗赠法来解决。[276]

但是从《民法典》第 331 条中可以推断出，《民法典》第 2301 条第 1 款不应当适用于这些情况。判例[277]和通行的学说[278]都遵从这一观点，认为《民法典》第 331 条相对于《民法典》第 2301 条是特殊规定：这笔钱应当从继承人可动用的和继承权本身中被抽走。对于简便许可这种行为的巨大的需求支持了这一点。另外，否则《民法典》第 331 条几乎没有可适用的空间。

5 如果赠与已经根据《民法典》第 2301 条第 2 款被实施了，那么依然不能适用继承法。但是，如果和大多数情况一样，给予人和受益人之间没有通过公证形式签订赠与合同，那么该项赠与根据《民法典》第 518 条第 1 款、第 125 条可能形式无效。那死后通过银行完成的支付将被视为实施，根据《民法典》第 518 条第 2 款补正了形式瑕疵。但是正如已经说明的，在这种情况下，继承人不能根据《民法典》第 671 条第 1 款、第 675 条第 1 款以及第 620 条第 2 款、第 621 条或者 649 条撤回赠与以及解除基础行为，从而阻止支付。

6 结论是：如果被继承人口头告知受益人赠与，那么赠与合同的形式瑕疵根据《民法典》第 518 条第 2 款、第 328 条第 1 款、第 331 条通过银行在死后支付而被补正。如果其隐瞒了该项赠与，还可以由银行作为代理人而缔结合同。如果银行按照指示在给予人死后才通知受益人该项赠与，必须且可以仍然按照《民法典》第 130 条第 2 款、第 153 条、第 151 条缔结合同。[279] 前提是，银行已经就该问题被指定为赠与人的代理人。因为要约的有效的意思表示必须到达赠与接受人，所以如果他只

---

[275] Vgl. *Medicus* (Fn. 256), Rn. 396, 397.

[276] *Manfred Harder*/*Inge Kroppenberg*, Grundzüge des Erbrechts, 5. Aufl. 2002, Rn. 541.

[277] BGH 29. 1. 1964 - V ZR 209/61, BGHZ 41, 95; 24. 11. 1975 - II ZR 53/74, BGHZ 66, 1, 12.

[278] Staudinger (Fn. 115) /*Kanzleiter*, § 2301 Rn. 42.

[279] Vgl. BGH 24. 11. 1975 - II ZR 53/74, BGHZ 66, 1, 13.

是偶然从某第三人处获知这项受益，则并不足够。但是继承人可以在银行通知之前撤回支付的指示或者赠与[280]，只要撤回权没有被明确排除。[281]

关于因来自遗产中的保险而计算特留份补足请求权时，通常应当以人寿保险的回购价值为基础。这样可以确保不考虑保险的全部价值，而仅考虑截至被继承人死亡之时的资本额。[282]

答案：G生前没有和E签订赠与合同。根据《民法典》第328条、第331条，G和B之间订立了一个真正的有利于第三人的合同。这个有效的合同使得B有义务作为G的代理人而与E订立一个相应的赠与合同。这一赠与合同的订立明显以G的去世为延缓条件。是否因为这项E在G之后死亡的条件而必须遵守《民法典》第2301条第1款规定的继承法的形式，存在争议。通说不认可这一点，因此可以适用赠与法。因为没有遵守《民法典》第518条第1款第1句规定的必要的公证形式，因此考虑《民法典》第518条第2款规定的瑕疵补正。即使持少数观点的人要求遵守继承法的形式，则通过B实施赠与也可以构成《民法典》第2301条第2款规定的瑕疵补正。对这项实施来说，支付并非必须，实际上转让请求权给E就已经足够。转让储蓄存折（参见《民法典》第808条）并非必须，但是通常已经足够了。但是也要考虑继承人在这种情况下撤回B的授权的可能性（《民法典》第168条第1句、第672条）。

---

[280] BGH 30.10.1974 - IV ZR 172/73，NJW 1975，382.

[281] OLG Celle 20.12.1995 - 3 U 275/94，WM 1996，851.

[282] BGH 23.10.2003 - IX ZR 252/01，NJW 2004，214.

第 32 章 继承法和商法的冲突，继任条款

问题： E 无限公司的负责人 E 和 F、G 达成一致，在 E 死后应当由其女儿 T 接管其在企业中的份额。E 的遗产由儿子 S 和 T 均分。S 要求，和 T 一样成为该无限公司的合伙人。

如果继承法和商法关于继任的规定出现分歧，那么企业份额的继承可能会导致问题。法人的份额是没有问题的：在股份公司的情况下，股份属于遗产，将根据其财产价值而处理且分配给继承人。根据《股份公司法》第 278 条，这同样适用于两合公司的股份。对于有限责任公司来说，虽然通常股东之间有更紧密的联系，但是《有限责任公司法》第 15 条第 1 款未加任何限制地规定有限责任公司的股份是可以继承的。但是根据《有限责任公司法》第 15 条第 5 款，通过股东而转让份额可以被禁止。因此，股东可以决定在死后通过清偿或者不清偿的方式取回份额。[283] 1

民法上的合伙* 在一位合伙人死亡的情况下，如果有疑义，则根据《民法典》第 727 条第 1 款解散，因为其建立在合伙人相互之间的关系和联结之上。那么该合伙转变为一个解散合伙，目的在于在合伙结算之后归还所有合伙人的财产份额。在解散合伙中，继承人共同体作为死者的继任者而进入其位置成为合伙人。就这方面来说，继承人共同体行使合伙人的职能。但是这只有一个目的，即实现民事合伙的财产价值。 2

在资合公司和民事合伙之间存在着商法上的人合公司，如无限公司和两合公司。对于无限公司和两合公司，至少关于无限责任股东，是基于股东之间的个人关系的。以前，法律规定在一位股东死亡的情况下，如果出现疑义，解散是希望得到 3

---

* 在德国民商法中，Gesellschaft 一词既可以指公司，也可以指合伙；Gesellschafter 一词既可以指公司股东，也可以指合伙人。——译者注

[283] Genauer MüKo (Fn. 94) /*Leipold*, § 1922 Rn. 44.

的结果。现在《商法典》第131条第3款第1项只规定，死亡的股东从公司中退出。根据《商法典》第139条第1款，公司可以和继承人一起继续存在，只要这在公司合同中有所规定。也就是说，这种继任只能在剩余股东一致同意的情况下发生。

4 从继承法角度来看，人合公司的份额和被继承人的所有其他财产一样归入遗产。考虑到遗产债务，公司股份恰好可能构成承担责任的财产中决定性的部分。继承人共同体必然对公司份额享有权利，同样也共同承担义务。因此，所有继承人都作为共同共有的成员而成为合伙人。

而从公司法的角度来看，只有公司合同中有关继任者的规定决定了继任——完全独立于继承法的状况。继任者可以是继承人；但这并不是必要的，因为也可以考虑遗赠的解决方案。毕竟不应当让继承人共同体有权领导企业。最后，公司份额不应当承担公司以外的债务负担。因此，公司法和继承法的观点和期望之间存在着重要的、无法轻易解决的分歧。

5 最后有一个问题：取得是通过继承法还是公司法而实施的。如果只以公司法的继任条款为基础，那么取得根据公司合同而得以实施。那么生前行为将确定继任，且自始排除继承法（的适用）。根据《商法典》第143条第3款，合伙人不经过继承人也可以决定公司未来的命运；这有利于公司法的独立性。但是通说不认可这样的构想[284]，因为遗产由此丧失了作为承担责任的财产的重要性。但是，对死者财产的继承不应当只产生权利，还应当有关于遗产债务的义务。因此，合伙人之间的合同是给第三人施加负担的合同，即那些应当获得公司份额的人。另外，他们随着真正行使合伙人的权利才获得其份额，而不是在（原合伙人）死亡时已经获得。由此出现了暂时的空缺，而这是应当被继承法的立即继承原则所排除的。

6 有三个可能的解决方案：

（1）公司可以被解散。公司合同中必须这样规定，不过这很少见。但是进一步的处理是没有问题的：继承人以及继承人共同体成为《商法典》第146条第1款第2句规定的清算公司的成员；此时共同继承人应当确定一位共同的代表。然后公司的财产将被清算，共同继承人之间可以分割财产。

（2）另外，该公司可以没有继承人的参与而继续存在。只要没有其他的约定，该无限公司根据《商法典》第131条第3款第1项凭借原有的合伙人继续存在，而无须死者的继承人（加入）。在这种情况下，根据《民法典》第738条，死者对曾经的共同合伙人享有的清偿权归入遗产，这作为债权进行分割没有问题。

（3）最后，公司中的份额可以归入遗产。这在实践中经常发生，甚至是原则。然后继承由继承法决定。如果为了合伙的利益，通常并非所有继承人，而只有一个特定的继承人应当成为合伙人，必须有相应的遗嘱规定。这种继承法上的继任规定允许根据死因处分而获得。这随着被继承人的死亡而发生，并不是在合伙人确认后才发生。

---

[284] Vgl. MüKo（Fn. 94）/*Leipold*，§ 1922 Rn，56.

但是从上面提到的继承法的继任规定中可以得出与公司法相矛盾之处：继承人如何能够作为合伙人立即继续开展公司的业务，这对维持公司来说是必要的，而不必等待继承人共同体的解散？另外，合伙人个人应当对公司承担责任，而尚未解散的继承人共同体只接受共同责任。如果公司和其他情况一样是遗产中最大的财产标的物，那么试问，如何实现被偏爱的继承人对其他共同继承人的补偿？因此，在这种设计中，协调公司法和继承法的不同期待仍然是一项任务。 7

责任承担的例子表明，继承法和商法间的矛盾是无法克服的。 8

（1）根据继承法，被继承人死后在遗产上出现一个未经分割的共同体。但是根据公司法，即将成为合伙人的继承人必须可以立刻独立支配其在合伙中的份额，而不等待遗产的分配，从而可以在合伙的决策中发挥作用。

（2）共同继承人的责任是共同的，但是合伙人只以个人承担责任。继承人共同体由于其结构所导致的惰性，在进行决策时很不适合成为合伙人，因而通常也不受欢迎。

（3）继承人原则上仅以遗产数额为限承担责任。新的合伙人无权享受《民法典》第 1973 条第 1 款第 1 句所规定的这项责任特权原则。

因此，继承法不能完全适用于公司份额的继承。如果存在一项物主对占有者提出归还财产要求的遗赠，也就是根据《民法典》第 985 条要交出的遗赠，那么就可以宣布公司法上合适的继任者在继承法上的地位；但是德国法不允许这一形式。

为了解决这一困境，沃尔夫冈·希伯特［Wolfgang Siebert（1905—1959）］在 1954 年创立了特殊继任理论，从那以后得以广泛传播。[285] 公司份额的转让根据继承法实现，但是继承法将被调整：独立于其他的继承顺序，公司份额只应当专门分配给由被继承人提名的继承人。因此，单个权利继任者可以获得公司份额。所以，被任命为合伙人的继承人可以立即、直接处分其公司份额，无须其他共同继承人的参与。就这点来说，这一观点明显违背了概括继承或者整体权利继承的原则。（以上）对企业的特别继承也在很大程度被接受。毕竟在创立《民法典》的时候，比如对贵族和农场，（它们）就已经存在了特殊权利，对其适用特殊继承，特别是虽然存在继承，但是大额的财产还是应当不经分割地保存的情况。人们在公司法中同样可以看到一条具有这样内容的特殊规定。这一解决方案的优势在于，其同样能够解释继承开始之后的自动获取，正如继承人共同体不能成为人合公司的合伙人的事实。而公司只需要关心根据公司合同而被任命的单个合伙人，也就是被视为继承人的新的合伙人，公司的存续只与其相关。遗嘱和公司合同应当相互协调。[286] 9

通过解释公司合同要明确，继承人是否应当获得死者的全部公司份额，或者只获得其继承份额相对应的部分。在后一种情况下，剩余部分增加给其他合伙人，其他没有一同加入公司的共同继承人根据《民法典》第 738 条及以下条文获得清偿 10

---

[285] *Siebert*（Fn. 44）S. 19 f，23 f；ders，NJW 1955，809，810. 这是“法律样式的回归”的一个显著例子。

[286] *Wolfgang Reimann*，Unternehmertestament und Gesellschaftsvertrag：Neue Risiken，neuer Gestaltungsbedarf，ZEV 2014，521－526.

权。但是，有疑义时要认为应当转让全部公司份额。

11 并非所有的共同继承人都应当接受公司中的继任。即使所有继承人根据公司合同都应当接受继任（所谓的一般继任条款），他们也不会成为继承人共同体，而是每一个都成为合伙人；但是份额必须在他们之间分配。

但是公司合同通常要规定，只有一个或者特定的继承人应当在公司中接受继任（所谓有资格的继任条款）。那么被确定为继任者的继承人获得全部公司份额（完全继任），而且是随着继承开始而直接获得（“直接完全继任”）。

但是（被继承人的）公司份额仍然属于遗产，因此不能被视为《民法典》第2169条第1款规定的不属于遗产的其他标的物。否则，一项这样的遗赠可能被视为无效。因此，被选中的继承人对其他继承人负有补偿义务，只要其得到的公司份额的价值大于应得的继承比例。因此，在查明特留份请求权时同样要计算公司份额。如果人们将企业认定为遗产的一部分，那么遗产的分割可能会出现问题，尤其当人们力争在继承人之间实现平衡时。此时，人们必须要有创造性，且充分利用继承法的多种可能性。[287]

12 关于无限公司股东之继任的解决办法可以转移适用《商法典》第161条第2款规定的无限责任股东死亡的情况。

13 而有限责任股东的份额的继任则适用《商法典》第177条。只要公司合同没有其他的规定，公司在其死后继续存在。因此，有限责任股东的股份是可以继承的，归入遗产。每一个继承人根据其在遗产中的比例获得有限责任股东的一部分投资额。

答案：根据特殊继任理论，基于有资格的继任条款，只有T才能被任命在无限公司中继任。T和S必须在内部达成一致，遗产如何平均分配。如果公司份额多于遗产的一半，那么T有义务进行补偿。只要其他合伙人同意，她也可以转让无限公司中的一些份额给S。

复习和深化的问题

案例5：E为了其女儿T的利益留下了一份遗嘱。他许诺将他昂贵的国际象棋赠给棋友F，这已经放在F处了。在侄子N知道的情况下，他在B银行为其开设储蓄账户，在去世前不久还向内存钱。他赠给前同事K一副画册，这在其死后才到达K处。如果T在E死后很短时间内撤回赠与，那么她可以要求这些人交还所有东西吗？

91. 如果无限公司的一个合伙人由于去世而退出，那么可以考虑哪种继任方法？

92. 如果一位继承人应当接管公司份额，为什么公司法和继承法的规定会相互矛盾？

93. 为什么特殊继任理论是德国继承法的一个例外，其为何如此令人信服？

---

[287] Vgl. *Rolf Petzold*, Das Unternehmertestament, NWB Steuer- und Wirtschaftsrecht Nr. 23 (1976), 1145 - 1156.

第33章 家庭合同

问题： 人们如何在家庭中建立一项更安全的且跨越数代的继承规则？

1 《民法典》第 311 b 条第 4 款和第 5 款中规定了超越继承的生前行为。那是一项债权行为，但是以影响继承顺序为目的。而所有可能限制被继承人的遗嘱自由的都是无效的。但是此处并不像《民法典》第 2302 条那样是关于被继承人的决定，而是关于第三人的合同：因此，《民法典》第 311 b 条第 4 款第 1 句确定了规定第三人遗产的合同无效。关于一位尚且在世的第三人将来的遗产的特留份权或者遗赠的约定，《民法典》第 311 b 条第 4 款第 2 句进行了同样的规定。只要第三人还活着，对其继承顺序的决定在任何情况下都适用这一点。判例广泛地适用了《民法典》第 311 b 条第 4 款：据此，这种无效的结果甚至包括拒绝或者不主张特留份权，同样还有处分。

相反，在第三人死后，完全允许这样的合同。也就是说，继承人共同体可以就死者的遗产订立规则，以及约定不同于遗嘱的条款。

2 如果某人生前希望转移财产，那么根据《民法典》第 311 b 条第 3 款另外需要公证的形式。这种形式应当警告危险的行为。因此，《民法典》第 311 b 条第 3 款不适用于处分。如果这是一条有关继承顺序的条款，那么就构成《民法典》第 2274 条规定的继承协议。因此，规避在这里不产生影响。

3 《民法典》第 311 b 条第 5 款允许法定继承人关于继承份额和特留份权签订合同。此时并不需要涉及所有的法定继承人，但是订立合同的人必须完全由在订立合同时享有法定继承权的人构成。合同的内容必须有关继承权或者特留份权。其当然只有一项债权效力；继承开始之后完成实施。这一合同也需要公证形式。

因此，可以和继承协议一起或者同时在一位公证人面前订立这一合同。此时，重要的是要明确区分继承协议中被继承人的（遗嘱）条款和其他人根据《民法典》第 311 b 条所约定的条款，人们可以称这样的合同为家庭合同。人们根据《民法典》第 2274 条要求遗产，根据《民法典》第 311 b 条第 5 款要求共同继承人的给付。因此，在这样的继承及家庭合同中，人们可以吸纳远远超出继承的综合的规定，可以实现法定继承人更广泛的义务。最终，更容易实现遗产集中给一位继承人以及同时伴随着的补偿规定的放弃继承。这样可以完成一套有关跨越数代的继承规定的庞大体系，这毕竟需要所有参与者的同意，因而特别能承受压力。

4 人们通过家庭合同可以尝试实现很多深入的目的。在政治方面，主要是“绿党（Die Grünen）”讨论家庭合同，从而同意将婚姻的影响转移到完全不同的共同体上。应当考虑到社会上任何性别所组成的日益多样化的类似家庭的群体，无论其亲属关系如何。没有任何理由否认这些群体对其权利的自愿设计，只要它们不干涉未参与的第三方的权利。

5 法定继承人之间的家庭合同也可能只是一个解释协议（见第23章第4节，边码19及后一条）。因此，这里和那里一样出现了同样的区分问题，比如诉讼和解（边码20）。

实践中，这样的合同越来越多地通过调解而达成。作为第三方的调解人向当事人提供意见。现在有针对此类调解的单独研究。目的在于和平地解决争端。因为建议第三方可以评估继承状况，可以考虑让律师和公证人作为调解人，但是也可以考虑法官。和平达成的结果是《民法典》第779条意义上的和解。

6 如今在美国有“家庭事务所”，家庭在这里可以持续获得有关取得财产的建议，尤其是关于继承的问题。[288] 这种多年来全面的经济和法律上的指导远远超过了个人分歧中的调解和诉讼程序。

答案：借助于家庭合同和与其相连的继承协议，可以完成一项全面的合同构建，将所有相关者持续地纳入权利和义务的体系中。

---

[288] *Catherine Hoffmann*, Reich bleiben ist gar nicht einfach, Frankfurter Allgemeine Sonntagszeitung 19.12.2004, S.49.

G. 继承人在继承人共同体中的地位

第34章 继承人共同体

问题：E去世了，留下一幢出租给了几个人的公寓楼，其继承人是子女A、B和C。一天晚上，A看到入口的门坏了，便立即委托人来维修。一个月后一个租客搬走了，A和B与一位新的承租人签订了租房合同。C要求A自己承担维修费用，因为他不能对遗产采取任何行动。C基于同样的理由认为新的租房合同是有缺陷的。有道理吗？

多数情况下遗产都不归属于一个人，而是几个继承人。他们根据《民法典》第2032条至第2057a条的规定组成了继承人共同体。需要规制的一方面是共同继承人之间的关系，另一方面是遗产的分配。也就是说，继承人共同体的目标通常不是持续的共同使用，而是分割遗产。 1

继承人共同体根据《民法典》第2032条第1款构成共同共有关系，并非按份共有关系。也就是说所有继承人对全部遗产享有权利，也由此而承担义务，不是仅涉及一定的份额。作为概括继承的结果，所有继承人对全部遗产平等地享有权利。其份额只在分割遗产的时候值得注意。共同共有意味着，每一个共同继承人根据《民法典》第2033条可以处分其在遗产中的份额（继承份额），而不是单个的标的物。相反，遗产债务人根据《民法典》第2039条第1句只能向全部继承人共同给付。

不同于《民法典》，普通法曾经规定，按份继承人共同体根据其比例对遗产享有权利。但是在这一问题上，《民法典》根据对第一草案的批判而遵循了普鲁士法。它在这里试图尽可能简单地构建共同共有关系对共同继承人的结果。但是它意味着可以通过这种方式最好地对应遗产债权人的法定请求权：他们可以在共同共有关系中更容易地求助于所有继承人。

由于这一原因，遗产构成一种特殊财产，其在共同继承人之间分割之后才和各自的私有财产混合。因此，共同继承人对于遗产的请求权并不因混同而消灭。如果标的物被转让或者补偿了，则替代物毫无问题地归入遗产；这种物权替代直接规定在《民法典》第2041条中。其目的在于保护共同继承人。 2

根据《民法典》第2033条第1款第2句，对遗产份额的处分需要公开证明。这同样适用于基础行为，如买卖或者赠与。在买卖的情况下，就是《民法典》第2371条及以下条文规定的遗产买卖。买受人通过具有物权效力的继承份额的转让而具有继承人的身份（对此详见第40章边码2）。

如果买受人是共同继承人中的一位，则继承份额的转让通过相应地增加自己的继承份额而实现。在卖给并非继承人的第三人的情况下，所有共同继承人根据《民法典》第2034条第1款享有优先购买权。虽然所有共同继承人根据《民法典》第472条第1句都共同有权，但是根据《民法典》第472条第2句也可以由单个人行使。优先购买权只有债权效果。由此在买受人和享有优先购买权的共同继承人之间产生了一项法定债权债务关系。

3 在管理、分配共同遗产以及补偿方面，买受人要被当作一位共同继承人。但是关于遗产债务的责任有一个特殊之处（对此见第41章边码1及以下）。买受人根据《民法典》第2382条第1款第1句向遗产债权人承担责任。而出让人依然是继承人，且自己根据《民法典》第2382条第1款第1句末尾继续对遗产承担责任，因为其始终是继承人，因而自己有可能对遗产债务负有责任。关于遗产债务，买受人只和继承人一起行事，并不接替其地位。出让人的共同占有也不类推《民法典》第857条而转移给买受人。

另外也有可能让与遗产份额中的一项质权或者用益权，因为那样的共同共有份额根据《民事诉讼法》第859条也可以被抵押。遗产买卖的规定根据《民法典》第2385条第1款也适用于其他出售遗产的行为。

4 遗产的管理包括所有

- 为了维持、保障、使用和增加遗产，
- 为了利用遗产标的物，也就是充分利用遗产中的财产项目，或者
- 为了履行遗产债务

的实际措施和法律行为。

根据《民法典》第2038条第1款，所有共同继承人有权共同管理。根据《民法典》第2038条第2款第1句，这也适用一些关于按份共有财产的规定，只要被继承人没有明确禁止这些。

5 在内部关系中，根据《民法典》第2038条第1款第1句，一致意见原则上对意思的形成是必要的。任何一位共同继承人根据《民法典》第2038条第1款第2句后半句都可以独自采取必要的维持遗产的措施。至于此时什么是正常的管理以及遗产或者个别遗产标的物的使用，根据继承份额的高低的多数决就足够了，比如从《民法典》第2038条第1款第1句、第745条第1款中可以得出。如果根据《民法典》第2038条第2款第1句、第745条第1款通过一项这样的多数决而订立了一个负担行为，那么根据通说，该多数人有权始终不经其他共同继承人同意而在外部关系中代表共同继承人共同体。[289]

---

[289] BGH 29.3.1971-III ZR 255/68，BGHZ 56，47.

《民法典》第 2038 条与负担行为有关，也就是与处分无关。根据《民法典》第 2040 条第 1 款，原则上只允许共同处分遗产标的物。因此，个别人的处分是无效的，但是根据《民法典》第 185 条第 2 款第 1 句、第 184 条第 1 款可以事后被批准。如果基于一个多数决定的负担行为，也适用这一点。就此而言，根据通行的观点，《民法典》第 2040 条第 1 款相对于《民法典》第 2038 条第 2 款第 1 句、第 745 条第 1 款来说是特别法。

所以，单个共同继承人有不同的权利和义务。 6

● 根据《民法典》第 2038 条第 1 款第 2 句前半句，每一个共同继承人都有义务参与正式的管理，尤其是所有人根据《民法典》第 2038 条第 2 款第 1 句、第 745 条第 3 款在重要的变动的情况下必须要予以配合。

● 一个继承人根据《民法典》第 2038 条第 1 款第 2 句后半句可以独自进行必要的维持措施；这是由单个继承人进行的紧急管理。

● 每一个共同继承人根据《民法典》第 2039 条都可以主张属于遗产的请求权，但是只能要求向所有共同继承人给付。

● 根据《民法典》第 2038 条第 2 款，每一个共同继承人都有权每年要求分配收益，只要一年以上未分割遗产。

这表明，如果参与人意见不一致，那么作为共同共有的继承人共同体就很难管理（遗产）。如果无法实现利益和愿望的协调，那么继承人共同体应当被解散。

答案：出租以及修缮公寓楼属于对遗产的管理。根据《民法典》第 2038 条第 1 款，原则上共同继承人共同享有这项权利并承担义务。对出租公寓来说，新的出租属于正常的管理，对此根据《民法典》第 2038 条第 2 款第 1 句、第 745 条第 1 款，A 和 B 组成的多数票就已经足够。那么他们就可以有效地代表继承人共同体并签订租房合同。修理在当时对于防止出现其他损害是必要的。根据《民法典》第 2038 条第 1 款第 2 句后半句，A 对此也有权独自进行。

第35章 遗产分割

第1节 内容与时间点

问题：E死后，其妻子F以及子女S和T是等份的继承人。遗产包括E和F的住宅（200 000欧元），一辆汽车（50 000欧元）以及50 000欧元的银行存款。没有发现E的分割指示。要如何进行分割？

1 到目前为止一直在强调，继承人在被继承人死后组成继承人共同体（《民法典》第1922条第1款）。该继承人共同体通过“遗产分割”才解散，也就是通过对遗产的实际分配。对此必须区分三个相互联系的问题：

1）何时可能进行分配，

2）何人获得何物以及

3）实际分割时必须遵守何种程序。

因此，首先要明确，何时可以通过遗产分割解散继承人共同体。根据《民法典》第2042条，原则上每一个继承人可以随时要求分割。这指的是继承人共同体的完全解散。在共同继承人之间进行部分遗产分割是可能的，但是只能在出现特殊原因时要求，并且继承人共同体或者其他共同继承人的利益不会因此而被损害。[290]

但是（以下情况）禁止分割：

（1）根据《民法典》第2043条，各共同继承人的继承份额尚未确定，比如由于另外一位共同继承人即将出生，或者尚未决定是否认可被指定为继承人的基金会。

（2）被继承人通过终意处分排除了分割或者确定了通知期限。那么对遗产以及

---

[290] OLG Koblenz 9.1.2013 - 3 W 672/12，NJW-Spezial 2013，135.

单个遗产标的物的分割根据《民法典》第 2044 条第 1 款被排除了。根据《民法典》第 2044 条第 2 款第 1 句，如果继承开始已经过去 30 年了，那么通过终意处分的排除不再有效。但是根据《民法典》第 2044 条第 2 款第 2 句，如果在一位共同继承人身上出现一个结果后处分才有效时，这样的排除的有效期可以长于 30 年。这比如寡妇去世之后、继承人成年、后位继承顺序的发生或者一项指定遗赠的出现的情况。

（3）所有共同继承人根据《民法典》第 2044 条第 1 款第 2 句、第 751 条通过协议排除了遗产分割，或者决定不加分割地维持企业。

（4）根据《民法典》第 2045 条，存在针对遗产的法庭的或者私人的债权人公示催告，因而共同继承人要求推迟遗产分割。

除了遗产分割，也可以签订一个分割部分遗产的协议，其中一位共同继承人从继承人共同体中退出，但是其他继承人的共同体继续存在。[291]

第 2 节 分割程序

一、分割指示

2 通过法定或者意定继承顺序将确定共同继承人的继承份额以及其在遗产中的比例。而在分割时必须查明，如何能够根据比例分配遗产。通过将个别标的物以及遗产债权分配给继承人，他们应当获得其有权得到的价值。这只是从被继承人处法定取得的具体化，而不是继承人之间可能出现善意取得的交易行为。

估价是一项困难且充满争议的任务，只能由收费高昂的专家完成部分任务，人们也只能希望共同继承人之间和平地达成一致。法律只有少数推定的规定起作用，比如《民法典》第 2049 条。因此，农场在有疑义的情况下要根据其预期收益能力来估价。但是，被继承人的预防措施与继承人达成一致的替代方案也是可能的。

3 分配具体的财产对象和意定继承顺序一样，一般首先要实现被继承人的意愿。他毕竟有可能考虑到谁应当获得哪些财物。根据《民法典》第 2048 条第 1 句，这要被当作“分割指示”来考虑。根据《民法典》第 2048 条第 2 句，被继承人可以指示根据一位继承人或者第三人的公平裁量进行分割。只有当其决定“显失公平”时，根据《民法典》第 2048 条第 3 句才对（其他）继承人不再有约束力。但是这必须通过判决来确认。此外，分割指示大多只规定了最重要的财产对象的分配。其不产生物权效力，而只约束遗产的实际分配。但是，这很难决定完整的分割。另外对于实践依然存在许多问题。

---

[291] BGH 21. 1. 1998 - IV ZR 346/96，NJW 1998，1557 f.

4 分割指示可能导致被分配的价值与继承份额不相符或者超出继承份额。但是分割指示不能改变继承份额。所以，要考虑《民法典》第2055条规定的相关的继承人对共同继承人的补偿义务。但是也有可能出现，超出继承份额的给付也应当在价值上留在受益人处，也就是说不应当负有补偿义务。但是判例不接受对分割指示的差别对待。那么在终意处分的内容中不仅存在分割指示，还有先取遗赠的指示（对此见第22章边码21）。据此，在给付该项遗赠之后才能通过平均分配剩余遗产来进行分割，也就是说受益人面对其他共同继承人要继续保持其超额的财产利益。这要通过根据被继承人的意思的解释来查明。[292]

5 此外可以在终意处分中指示，遗产的分割应当通过一位遗嘱执行人来进行。如果终意处分中没有与此相关的规定，那么每一位共同继承人都可以要求在分割时通过遗产法院来调解。根据《家事与非讼事件程序法》第363条第1款、第2款，原则上由司法辅助人主管。因此，这是非讼事件程序的一个特别程序，目的在于使继承人达成一致意见。

如果不可能达成一致，那么就可以使用遗产分配诉讼。在该诉讼中，一方起诉其他人，要求同意所提出的一项分配方案。但是在提出诉讼的情况下，遗产无论如何在判决之前要做好分配的准备。遗产中的土地，如果其价值要被分割，那么必须通过《强制拍卖法》第180条规定的分割拍卖的方式来出让，从而可以分配收入。提出的诉讼申请必须非常明确，即存在一个完整的、具体的分配方案。这当然包括对遗产债务的清偿。但是如果遗产债务只和一位继承人相关，那么分配方案就不再具体，因此不允许起诉，要将其驳回。因此，这样的诉讼在实际执行中是非常困难的。判决的作用是宣告性的。

二、均衡

（一）给予

6 如果遗产中的个别财物如此珍贵，以至于将其分配给受益的继承人就已经超出了其继承份额，同时也不能认定为一项先取遗赠，那么受益人要进行均衡。因此，均衡是要实现共同继承人之间的均等分配。但是这在对继承人进行的给予的情况下并不必要。同样，继承人可能已经向被继承人提供了服务，使得在分割时要对其进行均衡，所以他应当从遗产中获得更多的利益（见下）。

7 给予的均衡首先适用于法定继承的情况。但是根据《民法典》第2051条，其也要适用于意定继承人，如果其继承份额与法定继承相一致，因为人们可以从中得出，被继承人在这个问题上希望平等地对待所有人。继承人中所得比其他人更多的人，有均衡的义务。因此，对生前给予有义务进行均衡的是：

---

[292] So auch *Thomas Gergen*, Begünstigung und Begünstigungswille als Abgrenzung, JURA 2005, 185-193, 也讨论了联邦最高法院关于先取遗赠的不同规定。

●《民法典》第 2050 条规定的法定继承人的晚辈直系血亲，

● 遗嘱继承顺序情况下的晚辈直系血亲，只要其没有被被继承人排除，但是根据《民法典》第 2052 条在有疑义时要认定均衡义务。

还需要阐明的是，要为了谁的利益来均衡：根据《民法典》第 2050 条第 1 款，均衡只在共同继承的晚辈直系血亲之间进行。此处不考虑其他共同继承人的份额。根据《民法典》第 2057 条，每一位共同继承人都可以要求在合理的限度内告诉他被继承人的所有给予，包括潜在负有的均衡义务。

下一个问题是，均衡义务是什么。有典型的会引起均衡义务的给予： 8

● 根据《民法典》第 2050 条第 1 款，一位晚辈直系血亲由于婚礼而在被继承人生前所得到的婚嫁资财。这种旧式的情况在《民法典》第 1624 条中已经被概括为所有来自父母财产的支付，其为了促进或者维持子女的生活地位或者经营。

● 超出被继承人相应限度的补贴，根据《民法典》第 2050 条第 2 款第 1 种情况在原则上也负有均衡义务，以及

●《民法典》第 2050 条第 2 款第 2 种情况规定的职业培训的费用，如果根据被继承人的财产状况来看是过度的。

● 如果已经指示要均衡，那么《民法典》第 2050 条第 3 款规定的其他的给予，（受益人）也是有均衡义务的。

给予人可以在遗嘱或者合同中指示，（获得）婚嫁资财是否应当负有均衡义务。这一规定可以事先或者同时作出。至少要在接受给予时告知接受人折抵义务[293]；而折抵的规定也可以通过推定来约定。

当然，在遗嘱自由的范围内，事后指示或者排除均衡与折抵义务还可以通过死因处分的形式来完成。毕竟被继承人在去世之前一直享有遗嘱自由，包括决定过去的给予是否具有均衡义务。

最后有疑问的是，如何进行均衡。此时无须实际返还给予（现物归还主义）， 9
而只是在计算分割比例时应当被计算在内（价额归还主义）。此时根据《民法典》第 2055 条第 2 款，要依据给予时的价值（计算）：

（1）首先要根据《民法典》第 2055 条第 1 款第 2 句将给予的价值加入遗产中，并且

（2）从总额中算出继承份额。

（3）然后根据《民法典》第 2055 条第 1 款第 1 句从被优待的继承人的份额中扣除给予。

如果其通过给予而获得的已经多于根据继承顺序而应当获得的，那么其根据《民法典》第 2056 条第 1 句没有返还的义务。在这种情况下，根据《民法典》第 2056 条第 2 句，对他的给予以及其继承权都在计算的考虑之外。

（二）给付

继承人不仅可能对所获得的给予有均衡的义务，而且可能因为自己所提供的给 10

[293] OLG Köln，NJW-Spezial 2008，359.

付使被继承人或遗产受益，而享有要求获得均衡的权利。但是只有晚辈直系血亲应当进行均衡。需要注意的是一位晚辈直系血亲的某一次给付，

● 其根据《民法典》第2057a条第1款，通过在被继承人的家务、职业或者经营中的协助而在很大程度上有助于财产的维持或者增加，无论是金钱支出还是协助。给付人可以根据《民法典》第2057a条第3款要求符合公平的均衡。

● 根据《民法典》第2057a条第1款第2句，一位法定继承人对被继承人的照顾也可以形成均衡义务。照顾作为给付的价值应当根据《社会法典》第6册第3款在继承开始之时来计算。[294]

11 根据《民法典》第2057a条第2款，只要给付已经获得了适当的报酬或者存在给付报酬请求权，则在这两种情况下都不产生均衡请求权。

计算时要根据《民法典》第2057a条第4款遵循如下程序：

● 首先要查明遗产的价值，从中扣除没有均衡义务的继承人的份额。

● 从查明的遗产价值中扣除补偿的金额，

● 最后将其加入有权要求均衡的继承人的份额。

例如，遗产总额是120 000欧元，生存的配偶与晚辈直系血亲一起继承，根据《民法典》第1931条第1款、第1371条第1款，配偶获得60 000欧元；在这方面不发生任何均衡。如果晚辈直系血亲A、B和C中只有A提供了特殊给付，那么这在子女中是有均衡义务的。其继承比例是1/6；他们分割60 000欧元。其中必须首先扣除A的给付，剩下的分成三份。如果A的给付被估价30 000欧元，那么B和C每人仅获得10 000欧元。而A在获得其10 000欧元的继承份额之外，因其给付另外获得30 000欧元。

第3节 分割的执行

12 继承人不得完全无拘束地利用遗产。分割的目的在于查明遗产之上现存的请求权并按次序予以满足。在执行分割时要

● 首先根据《民法典》第2046条第1款第1句清偿遗产债务，

● 然后根据《民法典》第2047条第1款按照继承份额的比例进行遗产分割。对此根据《民法典》第2042条第2款适用按份共有的规则。

剩余的部分根据继承份额的比例按实物（*in natura*）来分配。如果不可能进行实物分割，比如因为遗产中只有一份大额财产，如地皮，那么要出售该遗产标的物，从而分割所得收入；《民法典》第2042条第2款、第752条至第758条、第2046条、第2047条第1款对此进行了规定。

[294] 如果没有约定，也没有成立劳务合同，其可以从继承人处要求的工资，vgl. LAG Rheinland-Pfalz（5 Sa 123/15 v. 6. 8. 2015），NJW-Spezial 2015，744。

但是判例注意到了家庭关系：例如，可能因出让家产而违反《民法典》第242条。那么每一位继承人都可以要求不进行出售，而该继承物要在各共同继承人之间拍卖。根据《民法典》第2047条第2款，个人文件依然是共同的财产，直到继承人对其归属达成一致（见第4章边码7及以下一条）。 13

被继承人可以通过遗嘱作出分割指示，并根据《民法典》第2048条第1句规定谁应当接管房屋，或者根据《民法典》第2048条第2句由第三人作出决定。分割的指示为每一位共同继承人提供了分割被继承人遗产的债权请求权，所以没有物权作用。继承人共同体只有义务将已经分配的财产转让给继承人（个人）。

答案：分割的实施要求继承人必须达成一致。在很多情况下，F希望继续住在这幢房子里，那么就必须给S和T补偿，这通过汽车和银行存款无法达到。因此，很有可能是F必须通过抵押房子来获得贷款，从而让S和T获得价值上同等的份额，结果每个人得到100 000欧元的价值。

复习和深化的问题

94. 继承人共同体是共同共有关系是什么意思？

95. 《民法典》第2041条规定的物上代位是什么意思？

案例6：E将由其子女A、B和C等额继承。遗产中包括一幢房屋，其中的一个小位置需要修缮。A和B委托U进行必要的工作，但C不同意。在他看来，U的5 000欧元的账单必须由A和B自己承担。U可以要求继承人共同体支付吗？

变换：C使用遗产中的金钱向D买了一幅画。A和B向C要求共同占有。

96. 被继承人可以阻止遗产分割吗？

97. 如何理解分割部分遗产的协议下的相关继承人？

98. 何为分割指示？

99. 何为继承法上的均衡？

100. 遗产要如何分割？

H. 对遗产的照管和遗产买卖

第36章 遗产保佐

问题：E遗留下巨额财产，包括地产和资金。继承人是一个尚未成立的基金会。遗产法院可以在多大程度上指定律师来照管遗产？

1 继承人在继承开始之后并不总是立即到位，有时他的继承权并不确定。那么必须对遗产进行照管，这可以通过一位遗产保佐人来实施（参见第9章边码3）。遗产法院根据《民法典》第1960条第1款有义务（见第9章边码3）设立一项这样的遗产保佐，

- 如果尚未确定继承人是否接受并且
- 如果出现保全遗产的需要。

保全的需要根据最终继承人的角度来确定，而不是遗产债权人。《民法典》第1960条第2款列举了最重要的保全方法，尤其是存放印章、提存和指示遗产保佐。有关指示的决定由遗产法院公平裁量。

在指示遗产保佐的时候，同样可以自由挑选，谁应当接管保佐的任务。法院不需要自己做，也很少有能力做。它还可以指定一名律师，其可以按小时收取65欧元至115欧元的费用。[295] 遗产保佐是一种《民法典》第1909条及以下条文规定的真正的保佐，例外是监护法院根据《民法典》第1962条代替遗产法院而行动。

2 遗产保佐人的任务是查明继承人并且在遗产法院的监管下管理遗产。他有权积极或者消极地进行诉讼。如果一个尚未出生的子女对于继承人身份有期待，那么保佐人同样对于胎儿的继承份额进行照管。（胎儿的）母亲对于遗产享有扶养费请求权，保佐人必须予以满足。

监护以及《民法典》第1915条第1款、第1960条第2款、第1961条规定的遗产保佐也要根据《民法典》第1836条第1款的原则而无偿进行。根据《民法典》第1835条第1款第3句，保佐人可以在15个月内要求补偿其所支出的费用。但是根据《民法典》第1835条第3款，保佐人在其职业或者经营范围之内的劳务也属

---

[295] OLG Schleswig 7.5.2012 - 3 Wx 113/11.

于所支出的费用。如果法院指定一个以这类工作为职业的人为保佐人，比如一位律师，并且法院也具体确定了这一点，那么被选中的保佐人根据《民法典》第1836条第1款第2句、第1915条也有报酬请求权。

答案：因为遗产之上存在保全的需要，遗产法院根据《民法典》第1960条第1款要指定一位遗产保佐人。对于这项挑选，只有个人能力是决定性的。一位律师当然是合适的，即使其根据《民法典》第1915条、第1836、第1835条第3款有偿工作且获得对其支出费用的补偿。如果托付一位律师在继承人死后才成立基金会（《民法典》第84条），那么可想而知，他也被委托照管遗产。如果该基金会已经成立，那么法院的遗产保佐指定根据《民法典》第1919条被废止。

第 37 章

遗产破产程序

问题：在拒绝期限届满之后，继承人发现了多于遗产给付能力的债务。这时他可以使用什么方法来限制其责任？

《破产法》第 315 条及以下条文规定的遗产破产程序如《破产法》规定的其他破产程序一样，用于在不同的债权人之间公平分配并不足够的责任财产，此处就是遗产。遗产破产程序可以作为《破产法》第 320 条规定的遗产保佐的一种形式，如果遗产资不抵债或者无偿还能力。如果继承人或者被任命照管遗产的其他人申请遗产破产程序，那么存在无偿还能力的威胁也已经足够。根据《破产法》第 316 条只能对全部遗产实施遗产破产程序，而不能只针对一个继承份额。 1

该程序由破产法院依申请开启。因此，根据《破产法》第 315 条，由继承人一般管辖法院所在地的初级法院主管。继承人、遗产保佐人以及每一个遗产债权人有权在接受遗产后的两年之内提出申请。根据《民法典》第 1980 条第 1 款第 1 句，如果继承人知道遗产资不抵债，那么他有义务立即开启破产程序。根据《民法典》第 1980 条第 2 款，因过失而不知道资不抵债等同于知道。如果其在知道或者因过失而不知道的情况下没有开启破产程序，那么其根据《民法典》第 1980 条第 1 款第 2 句对债权人负有全面的损害赔偿义务。 2

遗产破产程序和其他破产程序一样，根据《破产法》的规定来实施。要指定一位遗产破产管理人，专门负责有关遗产的法律行为。管理人尤其可以使用两项抗辩： 3

（1）根据《民法典》第 1989 条、第 1973 条，在执行和分配财产之后，面对新主张权利的债权人存在遗产用竭抗辩。

（2）如果该程序因为缺乏财产而中止，也就是说没有现存财产可以进行破产程序，那么可能根据《民法典》第 1990 条进行财产欠缺抗辩。如果遗产破产程序和遗产管理的手段被用尽了，尤其是因为没有现存的财产，那么继承人可以拒绝以其个人财产承担任何责任。

从继承人来看，不希望以个人财产承担任何责任是申请遗产破产程序的重要原因。只有当他虽然知道无偿还能力或者由于过失而不知道时，但是没有根据《民法典》第1980条申请该程序，遗产债权人才能以损害赔偿的方式对他的其余财产采取措施。

答案： 只要继承人不能或者不愿撤销接受遗产，那么可以考虑《民法典》第1970条规定的公示催告程序。这使继承人可靠地获知遗产的负债状况。如果确实存在资不抵债的危险，那么建议进一步研究开启遗产破产程序这一选择。否则《民法典》第1980条第1款规定的损害赔偿义务不仅威胁继承人所得的遗产，还威胁其全部财产。申请指示遗产管理也是一个选择。

第38章 遗产管理

问题： 遗产管理人发现遗产不足以清偿被继承人的债务，他必须怎么做？

1 遗产管理可以被理解为以满足遗产债权人为目的的遗产保佐。它是《民法典》第1960条以及第1773条及以下条文规定的保佐和破产程序的混合体。其首先应当维护遗产债权人的利益。但是也符合继承人的利益，因为其不仅取代继承人进行管理，而且根据《民法典》第1975条也享受责任限制。

2 遗产管理人和破产管理人一样，既不是继承人的法定代理人，也不是遗产或者遗产债权人的法定代理人，而是自己具有当事人地位的官方机构。根据《民法典》第1981条第3款，没有人有义务接管遗产管理，尽管接管监护根据《民法典》第1785条是一项义务。如果现有财产不够的话，其可以根据《民法典》第1982条拒绝接管。根据《民法典》第1987条，管理人因其工作可以获得合理的报酬。

如果继承人根据《民法典》第1981条第1款或者多数继承人根据《民法典》第2062条共同申请，则指示遗产管理。[296] 通过根据《民法典》第1981条第1款的申请，法院有义务指示遗产管理。同样，每一个遗产债权人根据《民法典》第1981条第2款在（继承人）接受遗产之后两年内可以申请，只要用遗产来清偿债权受到了威胁。遗产法院指示遗产管理的同时将指定一位遗产管理人。如果遗产已经被分配了，那么根据《民法典》第2062条不得申请。

3 通过指示，管理遗产的权限根据《民法典》第1984条第1款第1句和第2句、第1985条第1款从继承人处转移给管理人。继承人后来的处分按照《破产法》第81条是无效的，甚至善意取得也被排除了。因此，只要涉及不动产，遗产管理要尽快登记入土地登记簿中。诉讼程序中原告或被告的法定资格也同样转移给遗产管理人。继承人的债权人，如果不是遗产债权人，不得强制执行。根据《民法典》第1985条，管理人有利用遗产清偿遗产债务的任务。他要为了这一目的而管理遗产，并且可以采取所有必要的措施。

---

[296] 继承人的继承人也有可能申请，s. OLG Jena，NJW-Spezial 2009，39 f。

遗产管理通过遗产法院的决议被废除，且根据《民法典》第1919条在清偿遗产债务之后或者根据《民法典》第1988条第1款随着遗产破产程序的开启而终止。

答案： 因为不能清偿所有的遗产债务，所以遗产管理人必须申请遗产破产程序。可能不值得进行其他程序了，因为没有任何财产或者现有的财产不足以支付程序的费用。所以根据《民法典》第1990条，可得出财产欠缺抗辩。在这种情况下，遗产管理可以根据《民法典》第1988条第2款被废除。

第39章 遗嘱执行

第1节 引论

问题：遗嘱执行人应当在继承人之间分配遗产。继承人们达成一致，他们的叔叔O虽然不是继承人，但应当获得集邮册。遗嘱执行人是否有权交付集邮册？

《民法典》第2197条至第2228条规定的遗嘱执行是指定一个人管理遗嘱的一种方法，其并非必须是继承人。对遗产来说，遗嘱执行人接替了死者的角色，且根据被继承人的指示继续开展事务。[297] 只有当所指示的目标出现冲突时，他必须决定，如何能够最好地执行遗嘱以及被继承人的哪项指示可以忽略。遗嘱执行人可以自己的名义进行遗产管理，但他不是权利所有人。实际上他是职务当事人，如《民事诉讼法》第116条第1项所认可的。因此，他不是被继承人或者继承人的法定代理人，而是完全独立于继承人的意愿。他可以违背全体继承人的意愿而执行他应当做的。被继承人禁止他做的，全部继承人的意愿也不能将其解禁。遗嘱执行不是公共职责，而是私人职责，因而也不受遗产法院的监管。法院只能在有限的范围之内干涉遗嘱执行人的事务。 1

继承人和遗嘱执行人之间存在法定的债权债务关系，这规定在《民法典》第2197条至第2221条中。根据《民法典》第2218条第1款，也部分适用委托法，所以，遗嘱执行人可以要求补偿其所支出的费用。 2

由于遗嘱执行，遗产不能归入继承人的财产，而是要作为特殊财产区分出来。因此，继承人自己的债权人根据《民法典》第2214条不能动用遗产。[298]

---

[297] 简短的引论可参见*Martina Deckert*，Testamentvollstreckung，JA 1995，111－117。

[298] OLG Köln，ZEV 2005，307.

第2节 职务的任命和期限

3 任命由被继承人自由决定，通过遗嘱或者继承协议中的单方处分而实现。因此，根据《民法典》第2197条第2款，这是可以随时撤回的。根据《民法典》第2197条第1款，也可以任命数位遗嘱执行人，他们也可以被任命为替补人员。选择遗嘱执行人的事务可以通过被继承人的指示根据《民法典》第2200条第1款转让给遗产法院，或者根据《民法典》第2198条第1款转让给第三人。

原则上，任何自然人都能成为遗嘱执行人，只要他不是《民法典》第2201条规定的无行为能力人或者处于照管之下。因此，一位共同继承人[299]或者根据《民法典》第2224条第1款甚至所有共同继承人都可以成为遗嘱执行人。但是单独继承人只能被指定为共同遗嘱执行人，因为其不能进行自我限制。根据《民法典》第2210条第3句，法人也可以被任命为遗嘱执行人，这也适用于无限公司和两合公司形式的合伙。

4 根据《民法典》第2202条，职务始于遗嘱执行人接受之时。只有当确认遗嘱有效之后，这才能发生。[300] 比如针对协议继承人的遗嘱执行的单方指示可以被视为不允许的法律损害，因而无效。[301]（遗嘱执行人）可以自由选择是否接受。向遗产法院作出的不要式的声明就足以构成接受。但是遗嘱执行的指示有一个预先效力，即《民法典》第2211条规定的对继承人的处分限制。遗嘱执行人根据《民法典》第2368条获得一个关于其任命的证书，其效果如同继承证书，而且使其在法律行为交往中合法有效。根据《民法典》第2368条第1款、第2366条，也可以支持善意取得。

5 职务

- 根据《民法典》第2225条随着遗嘱执行人的死亡或者丧失行为能力等而终止，
- 根据《民法典》第2226条通过遗嘱执行人的解除而终止，这可以随时向遗产法院作出，
- 随着遗产法院根据《民法典》第2227条将遗嘱执行人免职而终止，例如因为遗嘱执行人无原因地从遗产中获利；但是法院对此在任何情况下必须在公平衡量之后决定，免职是否有利于遗产[302]；
- 随着顺利完成任务而终止，
- 在《民法典》第2210条规定的持续遗嘱执行的情况下，随着被继承人所指

[299] So schon RG 20. 10. 1930 – VI 763/29，RGZ 130，131，134.

[300] OLG München vom 29. 3. 2007，JurisPR – FamR 12/2077.

[301] OLG München，ZEV 2008，340.

[302] OLG Düsseldorf 18. 12. 2013 – 1 – 3 Wx 260/11，NJW-Spezial 2013，136.

示的期限的届满而终止。

人们也可以根据《民法典》第 2209 条将遗产管理的任务转移给遗嘱管理人（“持续遗嘱执行”）。那么就有疑问，遗嘱执行的指示最多可以在多长时间内有效。这在 1951 年去世的普鲁士王储威廉的遗产案中得到了特别的讨论，并于 2007 年由最高法院作出判决。继承协议中指示，数个遗嘱执行人应当一起尽可能长久地行使职权。被继承人死后，根据当时还存在的遗嘱执行人的建议，他们由帝国法院，确切来说是联邦最高法院的院长任命。一位 1975 年被任命的遗嘱执行人要求一位继承人交出遗产标的物，而该继承人质疑任命的有效性，因为随着最后一位协议继承人在 1994 年去世，遗嘱执行也应当失效。 6

在《民法典》第 2210 条第 1 句规定的 30 年期限之外，《民法典》第 2210 条第 2 句至少提供了三种让遗嘱执行继续延长的可能性，也就是直到继承人死亡，或者遗嘱执行人死亡，或者在二者其一身上发生某个其他事件。随着继承人的死亡，在前位和后位继承的范围内指的也是后位继承人。恰好后一种情况提供了多种设计的可能性。人们能不能找到最长期限，或者存在一般限制吗？对此至少存在四种理论。

（1）根据“世代理论”，遗嘱执行人必须在继承开始之时已经出生，这类似于《民法典》第 2109 条第 1 款第 2 句第 1 项、第 2163 条第 1 款第 1 项的情况。如果他像（上面）这个案子一样在 1951 年已经出生，那么这位遗嘱执行人可以在其一生中行使职务。

（2）“职务理论”：根据遗嘱执行人是否在继承开始之后 30 年内被任命。因此，遗嘱执行人只能在 1981 年之前被任命。

（3）根据“结合理论”，如果职权所有人在继承开始之时已经出生或者在继承开始之后的 30 年内被任命，那么遗嘱执行有效。

（4）狭义的“特权理论”：只承认最初被任命的遗嘱执行人的期限的遗嘱执行。

立法者已经明确规定了遗嘱执行的界限。[303] 联邦最高法院现在决定采用职务理论[304]：根据民法典，不理会特权理论，立法本身在《民法典》第 2198 条及以下条文中允许遗嘱执行的去人格化。世代理论和结合理论利用后位继承（《民法典》第 2109 条第 1 款第 2 句第 1 项）和遗赠（《民法典》第 2163 条第 1 款第 1 项）情况下延长的可能可以适用来论证；但是这些规定并不统一，因而由于缺乏一致的规范原则而不能从这些规定中得出任何有关遗嘱执行的内容。但是，联邦最高法院判决的原文支持职务理论，因为职务只能在《民法典》第 2210 条第 2 句末尾规定的意义下“继续”，如果在此之前已经开始了。因此，职务必须在《民法典》第 2210 条第 1 句规定的期限内已经开始。

结果，遗嘱执行人必须在 1981 年之前被任命。虽然 30 年以上的职务期限确实

---

[303] Protokolle der 2. Kommission, Bd. 5, 1899, 7134 = *Mugdan* (Fn. 145), 668 f.

[304] BGH 5. 12. 2007 - IV ZR 275/06, BGHZ 174, 346 = NJW 2008, 1157 = JuS 2008, 281; hierzu Zimmer, NJW 2008, 1125.

不常见，但是该案中经办的遗嘱执行人在1975年就已经被联邦最高法院的院长任命，因而根据职务理论还可以有效地处理遗产——并且同样直至其工作活动的终止。而现在，只有在任命法人为遗嘱执行人的情况下才继续适用30年的期限。

第3节 任务

7 遗嘱执行人的任务可能表现得完全不同。这只能根据被继承人的意愿来确定。如果没有特殊的规定，那么认为遗嘱执行人被委任进行全面清算与分配遗产。他尤其必须

（1）整理遗产，以及

（2）根据《民法典》第2203条实施被继承人的处分（“清算执行”）。

在这种情况下，遗嘱执行人在这里只是为了接管继承清算的技术处理。特别是如果被继承人不相信继承人具有这种能力或者就只有一个继承人有能力，那么将选择遗嘱执行的这一形式。但是这一机制还有其他不同的情况和使用范围。

（3）人们可以继续转让任务给遗嘱执行人，让其根据《民法典》第2204条在继承人之间分配遗产。

为了完成这一事务，他必须在继承人之间居间调解并且实行均衡。他的优势在于，他可以不顾继承人的反对而采取措施，他只需要注意被继承人对遗产分配的指示。

（4）在遗嘱执行的范围内，继承人的债权人根据《民法典》第2214条不能主张遗产标的。因此，遗嘱执行人可以拒绝其请求权。就这点来说，遗嘱执行可以用于保护遗产免受继承人的债权人的影响，但这只是在遗嘱执行终结之前暂时性的。

（5）根据《民法典》第2205条，他必须管理遗产直到最后。这被称为“管理执行”，或者如果被指示了一个特定的期间，就是“持续执行”。

8 因为被继承人确定了任务的范围，他也可以规定下列限制：

（1）根据《民法典》第2208条第1款第2句，可以指定遗嘱执行人只管理个别遗产标的（“特别执行”），比如管理遗产中的一家企业。

（2）根据《民法典》第2223条，他可以被指定监督施加给继承人的负担及其实施，比如关于遗赠。

（3）遗产管理可以单独委托给遗产执行人。

被继承人同样可以扩展遗嘱执行人的效力范围。

（1）在持续执行的范围内，也指示了遗产在分割之后或者单个遗产标的物的管理。

（2）被继承人根据《民法典》第2207条可以免除遗产执行人在为遗产而负担债务的过程中受到限制，但并非允许获得来自遗产的赠与。

这一概览说明，遗嘱执行是一种多方可适用的方法。这绝不只是被继承人死后

通过遗嘱执行人继续进行控制而限制继承人。其实这种方法也是为了保护继承人，比如在纯清算的情况下，或者在转移给下一代的情况下为了保全财产的需要。

第4节 权限

该任务涉及遗嘱执行人的各种不同权利。他尤其可以： 9

（1）根据《民法典》第2205条第2句前部占有遗产。继承人只是间接占有人。

（2）根据《民法典》第2205条第2句后部，他可以不经继承人的同意而处分遗产标的物。

（3）根据《民法典》第2205条第3句，只有在出于义务和礼节性的赠与的情况下，才可以进行无偿处分。但是共同继承人的同意可以克服赠与禁止。[305]

（4）遗嘱执行人根据《民法典》第2212条有权主动起诉，如果涉及一项隶属于遗嘱执行的权利。

（5）对于针对遗产的诉讼，根据《民法典》第2213条第1款第1句，遗嘱执行人和继承人有权成为被告，只要遗嘱执行人管理全部遗产。如果遗嘱执行人没有被任命管理遗产，那么根据《民法典》第2213条第1款第2句只有继承人有权（成为被告）。如果有人主张特留份请求权，那么根据《民法典》第2213条第1款第3句，同样只有继承人可以作为当事人。

《民法典》第181条规定的禁止自己代理仅类推适用于遗嘱执行人因职务作为当事人的行为。 10

通过遗嘱执行，继承人根据《民法典》第2211条第1款不再有权进行处分。但是，根据《民法典》第2211条第2款，从继承人处进行善意取得依然是可能的。遗产债务人根据《民法典》第407条同样可以支付给继承人，类推具有免除的效果。

但是遗嘱执行人没有任何家庭法上的权限。继承人的职业照管人的任务是财产照管，其独立于遗嘱执行人而工作，遗嘱执行人对照管人没有抗告权。[306]

第5节 义务

遗嘱执行的任务涉及遗嘱执行人的各种不同义务。 11

（1）他必须根据《民法典》第2215条第1款毫不迟延地制作遗产目录并将其

---

[305] BGH 14.7.1971 - V ZR 54/70，BGHZ 57，47，48.

[306] OLG München，NJW-RR 2007，1240 = ZEV 2007，334.

告知继承人。

（2）只要不再需要遗产标的物，其根据《民法典》第 2217 条第 1 款第 1 句要交还。遗嘱执行人的管理权随着交还而灭失，继承人可以根据（自己的）喜好处理标的物。

（3）根据《民法典》第 2216 条第 1 款，遗嘱执行人一般有义务进行“正常的管理”。

（4）根据《民法典》第 2219 条，遗嘱执行人因过错而违反其任务或者义务时，其对继承人和受遗赠人有损害赔偿责任。

根据《民法典》第 2218 条第 1 款，继承人和遗嘱执行人之间只可以适用委托法的个别规定，尤其是答复和调查义务。

第 6 节　公司份额中的遗嘱执行

12 有争议的是，遗嘱执行人是否可以被委托，以自己的名义或者根据继承人的授权且在其个人责任之下继续进行商业活动。通过任命代理人为遗嘱执行人，比如在个体经营企业的情况下，可以实现家族企业不分割而继续运行最长 30 年。在结果上，这类似于排除遗产分割。另外，继承人被禁止作出有关遗产的决定。但是遗嘱执行人不对公司的债权人承担责任，而只有遗产承担责任。这与个体经营者的个人无限责任相矛盾。被继承人希望以此设立一个有限责任企业，而不选择已经规定的有限责任公司的法律形式。因此，根据通说，遗嘱执行人必须作为托管人或者继承人的代理人而接管责任。那么或者遗嘱执行人作为形式上的所有权人承担责任，或者继承人由于其所颁发的授权而承担责任。这一解决方式是否允许还存在部分争议。[307]

13 在合伙的情况下，根据《商法典》第 105 条，遗嘱执行人的一项这样的无限责任也是必要的。因此，大多数情况下，都认为不允许遗嘱执行人对公司份额进行无限管理。[308] 托管人或者被授权人的身份都不能建立对合伙人来说必要的责任。不同的责任规定以及推论的被继承人的意思都反对由遗嘱执行人接替合伙人的职能。[309]

但是，通过遗嘱执行人对公司份额进行有限的管理也可能是有效的。对此，联邦最高法院的审判委员会存在不一致的判决。在份额（管理）的对外效力和合伙的

---

[307] 否定授权解决方案的 *Karlheinz Muscheler*，Die Haftungsordnung der Testamentsvollstreckung（Ius Privatum，5），1994，357 ff，550，公司份额上的遗嘱执行也可以没有授权，因为《商法典》第 105 条没有排除法定的责任限制；反对的观点见 *Barbara Dauner-Lieb*，Unternehmen in Sondervermögen，（Ius Privatum，35），1989，269，298 ff；相关概述参见 Standinger，§§ 2197－2264，Neubearb. 2003/*Reimann*，§ 2205，Rn. 97。

[308] *Leipold*（Fn. 95），Rn. 806.

[309] OLG Düsseldorf，ZEV 2008，124 m. Anm. Gursky ＝ NJOZ 2008，1170 ＝ ZErb 2008，43.

内部事务之间可以找到一个比较实用的界限。[310]

因此，两合公司的有限责任合伙人的份额原则上也可以通过遗嘱执行人来行使[311]，只要这不会导致继承人的个人责任。 14

答案：答案取决于，人们如何解释遗嘱执行人的地位。一方面，其只是被继承人的代理人，且只受其指示的约束。如果没有这样的指示，那么他根据《民法典》第 2205 条第 3 句就不得进行不属于义务性和礼节性的赠与。在这方面，遗嘱执行人被禁止进行交易。另一方面，《民法典》第 2205 条第 3 句特别应当保护继承人。如果他们同意赠与，那么限制就是多余的。在这方面，共同继承人的同意克服了赠与禁止。[312]

---

[310] So BGH 14. 5. 1986 - IVa ZR 155/84，BGHZ 98，48，57 = NJW 1986，2431.

[311] BGH 3. 7. 1989 - II ZB 1/89，BGHZ 108，187，192 = NJW 1989，3152 f.

[312] Vgl. Fn. 305.

第40章 遗产买卖

问题： 继承人E希望尽快放弃对遗产的照管，他对遗产中的物品不感兴趣。他做什么可以尽快获得金钱？

1 每一个继承人、共同继承人或者后位继承人都可以出售其继承权或者继承份额。《民法典》第311b条第4款第1句只禁止了关于仍生存的人的遗产的合同；因此，圣经中以扫（Esau）和雅各（Jakob）*[313]的情况根据今天的法律不会引起任何法律后果。由此表明了与继承人缔结的买卖合同的特征，即这是一个财产统一体。这导致了参与人特别的风险。因此，《民法典》第2371条及以下条文将出售遗产作为特殊的买卖合同对待。因此，为了确保继承开始之后出售遗产的有效性，根据《民法典》第2371条必须制作公证证书。如果没有，那么这一行为根据《民法典》第125条形式无效且自始无效。即使继承人只是一位共同继承人，当然也可以出售。《民法典》第2371条及以下条文也适用于继承份额。

在出售继承份额的情况下，要考虑到补正形式上的缺陷。对于处分继承份额，《民法典》第2033条第1款第2句以同样的方式要求一份作成公证文书的合同。关于继承份额的负担行为和处分行为的法律状况与土地的情况相似。出于这个原因，根据《民法典》第311b条第1款第2句，可以考虑将维持处分行为的形式视为对遗产买卖的形式缺陷的补正。但是通过履行来补正一般来说不可能。《民法典》没

---

* 《圣经·创世记》记载，以扫和雅各是以撒（Isaac）和利百加（Rebecca）所生的双生子。以扫为长子，雅各为幼子。《创世记》第25章第29节至第34节内容为：

29. 一天，雅各在炖汤，以扫从田野回来，饿坏了。

30. 他对雅各说："快，让我喝点红汤！我饿坏了！"[这就是他也被称为以东（Edom）的原因。]（以东是红色的意思）

31. 雅各回答说："你先把你的长子的名分卖给我。"

32. "你看，我都快死了，"以扫说，"长子的名分对我有什么好处呢？"

33. 但雅各说："你先向我发誓。"所以以扫就向雅各起誓，把长子的名分卖给了他。

34. 然后雅各给了以扫一些面包和豆汤。以扫吃喝完毕后，起身离开了。

这就是以扫看轻了他长子的名分。——译者注

[313] Genesis 25，29 ff.

有规定补正的一般原则，而只规定了个别情况，正如《民法典》第 311b 条第 1 款第 2 句。因此，这一规范很难类推适用，人们必然怀疑遗产买卖中的这一规范漏洞。此外，人们希望规避《民法典》第 2371 条所提供的对于仓促决定的保护。[314]

根据《民法典》第 2374 条，出售之时存在的所有遗产标的及代偿物将被出售。 2
但是根据《民法典》第 2373 条，这不适用于后来归属的继承份额、先取遗赠以及家庭文书和家庭肖像。履行时，单独继承人只能转让个别遗产标的物，而不是全部遗产。共同继承人通过一致的行为来转让而出售其继承份额。遗产份额的转让具有物权效力，买受人以此获得继承人的地位。但是出让人的共同占有并不类推《民法典》第 857 条而转让给买受人。

在管理、分割遗产和进行补偿时，买受人要像一位共同继承人一样操作。根据 3
《民法典》第 2382 条第 1 款第 1 句，买受人像继承人一样对遗产债权人承担责任。而出让人依然是继承人，根据《民法典》第 2382 条第 1 款第 1 句后段，继续对遗产债务承担责任。[315] 按照《民法典》第 2383 条，根据继承法的原则确定买受人的责任。对于遗产债务，遗产出售人和买受人根据《民法典》第 2382 条作为连带债务人承担责任。

原则上根据买卖法确定当事人的义务，但是存在特殊之处。根据《民法典》第 2379 条及以下一条，意外灭失的风险以及用益和负担随着买卖合同的订立转移给买受人。对于出卖人而言，根据《民法典》第 2375 条第 1 款，存在对遗产的消耗进行补偿的特别义务。对此，在《民法典》第 2376 条中，其保证责任被限制为出现瑕疵的情况。对于买受人来说，从《民法典》第 2378 条中可以得出特殊之处，因此他也必须履行遗产债务以及《民法典》第 2381 条规定的补偿出卖人的必要费用的义务。

答案：E 可以出售其份额。但是他通过这种方式并不能免除对遗产债权人的责任，因为他依然是继承人且自己对遗产债权人承担责任。但是在内部关系中，他可以通过与买受人之间相应的协议而转移责任。

复习和深化的问题

101. 《民法典》第 1980 条中对继承人的危险存在何处？

102. 对于继承人来说，遗产破产程序的机遇或者优势在何处？

103. 遗嘱执行人有什么地位？

---

[314] Vgl. Damrau（Fn. 94）/*Redig*，§ 2371 Rn. 26.

[315] 这与已经退出的合伙人的责任相一致，dazu Karsten Schmidt，Gesellschaftsrecht，4. Aufl. 2002，§ 52，S. 1491 ff。

I. 继承人的责任

第41章 引论

问题：被继承人已经离婚的妻子要求继承人 E 继续支付扶养费。E 必须要承担吗？

首先必须用遗产清偿遗产债务。继承人原则上承担被继承人的债务。《民法典》第 1967 条第 1 款明确规定了继承人要承担这一义务。这就提出了问题，继承人对于哪些债务（见第 42 章边码 1 及以下）、在何种范围（见第 43 章边码 1 及以下）以及从何时起（见第 44 章边码 1 及以下）有义务承担责任。最后，在继承人数量众多的情况下要划分责任（见第 45 章边码 1 及以下）。 1

对于继承人的责任，原则上有三种可能：

（1）无限的继承人责任，

（2）限于标的物的责任，以及

（3）通过计算得出的有限责任。

《民法典》选择了一种解决方式的结合：继承人原则上承担无限责任。但是他有多种限制责任的可能性；也就是说责任是可限制的。在特定情况下，继承人可以主张抗辩。通过给予继承人抗辩权而迫使他积极行使权利。如果他不这样做或者抗辩权丧失，那他最终承担无限责任。即使《民法典》建设性地选择了无限责任作为常态，继承人实际上享有如此多的抗辩权，以至于人们在现实中可以将有限责任视为常态。但是他为此必须采取行动。所以，他如果犯了错误，那他最终有可能承担无限责任。

首先要问的是，什么是遗产债务。这在《民法典》第 1967 条第 2 款中有进一步的描述：根据这条规定，包括被继承人的债务以及继承人的债务，也就是说继承人自己所面对的债务，其中比如包括特留份权、遗赠或者负担。但是也存在个别特殊的债务，如《民法典》第 1615 条第 1 款规定的扶养义务，这是不能继承的，因此继承人无须承担；如上所述，《民法典》第 1586 b 条第 1 款关于已经离婚的妻子的请求权的规定模仿了特留份的规定，作为责任的限额。但是原则上，被继承人的所有债务都归入遗产。 2

3 继承人对下列遗产债务承担责任，人们也可以将其分成被继承人债务、继承开始的债务和遗产自身债务三类。

（1）被继承人由于法律行为或者《民法典》第1967条第2款第1种情况规定的债务（“被继承人债务”），其中也包括税收债务以及去世那年所发生的纳税义务。[316]

（2）由于死亡而产生的费用，如《民法典》第1968条规定的丧葬费，其中包括第一次修建坟墓之前的所有花费，但是根据通说不包括持续的维护坟墓的费用。[317] 1994年之前存在“符合身份（standesgemäße）”（！）的葬礼请求权。通过删除形容词而进行的语言矫正使人们想起现代早期的等级制国家，但是也不会改变花费要与家庭用度和被继承人的财产相一致的状况。其他没有提到的继承人的债务包括《民法典》第1371条第2款、第3款规定的财产增加额均衡请求权、对《民法典》第1371条第4款规定的继子女的教育培训的花费以及《民法典》第1963条规定的对一个（即将出生的）继承人的待产母亲的花费。

（3）清算遗产的费用，比如为了继承证书和开启遗嘱。

（4）在继承人身上才产生的债务，如《民法典》第1967条第2款后段规定的特留份权、遗赠或者负担（“继承开始的债务”）。其中尤其包括法定遗赠：

——《民法典》第1932条规定的配偶的先取份，

——《民法典》第1969条规定的最初30日的扶养，即被继承人去世之时，与其共同生活且由其扶养的家庭成员，可以继续请求30日的扶养费以及使用住宅。

（5）最后，继承人必须自己承担管理遗产的费用（“遗产自身债务”），即

——通过遗产保佐人、遗产管理人、遗嘱执行人所建立的债务以及他们因为管理而产生的请求权，

——继承人在正常管理遗产中所产生的债务，即使是其个人建立的债务，

——最后也包括通过遗产管理而产生的诉讼费用。

继承人以及受遗赠人自己的遗产税当然不属于遗产费用。

4 为了阐述遗产责任，接下来（第42章至第45章）应当选择不同的角度，从中应当考虑责任限制的不同方法。查明作为责任财产的遗产之后（对此接下来第42章边码1及以下），应当首先展示不同的用竭抗辩的概况（见第43章边码1及以下）。如果紧接着询问责任义务的时间开端（见第44章边码1及以下）和继承人共同体的责任的特别之处（见第45章边码1及以下），在责任限制和风险方面似乎存在重复，因为问题的情况应当从不同的角度来看待。应当采用一个观点来代替纯粹教义学的描述，这样能够更容易了解不同的责任限制和风险，以便解决具体案例。

---

[316] 继承人可以根据《遗产税法》第10条第5款第1项在计算遗产税时将作为遗产债务的税收债务扣除，BFH 4.7.2012 - II R 15711。

[317] OLG Köln vom 21.11.2014 - 20 W 94/13，NJW-Spezial 2015，168 m.w.N.

答案： E必须清偿被继承人的债务，但只是继承开始之前出现的；根据《民法典》第1586条第1款，被继承人的扶养义务不归属于遗产。《民法典》第1586 b条第1款规定了一个例外；所以，离婚的配偶可以要求的总额等于婚姻存续时特留份的数额。

第42章 确定遗产

问题： E是单独继承人。他是否必须通知遗产法院遗产的内容？

1 对遗产的责任限制要求确定其存在。只有这样才能查明，遗产是否资不抵债，是否可以因遗产欠缺而拒绝付款。确定遗产中有什么以及有多少，原则上是继承人的任务，但是也可以指定特别管理人，如遗产管理人或者遗产破产管理人和遗嘱执行人。继承人有两种方式可以查明遗产：（1）关于债务的公示催告程序和（2）设立关于资产的遗产目录。

2 继承人根据《民法典》第1970条及以下条文可以进行公示催告程序。这一程序由遗产法院实施，且依申请进行。因此，由继承人向遗产债权人发出申报债权的要求。一些债权人此时根据《民法典》第1971条不需要参加，只要他们的债权已经通过其他方式公开了：这适用于质权以及强制执行债权人和通过预先登记所保障的请求权，同样根据《民法典》第1972条，还适用于特留份权利人和受遗赠人。继承人通过公示催告程序确认，存在哪些针对遗产的债权。

公示催告程序之后，继承人根据《民法典》第1973条第1款可以提出欠缺抗辩（见第43章边码5）。那么他只在遗产的范围之内有清偿债务的义务。因此，通过责任限制，债权也必须使用遗产来满足。如果遗产被用光了，那么原则上无须继承人利用自己的其他财产来承担其余的责任。

独立于公示催告程序，继承人有权向疏忽和迟到的债权人提出《民法典》第1974条规定的沉默抗辩权：在继承开始5年之后才主张遗产债权的人，等同于公示催告程序中被排除的债权人。

3 此外，继承人为了确定遗产可以根据《民法典》第1993条制作一个遗产目录。如果法院还没有制作，那么可以将其交给遗产法院。如果遗产法院根据《民法典》第1994条根据一位遗产债权人的申请而将制作目录的任务交给了继承人，且确定了《民法典》第1995条第1款规定的介于1个月和3个月之间的期间，那么制作遗产目录成为一项义务。根据《民法典》第2000条，如果（1）指示了遗产管理或者遗产破产程序，同样如果（2）根据《民法典》第2011条国库是法定继承人，以及最后（3）根据《民法典》第 2012 条是针对遗产保佐人的指定，那么期间的指定是无效的。这一遗产目录由遗产法院自己编制，或者由《民法典》第 2003 条规定的主管机关依继承人的申请编制。

遗产目录根据《民法典》第 2001 条应当完整列举财产标的物和遗产债务，描述该标的物以及评估其价值。根据《民法典》第 2006 条第 1 款，继承人经一位遗产债权人的要求要通过代替宣誓的保证来确保遗产目录的完整性。因此，遗产目录根据《民法典》第 2009 条创建了一项推论，即继承开始之时不存在其他标的物。

4 基于这一推论，继承人在制作遗产目录后可以更容易地对遗产进行汇报。如果不能证明其中有错误，那么他根据《民法典》第 1980 条第 1 款第 2 句不能再主张错过申请遗产破产程序。遗产目录证实了其所称的遗产用竭。在遗产管理、遗产破产程序的情况下以及与用竭抗辩权的相互关系中，遗产目录根据《民法典》第 1973 条、第 1974 条、第 1989 条、第 1990 条开启了责任限制的可能性。

在继承人可以制作遗产目录的期限届满之后，也就是《民法典》第 1994 条第 1 款第 1 句规定的"遗产目录期限"，只要还没有制作遗产目录，限制的可能性就取消了。但是（这种情况）不适用于《民法典》第 2000 条规定的确定遗产目录期限无效的情况，因为比如指示了遗产管理或者开启了遗产破产程序，但是如果期限届满且被错过了，那么继承人根据《民法典》第 1994 条第 1 款第 2 句承担无限责任。根据《民法典》第 2010 条，任何有法律利益的人都有权审阅遗产目录。这使得每个人都能确定继承人是否因为遗产用竭而有权拒绝支付。

5 通过遗产目录，继承人和遗产债权人都获得了利益，虽然双方当事人此时也同样经受了风险。如果继承人自己辛苦制作了遗产目录以及完成了通常很艰难的对目标的估值，而且公开了遗产的价值，那么他可以证明遗产的价值有限并且以此作为依据。只有当根据《民法典》第 2005 条第 1 款和第 2 款证明他有错误的时候，即为了造成债权人的不利益而迟延、不完整或者使用错误的价值申报来制作遗产目录，他仍然有可能丧失限制责任的权利。[318] 因为债权人很难全面了解遗产，因此他们依赖于继承人的报告。他们必须相信他的遗产目录，只要不能证明其中存在错误。为此，债权人有机会通过继承人自己的声明来查明遗产的原始存量。此外，遗产目录通过获知继承人是否必须申请遗产破产，其也能被用作一项"遗产债权人的进攻性武器"。

答案：继承人无须自己辛苦制作遗产目录。只有在考虑到遗产资不抵债并且 E 不希望必须用自己的其他财产而对遗产债权人承担责任的时候，这才值得。在与遗产管理、遗产破产的相互关系以及在可能存在的用竭抗辩的情况下，遗产目录提供了证明责任限制的可能。

---

[318] Franz Jürgen Säcker，Roland Rixecker（Hrsg.），Münchener Kommentar zum Bürgerlichen Gesetzbuch，Band 9，4. Auflage 2004/*Siegmann*，§ 1993 Rn. 1.

第43章 用竭抗辩

问题： 拒绝接受的期限届满之后，继承人确认，遗产资不抵债。遗产法院拒绝开启遗产破产程序。遗产债权人 G 获得一项针对 E 的权利，因为 E 未能在庭审日指明遗产欠缺。E 必须满足 G 的债权吗？

1 为了提起遗产用竭的抗辩，必须确认，遗产的价值是否被耗尽了。其前提条件是，遗产没有通过分配而与继承人的其他财产混合，而依然是分隔开的财产。但是，也可能是已经混合的财产事后被继承人再次分开，以实现以遗产为限的责任限制。

2 原则上存在三种抗辩的可能。

(1) 首先，根据《民法典》第 1973 条第 1 款第 1 句，存在通过债权人公示催告程序（见第 42 章边码 2）提出用竭抗辩的可能。开启这一程序后没有申报其债权的人，虽然不丧失其请求权，但是也遭受了这一不利后果，即继承人获得了对其以遗产为限的责任限制的抗辩。

继承人的责任已经无须遗产管理或者遗产破产程序的指示而仅限于遗产。继承人根据《民法典》第 1973 条第 1 款第 1 句可以拒绝迟到申报的债权，因为债权人没有在公示催告程序中按时主张其债权。因此，他可以拒绝履行：他可以自己衡量，是否提起抗辩。但是他也可以决定愿意向哪些遗产债权人承担责任。

3 但是在下列情况下没有这一选择自由：

——如果已经确认了继承人的无限责任，则其不能主张该抗辩。

——面对物上债权人，也就是来自质权、抵押权或者临时性土地登记的物权权利人，根据《民法典》第 1971 条不得提出该抗辩。

——面对特留份权利人、受遗赠人以及通过负担而受益的人，根据《民法典》第 1972 条不得提出该抗辩。继承人从遗嘱或者其所熟知的家庭状况中就已经知道了遗产的这些义务。即使当这些债权人出现《民法典》第 1974 条规定的沉默，继承人也不能主张自己不知道。

——根据《民法典》第 1973 条第 1 款第 2 句、第 3 句，继承人在支付给特留份权利人、受遗赠人或者负担受益人之前，首先应当履行其他遗产债权人的债权。根据《民法典》第 1991 条第 4 款、《破产法》第 327 条第 1 款，源自特留份权、遗赠和负担的请求权是遗产的低顺位债务。如果继承人优先于没有被排除的债权人而将其清偿了，那这可能导致他个人承担责任。根据《民法典》第 1979 条，只有当继承人能够确定遗产足以满足所有债权人时，才不适用。

如果在满足了全部有权的债权人之后遗产中还有所剩余，那么被排除的债权人根据《民法典》第 1973 条第 2 款第 1 句可以请求。继承人必须将剩余部分支付给遗产债权人。但是对于迟到申报的债权，则不再受债权人的顺序的限制。

(2) 基于《民法典》第 1974 条规定的沉默（见第 42 章边码 2）可以得出另外一项抗辩。如果一位债权人在继承开始 5 年之后才主张其债权，那么继承人可以根据《民法典》第 1974 条第 1 款第 1 句拒绝履行，只要其此前并不知道该项债权。该遗产债权人等同于在公示催告程序中被排除的债权人。因此，继承人可以拒绝支付该项债权，即使遗产尚未用竭（参见本章边码 7 后段）。 4

(3) 最后是《民法典》第 1990 条规定的财产欠缺抗辩。在这一情况下，遗产数目很少，以至于不能支付遗产管理或者遗产破产程序的费用，这根据《民法典》第 1982 条、《破产法》第 26 条第 1 款也不能指示，要通过法院拒绝开启遗产破产程序而证明。应当主张抗辩之时的关系是决定性的。这一抗辩可以向所有债权人提出。这根据《民法典》第 1992 条甚至可以向受遗赠人和负担接受人提出，如果遗产恰好因此而资不抵债（“超负荷抗辩”）。财产欠缺抗辩根据《民法典》第 2013 条再一次被排除，如果继承人由于其他原因对债权人承担无限责任，比如由于一项一致的判决或者因为错过《民法典》第 1994 条第 1 款第 2 句规定的制作遗产目录期间。 5

这一抗辩的效果在于，继承人根据《民法典》第 1990 条以遗产为限承担责任，而并不必开启遗产破产程序或者遗产管理。遗产在计算上要与继承人的财产区分开，且根据《民法典》第 1991 条第 2 款不与继承人的请求权发生混同。继承人必须以使其满足为目的而向债权人交出遗产。这原则上可以通过任何顺序发生，只要没有已经具有既判力的判决；特留份、遗赠、继承补足请求权以及负担在其他遗产债务被清偿之后才予以支付（见第 43 章边码 3）。

在这一情况下，继承人也可以自由决定，是否以及何时提出抗辩。他由此可以再次决定，他愿意向哪位债权人承担责任。

如果继承人可以主张以遗产为限承担责任，那么这是针对实体物的，并非计算上的；也就是说责任限于遗产。继承人根据《民法典》第 1990 条第 1 款第 2 句只有义务交出遗产标的物。相比于计算上的限制责任，继承人由此可以进行选择，是通过交出遗产来免除责任还是自己支付所欠的金钱数额。如果他想保留遗产的标的物并免除责任，他可以通过付款来买回（“买回权”）。 6

但是很久以来判例允许继承人获得另外一项重要的优势[319]：继承人不可能为了

---

[319] RG 19.5.1913 - VI 30/13，RGZ 82，273，278.

自己对遗产的请求权而获得一项针对作为继承人的自己的具有法律效力的名义。只有这种具有可执行的名义的请求权根据《民法典》第1990条要优先满足。因为继承人不能使用这种方法，所以尽管存在《民法典》第1991条第2款的规定，继承人自己的请求权还总是被视为具有可执行的名义。结果继承人自己的请求权享有优先权。

7 全面掌握上述不同的以遗产为限的责任并不容易。进行概览时，人们首先注意到债权人的限制，然后是责任在计算上的界限，也许下列两个责任限制的体系可以起到帮助作用：

（1）继承人可以特地排除一位债权人或者所有债权人吗？

（a）继承人只能向单个遗产债权人拒绝履行，

——通过在公示催告程序之后根据《民法典》第1973条提出用竭抗辩。

——如果在继承开始5年后才通知一项债权，那么继承人可以根据《民法典》第1974条因为沉默而持续拒绝给付。对此他必须证明，遗产确实用竭了。

8 （b）继承人可以面对所有债权人而拒绝：

——《民法典》第1990条第1款第1句规定的财产欠缺抗辩，如果遗产总额不足以清偿债务且不值得为遗产管理而花费。

——通过开启《民法典》第1975条规定的遗产管理或者遗产破产程序而进行的遗产隔离建立了另外一项抗辩权，这在实践中并不少见。但是根据《民法典》第1976条，因混同而灭失的对继承人的遗产债权溯及既往地再次出现，也包括为了资助继承人的教育培训而进行的借贷。根据《民法典》第1977条，抵销的效果视为并未发生，因为相互性自始不存在。继承人也同样溯及既往地负责管理遗产。其根据《民法典》第1978条第1款，在接受之前按照无因管理的原则对正常的运行承担责任，此后如一位受托人（的地位）。根据《民法典》第677条，其必须交出利用遗产而获得的标的物；因而其根据《民法典》第280条对其过错承担责任。最后，他根据《民法典》第1980条第1款第1句和第2句对债权人因此而产生的损失承担责任，如果其知道遗产资不抵债而迟延申请遗产破产程序。关于正常运行的遗产管理，继承人溯及既往地承担责任。

9 （2）继承人在下列情况下承担无限责任：

——他根据《民法典》第1994条第1款第2句向所有债权人承担无限责任，如果制作遗产目录的期限已经届满，以及根据《民法典》第2005条第1款，如果遗产目录故意出错且遗产债权人应当会遭受损害。那么根据《民法典》第2013条第1款，《民法典》第1973条及以下条文规定的所有抗辩权都作废。

——如果继承人根据遗产债权人的要求，应当对遗产目录声明的正确性作出《民法典》第2006条第1款规定的代替宣誓的保证，而他没有作出表示或者在规定时间未到法院，那么根据《民法典》第2006条第3款，他也承担无限责任。

——人们当然同样可以通过合同约定而像放弃主张抗辩一样放弃责任限制。

——如果继承人被法院判决无保留地履行遗产债务，也就是说责任限制未被判决采纳，比如由于继承人的马虎而导致取消了限制的可能，（视为）没有提出“抗辩”。

在强制执行的情况下，根据《民事诉讼法》第 780 条第 1 款，只有当判决中保留了责任限制时，继承人才可以主张将其责任限于遗产。否则他将再次承担无限责任。但是根据《民事诉讼法》第 780 条第 2 款，保留受限制的继承人责任并不必要，如果该判决是针对遗嘱执行人、遗产保佐人或者遗产破产管理人而发出的。

因此，在下列情况中责任不受限制：

- 损害制作遗产目录的义务，见《民法典》第 1994 条第 1 款第 2 句、第 2005 条第 1 款、第 2013 条第 1 款，
- 不作代替宣誓的保证，见《民法典》第 2006 条，
- 放弃责任限制，
- 判决无条件地履行遗产债务。

答案： E 根据《民法典》第 1990 条第 1 款第 1 句原则上享有财产欠缺抗辩。但是这一抗辩必须在法院提出。如果 E 没有主张这一抗辩，那么法院会对其作出一个包含无限付款义务的判决。因此，现在 E 必须满足 G 的债权。

第44章 法律责任的开始

问题：遗产债权人G坚持（请求继承人）立刻清偿其债务。刚刚获知继承权的继承人E何时必须付款？

1 根据《民法典》第1958条，继承人在接受遗产之后才承担责任。因此，他有一个接受期限，可以检查遗产的债务。如果他没有利用这段时间，那么他确定是继承人且必须承担这些债务。同样，如果首先被查明为继承人的人因继承不够格而被没收遗产或者其继承权被撤销，他也无须承担责任。

因此，在继承开始和接受或者拒绝之间有一个过渡期，在这期间继承人不承担责任。事后拒绝遗产而此前负责继承权事务的人，根据《民法典》第1959条第1款根据无因管理的原则承担责任。比如，他必须根据《民法典》第681条第2句、第667条交出利息。根据《民法典》第1959条第2款，只有对遗产没有不利益就不能延缓的，其对遗产标的物的处分才有效。第三人对继承人作出的单方需受领的法律行为，根据《民法典》第1959条第3款有效。根据《民法典》第1938条，继承人在接受遗产之前不能因遗产而被起诉，因为其继承人身份尚不确定。如果他在法院主张遗产债务，那么构成一项推定的接受。如果他作为继承人获得了某些东西，而如果没有继承权就无法得到，适用《民法典》第2018条规定的请求权。

2 此外存在延缓抗辩的可能：

● 根据《民法典》第2014条，继承人在接受遗产之后可以让遗产债权人等待不超过3个月，但不超过制作遗产目录之时。

● 如果进行公示催告程序，继承人根据《民法典》第2015条第1款可以在程序结束之前拒绝清偿。但是根据《民事诉讼法》第946条及以下条文，必须在1年之内在初级法院的一般民事庭申请并获准公示催告。

但是如果继承人承担无限责任，那么这些延缓抗辩根据《民法典》第2016条第1款被排除，根据《民法典》第1971条、第2016条第2款面对物上债权人时也是如此。当然，根据《民法典》第1969条，在面对最初30日的债权以及根据《民法典》第1963条面对一位即将出生的继承人的待产母亲时，不得提出这些延缓抗辩。

这些延缓抗辩导致执行的限制。因此，不会阻止起诉或判决或强制执行。但是后者只能引起保证的效果。因此，这些财产允许抵押，但不得被强制拍卖。 3

所以，遗产债权人可以起诉： 4

● 在接受遗产之前仅针对一位遗产保佐人，只要针对被继承人的强制执行尚未开始，

● 接受之后针对继承人或者，如果存在遗产管理、遗产破产程序或者遗嘱执行，仅针对管理人以及遗嘱执行人。

答案： E在接受之后才有义务承担责任。但是他根据《民法典》第2014条依然可以主张抗辩，为了在3个月之后才必须付款。此后他必须找到其他充分的理由才能拒绝支付，比如开始一项公示催告程序，由此他根据《民法典》第2015条第1款可以继续延缓付款。在这之后他无法再延缓付款，而只能根据基本的论证来拒绝付款，比如基于财产欠缺抗辩或者其他类似的抗辩。

第45章 共同继承人的责任

问题： G对已经去世的E享有一项请求权，现在希望向继承人A和B来行使。他可以如何采取措施？

第1节 遗产分割之前

1 关于继承人的责任要在时间上区分遗产分割之前和之后。

在遗产分割之前，继承人根据《民法典》第2058条作为连带债务人承担责任。这是将继承人共同体构建成共同共有关系的一个结果，在原则上排除了罗马法中的按份责任。只要遗产尚未分割，所有共同继承人在内部关系中根据其继承份额的比例而对资产或者负债享有权利或者承担义务。因此，债权人可以向每个共同继承人个人采取措施。共同继承人作为连带债务人，根据《民法典》第421条对全部数额承担责任；只有在共同继承人之间的内部关系上，根据《民法典》第426条存在均衡义务。因此，人们将遗产债权人的这一诉讼称为“连带债务之诉”。对于共同继承人之间的均衡请求权，根据奥尔登堡州高等法院（OLG Oldenburg）的观点，不应当适用《民法典》第195条规定的3年一般消灭时效期间，而应适用30年的消灭时效。[320]

2 因为每一个共同继承人都有义务清偿共同的遗产债务的总额，原则上其根据《民法典》第1967条第1款、《民事诉讼法》第859条也要动用自己的个人财产。但是《民法典》让这些共同继承人轻松一些，允许优先考虑使用遗产。因此，根据《民法典》第2059条第1款第1句，继承人只有义务给付其在遗产上享有的份额。因此，每一个继承人可以根据《民法典》第2059条第1款第1句提出反对意见，

---

[320] OLG Oldenburg 5.5.2009 - 12 U 3/09，NJW-Spezial 2009，471. 对此现在适用《民法典》第199条第3a款。

称遗产尚未分割且到目前为止还没有人得到对遗产所享有的份额。如果一位继承人主张“遗产未分割抗辩”，那么他在遗产分割之前可以拒绝动用个人财产清偿债务。

该抗辩独立于其他的抗辩种类。根据《民事诉讼法》第781条、第785条、第 3
767条，这在程序上必须在判决中予以保留，因此，共同继承人可以防止债权人利用执行异议之诉而干预其个人财产。

如果共同继承人由于法院的判决中没有相应的保留而要承担无限责任，那么他根据《民法典》第2059条第1款第2句至少根据其份额比例（“pro rata”）承担责任。因此，连带债务之诉使得继承人作为连带债务人承担责任，只要责任还是可以限制的，那么只限于在遗产中的份额。如果是无限责任，那么按份债务人在其继承份额的限度以外也必须以自己的财产承担责任。

根据《民法典》第2062条，共同继承人在遗产分割之前只能一起进行遗产管 4
理。由此，根据《民法典》第1975条，其责任以遗产为限。

此外，遗产债权人根据《民法典》第2059条第2款可以向所有共同继承人一 5
起主张权利。这一诉讼针对的是作为共同共有关系的所有共同继承人；此时则构成了必要的共同诉讼。这一诉讼是一项针对遗产的共有财产的“共同共有之诉”。根据《民事诉讼法》第747条，必须向所有继承人作出判决。对此也没有责任限制的问题。虽然这项诉讼的提起更为复杂，但是根据《民法典》第2059条第1款不能对共同诉讼提起任何抗辩，因为每个抗辩只为自己而出现。共同共有关系必须完全履行已经存在的债权。

作为遗产债权人的共同继承人可以像任何遗产债权人一样，通过连带债务之诉 6
而对共同继承人或者利用共同共有之诉对所有人采取措施。在连带债务的情况下，根据《民法典》第2058条、第426条，要扣除其自己份额的数目。

第2节 遗产分割之后

遗产分割之后，共同共有关系被解散，只要考虑连带债务之诉。单个继承人的 7
责任如果是有限的，那么仅以遗产承担责任。如果其要承担无限责任，那么此外必须动用自己的财产。但是，在遗产分割之后，也存在以继承份额为限承担责任的例外。

在《民法典》第2060条所列举的特定情况中，共同继承人例外地只作为按份 8
债务人而承担与其继承份额相对应的责任。如果应当由他们决定，他们是否希望以及针对哪些遗产债权人而提出其他存在的抗辩权，如源自《民法典》第1973条、第1974条的，那么就是这一情况。《民法典》第2060条中收集了这些情况。

- 根据《民法典》第2060条第1项，向被法院公示催告程序排除的债权人承担有限责任。
- 根据《民法典》第2060条第2项，对于在继承开始后5年之内没有主张其

债权并且因此而沉默的债权人来说，同样只需要承担有限责任，

● 或者对所有债权人，如果开启了遗产破产程序且这根据《民法典》第 2060 条第 3 项通过财产的分配或者破产计划而被终止，

● 以及《民法典》第 2061 条规定的那些没有在 6 个月之内申报债权的人。

9 共同继承人不能无限制地使用其他抗辩。有争议的总是，在分割之后是否还可以申请不同的程序，从而进行责任限制。《民法典》第 2060 条每次指的都是执行的程序。但是这些程序也同样可能是后来完成的，因此排除责任限制看起来并非必须。[321] 如果人们认为在分割之前必须完成这些程序，那么限制责任的不同可能都随着分割而失效，这在分割之前应当尽可能地考虑到。最后，《民法典》第 1994 条第 1 款第 2 句规定的通过一位共同继承人制作遗产目录而形成责任限制根据《民法典》第 2063 条第 1 款也可能有利于其他共同继承人，如果其责任并非已经是无限的。

10 对共同继承人责任的总结：

分割之前	分割之后
连带债务之诉， 《民法典》第 2058 条	连带债务之诉，《民法典》第 2058 条 《民法典》第 2060 条规定的例外： 第 1 项：公示催告程序中被排除， 第 2 项：5 年之内对债权的沉默， 第 3 项：遗产破产程序已开启且实行。
共同共有之诉，《民法典》第 2059 条第 2 款	——（不再是共同共有关系）

共同继承人的有限/无限责任概览：

● 根据《民法典》第 2059 条第 1 款第 1 句，在遗产分割之前，共同继承人在遗产范围内承担责任，也就是说他不需要动用个人财产。

● 经所有共同继承人的共同申请——只能在遗产分割之前——可以根据《民法典》第 2062 条建立遗产管理。遗产的隔离根据《民法典》第 1975 条使得责任以遗产为限。

● 共同继承人在其内部关系上可以要求限制，即使其面对遗产债权人不能作为依据（《民法典》第 426 条规定的连带债务的本质）。

● 根据《民法典》第 1994 条第 1 款、第 2063 条第 1 款，只要不是已经因为其他原因而确定了无限责任，那么通过一位共同继承人制作遗产目录有利于其他共同继承人。

答案：根据《民法典》第 2059 条第 2 款，G 可以针对 A 和 B 提出作为必要共同诉讼的共同共有之诉。那么根据《民事诉讼法》第 747 条，对未分割的遗产的执行要求一个向所有继承人作出的判决。而 G 可以根据《民法典》第 2059 条第 1 款，

[321] 关于公示催告程序存在争议，Palandt（Fn. 26）/*Weidlich*，§ 2060 Rn. 2 支持进行限制，反对的观点参见 Julius von Staudinger，Kommentar zum Bürgerlichen Gesetzbuch，§ § 1967 - 2063，Neubearb. 2002/*Marotzke*，§ 2060 Rn. 69；关于遗产破产程序参见 Müko（Fn. 94）/*Ann*，§ 2060 Rn. 15，反对的观点也参见 Staudinger/*Marotzke*，§ 2060 Rn. 85。

对作为连带债务人的 A 或者 B 单独采取措施。此处可能将一位继承人的份额抵押或者转让给继承人共同体。

复习和深化的问题

104. 对于（单独）继承人的责任适用什么基本规则?

105. 对于共同继承人的责任适用什么基本规则?

106. 人们在法律上可以如何隔离遗产，从而排除以私人财产承担责任?

107. 遗产欠缺抗辩的作用是什么，何时可以被提出?

108. 遗产用竭抗辩的作用是什么，何时可以被提出?

109. 制作遗产目录的作用是什么?

110. 一位遗产债权人可以对尚未分割的继承人共同体中的共同继承人如何采取行动?

第 46 章 遗嘱的形式

问题：E 有两个成年子女，A 和 B，其中 B 严重残疾且需要人照顾。E 可以做些什么，以实现对 B 尽可能好的照顾？

1 继承法的任务早就不限于在继承开始之后阐明继承顺序以及解释不成功的遗嘱。而更好的是对被继承人生前的建议，要考虑哪些点以及如何表达，让遗嘱包含在继承开始之时多数情况下都正确的指示。这也许反映了继承法的实践，甚至超过了诉讼的情况。人们可以对形式选择进行预防性的指定，尤其是意定继承顺序，而无须等到问题出现。这些曾经根据咨询所作出的决定当然要根据家庭或者财产的变化而进行审查。因此，建议客户在几年后重新检查他们的情况。

在一个简短的引论之内只能给这个庞大的领域一点提示[322]，首先应当列出 9 点在拟定终意处分时要注意的地方。经常会有针对此主题的单独讲座，并由实务工作者讲授。

第 1 节 遗嘱的其他选择

2 首先要问，终意处分到底是不是正确的方法，或者其他的形式是否更具优越性。在被继承人生前也同样可能：继承协议、收养、《民法典》第 516 条规定的赠与、开设储蓄账户或者《民法典》第 331 条规定的有利于他人的人寿保险、放弃继承、规定企业中的特别继任、设立死后的授权以及对家庭更普遍的财产法上的预防措施。

3 在大额财产的情况下，要考虑通过特别的方式设立基金会的可能。这不仅是在

[322] S. näher *Lutz Michalski*, BGB-Erbrecht, 3. Aufl. 2006, Rn. 185ff.; *Gerrit Langenfeld*, Einführung in die Ver-tragsgestaltung, Teil 6, JuS 1998, 521 – 523; *ders.*, Testamentsgestaltung, 3. Aufl. 2002.

企业之中或者有利于企业，也有可能是为了家庭利益的“家庭基金会”。根据《遗产税法》第 15 条第 2 款，如果家庭或者亲属应当获得给付的一半以上，那么就构成一个家庭基金会。为一个在世的人持续提供退休金也可以成为基金会的目的。

这样的基金会可能非常古老：有一些家庭基金会的历史可以追溯到 16 世纪；帕绍（Passau）的圣·约翰尼斯医院慈善会（St. Johannis-Spital-Stift）甚至可以追溯到 1 200 年前后。罗伯特·博世（Robert Bosch）、大众（VW）、根德（Grundig）、柯吕科讷（Klöckner）、布塞留斯（Bucerius）、席克丹茨（Schickedanz）、弗利克（Flick）、蔡斯（Zeiss）或者贝塔斯曼（Bertelsmann）等大型基金会证明了可能承担的任务的多样性以及这样一笔在法律上独立的、根据捐赠人的意愿应当服务于特定目的的财产的给付能力。捐赠人必须指明基金会的目的，从而确定该基金会的任务领域以及活动范围。

根据《民法典》第 80 条，基金会的一个显著的优势是其自己具有权利能力。为了保证其长久有效地存续，它需要大额财产，使其在接下来的几十年和几百年都可以发挥作用。如果没有充足的资金，那么只能考虑一项非独立的基金会或者对一个现存基金会进行捐赠。一个缺点是，基金会必须有创立证书和由此而确定的捐赠目的才能存续。这往往不再适合于现代的状况。此外还必须不断保障（基金会的）财产，所以不能全部都花费了。此处的一个例外是“消费性基金会”，其财产根据捐赠人的意愿可以用于一个目的。只要捐赠人的意愿没有进行其他规定，那么要选择更安全的投资项目。实质上，只能使用其收益来满足捐赠人的特定目的。

虽然基金会也有纳税义务，但是对其来说假定了继承开始后的 30 年；由此计算年度纳税义务。在《税收条例》（Abgabenordnung）第 51 条及以下条文规定的公益目的情况下，相对于继承法上的解决方案来说，基金会的税收优惠可以被认为是另外一项优势。

第 2 节　法定继承顺序的优点?

人们应当会有疑问，终意处分到底是否必要或者法定继承权是否已经足够。一方面，查明被继承人的意愿的细节会产生一定的花费；另一方面，在意定继承顺序的范围内进行转化可能造成误解或者缺陷。法定继承顺序的一大优势在于，此处不会出现不清楚之处和漏洞。个人制定遗嘱需要法律咨询，而法定继承顺序无须公证人或者律师就可以完成。另外，通过遗嘱的方式创建补充性的指标（如遗赠或者负担）就足够了。 4

第 3 节　遗嘱能力

如果应当订立一个遗嘱，那么要明确意定继承顺序的前提：被继承人有遗嘱能 5

力吗？他具有哪国国籍？其财产位于何处？公证人必须根据职权解释这些问题；在公证行为中，公证人因而有助于克服那些宣称缺乏遗嘱能力的反对意见。

最后两个问题涉及可适用的法律的问题，这也规定了继承能力和遗嘱能力的前提。这些问题要根据国际私法的原则来确定，尤其是《民法典施行法》第25条、第26条。根据《欧洲继承条例》，在某些情况下它们似乎再次成为问题。

第4节 特留份权

6 为了衡量遗嘱制定的可能，要查明遗产由于特留份权而承担的义务。如果继承人由于一项大额的特留份权而不得不出售遗产中的企业，那么因此可能恰好违背了指定继承人和将特留份权利人排除在法定继承之外的目的。

第5节 查明被继承人的意愿

7 法律咨询的一个重要任务是查明终意处分应当遵循的目标。对此人们不仅要询问当事人，而且要弄懂不同的建议，其结果必须被阐明。通过这种方式，人们接近最符合将要探索或形成的被继承人的意愿的形式。这不仅是一项法学任务，而且是一项心理学任务。在内容上比如要说明，被继承人是否首先以保存遗产为目的或者希望在继承人之间实现平均分配。同样要考虑尽可能地仅优待一位继承人、尽量将一位继承人或者配偶排除在法定继承之外，以及与企业中的继承人有关的特别规定。

用语言表达遗嘱的目的是很困难的。这虽然有助于更好地理解规定的目的以及引导解释，但是存在这样的危险，即违反善良风俗的目的可能被识别出来，或者遗嘱的动机，比如由于不久以后的手术的风险，被理解为指定继承人的条件，也就是说手术后幸存下来之后，指定继承人不再被认为是有效的。[323]

第6节 终意处分的类型

8 然后要决定，哪种类型的终意处分最符合目的。被继承人应当独立还是与配偶一起立遗嘱？在后一种情况下应当选择分离方案还是统一方案？尤其当遗产中有企

[323] 反对这种解释的观点参见 OLG München 15.5.2012 - 31 Wx 244/11。

业或者企业份额时，要考虑将这些特别的财产价值只交给一个人且给予这位继承人特权。虽然必要的放弃继承或者放弃特留份或许可以分别宣布，但是家庭可能以一种特别的方式在继承协议的范围内准备好了一种总的解决方案。

此时也要注意税法方面。公益基金会相比于继承协议，是否因为税法上的原因而更具优越性？妻子和子女之间如何分配可以获得总共最高的免税额度？

第 7 节　形式选择

主要任务当然是确定适合于个案的形式选择。被继承人应当作出分割指示吗？ 9
他是否应当在继承人的身份之上附加延缓条件或解除条件，或者规定前位和后位继承？遗赠提供了指定继承人时不具有的可能。尤其是在金钱遗赠的情况下，也要考虑保值条款。虽然通过负担可以给继承人施加一项义务，但是指示遗嘱执行或者一项死后授权要安全得多。在有争议的情况下，人们可以让继承人去咨询现有的或者要特别成立的仲裁庭，从而不轻易走向民事法庭。

第 8 节　法律状态与事实情况的可能的变化

法律状态与事实情况的可能的变化是一个很困难的问题。在遗嘱中，原则上只 10
能考虑目前所知晓的事实情况。虽然人们通过解释可以考虑到后来的情况，但是因此也存在很多不确定因素。因此，在书写终意处分的时候，人们可以定义目标、动机和目的，比如要考虑所有的子女，不仅是已经提到的子女 A 和 B，而且还有后来出生的子女 C，都要（使他们）更容易成为继承人。还有一种可能就是更一般的表达，但是含有这些处理方法上的风险，其中恰好可能出现分歧与争议。

第 9 节　形式

最后要确定必要的形式。虽然亲笔手写的遗嘱已经足够，但是公证人不仅提供 11
意见，而且使用其权限进行担保，被继承人在制定遗嘱之时是精神健康的。因此，公证人可以使相反的异议无效。要考虑交存遗嘱，从而保证在被继承人死亡的情况下（遗嘱）可以得到注意。

答案：这一情况的特殊问题在于，如果只考虑资助护理的服务，那么对 B 的每一项给予都存在危险。如果由提供社会救助者进行护理，那么其根据《社会法典》

第12册第90条第1款［赛多利斯法律汇编（Satorius）第412项］可以动用需护理者的全部财产，根据《社会法典》第12册第90条第2款只在个别情况下有例外。因为提供社会救助者的需求会持续增加，那么B所得的遗产就有可能被花光。当然，由具有支付能力的当事人承担社会救助是出于公共利益。但是指定继承人没有对B的情况造成任何明显的改善，他只能转交财产。因此，要寻找一种让B有所得的方法，且排除提供社会救助者的请求权。这原则上不会被视为违反善良风俗（“残疾人遗嘱”）。[324]

生前的转让协议和剥夺继承权都没有作用，后者是因为提供社会救助者可以主张特留份请求权且可以自己利用。有利于B的负担由于缺乏请求权而使其面对A时过于弱势。反而可以考虑一项基金会，让B持续获得小额且无抵押的钱款，或者对B进行附条件的继承人指定。在后一种情况下，人们比如可以考虑前位和后位继承顺序，B作为未被解除限制的前位继承人，A为后位继承人。那么B可以从收益中获利，而财产无须为了有利于提供社会救助者而被使用。由此当然产生了一种复杂的法律状况。人们也可以指定一位遗嘱执行人，来作为另外的或者代替该方案的解决方案，其应当排他地决定遗产的使用。持续的遗嘱执行自身可能并非足够的保护。[325] 遗嘱执行人必须为了特定功能而准确地指定，且对此可以灵活地根据子女的具体需求而决定。因为继承人个人的债权人不再像继承人自己一样拥有权利，因此这也排除了提供社会救助者使用遗产的可能。

对于文书的建议，参见 *Gerrit langenfeld*，Testamentsgestaltung，3. Aufl. 2002，Rn. 423 ff，270 ff；特别是 Rn. 272，273；*Hartmann*，ZEV 2001，89。

---

[324] BGH 21. 3. 1990 - IV ZR 169/89，BGHZ 111，36，42；20. 10. 1993 - IV ZR 231/92，BGHZ 123，368.

[325] *Christiane Manthey/Constanze Trilsch*，Das „Bedürftigentestament“：die hohe Schule der Testamentsgestaltung，ZEV 2015，618 - 624.

复习和深化的问题与答案

1. 何为概括继承？

德国继承法的基础性原则，据此遗产在分割之前整体转移给继承人，因而也被称为总括的继承权继受，且在继承人之间继续作为特殊财产，所以继承人对作为一个整体的资产和负债享有权利。

2. 继承人能否改变清偿决定？

如果是关于财产的继承，那么就适用继承法。继承开始后，继承人进入被继承人的位置，他通过合同像被继承人一样享有权利并承担义务。因此，继承人原则上必须可以事后在和被继承人相同的范围内改变清偿规定。

3. 为什么继承人可以构成民法上的合伙？

未分割的遗产可以服务于一个共同的目的。如果继承人决定让其继续存续且对其作出贡献，那么《民法典》第 705 条规定的民法上的合伙的前提就满足了。

4. 继承法的目的是什么？

继承法的任务是实现遗嘱自由和分配遗产。

5. 建立独立的、具有权利能力的基金会的前提是什么？

基金会的前提是

- 捐赠的意愿，
- 充足的财产，
- 应当长期在法律上独立，
- 有效的捐赠行为，满足《民法典》第 81 条规定的形式要求，以及
- 规定是一个具有行动能力的组织。
- 尤其是在设立基金会的时候要提供担保，可以持续地满足基金会的目的；其目的不能违背公共利益。
- 基金会必须被认可，但是根据《民法典》第 80 条第 2 款，如果前提条件得以满足，那么就存在一项请求权。

6. 何为 Nondum Conceptus？

还没有被孕育的在原则上没有继承能力；根据《民法典》第 1923 条第 1 款，继承人在继承开始之时必须存活或者至少已经被孕育且活体出生（《民法典》第 1923 条第 2 款）。例外的情况下，胎儿在一个分等级的继承顺序中可以成为继承人，如果其被任命为后位继

承人且在30年内（《民法典》第2101条第1款第1句）或者更晚出生（《民法典》第2101条第1款第2句）。根据《民法典》第84条，基金会也可以在被继承人死后成立。

7. 德国法认可何种死因处分？

根据德国法，有

- 遗嘱，
- 配偶以及生活伴侣的共同遗嘱以及
- 继承协议。

8. 自主取得或者立即继承顺序的原则意味着什么？

继承人在继承开始之时根据《民法典》第1922条成为所有权人，且根据《民法典》第857条也立刻成为遗产的占有人。这是一种拟制，为了不允许出现任何财产和财富的归属不确定的时刻。

9. 何为“农场继承法”？

农场继承法是农业经营场所的特别民法。与继承法相关的是，此处应当防止分裂不可外租的微型企业。为了这一目的，各州有不同的规定和法律，比如在北莱茵—威斯特法伦州（Nordrhein-Westfalen），1976年7月26日的农场继承规定是1947年4月24日英占区的农场继承规定的修订版，其作为部分联邦法律适用。因此，它是特别继承法。

10. 对于1989年10月10日发生在德累斯顿的继承，可以考虑适用《民法典》中的继承编吗？

按照联邦德国跨不同时期的私法，根据《民法典施行法》第230条第2款、第235条第1分条第2款来反证，《民法典》只能适用于1990年10月3日之后的继承案件。对于之前的案件，根据《民法典施行法》第235条第1分条第1款要适用民主德国的法律。根据《民法典施行法》第235条第2分条，旧法也可适用于这一时间点之前起草的遗嘱和继承协议。

11. 国家通过何种方式分享遗产？

作为继承人，也就是作为意定继承人或者《民法典》第1936条规定的法定替补继承人，或者通过《遗产税法》。

12. 被继承人给他唯一的继承人留下了100 000欧元。在过去的15年内，他每年都赠与该继承人相同的数额作为礼物。继承人需要为多少财产缴税？

根据《遗产税法》第14条，现在的100 000欧元和过去10年每次的100 000欧元，也就是总共1 100 000欧元。

13. 除了独子以外，死者的母亲也是遗嘱继承人。她属于第几税率等级？

第二税率等级，根据《遗产税法》第15条第2款第1项。

14. 地产的特权在哪里？这为什么可能违宪？

地产根据课税标准价格来估价，这以过时的交易价值为基础，导致所确定的价值低于最新的市场价值。而所有其他财产标的物都依据继承开始之时的市场价值。这可能构成《基本法》第3条规定的税收不平等。

15. 继承证书的作用是什么？

根据《民法典》第2353条，继承证书是由遗产法院颁发的关于继承权和继承份额数目的证书，从而可以证明继承人的身份。继承人通过这一方式获得对被继承人的财产的动用权，可以迅速地用遗产清偿累积的费用，如葬礼和被继承人的债务（证明权利的功能）。

16. 谁可以申请继承证书？

每一位继承人，参见《民法典》第 2353 条，以及那些应当管理遗产的人：遗嘱执行人、遗产管理人、遗产破产管理人，最后还有具有可执行权利的继承人的债权人。

17. 预先裁决的作用是什么？

这是继承证书的预先裁决，其特别是在艰难的程序中表明法院的观点，给予异议期间且应当在交付权利证书之前阐明有争议的事实情况。

18. 非讼程序和诉讼程序的重要区别是什么？

根据《非讼事件法》第 12 条，在非讼程序中通用职务调查原则，关于随时可改变的继承证书发生争议，且这一程序的费用较低。在诉讼程序中适用处分原则。目标是确定继承人，这些决定具有法律效力且是终局性的，也约束非讼事件的法院；费用比较高。

19. 由表见继承人占有的、与有效的继承证书相符的财产，对继承人来说是失去了吗？

根据《民法典》第 1922 条、第 857 条可以前后一致地得出真正继承人的占有权，因此，表见继承人占有的财产违背或者至少没有真正继承人的意思，且对他来说是已经失去的了。但是有疑问的是，由法院和继承证书分配给表见继承人是否不包含一些功能，如果事后证明具有其他的法律和继承状况。但是根据通说，有继承证书的表见继承人的情况与盗窃一样。后来被证实为表见继承人的人向真正继承人夺取占有的行为是法律所禁止的私力。表见继承人根据《民法典》第 2018 条通常是遗产占有人。

20. 何为遗产请求权？

《民法典》第 2018 条规定的，继承人主张遗产中的权利或者财产的请求权。

21. 何为物权替代？

一物在法律归属上代替另外一物——独立于具体的取得过程。

例如：（表见）继承人利用遗产而获得了一本书，那么真正继承人根据《民法典》第 2019 条在获得的时刻就成为其所有权人，完全独立于合同当事人的想法和意思方向。

22. 德国法为什么要规定拒绝遗产？

基于立即继承原则（自主取得），继承人必须有机会拒绝遗产以及与其相关的义务。基于私人自治，任何人都不得被强迫承担必须接管遗产的责任或者违背其意思而获得财产的增长。

23. 何为拒绝？

这是一项正式的、需官方受领的且有期限限制的针对遗产法院的表示（《民法典》第 1945 条第 1 款、第 1944 条）。

24. 为什么原则上不允许部分拒绝？

首先其与概括继承的原则相矛盾，然后也违背遗产明确分配的要求和不利于新的所有权人，也包括遗产债权人。

25. 人们可以只拒绝遗产中的负债吗？

因为概括继承的原则，根据德国法，原则上没有限于标的物的继承顺序。但是对于未成年人，《民法典》第 1629a 条第 1 款规定了一项责任特权：他们只以遗产价值为限承担责任，无须动用个人财产。

26. 拒绝的效力是什么？

根据《民法典》第 1953 条第 1 款，拒绝的效力溯及继承开始之时。拒绝遗产的继承人就如同从来没有成为继承人一样，即如同先于被继承人去世。

27. 在对拒绝进行撤销时，要注意哪些前提条件？

拒绝的撤回的作用相当于接受（《民法典》第 1957 条第 1 款）。因此，要像接受和拒绝本身一样来处理，也就是说，必须要符合拒绝接受的形式且同样向遗产法院作出表示（《民法典》第 1955 条、第 1945 条）。同样，撤回也适用 6 个星期的期限（《民法典》第 1954 条第 1 款）。

28. 尚未拒绝的继承人所约定的租房关系对拒绝之后有资格的继承人有效；为什么？

人们有这样的观点，租房关系的约定是有期限限制的，因而只能由在这一时间点上有权利的人作出，或者至少要向有权利的人作出，也就是从拒绝者的角度看来曾经是有权利的人（《民法典》第 1959 条第 2 款）。

29. T 拒绝遗产后，S 会成为继承人。在拒绝之前，T 转让了一件遗产标的物。这对 S 来说有效吗？

通过《民法典》第 857 条的拟制，S 将溯及继承开始之时成为占有人。问题在于，只要 T 曾经是继承人，那么是否可以转让财产给善意第三人。实际上她在这个时间点是继承人和占有人，后来的拒绝才导致其丧失资格。第三人无法应对这一情况。

此外，继承人的占有根据《民法典》第 857 条已经是一项拟制，其作用独立于实际的物权效力和占有意思。在后来拒绝的情况下，增加了后来被选中的人溯及既往地具有继承人的地位的拟制。这种双重拟制不能强于拒绝前继承人的暂时的权利。

30. 法定继承的功能是什么？

如果没有指示其他的遗产分配方案，那么这就是一条规则。另外它还列出了如何根据公司的估值分配遗产的模型。

31. 何为亲系继承等级？

有资格继承的群体被称为亲系继承等级，他们起源于一个特定的祖先且通过他而与被继承人具有亲属关系。

32. 哪些原则引领着德国的法定继承权？

（1）遗产分配的原则（根据人头数）；

（2）代表原则：关系更近的亲属把通过自己而与被继承人具有亲属关系的人排除在继承顺序之外；

（3）进入原则：如果较亲近的亲属不复存在，那么其晚辈直系血亲则进入继承人的地位，并且一起刚好继承其继承份额。

33. 德国法定继承权属于什么“体系”？

（1）亲系继承体系（普遍的）；

（2）线谱体系：在第 3 亲系继承等级之前，为了将遗产份额留在父亲或者母亲的线谱之内；

(3) 等级体系：为了在第 4 亲系继承等级之后确定最近等级的亲属。

34. 对于相互之间没有结婚的父母的孩子适用哪些特殊的继承规定?

没有。

35. 没有被排除在法定继承之外且没有拒绝遗产的妻子和其与丈夫的共同子女一起继承时，她如何继承?

她根据《民法典》第 1931 条第 1 款继承 1/4。根据《民法典》第 1371 条第 1 款，在夫妻财产增加额共同制的法定夫妻财产制解除的情况下，只要没有约定其他的夫妻财产制，她可以再另外获得 1/4。

36. 在继承法的处理中，同性或者异性的生活伴侣关系是否存在不同?

只有同性的生活伴侣可以登记。如果是这样的话，那么在世的生活伴侣根据《生活伴侣法》第 10 条得到一项继承权，这与在世的配偶的法律地位相一致。

37. 特留份权的作用是什么?

这平衡了通过遗嘱自由而产生的将家庭排除在法定继承之外的可能性。这提醒被继承人对家庭的义务。它纠正了使特留份权利人所得少于其特留份的遗产分配状况。

38. 何为大特留份，在世的配偶何时只能得到"小"特留份?

人们通过在《民法典》第 1931 条规定的配偶的法定继承份额之上根据《民法典》第 1371 条第 1 款增加 1/4，从而构成 1/2，来计算大特留份。作为其基础的理念是，增加额的均衡将总体计算，且基于这种计算方式根据其特征构成一项继承权。

而小特留份是人们只以《民法典》第 1931 条的请求权为基础计算的。但是增加额的均衡必须通过其他方式进行，即根据《民法典》第 1371 条第 2 款通过具体计算家庭法规定的增加额均衡请求权。然后继承法就不必再引起法定夫妻财产制解除的后果。

如果在世的配偶不是继承人，那么其特留份要根据《民法典》第 1371 条第 2 款后部永远作为"小特留份"来计算。

39. 儿子 K 通过遗赠获得了遗产的 1/8；其法定继承权为遗产的一半。他可以做些什么?

K 虽然没有被排除在法定继承之外，但是根据《民法典》第 2307 条第 1 款第 2 句，有权要求将给予提高至特留份的数额，也就是提高至遗产的 1/4；然后 K 可以根据《民法典》第 2307 条第 1 款第 2 句再要求遗产的 1/8。

K 也可以根据《民法典》第 2307 条拒绝遗赠，根据《民法典》第 2303 条第 1 款第 1 句主张完整的特留份请求权。

40. 为什么对重建德累斯顿女子修道院基金会的捐赠不属于《民法典》第 2325 条第 1 款规定的会导致特留份补足请求权的赠与?

根据德累斯顿州高等法院（OLG Dresden）的观点，该项捐赠是受托的，且限于继续建造的特定目的，因此不仅仅是增加了基金会的财产，所以不是赠与；参见 OLG Dresden NJW 2002，3181 f.

41. 儿子 S 有毒瘾，继承的财产只会被他全部用来购买毒品。被继承人可以做什么?

可以考虑《民法典》第 2338 条第 1 款规定的出于良好的目的而剥夺特留份权，因为毒瘾威胁到了遗产；对 S 的给予甚至会威胁其健康。然后被继承人必须根据《民法典》

第2338条第1款第1句为S的份额指定S的一位法定继承人作为后位继承人，比如S八岁的女儿T，或者根据《民法典》第2338条第1款第2句指定一位遗嘱管理人。在两种情况下，S的处分都受到限制，以此来防止其随意消耗遗产，而不完全排除其对遗产的分享。

42. 遗嘱法的作用是什么？

遗嘱法的任务首先是，确定一项有效遗嘱的前提条件。此外也许要在《民法典》第138条的范围之内基于社会的观点来确定对遗嘱的法律限制。但是，首先要实现对遗嘱以及其中所表达出来的意思的保护。

43. 为什么被继承人必须亲自作出决定？

他熟知这些可继承的权利、潜在的继承人以及他们的关系。确定继承人的标准多种多样，只有被继承人的评价根据《基本法》第14条第1款第1句是受保护的。

44. 《基本法》第14条第1款第1句有什么关于继承权的保护？

《基本法》第14条第1款第1句保护作为民法制度的继承权、立遗嘱人自由订立遗嘱的意志以及被确定为继承人的人实际接受遗产的权利。

45. 基本权利在多大范围内适用于民法？

这存有争议：通说是间接第三人效力理论，据此只需在概括条款的范围内对其予以注意。但是，根据卡纳里斯（Canaris）的观点，其在解释所有民法规则的时候都间接适用，尽管在解释一般条款的时候特别重要。但是在解释的时候，不仅要注意当事人相对立的基本权利，也要注意立遗嘱人等的自由权利。

46. 遗嘱自由的界限是什么？

《民法典》第138条第1款，《民法典》第2303条及以下条文规定的特留份权以及对遗嘱的形式规定。

47. 通过哪些民法手段保护遗嘱自由？

通过以下手段保护遗嘱自由：

a）《民法典》第2302条：关于终意处分的合同义务是无效的，

b）《民法典》第2064条、第2274条：适用亲自订立的原则，

c）《民法典》第2253条：单方死因处分随时可撤回，

d）《民法典》第2078条：错误、欺诈或者胁迫时的撤销，

e）《民法典》第2339条：侵害被继承人遗嘱自由时的继承不够格。

48. 要根据什么来解释遗嘱？

按照《民法典》第133条，根据被继承人的真实意思。

49. 遗嘱中规定A继承1/3，B继承1/4，C继承2/5，没有其他信息。遗产应当如何分配？

遗产没有被完全分配。根据《民法典》第2089条要构成公分母：/60。折算之后分配：A 20/60，B 15/60以及C 24/60，59/60被分配了。因为这一分数再现了继承份额的比例关系，所以人们通过将分母改为59来分配遗产。根据比例分配A获得20/59，B获得15/59，C获得24/59。

50. 在一位继承人退出的情况下，何时考虑增加其他继承人的继承份额?

如果被继承人明显只希望将全部遗产分配给所提名的继承人，并且拒绝了法定继承顺序，且并未通过终意处分而排除份额的增加，例如通过提名一位替补继承人（《民法典》第 2096 条）。

51. 为什么可以说形式是自由的“双胞胎姐妹”(耶林语)?

任何有表达自己意志的自由的人都必须这样做，以便社会能够认识到自己的意志。就这一方面而言，形式规定对于授予自由权利至关重要。

52. 未成年人有遗嘱能力吗?

根据《民法典》第 2229 条第 1 款，年满 16 周岁的未成年人可以制定公开的遗嘱。

53. 何时必须标明订立遗嘱的地点和时间?

根据《民法典》第 2247 条第 5 款，当遗嘱是否有效的问题取决于此，比如被继承人是否曾经暂时不具有遗嘱能力，或者存在不同的遗嘱而要从中找到最后的那个。

54. 为什么被继承人在公证人面前朗读遗嘱时必须明确通过“是”来确认单个条款?

公证人只能拟定符合被继承人的意思的内容，且必须证实被继承人的意思与遗嘱相一致。

请解决下面的**案例 1**：E 在经过公证认证的遗嘱中将儿子 S 指定为单独继承人。但是在其去世前不久，他希望将妻子 F 指定为单独继承人。他取出了其亲笔书写指定 S 的遗嘱。因为圆珠笔出了问题，他取出了一张印片并借助圆珠笔在页面上印透出：

“我重新考虑了这件事情。不是 S，而是 F 应当在我死后获得所有东西。”（签上名字）

然后他又突然想起，也要给他的姐姐 T 留点东西。在上述文本下方 3 厘米处，他又添上：

“再者：我的姐姐 T 应当获得 5 000 欧元。”

S 要求 F 交出遗产。T 希望知道，她是否可以要求 5 000 欧元。

法律状况如何?

无论如何先制作一个参与人的草图！您由此可以首先得到关于这个案件的不可或缺的概览以及人物之间的关系。

第 1 部分：S 要求 F 交出遗产的请求权

A）基于《民法典》第 2018 条的请求权

I）那么 S 必须是继承人。其继承人身份可能来自 E 通过公证遗嘱将其指定为单独继承人。

1）高度人身性，《民法典》第 2064 条（+）

2）遗嘱能力，（+）

3）形式（+）

此处是《民法典》第 2231 条第 1 款第 1 项、第 2232 条规定的公证遗嘱

4）内容

根据《民法典》第 133 条的解释，遗嘱意思的真意没有疑问，E 当时希望指定 S 为单独继承人。因此，F 可能不是继承人。

5）但是这份遗嘱可能通过改变的处分而被撤回（《民法典》第 2258 条）。那么这项撤

回必须有效。

a）高度人身性，《民法典》第2064条（+）

b）遗嘱能力（+）

c）形式（+），此处是《民法典》第2247条规定的亲笔书写的遗嘱

aa）亲笔书写（独立的决定，真实性），《民法典》第2247条（+），书写工具无关紧要

bb）签名遵守了身份与结尾的功能，《民法典》第2247条第3款第1句（+）

cc）缺少地点和时间信息，《民法典》第2247条第5款第1句（－），但是这没有影响，如果订立遗嘱的时间可以通过其他方式来确定，此处（+）

d）内容

根据《民法典》第133条的解释可以得出，E当时确实希望订立遗嘱。他当时希望将F指定为单独继承人。

e）不违反《民法典》第134条、第138条

f）没有其他的撤回

g）没有撤销

h）阶段性结果：通过修改，第一份遗嘱被有效地撤回。

6）因此，第一份在公证员面前起草的遗嘱无效。其实取决于修改后的遗嘱的内容。因此，S不是继承人，而F是。

II）因此，基于《民法典》第2018条的请求权由于S不具有继承人的身份而失败。

B）虽然基于《民法典》第985条、第861条、第1007条、第812条、第823条第1款的其他请求权原则上可以和《民法典》第2018条一起适用（参见《民法典》第2029条）。但是在该案中无须考虑，因为F已经成为继承人，因而也成为合法的所有权人和占有人。

第2部分：T要求支付5 000欧元的请求权

I）基于《民法典》第2147条、第2174条的请求权

那么T必须被E有效地给予遗赠。这项给予通过遗嘱而实现（《民法典》第1939条）。此处的连接点也是E的第二项处分。

1）在内容上必须查明，由E作出的指示实际上是否可以被解释为遗赠。

a）在没有其他线索的情况下适用《民法典》第2087条第2款的解释规则。据此，如果是处分一笔特定金额的钱款，那么从中不能得出（E）是希望进行继承人的指定。

b）此外，这项处分可能被解释为负担。但是那样就必须查明E具有与此相符的意思，即E当时不希望让T自己获得一项对所给予的金钱的请求权，而只是继承人的一项义务。此处也不支持这一点。

c）因此可以解释为，E当时希望遗赠5 000欧元给T。

2）形式，《民法典》第1931条、第2247条

a）亲笔书写，《民法典》第2247条第1款（+）

b）签名，《民法典》第2247条第1款、第3款

aa）身份功能（+），E明确可辨认

bb）结尾功能

此处有问题，因为关于 T 应当获得 5 000 欧元的指示位于签名下方。后来的改变是否需要重新签名，存在争议。

aaa）如果只是在签名之前划掉或者添加，那么根据一般的观点，不需要重新签名。（参见关于后者 BGH NJW 1974，1083）。

bbb）如果在签名的后面作出指示，那么这根据通说在空间上不再被签名所包括。因此，为了法的安定性，必须重新签名（参见 OLG Köln NJW-RR 1994，74）。

ccc）但是可以论证，签名并不一定是时间上最后的行为。就这点来说，与在签名之前添加的不平等对待是不公平的。其实决定性的应该是，遗嘱意思是否包括了这项指示以及外在的表现不反对这点。毫米理论可能被批评太形式化，尤其是因为立遗嘱人自己通常也认为其签名也覆盖后来添加的指示。

3）如果人们遵从通说和判例，那么就没有遵守必要的形式。

II.）因此，由于缺乏有效的遗嘱，T 不被给予遗赠；因此她不能要求 F 支付 5 000 欧元。

55. 被继承人将其企业遗赠给女儿，所附条件为她不再参加科学神教的活动。这是否违反《民法典》第 2065 条第 2 款第 1 种情况？

可以考虑是否违反《民法典》第 2065 条第 2 款第 1 种情况，因为这是一个任意条件，其条件的履行是继承人的意愿。但是每一个继承人都有自由决定接受和拒绝遗产，因此也有可能影响遗产的分配。通过这一条件，女儿不再像通过拒绝一样对遗产有影响。也就是说，这一处分不违反高度人身性。此处最多只存在违反《民法典》第 138 条第 1 款。但是继承人对是否继续参加科学神教的决定是关于宗教信仰自由的，根据此处代表性的观点，这一决定不受遗产的压力。

56. 您如何确定，在上一个问题的情况下被继承人是否违反了《民法典》第 2065 条第 2 款的要求，如果将判断（女儿）是否参加（科学神教）的问题托付给企业的代理人？

根据联邦最高法院的观点，第三人（代理人）只能描述继承人，而不能确定。虽然科学神教的成员身份很难证明，而且会员还有不同的级别。就这一点来说，代理人有自由决定的空间。但是如果人们认为这一标准是可客观化且可以执行的，那么该继承人指定就有效。根据文献，代理人也不能有任何个人利益；只有这样才不违反《民法典》第 2065 条第 2 款。代理人原则上不允许在确定女儿为继承人之上拥有个人利益；他的工作岗位的安全并不直接与他的判断相关。根据另外一种观点，人们可以据此判断，即第三人在判断时是否主要涉及对继承人的指定，或者该判断是否可以独立于对继承人的指定而实施。此处，当然可以不依赖对继承人的指定而确认女儿是否具有科学神教成员的身份。

57. 如果想检验一份遗嘱的有效性，必须考虑哪些检验要点？

您要考虑 a. 遗嘱能力，b. 遗嘱意思，c. 高度人身性，d. 形式！

58. 被继承人禁止其在世的配偶转变宗教信仰。配偶想在继承开始之后改信伊斯兰教，但是害怕失去目前生活的经济基础。存在什么问题？

这是一个解除性的任意条件，据此，如果在世的配偶改信伊斯兰教，那么将失去遗产。这项遗产与宗教信仰的联系以及与此相关的对继承人的压力可能违反善良风俗。（解

答提示 见下对问题59的回答）。

59. 在上一个问题中如何评估利益？

相关的受基本法保护的利益可能相互对立。位于被继承人一方的可能是《基本法》第14条第1款。但是根据代表性的观点，看不出任何以保护遗产为目标的利益；因此，我认为，不适用《基本法》第14条第1款。其实更重要的是，影响继承人。这至少根据《基本法》第2条第1款规定的一般行动自由是受保护的。与此相对立的是继承人的利益，在宗教领域不受任何压力，这受《基本法》第4条第1款的保护。进行利益衡量时，《基本法》第4条第1款明显更重要，且受到严重影响。所以，此处继承人的权利——除可以证明继承人的处分是正当的之外——更加重要，因此要认定违反善良风俗。

60. 共同遗嘱是为了什么目的？

配偶计划共同使用财产，所以也应当让他们可以在死亡的情况中共同处分财产。这种经济上的一致也对继承法产生影响。

61. 什么是相互依存的处分？

参见《民法典》第2270条第1款：一个人的处分，如果没有他人相一致的处分就不会作出；内容上只有继承人的指定、遗赠、负担（《民法典》第2270条第3款）。

62. 继承协议的作用是什么？

与配偶不同，可以通过合同约定一位或者数位被继承人的继承。通过合同的特征，其约束力比共同遗嘱还要更强大（关于约束力参见下面对问题63、64的回答）。

63. 继承协议的约束力在何处？

被继承人受继承协议的内容——以及那里特殊的继承协议的处分（参见《民法典》第2278条第2款）——的约束，依据《民法典》第2289条第1款：

- 一项后来的处分只要损害了继承协议，那么就无效。
- 一项先前的处分被后来的继承协议废除。

继承协议只能在当事人之间通过合同被废除；合同一方当事人死后，就不可能废除了（《民法典》第2290条第1款）。

64. 继承协议如何丧失其约束力？

继承协议在下列情况下丧失约束力：

- 撤销，参见《民法典》第2281条及以下条文，
- 通过合同废除，《民法典》第2290条，
- 通过遗嘱和合同当事人方面的同意表示而废除一项遗赠或者负担，《民法典》第2291条，
- 解除，只要保留了这项权利，《民法典》第2293条，
- 受益人犯错误情况下的解除，只要存在取消特留份的前提条件：《民法典》第2294条、第2333条至第2335条，
- 在取消正常给付义务情况下的解除，《民法典》第2295条，
- 配偶之间的继承协议可以通过共同遗嘱而废除，《民法典》第2292条。

请解答下面的案例2（根据BGH NJW-RR 96，133）：夫妇M和F共同设立一份遗嘱，由F书写，两人均签了名。其中互相将对方指定为单独继承人；配偶中后一个人死后

他们共同的子女 T 成为继承人。M 的财产总价值为 80 万欧元，其中大部分来自房子。

5 年后，F 去世。不久之后，M 认识了 G，她越来越经常在（M 的）房子里逗留。因此，T 搬出去了。出于愤怒，M 和 G 签订了一份作成公证文书的房屋赠与合同，M 自己只保留了终生的居住权。这项不动产转让合意表示，日后 G 会作为所有权人而登记进入不动产登记簿。几个月之后，已经相当年迈的 M 与 G 结婚，一年之后 M 去世。这时候房屋地产价值 100 万欧元。

T 认为，该项赠与无效，要求 G 交出其父母的房屋地产。

T 要求 G 交出房屋地产的请求权

A）基于《民法典》第 2018 条的请求权（一）

那么 G 必须是遗产占有人。当时她并非依据一项假定的继承权，而是主张其在 M 在世之时已经获得了该地产的所有权。因此，排除基于《民法典》第 2018 条的请求权。

B）基于《民法典》第 985 条的请求权（一）

I.）G 占有该地产。

II.）但是 T 必须是该地产的所有权人。

1）最初 M 是所有权人。

2）但是 G 可能依据《民法典》第 873 条第 1 款、第 925 条第 1 款第 1 句从 M 处获得所有权。

a）不动产转让合意以必要的形式进行表示，《民法典》第 925 条。

b）G 也已经作为所有权人登记进入不动产登记簿（《民法典》第 873 条第 1 款）。此时，G 和 M 还一致认为，所有权应当转让。

c）该地产当时是 M 的独有财产，因此他当时有权。

d）问题在于，当时 M 的处分权是否因为共同遗嘱而受限制。

aa）《民法典》第 2113 条不适用，因为该地产不来自 F 的遗产。就这点而言，没有必要讨论共同遗嘱是否应当符合统一或分离原则了。

bb）M 和 F 在他们的共同遗嘱中作出了相互依存的处分，在 F 死后对 M 产生约束力，因而损害这一相互依存的处分的死因处分都无效。但是该案关于财产转让是一项生前处分。在世的人的处分权并不因配偶遗嘱而受到限制（《民法典》第 137 条第 1 句）。

e）可能需要考虑的是，所有权转让可能因为《民法典》第 138 条第 1 款而无效。基于《民法典》第 2287 条第 1 款，类似于继承协议的情况根据一般的观点也适用于配偶遗嘱中的相互依存的处分，相反可以得出，如果出于损害协议继承人的故意进行一项生前处分，只引起交还被给予的财产的法律结果，但是其物权的转移应当继续有效。为了不回避这一法律政策上的决定，只有在单纯的损害故意之上添加其他情况时，才要考虑因为违反善良风俗而无效。这并不明显。

f）因此，G 获得了房屋地产的所有权。

3）因此，继承开始时该地产不再是 M 的财产，所以 T 作为继承人在全部继承的范围内根据《民法典》第 1922 条获得所有权的可能被排除。

III.）因此，T 不能根据《民法典》第 985 条要求 G 返还地产。

C）基于《民法典》第 826 条的请求权（一）

《民法典》第826条不能作为请求权基础，因为《民法典》第2287条就这方面包含了一条特别规定。

D）基于《民法典》第812条第1款第1句第1种情况的请求权（一）

I）G已经获得了地产的所有权且占有该地产。

II）这是通过M的给付而发生的，因此其明知且希望增加G的财产。M当时已经进行的给付与T主张不当得利请求权并不矛盾，因为T根据《民法典》第1922条也继承了其地位。

III）但是这项给付必须没有法律上的原因。但是从作为所有权转让的基础的赠与中可以找到原因。

IV）因此，T也不能根据《民法典》第812条第1款第1句第1种情况采取措施。

E）基于《民法典》第2287条第1款并类推结合《民法典》第812条的请求权

I）虽然共同遗嘱不是继承协议，但是利益状况是一样的，如果配偶作出相互依存的处分，其有利于第三人。在这种情况下，在世的配偶也受曾经作出的死因处分的约束。如果其通过以损害为目的的赠与而希望规避这些，那么根据一般的观点则类推适用《民法典》第2286条及以下一条。

II）M已经将地产赠与G。问题在于，他是不是以损害为目的而这么做的。这里要肯定这一点，因为M对T“出于愤怒”而签订了赠与合同，来损害她。如果M是为了在自己死后照顾G，那么就不具有损害的目的。那么就必须解释，没有该项赠与就无法保证（对G）照顾。

III）遗产根据《民法典》第1942条第1款已经归属。

IV）《民法典》第2287条第1款准用《民法典》第812条及以下条文的法律结果（法律结果之准用）。

1）所以T可以要求G返还房屋地产。

2）但是如果受赠人也是特留份权利人，那么返还请求权受到限制。关于这一点，在计算特留份时要考虑该房屋的价值，所以如果T主张返还请求权，那么G的特留份请求权会变大，因为被赠与的财产也属于遗产（BGHZ 88，272）。

a）G根据《民法典》第2303条第2款是特留份权利人。

b）特留份的金额是法定继承份额的一半（《民法典》第2303条第1款第2句）。因为根据《民法典》第1371条第2款，在妻子被排除在继承顺序之外的情况下，不能通过特留份的总体提高而实现财产增加额的均衡，G只能主张“小特留份”；因此，根据《民法典》第2303条第1款第2句、第1931条第1款第1句，特留份的金额是遗产的1/8，即125 000欧元。

c）如果通过赠与所给予的不超过特留份的价值，那么交还的义务全部取消。否则适用混合赠与的原则。如果无偿的部分并不占主要，那么受赠人必须给付等同于无偿部分金额的价值补偿。但是如果占据主要部分，如此处的情况，则G交还受赠的财产和T支付特留份必须同时履行。

V）因此T可以要求G交还地产并且同时向G支付125 000欧元。

65. 规定前位和后位继承的目的是什么？

由此使财产受一定时间的约束，被继承人决定继承人的一套顺序。关于确定后位继承人的标准，他也可以确定在一定时间内处理遗产的评价。此处有问题的是持续不断的“来自坟墓的控制”。

66. 前位和后位继承顺序中有哪些相关的时间点？

随着被继承人死亡而开始前位继承：前位继承人原则上获得对遗产的处分权，后位继承人获得期待权。随着条件的发生或者到达前位继承结束的时间，开始后位继承顺序。后位继承人当然获得遗产。

67. 后位继承的指示原则上保有多长时间的效力？为什么在N侯爵案中（参见BayObLGZ 1996，204－233 vom. 3. 9. 1996 ＝FamRZ 1997，705－710），第七代侯爵死后还可以适用1925年的继承协议？

根据《民法典》第2109条第1款第1句，原则上适用30年的期限。但是通过《民法典》第2109条第1款第2句第1项和第2项的例外可以将其大大延长。

N侯爵规定，其财产应当永远交给下一代中的长子。因此，《民法典》第2109条第1款第2句第1项中规定的特定事件就是前位继承人的去世。所以在作为五等侯爵的被继承人死后，其财产由第六代侯爵继承，同样在他1946年去世之后，应当由被继承人的孙子，即第七代侯爵继承。但是该人在1939年继承开始之时已经出生，因此《民法典》第2109条第1款第2句第1项规定的前提条件也满足。他的儿子最终成为后位继承人。由N所确定的事件，即第七代侯爵的儿子的死亡，不能再被考虑，因为其在后位继承的指示被作出的时候尚未出生。

68. 前位继承人对后位继承人有什么义务？

他根据《民法典》第2113条及以下条文在某些处分的情况下受到限制，必须正常管理遗产（参见《民法典》第2120条第1款第1句前段），并且根据《民法典》第2131条、第277条按照对待自己的事务的注意标准向后位继承人承担责任。

69. 什么情况下，虽然出现了毁损或者遗失，前位继承人对后位继承人也不承担责任？

像自己的事务一样，他对疏忽不负责任（《民法典》第2131条结合第277条），以及对于正常的磨损和损耗不承担责任。

案例3：M和F互相指定为继承人，且他们共同的子女T和S是后位继承人。M去世了。遗产中有一幢出租公寓，F和T希望将其改成新样式。对此她们想从B银行贷款。银行要求进行一项抵押，从而让F和T获得一项非常优惠的贷款。S拒绝同意抵押地产。

F可以实现公寓地产的抵押吗？

问题是，F和B之间是否可以进行一项有效的抵押。

A）首先，根据《民法典》第873条第1款、第1113条，F和B之间必须要有物权合意。

B）另外，根据《民法典》第873条第1款、第1115条，必须登记进土地登记簿。

C）抵押证书必须被交付（《民法典》第1117条）。

D）要保全的债权必须实际存在（《民法典》第1113条）。该案中这是银行基于《民法典》第488条第1款第2句的请求权。

E）另外，F必须有资格。作为前位继承人，她根据《民法典》第1922条获得了遗产的所有权。因为其中也包括该地产，故她就成为所有权人且对此享有权利。

F）唯一有问题的是，F是否由于其前位继承人的身份而处分受限，这与进行有效的抵押相矛盾。

I）此处相关的是《民法典》第2113条第1款。据此，如果前位继承人对地产的一项处分可能损害后位继承人的权利，那么就随着后位继承的开始而绝对无效。一项这样的损害要从地产的负担中评价。这意味着，虽然F与B可以通过协议来安排抵押，但是其中已经包含了一项后来无效的结构。

II）但是，如果B关于处分限制是善意的，也就是关于F的前位继承人的身份，那么就不能得出抵押随着后位继承的开始而绝对无效。根据《民法典》第2113条第3款，要适用一般的善意条款，也就是说在地产的情况下应运用《民法典》第892条及以下一条。但是，在地产处分的情况下通常要排除善意的可能，因为将前位继承人登记为所有权人的同时，也要根据职权通过《土地登记簿条例》第51条规定的所谓的后位继承附注登记后位继承人的权利。

III）如果后位继承人同意（《民法典》第182条）进行该项抵押或者事后追认（《民法典》第184条），那么该处分同样有效。但是根据《民法典》第2040条第1款，所有后位继承人必须表示允许。T不能只以其通过后位继承而获得的共同共有的份额来负担抵押。这可以从《民法典》第1114条中反推得出，该条允许在共有份额上施加负担，但是同样不符合共同共有份额。

G）可以总结出下列结果：

I）如果——如根据职权所应当的——相应的后位继承人附注登记进了土地登记簿，那么B不会作出以与F达成物权合意为目标的意思表示。

II）只有在T和S都允许的情况下，才能达成后位继承开始后依然有效的抵押。

III）而如果没有后位继承人附注，那么B在完成抵押指定之后可以主张其善意，得出该项抵押有效的结果，而无须后位继承人的允许。

70. 解除前位继承人的目的是什么，这如何实现？

如果对后位继承人的义务不是被继承人所希望的，通过被继承人明确的免除限制和义务（《民法典》第2136条）或者通过对剩余的标的指定后位继承人（《民法典》第2137条第1款），那么前位继承人被免除了限制和义务。

71. 遗赠的目的是什么？

以此可以通过终意而对某人许诺一项财产利益，而无须让其成为继承人。因此，其只获得一项对继承人的债权请求权，但是不用担心所有的遗产管理。

72. 遗赠和继承人身份如何区分？

在内容上，遗产（Erbschaft）意味着对遗产（财物）享有一定的份额，但是遗赠只是对一件物品的一项独立的权利；在法律关系上，继承人从继承开始之时起就是（共同）所有权人，而受遗赠人只获得一项对继承人的债权。

73. 先取遗赠和分割指示的区别是什么？

在先取遗赠的情况下，继承人在其继承份额之外另外得到些东西，被给予的财物在进行分割时不应当计入继承份额。而在分割指示的情况下，继承人只应当得到其继承份额，不能再多。为了在继承人之间分配财产，只是为了明确说明，遗产中的哪部分应当具体归属于某位继承人。

74. A 将其房子赠送给 B，这是其财产中的大部分。这是指定继承人还是遗赠？

终意处分必须根据《民法典》第 133 条依据被继承人的真实意思来解释。原文的“赠送”（vermachen）虽然指向遗赠（Vermächtnis），但这不是决定性的。虽然如果只应当转让一件标的物，那么根据《民法典》第 2087 条第 2 款要认定为遗赠，但那是一项用来辅助解释的法定推论。

那些获得遗产中的重要部分的人通常要作为继承人而获得，从而立即使其进入所有权人的地位，因此其负责管理遗产。该房子构成了 A 的财产的大部分，也不明显具有特殊的因素。因此，B 被指定为继承人。

案例 4： O 自己没有晚辈直系血亲，但是有一个和他共同居住的侄女 N，以及一位远房的年轻同姓亲戚 V。他想给 V 留下一条哥白林挂毯，这上面展示了家族命名的地方。为了确保这些，O 给 V 亲笔写了一封信并签名后寄出。他也制作了一个复印件。他没有留下其他的终意指示。

O 死后，N 认为自己是所有遗产的继承人且把所有东西都出售了，也包括那条哥白林挂毯。这条哥白林挂毯价值 200 000 欧元。N 精明地把这条哥白林挂毯出售给所展示的地方的市政当局，售价 250 000 欧元。

在出售之后，V 才获知 O 去世了。他是否可以向 N 要求损害赔偿或者要求其交出 250 000 欧元？市政不打算再次出售这条哥白林挂毯。

第 1 部分：V 的损害赔偿请求权

A. V 根据《民法典》第 280 条第 1 款、第 3 款，第 283 条，第 2174 条对 N 的代替给付的损害赔偿请求权

I）V 和 N 之间必须存在一项债的关系。此处如果该哥白林挂毯被 O 有效地遗赠给 V，那么 V 根据《民法典》第 2174 条对 N 享有请求权（《民法典》第 2147 条）。根据《民法典》第 1939 条，遗赠只能通过遗嘱指示。因此必须检查，O 的指示是否满足遗嘱的要求以及根据其内容来看，目的是否是将该哥白林挂毯遗赠给 V。

1）O 亲自写了这封信（《民法典》第 2064 条）。

2）他的遗嘱能力没有疑问。

3）另外，这封信必须遵守遗嘱的必要形式。

a）O 亲手也就是亲笔写了这封信（《民法典》第 2247 条第 1 款）。

b）他也在这封信上签名了（《民法典》第 2247 条第 1 款、第 3 款）。

c）虽然根据案情还不清楚 O 是否标明了地址和日期（《民法典》第 2247 条第 2 款）。但这只是一条应然规定，如果遵守了就可以阻止对遗嘱有效性的怀疑。因为这里不存在那样的怀疑，所以此处不遵守也没有后果。

4）下一步要查明指示的内容。此时问题是，被继承人当时是否具有进行死因处分的

真实意思。此外必须要查明，O当时希望进行的处分内容是什么。

a）关于O是否具有必要的遗嘱意思的怀疑，在如这里的信件遗嘱的情况下通常都存在，如果不能说明被继承人当时是否也真的希望寄出信件。在这种情况下要查明，是否只是一个草稿。因为相关的案情很清楚，因而此处可以得出，O当时确实希望作出一项在其死后对其财产具有约束力的规定。

b）问题在于，O希望进行什么内容的处分。O的指示可能被评价为包含分割指示的继承人指定。后者一般应当是这样的情况，即被给予的标的物（几乎）构成了被继承人的全部财产。但是因为这里不是那样的特殊情况，因此适用《民法典》第2087条第2款的解释规则，所以单个标的物的给予在有疑问时不是指定继承人。因此，可能构成一项遗赠或者负担。在负担的情况下，受益人自己对于被给予的标的物没有可诉的请求权；只是被加重负担者有给付义务。但是，应当获得哥白林挂毯的指示被寄给了V自己，由此可以得出，O也希望让其具有一项相应的请求权。因此，O的指示是一项《民法典》第2147条规定的遗赠。

5）唯一的继承人是N，其作为被加重负担者是基于《民法典》第2147条的请求权相对人。

6）该请求权必须有效成立。《民法典》第2176条将继承开始作为决定性的时刻。因此，请求权随着O的死亡而成立。

7）所以，V根据《民法典》第2174条对N享有交还哥白林挂毯的请求权。所以存在《民法典》第280条规定的债的关系。

II）《民法典》第280条第1款和第2款、第283条规定的义务的违反在于，存在《民法典》第275条规定的给付障碍。因此，对N来说，后来交还哥白林挂毯必须是不可能的（她才可以不交还）。有义务给予的只是O的遗产中的一条哥白林挂毯。因此，这既不是一项种类遗赠，也不是一项使受益人取得标的的遗赠。其实N的债务限于这条所称的哥白林挂毯。问题在于，挂毯已经出售是否使N的给付成为《民法典》第275条第1款规定的不可能。因为至少现在拥有该哥白林挂毯的所有权的城市可以给付，这项给付在客观上不是对任何人来说都不可能的。因此，只能考虑主观不可能。但是如果债务人不再支配给付标的物，并不总能得出这一点。实际上，只有当确认债权人不再能得到处分权并且为了满足所主张的请求权也不能对该物产生影响时，才可以考虑《民法典》第275条第1款规定的主观不可能。那么债务人或许可以主张《民法典》第275条第2款。但是此处该城市绝对排除了再次出售该哥白林挂毯的可能。所以，不是因为不成比例的高额费用（与《民法典》第275条第2款相关）而导致无法再次取得，而是一概不可能。因此，给付该哥白林挂毯对N来说属于《民法典》第275条第1款规定的（主观）不可能。

III）但是如果N可以证明，其无须对责任之违反承担责任，那么其根据《民法典》第280条第1款第2句无须承担损害赔偿责任。但是如果她是故意或者过失地行为，那么这种论证不会成功（《民法典》第276条第1款第1句）。如果N明知且希望引起导致《民法典》第275条第1款的不可能的状况，那么就属于故意的行为。但是，这以N明知要对V承担一项关于给付哥白林挂毯的债务为前提。所以，如果证实N当时不知道该项遗赠，那么就不存在故意。但是O制作了一份寄给V的信件的复印件，这也是遗产的一部分。

就这点来说，N 的行为可能是过失，因为她在出售哥白林挂毯之前没有根据可能存在的终意处分而检查 O 的遗产。根据《民法典》第 276 条第 2 款，她是没有尽到交易上必要的谨慎的人，即系有过失地实施行为。成为继承人的人知道，其遗产可能要承担负担。因此，所要求的必要的谨慎是，至少在自己的权限范围之内确认是否存在这样的限制。所以，N 出售哥白林挂毯时，其行为至少构成过失；所以她对义务之违反要承担责任。

IV）法律后果是，N 有义务支付损害赔偿而代替给付。所以，根据《民法典》第 249 条第 1 款、第 251 条第 1 款，对 V 的对待要如同 N 正常履行了义务一样。那么 N 拥有一条价值 200 000 欧元的哥白林挂毯。

V）所以，根据《民法典》第 280 条第 1 款和第 3 款、第 283 条、第 249 条第 1 款，V 对 N 享有 200 000 欧元的损害赔偿请求权。

B. V 根据《民法典》第 989 条、第 990 条对 N 的损害赔偿请求权

当 N 将该哥白林挂毯出售给某城市，V 不是所有权人时，该请求权已经不能成功。其实他对 N 只能根据《民法典》第 2174 条享有债权请求权。

C. V 根据《民法典》第 687 条第 2 款、第 678 条对 N 的损害赔偿请求权

N 出售哥白林挂毯时，并非管理他人事务，因为她根据《民法典》第 1922 条第 1 款已经成为挂毯的所有权人。所以基于无因管理的请求权也被排除。

D. V 根据《民法典》第 823 条第 1 款对 N 的损害赔偿请求权

这样的请求权不存在，因为只涉及 V 的一项债权，而不涉及任何《民法典》第 823 条第 1 款所列举的法益。

第 2 部分：V 向 N 要求交还通过出售给城市所得钱款的请求权

V 不仅对损害赔偿请求权感兴趣。如果他有可能要求 N 交还因出售该哥白林挂毯而得到的钱款来代替损害赔偿，这在具体案件中可能更有利。因为损害赔偿的目标是 200 000 欧元，而 V 通过这种方式可以多得到 50 000 欧元。

I）V 根据《民法典》第 285 条、第 2174 条要求 N 支付 250 000 欧元的请求权

1）挂毯出售给城市导致了《民法典》第 275 条第 1 款规定的给付不可能。N 因为这项出售获得了 250 000 欧元作为通过法律行为而获得的代偿物。

2）交还代偿物的义务的出现不依赖于 N 的过错。

3）所以 V 对 N 享有支付 250 000 欧元的请求权。但是《民法典》第 285 条第 2 款表明，如果债权人——如此处一样——除了基于《民法典》第 285 条的交还请求权之外还享有代替给付的损害赔偿请求权，后者中将减去代偿物的价值。但是该案中，基于《民法典》第 285 条的请求权（得到的代偿物）高于基于《民法典》第 280 条第 1 款和第 3 款、第 283 条的，因此如果 V 根据《民法典》第 285 条采取措施，那么在此之外就没有损害赔偿请求权的空间。

II）V 根据《民法典》第 2184 条第 1 句第 1 种情况要求 N 支付 250 000 欧元的请求权

1）V 被有效地遗赠了哥白林挂毯。这项遗赠的请求权也已经产生（《民法典》第 2176 条）。

2）所以，根据《民法典》第 2184 条第 1 句第 1 种情况，N 不仅需要向 V 给付哥白林挂毯，还要交还基于所遗赠的权利的所得。其中是否包括出售的收益，存在争议。有的认

为《民法典》第2184条在这种情况下可以与《民法典》第285条一起适用，有的认为只有《民法典》第285条可以适用于代偿物。因为原文中也包括通过法律行为而获得的代偿物，所以更应当认定可以竞合适用。

3）因此，V也可以根据《民法典》第2184条第1句第1种情况来支持其要求N支付250 000欧元的请求权。但是如果人们在这里遵从代表性的解释，在这方面根据目的论而限缩该规定，也就是如果V根据《民法典》第2184条第1句第1种情况采取措施，那么必须以其损害赔偿请求权的数额来计算要交还的代偿物。

III）V根据《民法典》第816条第1款对N的请求权

这样的请求权不能成功，因为N当时作为所有权人有权处分哥白林挂毯。

IV）V根据《民法典》第687条第2款、第681条第2句、第667条对N的请求权

那么客观上N必须处理他人事务，该案中不是这样的情况。

75. 负担是什么？

根据《民法典》第1940条，这是继承人的一项债的义务，而受益人对此没有请求权。

76. 谁保证负担被遵守？

根据《民法典》第2194条，第三人只有一项受托的诉讼权利。据此，除遗嘱执行人之外，只有从（被负担而加重负担的）继承人的出缺中可以获利的人，可以提起诉讼。如果一项负担涉及共同利益，那么主管机构也可以提起诉讼。

77. 遗嘱中 *cautela Socini* 的丧失权利条款的作用是什么？

如果被继承人给所有法定继承人留下等额的遗产，并且希望禁止子女从其仍在世的配偶处争得份额，因为在世的配偶应当有权终生使用该财产，那么她可以通过 *cautela Socini* 规定，子女只能在解除条件成就时获得继承份额：如果他们想主张其继承份额，那么他们只应当还有特留份请求权。

78. 如何理解“遗嘱有效（favor testamenti）”的原则？

要这样对遗嘱进行解释，以达到保持终意处分合法、有效的解释结果，参见《民法典》第2084条。

79. 何为暗示理论？

如果人们将真实的意思与真正被表达的相区分，那么人们在查明意思之后要检查，表达是否符合形式要求。最有可能符合被继承人的情况是，当人们可以在所书写的遗嘱中发现暗示或者对于该遗嘱如何解释的线索。

暗示理论在最大程度上降低了对终意处分的书面表达的形式要求，从而为了尽可能实现被继承人表露出的真实的意思。这有助于提醒人们永远从表达的原文出发，且警告防止通过解释而偏离遗嘱太远。

80. 人们如何考虑遗嘱订立之后情况的变化和被继承人意思倾向的变化？

根据通说，意思表示原则上要根据作出之时的关系来解释。只有当解释可能导致不同的解决方案时，才可以考虑将被继承人后来的表示作为解释的指导。

81. 如果一项终意处分无效，为什么人们不能简单地按被继承人的规定执行其他指示？

“被视为没有”规则太粗略，不能始终在被继承人的真实意思或者至少推测的意思的

剩余部分中反映出来。同样，终意处分也有可能在结合被继承人的意图之后才能实现。人们可能必须通过补充解释来填补漏洞，从而达到与被继承人的意思相一致的法律结果。

82. 解释协议的作用是什么？

继承人在法庭之外或者法庭之上达成一致意见，在继承中应当适用什么。虽然对于遗产法院来说，只有被继承人的意思是具有决定性的，但是继承人在法庭之外的合意可能已经阻止了继承争议。即使进入诉讼程序，解释协议也可能构成正确解释遗嘱的重要依据。

83. 放弃继承会导致什么结果？

经公证的放弃继承导致，放弃人根据《民法典》第2346条第1款第2句不再是继承人，如同其此前已经去世，且其晚辈直系血亲根据《民法典》第2349条通常也被排除在继承顺序之外。因此，特留份权也被排除。

84. 继承不够格为何产生？

根据《民法典》第2339条，因为对被继承人的犯罪或者干涉被继承人的遗嘱自由。

85. 什么情况下需要《民法典》第2078条及以下的撤销规定？

被继承人根据《民法典》第119条及以下条文可以撤销，或者更简单的撤回。但是错误经常在继承开始之后才被证实。继承人和亲属不能根据《民法典》第119条及以下条文撤销，因为不是他们形成了作为终意处分的基础的意思。对于第三人、继承人的撤销，继承法需要其他比照《民法典》第119条及以下条文的特别规定。

86. 死者的意思表示为何还能引起合同的订立？

根据《民法典》第130条第2款，其意思表示在死后继续有效，合同根据《民法典》第153条还可以订立，必要时根据《民法典》第151条还不需要表示承诺。

87. 人们如何可以通过代理而削弱继承法的作用？

宣布死后授权是为了在自己死后让他人进行法律行为。法律后果归于继承人，但是授权来自被继承人。为了实现被继承人的意思，不适用继承法的方法，而是适用一般合同法。

88. 何时要认定《民法典》第2301条第1款第1句规定的在其之后死亡的条件？

其既没有明确约定也不能推论得出，只有当接受人在给予人之后死亡时行为才应当有效。关于是否存在在其之后死亡的条件，起决定性作用的是给予人的真实意思。但是有疑问时，不能认定存在在其之后死亡的条件。只有确定存在这一条件才会导致必须遵守继承法的规定，而往往并非如此。如果没有在其之后死亡的条件，那么通常要适用赠与法，所以考虑《民法典》第518条第2款规定的在没有遵守形式规定的情况下通过执行来补正。执行根据《民法典》第2301条第2款同样排除了继承法的适用。通过使判决仅在有限的情况下认定在其之后死亡的条件，法律行为的有效性得以支持。

89. 《民法典》第2301条第2款规定的赠与何时被执行？

如果标的物被交付，也就是说出现最终的转让，那么无论如何也会存在《民法典》第2301条第2款规定的执行。接下来要处理的就是让与一项期待权。联邦最高法院的观点与这一想法一致，要求被继承人完成了他那方面为了实现所有权的转让的所有可能和必要的事宜。然后准备合同和寄出货物本身就足够了，因此受益人可以接受负担和处分合同。

90. 如果受赠人在赠与人去世之后才获知该项赠与，那么在《民法典》第331条第1款的情况下，赠与人与受赠人之间的关系要遵循继承法的形式吗？

《民法典》第331条没有提到这点；人们可以将《民法典》第331条第1款视为更一般的《民法典》第2301条第1款的特别规定；最后，实际上需要简化对这些合同的认定以支持第三人。（也许有人）会提出反对，即这一形式会导致遗产债权人的劣势。但是，这些普遍接受的遗产债权人的利益一般不能排除《民法典》第331条规定的行为的有效性。

案例5：E为了其女儿T的利益留下了一份遗嘱。他许诺将他昂贵的国际象棋赠给棋友F，这已经放在F处了。在侄子N知道的情况下，他在B银行为其开设储蓄账户，在去世前不久还向内存钱。他赠给前同事K一副画册，这在其死后才到达K处。如果T在E死后很短时间内撤回赠与，那么她可以要求这些人交还所有东西吗？

T对F的请求权

A）基于《民法典》第2018条的请求权（一）

但F不是依据假定的继承权，所以不是遗产占有人。

B）基于《民法典》第985条的请求权（一）

I）F占有该国际象棋。

II）但是T必须是该国际象棋的所有权人。

1）最初E是所有权人。

2）但是F可能根据《民法典》第929条第2句、第158条第1款、第163条从E处获得了所有权。

a）国际象棋已经在F的占有之中（《民法典》第929条第2句；简易交付）。

b）E和F就所有权的转移达成一致，条件为F在E之后死亡。这一条件随着E的死亡而成就。因此，存在一项有效的物权合意。

3）所以，随着E的死亡，F成为该国际象棋的所有权人。

III）因此，T不享有《民法典》第985条规定的请求权。

C）基于《民法典》第812条第1款第1句第1种情况的请求权（一）

I）F已经获得了国际象棋的所有权和占有。

II）这通过E的给付而实现。其明知且有目的地希望增加F的财产。T在不当得利的范围内有权利主张请求权，因为她已经具有了继承人的身份。

III）该给付必须没有法律上的原因。一项这样的原因是作为所有权转移之基础的赠与合同。虽然这项承诺也可能被解释成遗赠；但是这必须遵守遗嘱的形式（《民法典》第1939条），但是这并未发生。但是问题在于，该项赠与是否有效。因为赠与的表示以F在E之后死亡为条件，因此这是一项死因赠与。问题是，这一行为必须在何种形式下作出。因为国际象棋的所有权已经转让给F了（见上），赠与已经被执行。所以，根据《民法典》第2301条第2款，关于生前赠与的规定可以适用。缺少《民法典》第518条第1款规定的必要的公证证书。但是这一形式上的无效根据《民法典》第518条第2款被补正了，因为所有权已经转移，也就是说承诺的给付已经实现。所以，该给付有法律上的原因。

IV）所以，T根据《民法典》第812条第1款第1句第1种情况没有请求权。

T 对 K 的请求权

A）基于《民法典》第 985 条的请求权（一）

I）K 是直接占有人。

II）此外 T 必须是所有权人。

1）最初 E 是所有权人。

2）随着其死亡，E 的遗产所有权转让给 T（《民法典》第 1922 条）。这其中也包括画册。虽然 E 已经向 K 作出了转让所有权的要约，但是这还没有被接受。

3）但是 T 根据《民法典》第 929 条第 1 句可能失去了所有权，而 K 获得。

a）在包裹被接收之后，K 获得了对画册的直接占有。

b）但是也必须存在一项物权合意。

aa）E 生前就已经作出了一项相应的要约。根据《民法典》第 130 条第 2 款，如果表意人去世，对这样一项意思表示的效力没有影响。就这方面来说，这样的表示对继承人也有约束力。

bb）K 在 E 死后也可以接受该要约（《民法典》第 153 条）。相应的接受的表示根据交易习惯无须达到 T 处（《民法典》第 151 条）。

cc）一项意思表示不能生效，如果撤回先到达或者同时到达接收人处（《民法典》第 130 条第 1 款第 1 句）。因为 T 代替了 E 的地位，所以她有权撤回。但是只有当撤回至少同时到达 K 处，才能阻止 K 获得所有权，此处并非这种情况。

4）所以 K 是所有权人。

III）因此，排除基于《民法典》第 985 条的请求权。

B）基于《民法典》第 812 条第 1 款第 1 句第 1 种情况的请求权

I）K 得到了对画册的占有和所有权。

II）这通过 E 的给付而发生。

III）问题只是，是否存在有效的法律上的原因。此处也要再次考虑赠与。此处再次以在其之后死亡的条件为出发点，因而是一项死因赠与。这必须是有效的。

1）此处首先要查明，可以适用何种形式规定。根据《民法典》第 2301 条，这是关于死因处分的规定，除非赠与已经被实施；那么就适用《民法典》第 518 条。此处有争议的是，如果所有权转移的前提条件在死亡之时尚未满足，何时完成实施。

a）一种观点将实施视为财产的立即和直接减少［《德国民法典草案立法理由书》（第 5 卷），第 252 页］。因此，一些人要求，赠与人生前造成了财产损失或者第三人至少获得了一项期待权［布洛克斯（Brox），继承法，边码 744］。这种情况在此处不存在，因为转让在死后才发生，且接收人在这一时间点之前不能得到任何期待权。

b）通说和联邦最高法院广义解释《民法典》第 2301 条第 2 款，且如果赠与人生前完成了所有有关赠与标的物转让的事宜，那么就已经认定为实施。从 E 的角度来看，他已经做了为了引起所有权转移的所有事情，所以联邦最高法院也认定此处为实施。

c）支持广义解释的观点认为，这样实现了行为的有效性，但是隶属于继承法违背遗嘱有效的原则，将导致行为无效。另外，行为的有效性不应当取决于信使是否已经送达。因此，从中可以得出，存在实施。

2）因为赠与已经被实施，那么关于其形式适用《民法典》第518条。

a）没有遵守《民法典》第518条第1款规定的必要的公证形式。

b）但是出现了基于完成所有权转移的补正（《民法典》第518条第2款）。如果对赠与许诺的撤回及时到达，则取消作为法律原因的赠与，不当得利请求权可以成功。

c）所以该项赠与有效，且作为法律上的原因与不当得利相对立。

IV）T不能根据《民法典》第812条第1款第1句第1种情况要求K交还画册。

T有关银行余额的请求权

A）T根据《民法典》第700条、第607条、第1922条要求B支付余额的请求权

I）T的请求权首先要求她已经成为继承人，这里就是这种情况。

II）但是只有当返还请求权属于遗产时，她才成为银行存款返还请求权的享有者。此时E希望N在其死后有权得到他的钱。因此，根据《民法典》第331条第1款，N在E死亡之时成为该请求权的所有者，而该对银行的请求权不归属于遗产。死因有利于第三人的合同不要求特殊的形式。

III）因此，排除基于《民法典》第700条、第607条、第1922条的支付请求权。

B）T根据《民法典》第812条第1款第1种情况要求N转让针对银行的请求权

I）N在E死亡之时获得了对银行的支付请求权。

II）这是E与B所签订的相应的有利于N的合同的结果。所以E明知且有目的地希望增加N的财产，因而进行了给付。

III）但是对于E和N之间的（给予）关系的给付缺乏法律上的原因。此处再一次考虑死因赠与。如果其不是通过有效的形式而成立，那么根据《民法典》第125条无效。

1）所以问题又在于，适用何种形式规定，因为《民法典》第2301条将死因赠与参引至终意处分所适用的规定。但是在抵偿关系中死因有利于第三人的合同这种特殊情况下，《民法典》第2301条第1款是否可以适用存在争议。

a）根据部分代表性的观点，其也拒绝认定E和K的关系中存在实施，《民法典》第2301条第1款应当可以适用。因为E在死亡之前已经开放了其处分权限，因而也不能得出《民法典》第2301条第2款规定的赠与的实施。因此，可以适用关于死因处分的形式规定。

b）通说拒绝在目前情况下适用《民法典》第2301条第1款。在这方面指出，《民法典》第331条第1款是一条特殊的规定。此外，《民法典》第331条第1款的适用范围所剩无几，如果在给予关系中要遵守继承法的这一特殊形式规定。

2）如果人们遵从通说，那么问题是，赠与合同是否遵从了《民法典》第516条及以下条文的必要形式。虽然没有制作《民法典》第518条第1款规定的公证证书，但是已经通过E和B之间有利于第三人的合同而给予N对银行的请求权。就这点而言，E生前就已经引起了财产损失，这根据通说已经足够引起《民法典》第518条第2款的赠与。因此，形式缺陷被补正。

3）因此，E和N之间的赠与合同有效，且作为法律原因阻止了T的不当得利请求权。

IV）T根据《民法典》第812条第1款第1句第1种情况对N不享有请求权。

91. 如果无限公司的一个合伙人由于去世而退出，那么可以考虑哪种继任方法？

可能的情况有：完全解散该公司、去世者的继承人不加入而公司继续存续，也就是说给其他合伙人增加份额，以及继承人加入该公司而继续存在。

92. 如果一位继承人应当接管公司份额，为什么公司法和继承法的规定会相互矛盾？

典型的评价在四个方面有所不同。

● 继承人的责任被优待，因为其只以遗产为限承担责任，而不是以其个人财产（承担责任）。由此与合伙人的责任产生了基础性的区别。但是从债权人以及公司自身的角度来看，有限责任可能很重要。

● 特留份权利人和遗产债权人对其有合法的利益，使公司份额归入遗产且不分开通过公司法而被转移。抽走可能最重要的财产价值严重减少了遗产，对继承人和家庭产生负担。

● 继承人组成了继承与共同共有共同体。但是在企业中，多数情况下，共同共有不应当被认定为合伙，多数人也不应当被认定为新的合伙人。

● 企业中的继承人可能遵循不同于确定继承人的其他标准。在一种情况下企业可以存续，在另一种情况下目的在于支撑家庭。

93. 为什么特殊继任理论是德国继承法的一个例外，其为何如此令人信服？

其违反了概括继承的原则。因此，作为继承人共同体的所有继承人对全部遗产享有权利并且以其承担义务。而通过特殊继任理论，只有一位继承人享有特权而接管死者的部分财产。

特殊继任理论一方面允许突破，另一方面允许在剩余部分适用继承法。一方面，其他继承人在作为遗产标的的公司份额中不遵从概括继承；另一方面，因为适用继承法而适用立即继承原则。此外，因为公司份额归于遗产，公司的继任者有补偿义务。在计算特留份请求权时，应假定包括公司份额在内的遗产。

94. 继承人共同体是共同共有关系是什么意思？

所有继承人共同地对全部遗产享有权利且承担义务。他们对单个物品不享有权利，而只获得一个法律上清楚的全部遗产的份额。他们不能单独处分财产，遗产债务也要给付给所有继承人。在分割之时才能确定，谁具体得到什么。

95. 《民法典》第 2041 条规定的物上代位是什么意思？

如果标的物被补偿或者出售，不管具体参与人所期待的法律结果，替代物自动归入遗产。

案例 6：E 将由其子女 A、B 和 C 等额继承。遗产中包括一幢房屋，其中的一个小位置需要修缮。A 和 B 委托 U 进行必要的工作，但 C 不同意。在他看来，U 的 5 000 欧元的账单必须由 A 和 B 自己承担。U 可以要求继承人共同体支付吗？

变换：C 使用遗产中的金钱向 D 买了一幅画。A 和 B 向 C 要求共同占有。

U 对继承人共同体的请求权：《民法典》第 631 条第 1 款

A）有效的承揽合同

I）合意

1）U 的表示，A 代表的表示

2）继承人共同体通过A的有效代理？（《民法典》第164条及以下）

a）《民法典》第164条可以适用

b）允许进行代理，不是必须亲自进行的法律行为

c）以继承人共同体的名义进行交易（《民法典》第164条第2款）

d）具有代理权？

—没有具体的授权（《民法典》第167条）

—基于《民法典》第2038条的权限？

1）遗产管理的措施？没有定义，根据通说是“所有服务于获得、使用、增加遗产或者清偿债务的行为，无论其只在内部关系（事务管理）还是也对外（代理）发生效力”。

2）对具体行为的代理权？根据《民法典》第2038条第1款第2句前半句、第2038条第2款、第745条，正常的管理也就是所有与获得遗产标的物以及所有共同继承人的客观利益相一致的措施。因为修缮是为了维持该房屋，符合正常的管理。多数决就已经足够，且提供了在对外关系中进行所决定的行为的代理权。因此，A根据《民法典》第2038条第1款第2句前半句基于多数决而有权代理继承人共同体。

II）合意的有效性不存在明显的障碍。

B）根据《民法典》第641条，原则上在验收时到期（＋）

C）没有取消的原因

D）共同继承人对遗产债务的责任？分割之前：每一个共同继承人对全部共同遗产债务承担责任，但是限于在继承人共同体中的份额，《民法典》第2059条第1款（关于继承人的责任见第45章）。

变换：A和B要求C同意共同占有

A）《民法典》第2018条，占有不是基于相应的继承人地位，而是基于与第三人D的法律行为

B）《民法典》第985条

I）C作为直接占有人

II）继承人共同体的所有权人身份

1）最初是D

2）继承人共同体通过C根据《民法典》第929条、第164条及以下条文获得所有权？没有，因为C以自己的名义交易

3）但是根据物上代位，《民法典》第2041条（读一遍！）？

a）通过一位共同继承人获得 ＝C

b）替代的构成要件

—情况1：“基于一项属于遗产的权利”：不符合，因为只有C享有来自买卖合同的请求权，而不是继承人共同体

—情况2：不是作为对损毁/损坏的赔偿

—情况3：通过一项法律行为，“其与遗产有关”：对此，是否必须具有客观明显的联系或者为了遗产而交易的意愿？此处：

—主观方面：这项属于法律行为的交易是否应当有利于遗产？不明显

—客观方面：与遗产的内在联系？没有明显的联系。

单纯利用遗产资金是否可能足以构成物上代位？与《民法典》第 2019 条（遗产请求权）和《民法典》第 2111 条（前位及后位继承的情况）的对比不支持这一观点，因为这在那里只是明确指示的，而不是体现在《民法典》第 2041 条第 1 句中。此外还可以考虑规范目的，在价值上也要维持遗产莱普德（Leipold），《继承法》，边码 741）。即使因为《民法典》第 935 条而导致遗产中财物的转让无效，也可能根据规范目的进行替代；那么继承人共同体也可以要求所获得的对待给付。因此，资金替代也必须足以构成《民法典》第 2041 条第 3 种情况。

III）C 的占有（＋）

IV）无权占有（＋）

由此可以得出 A 和 B 要求同意共同占有的请求权。

96. 被继承人可以阻止遗产分割吗？

被继承人最多可以禁止分割 30 年（《民法典》第 2044 条第 2 款第 1 句），并且《民法典》指示，其应当随着在一位共同继承人身上出现的事件而发生，比如，继承开始时在世的配偶后来的死亡（《民法典》第 2044 条第 1 款第 1 句）。

97. 如何理解分割部分遗产的协议下的相关继承人？

任何一位共同继承人可以通过这种合同而从继承人共同体中退出，而共同体在其他继承人之间继续维持。因此，继承人共同体并不一定要因为一位继承人的退出而被解散。

98. 何为分割指示？

根据《民法典》第 2048 条第 1 句，被继承人的分割指示确认，哪一继承人应当获得哪些标的物。此时继承份额应当保持不变。如果根据解释的结果超出了继承份额，那么就是一项先取遗赠。

99. 何为继承法上的均衡？

在共同继承人之间分割遗产时，必须以纠正为目的地注意到一位晚辈直系血亲在世时所得到的嫁娶资财或者超出普通赠与的特殊给予，以及其根据一般的观念或者与根据约定按照《民法典》第 2050 条对此是否有义务进行均衡。

100. 遗产要如何分割？

首先要清偿遗产债务，然后才进行实物分配，或者如果不可能这样做，那么在出售遗产标的物之后分割收益。

101. 《民法典》第 1980 条中对继承人的危险存在何处？

根据《民法典》第 1980 条第 1 款，如果他知道遗产资不抵债，那么必须不迟延地申请遗产破产程序，否则其个人对债权人所出现的损失承担责任。根据《民法典》第 1980 条第 2 款第 1 句，因过失而不知道也是一样。所以如果继承人希望排除《民法典》第 1980 条第 1 款第 2 句中的承担责任的危险，那么他无论如何必须获知遗产债务的状况。

102. 对于继承人来说，遗产破产程序的机遇或者优势在何处？

遗产破产程序之后，继承人根据《民法典》第 1973 条有遗产用竭之抗辩。

103. 遗嘱执行人有什么地位？

遗嘱执行人因为被继承人指派给他的职务而成为独立的当事人。其监管对被继承人的指示的遵守，只要（被继承人）指示授予了他这一任务。

104. 对于（单独）继承人的责任适用什么基本规则？

其原则上承担无限责任，但是必要时享有抗辩，来限制其责任。

105. 对于共同继承人的责任适用什么基本规则？

他们对外作为连带债务人承担责任，因此必须承担遗产债权人的全部数额。只有在内部关系中，他们才有义务对超额的给付进行均衡。

106. 人们在法律上可以如何隔离遗产，从而排除以私人财产承担责任？

根据《民法典》第1975条，在引入遗产破产程序或者遗产管理的情况下，出现这一法律后果。

107. 遗产欠缺抗辩的作用是什么，何时可以被提出？

如果没有开启《民法典》第1975条的遗产缺乏的路径，那么这可以被提出。由此继承人可以向所有债权人提出异议，遗产不足以满足所有的债权。然后他可以根据自己的衡量在遗产债权人之间分配遗产。

108. 遗产用竭抗辩的作用是什么，何时可以被提出？

如果一位遗产债权人在公示催告程序中因为遗产用竭而被排除，那么该继承人可以拒绝满足该债权人的债权。

109. 制作遗产目录的作用是什么？

遗产目录完整列举了遗产的标的物、权利及其客观价值。根据《民法典》第2001条，这应当被推定是完整的。继承人如果对此故意进行欺诈（《民法典》第2005条第1款）、错过制作遗产目录的期限（《民法典》第1994条第1款第2句）或者尽管要求保证完整性却没有做到（《民法典》第2006条第1款、第3款），那么就失去了任何一种主张责任限制的可能。

110. 一位遗产债权人可以对尚未分割的继承人共同体中的共同继承人如何采取行动？

遗产债权人可以提起债务之诉，也就是说根据《民法典》第2058条、第426条对作为共同债权人的各共同继承人采取行动。根据《民法典》第2059条第1款第1句，每一位继承人都有遗产尚未分割的抗辩。而债权人可以根据《民法典》第2059条第2款向作为共同共有共同体的所有共同继承人提起共同共有之诉。那么（法院）必须根据《民事诉讼法》第747条对所有继承人作出判决。

定　义

继承法（权） Erbrecht	在客观理解中，继承法指规制因死亡而造成的财产转移的所有规范。 在主观理解中，不同于民间俗语中对希望获得某物的人的称谓，继承权仅指在继承开始之后实际成为继承人的法律地位。期待权原则上不受保护，即使是源自继承协议的协议继承人也必须活着经历继承，才能主张其来自协议的权利。
后位继承 Nacherbe	继承人的地位可以在时间上划分等级，即前位继承人先获得遗产，然后后位继承人才获得（《民法典》第 2100 条）。
终意处分 Letztwillige Verfügung	终意处分指的是所有意定继承顺序的形式，无论其是否确认或者改动法定继承顺序。
遗嘱 Testament	遗嘱是终意处分的一种形式。它可以是单方制定的，在配偶或者已经登记的生活伴侣的情况下也可以是共同制定的。
继承协议 Erbvertrag	除了遗嘱，继承协议也是终意处分的一种形式，这也创造了继承权（《民法典》第 1941 条）。
特留份 Pflichtteil	特留份权是晚辈直系血亲、配偶以及父母对继承人的一项请求权，如果他们没有成为继承人或者给予他们的份额少于法定继承份额的一半（《民法典》第 2305 条）。特留份恰好是法定继承权的一半。
亲系 Parentelsystem	通过亲系将家庭划分等级。这种等级包含了被继承人或他上面的父母、（外）祖父母等，以及他们的所有晚辈直系血亲。第一等级将其他人排除在外。遗产原则上在第一等级的所有亲属之间分配。
遗赠 Vermächtnis	遗赠在德国法中是对继承人的一项请求权，可以要求从遗产中交出某些财物（《民法典》第 1939 条）。
负担 Auflage	负担是一项给付义务，而相对人在此情况下不获得请求权（《民法典》第 1940 条）。

替补继承人 Ersatzerbe	对于遗嘱中所确定的继承人在继承开始之前或之后出缺的情况，被继承人可以指定一位替补继承人（《民法典》第2096条）。
拒绝遗产 Ausschlagung einer Erbschaft	因为遗产立刻直接归属，所以继承人必须有可能拒绝遗产。他通过拒绝进行这样的表示（《民法典》第1942条第1款）。
继承证书 Erbschein	为了在交易行为中证明继承人的身份，从而使其可以动用被继承人的财产，遗产法院在初步审查之后向其认为的继承人颁发一份关于继承权的证书（《民法典》第2353条）。
遗产买卖 Erbschaftskauf	继承人可以通过公证形式将其作为（共同）继承人的身份连同在遗产中的份额一起出售（《民法典》第2371条）。
遗嘱能力 Testierfähigkeit	与处理一般法律行为的行为能力相似，遗嘱能力是作出终意处分的一项特别的能力。它不必与行为能力完全一致。
遗嘱意思 Testierwille	遗嘱意思是终意处分的基础，也就是对遗产进行终意规制的意图。
死因处分的撤回 Widerruf einer Verfügung von Todes wegen	遗嘱自由的特征是，继承人随时可以通过另一份遗嘱撤回或者废除现有遗嘱（《民法典》第2253条及以下一条）。只有共同遗嘱或者继承协议的约束力可能阻碍撤回。
继承人共同体 Miterbengemeinschaft	数个继承人构成继承人共同体（《民法典》第2032条），直到遗产在他们之间具体分配。继承人共同体是共同共有的关系。
继承人的责任 Erbenhaftung	所有继承人作为连带债务人对遗产债务承担责任。但是他们有不同的选择，将责任限制在遗产的范围之内。
暗示理论 Andeutungstheorie	根据《民法典》第133条，要根据真实的意思来解释终意处分。暗示理论确定了这种宽泛的解释可能的界限：通过解释而得出的解决方案无论如何要在遗嘱中找到暗示。
"遗嘱有效" „Favor testamenti"	这是一项解释原则的名称，据此，对终意处分的解释一般应当尽可能实现单个规定有效。
遗产保佐人 Nachlasspfleger	遗产法院指定一位遗产保佐人，从而保护遗产并且进行管理，直到继承人被确定且具有执行能力（《民法典》第1960条第1款）。
遗嘱执行 Testamentsvollstreckung	被继承人可以确定以及在多大程度上由遗嘱执行人管理遗产，而不是继承人，直到遗产分割或者长期有效（《民法典》第2197条及以下条文）。

章节索引

粗体数字指的是本书的章号，瘦体数字是页边码。

A＝对引入问题的回答

F（Nr.）＝案例编号

Fn＝脚注

W＝复习和深化的问题

AktG（《股份公司法》，1965）

§278 **32** 1

AO（《税收条例》，2002）

§§51 ff **45** 3

Bay AGGVG（《实施联邦法院组织法与程序法》，巴伐利亚州，1981）

Art. 11 **9** 18

Beurk G（《公证书证法》，1969）

§ 9 **20** 17

§ 10 **20** 17

§ 13 **20** 17

§§ 22 ff **20** 19 Fn. 165

BGB（《民法典》，1900）

§80 **3** 1；**3** A；**46** 3；W 5

§ 81 **3** 1；W 5

§ 83 **3** 2

§ 84 **3** 2；**5** 16；**36** A；W 6

§ 99 **10** 3

§ 100 **10** 3

§§ 104 ff **11** 5

§ 107 **21** 18

§ 118 **20** 10

§119 **11** 8；**11** A；**27** 2；**27** 3

§§ 119 ff **26** 1；W 85

§ 122 **27** 5
§ 123 **11** 8；**27** 2
§ 125 **30** 5；**40** 1；F (5)
§ 130 **28** 2；**28** 3；**29** 5；**29** A；**30** 1；**30** 3；**30** 6；W 86；F (5)
§ 133 **1** 3；**6** 1；**20** 1；**21** 6；**22** 34；**22** 46；**23** 3；**23** 5；**23** 6；W 48；F (1)；W 74
§ 134 **21** 17；F (1)
§ 137 **21** 17；F (2)
§ 138 **2** 6；**2** 7；**6** 3；**19** 1；**19** 7；**19** 8；**19** 11；**19** 16；**20** 32；**20** 36；**22** 43；W 42；W 46；F (1)；W 55；F (2)；19 9 Fn. 131
§ 139 **20** 38
§ 140 **23** 7
§ 142 **27** 5
§ 142 f **11** 8
§ 144 **27** 3
§ 151 **29** 5；**30** 3；**31** 6；W 86；F (5)
§ 153 **28** 2；**29** 5；**29** A；**30** 1；**30** 3；**31** 6；W 86；F (5)
§ 157 **20** 1；**20** 6；**23** 3；**30** 2
§ 158 **22** 43 A；F (5)
§ § 158 ff **22** 45
§ 163 F (5)
§ 164 F (6)
§ § 164 ff F (6)
§ 167 F (6)
§ 168 **28** 3；**30** 1；**30** 2；30 A；31 A
§ 181 **39** 10
§ 182 F (3)
§ 184 **34** 5；F (3)
§ 185 **34** 5
§ 198 **4** 6
§ 242 **35** 13
§ 243 **22** 40
§ 249 F (4)
§ 251 F (4)
§ 260 **18** 3
§ 275 F (4)
§ 276 F (4)
§ 277 **22** 23；W 68；W 69

§ 280 **43** 8；F (4)
§ 283 F (4)
§ § 284 ff **10** 5
§ 285 F (4)
§ 287 **10** 5
§ 311 b **21** 5；**25** 2；**25** 3；**33** 1，2，3；**40** 1
§ 328 **31** 6；31 A
§ § 330 ff **3** 5；**6** 1
§ 331 **4** 5；**4** 12；**20** 1；**28** 4；**31** 1；**31** 4；**31** 6；**31** A；**46** 2；W 90；F (5)
§ § 406 ff **10** 4
§ 407 **39** 10
§ 421 **45** 1
§ 426 **45** 1；**45** 6；**45** 10；W 110
§ 472 **34** 2
§ 488 F (3)
§ 516 **31** 2；**46** 2
§ § 516 ff F (5)
§ 517 **25** 1；**25** 2
§ 518 **25** 3；**28** 3；**29** 1；**29** 2；**29** 3；**29** 5；**31** 5；**31** 6；**31** A；W 88；F (5)
§ 528 **15** 2
§ § 528 ff **29** 2
§ § 530 ff **29** 3
§ 532 **26** 2
§ 563 **4** 5；**4** 12；**16** A
§ 607 F (5)
§ 612 **19** 17 A
§ 621 **31** 5
§ 631 F (6)
§ 641 F (6)
§ 649 **31** 5
§ 667 **44** 1；F (4)
§ 671 **30** 2；**31** 5
§ 672 **28** 3；**30** 1；**30** A；**31** A
§ 675 **31** 5
§ 677 **43** 8
§ 678 F (4)
§ 681 **44** 1；F (4)
§ 687 F (4)

§ 700　　F (5)

§ 705　　W 3.

§ 727　　**32** 2

§ 738　　**32** 6

§ § 738 ff　　**32** 10

§ § 741ff　　**4** 11

§ 745　　**34** 5；**34** 6；**34** A；F (6)

§ 751　　**35** 1

§ § 752 ff　　**35** 12

§ 766　　**25** 3

§ 779　　**23** 20；**33** 5

§ 808　　**31** A

§ 812　　**19** 17 A；F (1)；F (2)；F (5)

§ § 812 ff　　F (2)

§ 816　　**22** 22；F (4)

§ 818　　**10** 5

§ 822　　**21** 16

§ 823　　**4** A；**9** 1；**10** 3；**10** 5；F (1)；F (4)

§ 826　　F (2)

§ 857　　**4** 15；**6** 1；**9** 14；**10** A；**34** 3；**40** 2；W 8；W 19；W 29

§ 858　　**10** 5

§ 861　　**4** 15；**10** 3；F (1)

§ 862　　**10** A

§ 869　　**10** A

§ 873　　F (2)；F (3)

§ 892　　**22** 22

§ § 892 f　　F (3)

§ 893　　**21** 14

§ 925　　F (2)

§ 929　　**9** 12；**9** 14；F (5)；F (6)

§ 932　　**9** 12；**9** 14；**9** 9；**10** 5；**22** 22

§ § 932 ff　　**22** 22

§ 935　　**9** 14；F (6)

§ 985　　**4** 15；**9** 6；**10** A；**32** 8；F (1)；F (2)；F (5)；F (6)

§ § 985 ff　　**10** 3

§ 987　　**10** 5

§ § 987 ff　　**10** 3；**10** 5

§ 988　　**10** 3

§ 989	**10** 5；F (4)
§ 990	**10** 5；F (4)
§ 992	**10** 5
§ 994	**10** 5
§ 1004	**4** 12 A
§ 1007	**4** 15；**10** 3；F (1)
§ 1032	**22** 22
§ 1061	**4** 10
§ 1090	**4** 10
§ 1113	F (3)
§ 1114	F (3)
§ 1115	F (3)
§ 1117	F (3)
§ 1207	**22** 22
§ 1208	**22** 22
§ 1371	**11** 7；**13** 7；**16** 1；**16** 3；**16** 4；**16** 5；**16** A；**18** 5；**18** 9；**18** 11；**41** 3；W 35；W 38；F (2)
§ 1372	**18** 9
§ § 1372 ff	**18** 9
§ § 1373 ff	**16** 4
§ 1410	**29** 18
§ 1586	**4** 7；**41** A
§ 1586 b	**4** 7；**18** 4；**41** 2；**41** A
§ 1589	**14** 4
§ § 1589 ff	**5** 1；**12** 4；**13** 1
§ § 1591 ff	**13** 1
§ 1592	**12** 4
§ 1599	**12** 4
§ 1615	**41** 2
§ 1624	**35** 8
§ 1629 a	**11** 5；**W** 25
§ 1754	**12** 4
§ 1767	**18** 4
§ 1770	**18** 4
§ 1772	**18** 4
§ § 1773 ff	**38** 1
§ 1774	**18** 4
§ 1785	**38** 2

§ 1835	**36** 2；**36** A
§ 1836	**36** 2；**36** A
§ 1836 ff	**9** 4
§§ 1909 ff	**36** 1
§ 1915	**9** 4；**36** 2；**36** A
§ 1919	**36** A；**38** 3
§ 1922	**4** 5；**4** 9；**4** 13；**35** 1；W 8；W 19；F (2)；F (3)；F (4)；F (5)
§§ 1922 ff	**4** 3；**8** 1
§ 1923	**5** 2；**21** 13；**22** 16；**22** 17；**22** 31；**22** 35；**23** 11；W 6
§§ 1923 ff	**23** 9
§ 1924	**13** 4；**13** 5；**13** 6；**14** 1；**14** 2；**22** 3
§§ 1924 ff	**12** 1；**13** 7
§ 1925	**13** 4；**13** A；**14** 2
§ 1926	**13** A；**14** 3；**14** A；**16** 2
§ 1927	**14** 5
§ 1928	**14** 4
§ 1929	**14** 4；**14** 6
§ 1930	**13** 3；**13** 7；**13** A
§ 1931	**12** 3；**13** 7；**16** 1；**16** 2；**16** 3；**16** 4；**16** 5；**16** A；**18** 9；**19** 15；**22** 3；**27** 5；**35** 11；W 35；W 38；F (1)；F (2)
§ 1932	**13** 7；**16** 2；**16** A；**41** 3
§ 1933	**16** 2
§ 1934	**16** 2
§§ 1934 a ff	**15** 1
§ 1934 d	**15** 2；**15** 3
§ 1936	**7** 1；**7** 3；**12** 1；**14** 7；**17** 1；W 11
§ 1937	**16** 4
§§ 1937 ff	**8** A
§ 1938	**16** 5；**18** 1；**19** 7；**19** 11；**19** 16；**22** 44；**24** 1；**44** 1
§ 1939	**5** 1；**22** 26；F (1)；F (4)；F (5)
§ 1940	**22** 28；**22** 43；W 75
§ 1942	**7** 3；**11** 1；**11** 2；**11** 3；**22** 26；F (2)
§§ 1942 ff	**8** 1
§ 1943	**11** 2；**11** 4
§ 1944	**11** 3；**11** 4；**11** A；W 23
§ 1945	**11** 3；**11** 5；**11** 8；**11** 9；W 23；W 27
§ 1946	**11** 5；**21** 5
§ 1947	**11** 5

§ 1948 **11** 7
§ 1949 **11** 7；**11** 8
§ 1950 **11** 7
§ 1951 **11** 7
§ 1952 **11** 5；**11** 7
§ 1953 **11** 6；W 26
§ 1954 **11** 9；**11** A；W 27
§ 1955 **11** 8；**11** 9；W 27
§ 1956 **11** A；18 5
§ 1957 **11** 9；W 27
§ 1958 **11** 6；**44** 1
§ 1959 **11** 6；**44** 1；W 28
§ 1960 **9** 3；**36** 1；**36** 2；**36** A；**38** 1
§ 1961 **9** 3；**36** 2
§ 1962 **36** 1
§ 1963 **41** 3；**44** 2
§ 1964 **9** 4
§ § 1964 ff **7** 1 Fn. 48
§ 1965 **9** 4
§ 1967 **16** 2；**22** 25；**41** 1；**41** 2；**41** 3；**45** 2
§ 1968 **41** 3
§ 1969 **13** 7；**16** A；**41** 3；**44** 2
§ 1970 **37** A
§ § 1970 ff **42** 2
§ 1971 **42** 2；**43** 3；**44** 2
§ 1972 **42** 2；**43** 3
§ 1973 **32** 8；**37** 3；**42** 2；**42** 4；**43** 2；**43** 3；**43** 7；**45** 8；W 102
§ § 1973 ff **43** 9
§ 1974 **42** 2；**42** 4；**43** 4；**43** 7；**45** 8
§ 1975 **4** 5；**18** 12；**38** 1；**43** 8；**45** 4；**45** 10；W 106；W 107
§ 1976 **43** 8
§ 1977 **43** 8
§ 1978 **43** 8
§ 1979 **43** 3
§ 1980 **37** 2；**37** 3；**37** A；**42** 4；**43** 8；W 101
§ 1981 **38** 2
§ 1982 **38** 2；**43** 5
§ 1984 **38** 3

§ 1985	**38** 3
§ 1987	**38** 2
§ 1988	**38** 3；**38** A
§ 1989	**37** 3；**42** 4
§ 1990	**18** 12；**37** 3；**38** A；**42** 4；**43** 5；**43** 6；**43** 8；**43** A
§ 1991	**43** 3；**43** 5；**43** 6
§ 1992	**18** 12；**22** 37；**43** 5
§ 1993	**42** 3
§ 1994	**41** 4；**42** 5；**43** 9；**45** 9；W 109
§ 1995	**42** 3
§ 2000	**42** 3
§ 2001	**42** 3；W 109
§ 2003	**42** 3
§ 2005	**42** 5；**43** 9；W 109
§ 2006	**42** 3；**43** 9；W 109
§ 2009	**42** 3
§ 2010	**42** 4
§ 2011	**7** 3；**42** 3
§ 2012	**42** 3
§ 2013	**43** 5；**43** 9
§ 2014	**44** 2；**44** A
§ 2015	**44** 2；**44** A
§ 2016	**44** 2
§ 2018	**9** 6；**10** 1；**10** 2；**10** 3；**10** 5；**10** A；**44** 1；W 19；W 20；F (1)；F (2)；F (5)；F (6)
§§ 2018 ff	**10** 3
§ 2019	**10** 3；**10** 4；W 21；F (6)
§§ 2019 ff	**10** 3
§ 2020	**10** 3
§ 2021	**10** 3；**10** 5
§ 2022	**10** 5
§ 2023	**10** 5
§§ 2023 f	**10** 5
§§ 2023 ff	**10** 3
§ 2024	**10** 5
§ 2025	**10** 5
§ 2027	**10** 1
§ 2028	**10** 1

§ 2029	**10** 3；F (1)
§ 2030	**10** 2
§ 2032	**4** 10；**34** 1
§ § 2032 ff	**34** 1
§ 2033	**4** 10；**34** 1；**34** 2；**40** 1
§ 2034	**34** 2
§ 2038	**30** 2；**34** 4；**34** 5；**34** 6；**34** A；F (6)
§ 2039	**10** 2；**34** 1；**34** 6
§ 2040	**34** 5；F (3)
§ 2041	**10** 4；**34** 2；W 95；F (6)
§ 2042	**35** 1；**35** 12
§ 2043	**35** 1
§ 2044	**35** 1；W 96
§ 2045	**35** 1
§ 2046	**35** 12
§ 2047	**4** 5；**35** 12；**35** 13
§ 2048	**22** 28；**22** 46；**22** 47 A；**35** 3；**35** 13；W 98
§ 2049	**35** 2
§ 2050	**15** A；**28** A；**33** A；**35** 7；**35** 8；W 99
§ § 2050 ff	**18** 10
§ 2051	**35** 7
§ 2052	**35** 7
§ 2055	**33** A；**35** 4；**35** 9
§ 2056	**35** 9
§ 2057 a	**35** 10；**35** 11
§ 2058	**45** 1；**45** 6；W 110
§ 2059	**45** 2；**45** 3；**45** 4；**45** A；F (6)；W 110
§ 2060	**45** 8；**45** 10
§ 2061	**45** 8
§ 2062	**38** 2；**45** 3
§ 2063	**45** 9
§ 2064	**19** 12；**20** 2；**20** 22；**20** 29；W 47；F (1)；F (4)
§ § 2064 ff	**8** 1
§ 2065	**20** 2；**20** 27；**20** 28；**20** 29；**22** 35；W 55；W 56
§ 2066	**22** 3；**2** 3 A；**23** 9
§ § 2066 ff	**23** 9
§ 2067	**23** 9
§ 2068	**22** 4；**23** 9

§ 2069 **21** 9；**22** 7 A；**22** 16；**23** 9
§ 2072 **23** 9
§ 2073 **23** 9
§ 2074 **22** 16；**23** 11
§ 2075 **23** 11
§ 2076 **23** 11
§ 2077 **21** 12；**21** 12 A
§ 2078 **27** 2；**27** 3；**27** 5；W 47
§ 2078 f **21** 11
§ § 2078 ff **19** 12；**27** 1；W 85
§ 2079 **21** 11；**27** 2
§ 2080 **21** 22；**27** 2
§ 2081 **27** 4
§ 2082 **27** 4
§ 2084 **19** 3；**20** 29；**20** 37；**23** 3；**23** 14；W 78；29 4 Fn. 247
§ 2085 **20** 38；**21** 22；**22** 32；**27** 5
§ 2087 **5** 1；**22** 41；**22** 42；**23** 10；F (1)；W 74；F (4)
§ § 2087 f **23** 10
§ 2088 **22** 3
§ 2089 **22** 3；**22** A；W 49
§ § 2089 ff **22** 36
§ 2090 **22** 3
§ 2092 **22** 3
§ 2094 **22** 7
§ 2096 **2** 4；**22** 7；**22** A；W 50
§ § 2097 ff **22** 36
§ 2099 **22** 7；**22** A
§ 2100 **22** 5
§ 2101 **5** 2；**22** 12；**22** 17；W 6
§ 2102 **22** 6
§ 2103 **22** 11
§ 2104 **22** 11；**22** 14；**22** 17
§ 2106 **22** 5；**22** 17
§ 2108 **22** 16；**22** 17
§ 2109 **22** 18；**22** 19；**22** 20；**22** A；W 67
§ 2111 **22** 21；**22** 25；F (6)
§ 2112 **22** 21
§ 2113 **22** 22；**22** 24；F (2)；F (3)

§§ 2113 ff	W 68
§ 2114	**22** 22；**22** 24
§ 2115	**22** 22
§ 2116	**22** 24
§§ 2116 ff	**22** 24
§ 2118	**22** 22
§ 2120	**22** 22；**22** 23；W 68
§ 2123	**22** 24
§§ 2124 ff	**22** 23
§ 2127	**22** 24
§§ 2127 f	**22** 21
§§ 2128 ff	**22** 24
§ 2130	**22** 23
§ 2131	**22** 23；W 68；W 69
§ 2132	**22** 23
§ 2133	**22** 24
§ 2134	**22** 23；**22** 24
§ 2136	**22** 25；W 70
§ 2137	**22** 25；W 70
§ 2138	**22** 25
§ 2140	**22** 17
§ 2142	**22** 17
§ 2144	**22** 25
§ 2145	**22** 23
§ 2147	**22** 33；F (1)；F (4)
§§ 2147 ff	**22** 27
§ 2149	**22** 34
§ 2150	**22** 29；**22** A
§ 2151	**20** A；**22** 35
§ 2152	**22** 35
§ 2154	**22** 40
§ 2155	**22** 40
§ 2156	**22** 40
§ 2157	**22** 36
§ 2158	**22** 36
§ 2160	**22** 31
§ 2161	**22** 33
§ 2162	**22** 31

§ 2163	**22** 31
§ 2169	**22** 38；**32** 11
§ 2170	**22** 38
§ 2174	**22** 27；F (1)；F (4)
§ 2176	**22** 32；F (4)
§ 2178	**22** 35
§ 2180	**22** 32
§ 2182	**22** 40
§ 2183	**22** 40
§ 2184	F (4)
§ 2186	**22** 37
§ 2187	**22** 37
§ 2190	**22** 36
§ 2191	**22** 36
§ 2192	**22** 43
§ 2193	**22** 18
§ § 2193 ff	**22** 43
§ 2194	**22** 43；W 76
§ 2197	**22** 47；**39** 1；**39** 3
§ § 2197 ff	**39** 1
§ 2198	**39** 3
§ 2200	**39**
§ 2201	**39** 3
§ 2202	**39** 4
§ 2203	**39** 7
§ 2204	**39** 7
§ 2205	**39** 7；**39** 9；**39** A
§ 2207	**39** 8
§ 2208	**39** 8
§ 2210	**39** 3；**39** 5
§ 2211	**39** 4；**39** 10
§ 2212	**39** 9
§ 2213	**39** 9
§ 2214	**39** 2
§ 2215	**39** 11
§ § 2215 ff	**39** 2
§ 2216	**39** 11
§ 2217	**39** 11

§ 2218	**39** 2; **39** 11
§ 2219	**39** 11
§ 2223	**39** 8
§ 2224	**39** 3
§ 2225	**39** 5
§ 2226	**39** 5
§ 2227	**39** 5
§ 2229	**20** 4; **20** 4; W 52
§ 2231	**20** 16; **20** 18; F (1)
§ 2232	**20** 16; **20** 19; F (1)
§ 2233	**20** 4; **20** 8; **20** 9 A; **20** 16; **20** 19
§ 2237	**20** 14
§ 2247	**19** 17 A; **20** 10; **20** 13; **20** 16; **20** 19 A; **21** 3; **23** 5; **23** 7; **29** 3 W 53; F (1)
§ 2248	**20** 15
§ 2249	**20** 18
§ 2250	**20** 18
§ 2251	**20** 18; **20** 19 A
§ 2252	**20** 19; **20** 19 A
§ 2253	**19** 12; **19** 14; **19** 17 A; **20** 20; W 47
§ § 2253 ff	**20** 20
§ 2254	**20** 13; **2** 20; **21** 10
§ 2255	**20** 20; **20** 21; **20** 21 A; **21** 10; **23** 3; **23** 7 A
§ 2256	**30** 20; **20** 21
§ 2257	**20** 21
§ 2258	**20** 13; **20** 20; **20** 21; **21** 10; **22** 47; F (1)
§ 2258 a	**20** 17
§ 2259	**9** 1
§ 2265	**20** 2
§ § 2265 ff	**20** 2; **21** 2
§ 2267	**21** 4; **21** 12 A
§ 2268	**21** 12; **21** 12 A
§ 2269	**21** 6
§ 2270	**21** 8; **21** 9; W 61
§ 2271	**21** 10; **21** 11
§ 2272	**21** 10
§ 2273	**21** 2
§ 2274	**19** 12; **21** 19; **33** 2, 3; W 47

§ § 2274 ff	**8** 1；**20** 2
§ 2275	**21** 18
§ 2276	**19** 17 A；**21** 18；**21** 19
§ 2278	**21** 14；**21** 15；**21** 23；**21** 23 A；W 63
§ 2279	**21** 13
§ 2281	**21** 11；**21** 22
§ § 2281 ff	**21** 23；W 64
§ 2282	**21** 22
§ 2283	**21** 22
§ 2286	**21** 16
§ § 2286 f	F (2)
§ 2287	**21** 16；F (2)
§ 2288	**21** 16
§ 2289	**21** 13；W 63
§ 2290	**21** 20；W 63；W 64
§ 2291	**21** 10；**21** 20；W 64
§ § 2291 ff	**21** 10
§ 2292	**21** 21；W64
§ 2293	**21** 21；W64
§ 2294	**21** 11；W 64
§ 2295	**21** 21；W 64
§ 2296	**21** 10
§ 2297	**21** 21
§ 2298	**21** 21
§ 2298	**21** 15
§ 2300	**9** 1
§ 2301	**28** 6；**29** 1；**29** 3；**29** 5；**29** A；**30** 1；**30** 4；**31** 2；**31** 3；**31** 4；**31** 5；**31** A；W 88；W 89；W 90；F (5)
§ 2302	**19** 12；**19** 17 A；**20** 2；**20** 20；**20** 32；**21** 13；**21** 14；**33** 1；W 47
§ 2303	**4** 4；**8** 1；**16** 5；**18** 4；**18** 5；**18** 8；**18** 9；**18** 11；**24** 1；**28** A；**33** 2；W 39；F (2)
§ § 2303 ff	**8** 1；**19** 11；**24** 1
§ 2305	**18** 5
§ 2306	**11** 7；**18** 5；**2** 45
§ 2307	**18** 4；**18** 5；W 39
§ 2309	**18** 4
§ 2310	**18** 8
§ 2311	**18** 8

§ 2314	**18** 3
§ 2315	**15** A；**18** 10 A
§ 2316	**18** 10；**28** A；**33** A
§ 2317	**18** 6
§ 2318	**18** 3；**18** 7
§ 2319	**18** 3
§ 2325	**18** 11；**18** 12；**18** 12 A；**28** 8；W 40
§ 2326	**18** 12
§ 2329	**18** 7；**18** 7；**18** 12；**28** 8；**33** 1
§ 2331 a	**18** 7
§ 2332	**18** 6；**18** 12
§ 2333	**18** 14；**21** 44；**24** 1
§§ 2333 ff	**18** 5；**18** 14；**21** 21；W 64
§ 2334	**18** 14
§ 2335	**18** 14
§ 2336	**18** 15；**21** 11
§ 2337	**18** 15；**26** 2
§ 2338	**18** 15；W 41
§ 2339	**19** 13；**24** A；**26** 1；**26** 2；**26** A；W 47；W 84
§§ 2339 ff	**8** 1；**26** 1
§ 2340	**18** 6；**24** A；**26** 2
§ 2341	**24** A；**26** 2
§ 2342	**26** 2
§ 2343	**26** 2；**26** A
§ 2344	**26** 2
§ 2345	**26** 2
§ 2346	**7** 3；**18** 5；**18** 13；**18** 15 A；**19** 14；**24** A；W 83
§§ 2346 ff	**8** 1；**11** 5
§ 2347	**25** 3
§ 2348	**18** 13；**21** 21
§ 2349	**19** 14；**25** 4；W 83
§ 2350	**19** 14；**25** 4
§ 2351	**25** 5
§ 2352	**19** 14；**25** 4；**25** 5
§ 2353	**9** 11；**9** 20；W 15；W 16
§§ 2353 ff	**8** 1
§ 2354	**9** 17；**9** 20
§ 2355	**9** 14；**9** 20

§ 2357 **9** 17
§ 2359 **9** 20
§ 2361 **9** 8
§ 2362 **10** 1
§ 2365 **9** 11；**9** 19
§ 2366 **9** 13；**9** 14；**10** 4；**39** 4
§ § 2366 f **9** 15
§ 2367 **9** 13
§ 2368 **39** 4
§ 2369 **9** 18
§ 2371 **40** 1
§ § 2371 ff **8** 1；**34** 2；**40** 1
§ 2373 **4** 5；**22** 32；**40** 2
§ 2374 **40** 2
§ 2375 **40** 3
§ 2376 **40** 3
§ 2378 **40** 3
§ § 2379 f **40** 3
§ 2381 **40** 3
§ 2382 **34** 3；**40** 3
§ 2383 **40** 3
§ 2385 **34** 3
BW（《荷兰民法典》，1970）
Art. 1：41 **15** 4
Art. 1：221 **15** 4
Art. 1：222 **15** 4
Art. 1：224 **15** 4
Art. 1：394 **15** 4
Art. 899 a **16** 8
Bundesbodenschutzgesetz（《防止有害的土壤改变及清除污染法》，1998）
§ 4 **4** 12 Fn. 37
Cc（《法国民法典》，法国，1804）
Art. 649 **22** 27
Art. 711 **4** 16
Art. 724 **4** 16
Art. 727 **26** 1
Art. 730 **9** 19
Codice civile（《意大利民法典》，意大利，1942）
Art. 458 **4** 2

Art. 589 **4** 2

EGBGB（《民法典施行法》，1994）

Art. 25 **6** 6；**6** A；**46** 5

Art. 26 **6** 6；**46** 5

Art. 138 **7** 3

Art. 139 **7** 3

Art. 227 **15** 3；**15** A

Art. 230 **6** 5；W 10

Art. 235 **6** 5；**6** A；W 10

ErbStG（《遗产税法》，2002）

§ 1 **3** 4

§ 7 **3** 4；**7** 7

§ 8 **7** 9

§ 13 **3** 4

§ 14 **7** 9；W 12

§ 15 **7** 7；**7** 10 A；**45** 3；W 13

§ 16 **7** 9；**7** 10 A

§ 17 **7** 9；**7** 10 A

§ 19 **7** 8；**7** 10 A

§ 29 **3** 4

FamFG（《家事与非讼事件程序法》）

§ 26 **9** 6

§ 58 **9** 10；**9** 23

§ 59 **9** 23

§ 70 **9** 10；**9** 25

§ 342 **9** 5

§ 343 **9** 1

§ 344 **9** 1

§ 345 **9** 1

§ 346 **9** 1

§ 348 **9** 1；**9** 2；**9** 10

§ 352 **9** 10；**9** 20

§ 363 **34** 5

§ 372 **9** 23

FGG（《非讼事件法》，1898）

§ 27 **9** 25

§ 28 **9** 25

§ 119 **9** 25

§ 343 **9** 25

GBO（《土地登记簿条例》，1994）

§ 40 **9** 14

§ 51 F（3）

GG（《基本法》，1949）

Art. 1 **6** 2

Art. 2 **19** 8；W 59

Art. 3 **6** 2；**19** 7；W 14

Art. 4 W 59

Art. 6 **6** 2；**12** 4；**12** 5；**19** 7；**19** 15

Art. 14 **5** 2；**5** 4；**7** 1；**7** 4；**19** 6；**19** 8；**19** 12；**19** 13；**19** 14；**20** 8；**20** 36；W 44；W 59

Art. 19 **20** 35

Art. 106 **7** 4

GKG（《诉讼费用法》，2004）

§ 34 **9** 9

GmbHG（《有限责任公司法》，1892）

§ 15 **32** 1

HeimG（《养老机构法》，1974）

§ 14 **19** 13

HGB（《商法典》，1897）

§ 22 **6** 1

§ 131 **32** 3；**32** 6

§ 139 **32** 3

§ 143 **32** 5

§ 146 **32** 6

§ 161 **32** 12

§ 177 **32** 13

InsO（《破产条例》，1994）

§ 26 **43** 5

§ 81 **38** 3

§ 315 **37** 2

§§ 315 ff **37** 1

§ 316 **37** 1

§ 320 **37** 1

§ 327 **43** 3

《日本民法典》（1947）

§ 951 **7** 2

LPartG（《生活伴侣法》，2001）

§ 10 **4** 2；**12** 3；**17** 1；**21** 2；W 36

§ 15　　**17** 1；**21** 12

RPflG（《司法辅助人法》，1969）

§ 3　　**9** 2；**9** 21

§ 11　　**9** 23

SGB XII（《社会法典》，第 12 册，1998）

§ 90　　**46** A

《遗嘱法》，1938

§ 48　　**2** 6；**19** 7；**19** 9；**20** 31

VerschollenheitsG（《失踪法》，1951）

§ 10　　**23** A

§ 11　　**5** 2；**5** A

VersVG（《保险合同法》，1908）

§ 159　　**31** 1

WRV（《魏玛宪法》，1919）

Art. 155　　**2** 4

ZGB（《瑞士民法典》，1907）

§ 559　　**9** 19

ZPO（《民事诉讼法》，1950）

§ 116　　**39** 1

§ 148　　**9** 9

§ 253　　**10** 1

§ 256　　**9** 6；**9** 24；**10** 1

§ 322　　**9** 7

§ 325　　**9** 7

§ 747　　**45** 5；**45** A；W 110

§ 766　　**22** 24 Fn. 216

§ 767　　**45** 3

§ 771　　**22** 22

§ 773　　**22** 22

§ 780　　**7** 3；**43** 9

§ 781　　**45** 3

§ 785　　**45** 3

§ 794　　**23** 20

§ 859　　**34** 3；**45** 2

§ § 946 ff　　**44** 2

§ 1048　　**20** 29

关键词索引

数字指的是本书的章节（**粗体**）以及一章之内的边码（瘦体）。

例如：第 9 章边码 10=**9** 10

Abkömmling 晚辈直系血亲 **7** 7，**13** 2 f.，**14** 1 ff.，**16** 2，**18** 4，9，14 f.，**19** 7，**20** 34 ff.，**21** 9，**22** 4，7 15 f.，**25** 1，4，**35** 7，10，11

Allgemeines Persönlichkeitsrecht 一般人格权 **4** 9

Alternativen zum Erbrecht 继承法的替代方案

—Schenkung unter Lebenden 生前赠与 **3** 1，5

—Stiftung 基金会 **3** 1 ff.，**21** 17，**23** 15，**35** 1，**46** 3，8

—Treuhand 信托 **3** 6

—Trust 信托 **3** 6，**22** 9

Amtsempfangsbedürftigkeit 需官方受领 **11** 3，5，**22** 2

Amtsermittlungsgrundsatz 职务调查原则 **9** 6

Andeutungstheorie 暗示理论 **23** 5，18

Anfechtung 撤销 **19** 12，**21** 11，**23** 7，**27** 1

—Anfechtungsberechtigter 撤销权利人 **27** 2

—Anfechtungserklärung 撤销的表示 **11** 8 f.，**21** 22，**27** 4

—Anfechtungsgrund 撤销的原因 **11** 8，**27** 2 f.，4

—Ausgestaltung im Erbrecht 在继承法中的设计 **27** 1

—Auslegung 解释 **23** 7，**27** 1

—Bestätigung 确认 **27** 3

—der Annahme 撤销承诺 **11** 8 f.

—der Ausschlagung 拒绝遗产的撤销 **11** 8，9

—der Erbschaft 撤销遗产 **24** 1，**27** 5

—der Vaterschaft 撤销父亲身份 **12** 4

—des Erbvertrages 撤销继承协议 **21** 22

—Drohung 因胁迫而撤销 **27** 2

—Erbunwürdigkeit 继承不够格 **26** 2

—Erheblichkeit 显著性 **27** 3

—Form 形式 **11** 8，9，**27** 3 f.

—Frist 期限 **21** 11，22，**27** 4

—Irrtum 错误 **11** 7，8，**19** 12，**27** 1 ff.

—Täuschung 欺诈 **27** 2

—Wirkung 效果 **27** 5

Annahme 接受 **20** 32 f.，**22** 7，**24** 1，**27** 2，**36** 1，**37** 2，**44** 1 f.，4

—Anfechtung 撤销 **11** 8 f.

—Annahmeerklärung 接受的表示 **11** 2

—ausdrückliche 明确的 **11** 2，7

—Frist 期限 **11** 4，**44** 1

—konkludente 推定的 **11** 2

Antrag 申请

—auf Erbschein 继承证书 **9** 20

—auf Nachlassinsolvenzverfahren 遗产破产程序 **37** 2

—auf Nachlassverwaltung 遗产管理 **38** 1

Antritt der Erbschaft 接受遗产 **4** 16，**20** 26，**22** 15

Anwachsung 增加（继承份额）**22** 7，36

Anwartschaftsrecht 期待权 **21** 5，**22** 31，**36** 2

—Nacherbschaft 后位继承 **22** 15，16，25
—Schenkung 赠与 **29** 5
Aufgabe des Erbrechts 继承法的任务 **2** 7
—„Recht der letzten Dinge“ “最后之事之法” **1** 1
—Vollendung des Zivilrechts 民法的圆满结束 **1** 3
—Wertvermittlung 价值调解 **2** 7
Aufgebotsverfahren 公示催告程序 **42** 1，2，**43** 2，4，8，**44** 2，**45** 8
Aufhebungsvertrag 废止合意 **21** 20
Auflage 负担 **13** 7，**18** 3，7，9，**20** 32，**21** 8，14，20，23，**22** 8，23，28，43，**41** 2，3，**43** 2，3，5，**46** 4，9
—kein Leistungsanspruch 无给付请求权 **22** 43
—Verpflichtung des Erben 继承人的义务 **22** 43
Auflösende Bedingung 解除条件 s. Bedingung，auflösende
Aufschiebende Bedingung 延缓条件 s. Bedingung，aufschiebende
Auseinandersetzung 分割共同财产
—Ausschluss 排除 **35** 1
—Ausschluss der Auseinandersetzung durch den Erblasser 被继承人排除遗产的分割 **35** 1
—Ausschluss der Auseinandersetzung durch die Miterben 共同继承人排除遗产的分割 **35** 1
—Erbteile stehen nicht fest 继承份额不确定 **35** 1
—Gläubigeraufgebot 对债权人的公示催告 **35** 1，**43** 2
—Teilungsverfahren 分割程序 **35** 2 ff.
—Zeitpunkt 时间点 **35** 1
Ausgleichung 补偿，均衡 **18** 10，12，**32** 11，**34** 3，**35** 4，6 ff.，**40** 3，**45** 1
—Anordnung der Ausgleichung 均衡的指示 **35** 8
—Anspruch，schuldrechtlicher 债权请求权 **35** 13
—Aufwendungen für Berufsausbildung 职业培训的花费 **35** 8
—Ausgleichspflichtiger 补偿义务人 **35** 7
—Ausstattung 婚嫁资财 **18** 10，**20** 22，**22** 29，**35** 8
—Begünstigter 受益人 **35** 7
—Berechnung 计算 **35** 9，11
—Erhaltung oder Vermehrung des Vermögens 财产的取得或增加 **35** 10
—Familienbindungen 家庭义务 **35** 13
—Leistungen 给付 **35** 10 f.
—Pflege des Erblassers 对被继承人的照顾 **35** 10
—typische 典型的 **35** 8
—unter den Abkömmlingen 在晚辈直系血亲之间 **35** 10
—unter den miterbenden Abkömmlingen 在共同继承的晚辈直系血亲之间 **35** 7
—Vollzug der Teilung 分割的实施 **35** 12 f.
—Zuschüsse 补助 **18** 12，**35** 8
—Zuwendungen 给予 **35** 6 ff.
Auskunftsanspruch 答复请求权 **11** 2
—des Erben 继承人的 **10** 1
—des Nacherben 后位继承人的 **22** 21
—des Pflichtteilsberechtigten 特留份权利人的 **18** 3
—des Testamentsvollstreckers 遗嘱执行人的 **39** 11
Auslegung 解释 **6** 1，**18** 14，**19** 8 f.，**20** 39，**22** 11，14，34，41，46，**28** 6，**29** 4，**31** 1，**35** 4
—Andeutungen 暗示 **23** 5，7，14
—Andeutungstheorie 暗示理论 **23** 5，18
—Anfechtung 撤销 **23** 7，**27** 1
—Auslegungsgrundsätze 解释的原则 **23** 3
—Auslegungsregeln，gesetzliche 法定解释规则 **22** 41，**23** 10
—Auslegungsvertrag 解释协议 **23** 19 ff.，**33** 6
—Bedingung 条件 **20** 39
—benigna interpretatio 良性解释 **23** 3
—ergänzende 补充的 **20** 39，**23** 5，12 ff.，18
—favor testamenti 遗嘱有效 **20** 3，29，38，**23** 3，**27** 5

—Gesellschaftsvertrag 民商事组织合同 **32** 11
—Grenze des Wortlautes 文义的界限 **20** 3，**23** 2，7，14
—Indizwirkung im Rahmen der Auslegung 在解释框架中的表征效力 **23** 18
—keine Berücksichtigung 没有考虑到 **23** 17
—keine Lücke 没有漏洞 **23** 14
—Mehrdeutigkeit，bewusste 故意的多重含义 **23** 14
—„pro non scripta habetur“ -Regel“被视为没有”规则 **20** 39，**23** 13
—Testament 遗嘱 **19** 1，**20** 1 f.，3，15，29，**22** 2 f.，7，**23** 3，5，16，19，**27** 1，**46** 1，10
—Verfügungen，bedingte 附条件的处分 **23** 11
—Verfügungen，letztwillige 终意处分 **1** 2 f.，**20** 1，**22** 36，42，**27** 1
—Vermutung，gesetzliche 法定推定 **9** 11，**20** 21，**21** 9，**22** 4，6，7，12，15，**41** f.，**23** 3，7，8 ff.，**35** 2，**42** 3，4
—Vermutung，widerlegbare 可反驳的推定 **9** 11，19，**23** 8
—Wille，mutmaßlicher 推测的意思 **23** 14
—Willensänderung，spätere 后来的意思改变 **23** 16 ff.
—Willenserklärung 意思表示 **22** 42，**23** 3，6，17
—wirklicher Wille des Erblassers 被继承人的真实意思 **21** 6，**22** 41，**23** 3，4 ff.，14
Auslegungsvertrag 解释协议 **23** 19 ff.，**33** 6
—Einigung，außergerichtliche 庭外的合意 **23** 20
—Einigung der Erben 继承人的合意 **23** 19
—Indiz für Auslegung 针对解释的表征 **23** 19
—Mediation 调解 **33** 5，6
—Prozessvergleich 诉讼中的和解 **23** 20
—Wirkung，indirekte 间接效力 **23** 19
Ausschlagung 拒绝 **8** 1，**10** 2，**11** 2，3 ff.，**14** 2，**16** 4，6，**18** 5，13，**19** 17，**21** 5，**22** 32 f.，**24** 1，**26** 2，**44** 1
—Amtsempfangsbedürftigkeit 需官方受领 **11** 3，5
—Anfechtung 撤销 **11** 8，9
—ausdrückliche 明确的 **11** 7
—Bedingungsfeindlichkeit 不得附条件 **11** 5
—Fiktion der Rückwirkung 追溯效力的拟制 **11** 6
—Form 形式 **11** 3，8，9
—Frist 期限 **11** 2，3f.，6
—Geschäftsfähigkeit 行为能力 **11** 5
—Sittenwidrigkeit 违反善良风俗 **10** 3
—Teilausschlagung 部分拒绝 **11** 7
Ausschluss von der Erbfolge 从继承顺序中排除 **24** 1 ff.
—Anfechtung 撤销 **19** 12，**21** 11，**23** 7
—Ausschlagung 拒绝 **8** 1，**10** 2，**11** 2，3 ff.，**14** 2，**16** 4，6，**18** 5，13，**19** 17，**21** 5，**22** 32 f.，**24** 1，**26** 2，**44** 1
—Enterbung 排除在法定继承之外 **16** 4，5，**18** 1 f.，8，**19** 7，11，**20** 31，32，34，**22** 44 f.，**23** 15，**24** 1，**46** 6 f.
—Erbunwürdigkeit 继承不够格 **8** 1，**10** 2，**18** 4，6，8，**19** 13，**24** 1，**44** 1
—Erbverzicht 放弃继承 **8** 1，**11** 5，**16** 4，**18** 4，8，15，**24** 1，**46** 2，8
Bedingung 条件 **20** 26 f.，39，**21** 7，**22** 8，13，14，45，47，**23** 11，12 f.，15，**46** 11
—auflösend 解除的 **21** 5f.，**22** 13，19，43，45，**46** 9
—aufschiebend 延缓的 **22** 15，31，45，**23** 11，**28** 3 f.，**31** 6，**46** 9
—Auslegung，ergänzende 补充解释 **20** 39，**23** 5，12 ff.，18
—Potestativbedingung 任意条件 **20** 26，34，**22** 45，**23** 11
—Schenkung 赠与 **28** 1，5 ff.，**29** 1，5
—Überlebensbedingung 在其之后死亡的条件 **28** 6，**29** 1，**30** 4，**31** 3，6
Bedingungsfeindlichkeit 不得附条件 **11** 5

Beerdigungskosten 丧葬费用 s. Kosten der Beerdigung

Befreiungsvermächtnis 免除遗赠 **22** 39

Behinderte 残疾人 **20** 32，**21** 19，**22** 40

—Geistes-und Bewusstseinsgestörte 精神和意识障碍的 **20** 5，7

—Mehrfachbehinderung 多重残疾 **20** 8

—Stumme 不能言语者 **21** 19

Behindertentestament 残疾人遗嘱 **20** 32，**46** 11

benigna interpretatio 良性解释 **23** 3

Berliner Testament 柏林遗嘱 s. Testament，Berliner

Beschaffungsvermächtnis 使受益人取得标的的遗赠 **22** 38

Beseitigung des Erbrechts 继承权的清除 **2** 5，**7** 6

Bestimmung，kaptatorische 欺骗性规定（以获得受益人的对待给付为目标的遗嘱规定）**20** 25

Bestimmungsvermächtnis 继承人或第三人进行确定的遗赠 **22** 40

Beurkundungsgesetz 公证书证法 **20** 17

Bonifatiusfall 圣波尼法爵案 **28** 7，**30** 4

Bundesverfassungsgericht 联邦宪法法院 **4** 11，**7** 4，**9** 25，**19** 9，15 ff.，**21** 19

cautela Socini 为了保护在世的配偶而通过遗嘱规定的丧失权利条款 **22** 45

Digitaler Nachlass 数字遗产 **4** 9

Dingliche Surrogation 物上代位 s. Surrogation，dingliche

Dispositionsgrundsatz 处分原则 **9** 6

Dreißigster 最初 30 日的扶养 **13** 7，**41** 3，**44** 2

Drittwirkung von Grundrechten 基本权利的第三人效力 **6** 3 f.，**19** 8

—Bundesverfassungsgericht 联邦宪法法院 **4** 11，**7** 4，**9** 25，**19** 9，15 ff.，**21** 19

Drohung 胁迫 **26** 1，**27** 2

Dürftigkeitseinrede 财产欠缺抗辩 **37** 3，**43** 5，8

Ehegatte 配偶 **4** 11，**18** 2

—Erbrecht des überlebenden Ehepartners 在世配偶的继承权 **12** 3，**13** 7，**18** 9，11，**22** 24，45 f.，**46** 7 f.

—Erbschaftssteuer 遗产税 **7** 7，9

—Erbvertrag 继承协议 **4** 2，**21** 13 ff.

—Mietvertrag 租房合同 **4** 8，12，**16** 7

—Pflichtteilsberechtigung 特留份权 **18** 4，5，14

—Testament，Berliner 柏林遗嘱 **21** 5 f.

—Testament，gemeinschaftliches 共同遗嘱 **4** 2，**21** 1 ff.

—Voraus 先取份 **13** 7，**16** 2，**17** 1，**41** 3

Ehepartner 配偶 s. Ehegatte

Eigentumsfreiheit 财产自由 **7** 1，4，**19** 6，8，12 ff.，**20** 8，**21** 13，**23** 3

—Bundesverfassungsgericht 联邦宪法法院 **4** 11，**7** 4，**9** 25，**19** 9，15 ff.，**21** 19

—Gesetzesvorbehalt 法律保留 **6** 2，**19** 6

—Grenzen 界限 **19** 6

—Recht des Erben 继承人的权利 **19** 6，7

—Recht des Erblassers 被继承人的权利 **19** 6 f.

—Sozialbindung des Eigentums 财产的社会义务 **6** 2，**19** 6

Einheitsprinzip 统一原则 **21** 5 ff.，21，**46** 8

—Trennungsprinzip 分离原则 **21** 5 ff.，**22** 9，**46** 8

Einseitige Verfügungen 单方处分 s. Verfügungen，einseitige

Eltern 父母 **15** 2 f.，**20** 9，**35** 8

—Erbrecht 继承权 **12** 4，**13** 2，**14** 2，**21** 7，**28** 1

—Erbschaftssteuer 遗产税 **7** 7 f.

—Pflichtteilsberechtigung 特留份权 **18** 4

Empfangsbedürftigkeit 需受领 **11** 2 f.，**20** 1，**23** 3，**27** 2

—Amtsempfangsbedürftigkeit 需官方受领 **11** 3，5

Enterbung 排除在法定继承之外 **16** 4，5，**18** 1 f.，8，**19** 7，11，**20** 31，32，34，**22** 44 f.，**23** 15，**24** 1，**46** 6 f.

—Abkömmling 晚辈直系血亲 **19** 7
Entzug des Pflichtteils 剥夺特留份 **18** 4，13 ff.，**21** 11，14，21，**22** 44，**24** 1，**28** 8
—Form 形式 **18** 15
Erbe 继承人 **5** 1
—Auflage 负担 **13** 7，**18** 3，7，9，**20** 32，**21** 8，14，20，23，22 8，23，28，43，**41** 2，3，**43** 2，3，5，**46** 4，9
—Ausgleichung 补偿 **18** 10，12，**32** 11，**34** 3，**35** 4，6 ff.，**40** 3，**45** 1
—Auskunftsanspruch 答复请求权 **10** 1
—Auslegungsvertrag 解释协议 **23** 19 ff.，**33** 6
—Druck auf den Erben 给继承人的压力 **19** 17，**20** 33 f.
—Ersatzerbschaft 替补继承 **20** 26，**21** 6，**22** 4，5，6，7，12，13
—gesetzlicher 法定的 **2** 3，**4** 16，**7** 1，2f.，**9** 1，**11** 3，7，**13** 7，**14** 6，**16** 3，**18** 4，5，8，15，**20** 32，**21** 14，**22** 2 ff.，7，13，16，35，44 f.，**23** 5，9，**24** 1，**25** 2，4，**27** 4 f.，**35** 7，**42** 3
—Grundrechte der Erben 继承人的基本权利 **20** 34 ff.
—Haftungsprivilegierung 责任优待 **32** 8
—Inhalt 内容 **22** 27
—Nacherbe 后位继承人 **5** 2，**18** 5，15，**21** 5 f.，21，**22** 1，5，6，8 ff.，32
—Nachlasspflegschaft 遗产保佐 **9** 3，4，**10** 2，**37** 2，**41** 3，**43** 9，**44** 4
—Pflichtteilsberechtigung 特留份权 **18** 1，4，5，7
—Rechtsfolge 法律后果 **22** 27
—Staat 国家 25，7 1ff.，**11** 1，3，**14** 7，**17** 1
—Trennung zwischen Vermächtnis und Erbe 遗赠与继承间的区分 **22** 26
—Vorerbe 前位继承人 **21** 5，**22** 1，5 f.，8 ff.
—zeitliche Staffelung von Erben 继承人的时间排序 **22** 9，36
Erbeinsetzung 指定继承人 **20** 31，33，39，**21** 7 ff.，13 f.，23，**22** 1，3，6，30，35 f.，41 f.，43 ff.，47，**23** 10，12，18，**27** 4 f.，**46** 6，9
—Vermächtnis 遗赠 **22** 41 f.，**23** 10
Erbengemeinschaft 继承人共同体 **4** 10
—Außenverhältnis 外部关系 **34** 5
—Erhaltung 维持 **4** 10，**34** 4
—Geltendmachung zum Nachlass gehörender Forderungen 主张属于遗产的债权 **34** 6
—Gesamthandsgemeinschaft 共同共有关系 **4** 10，**32** 4，**34** 1，6，**45** 1，4
—Haftung für Nachlassschulden 对遗产债务的责任 **34** 3，**41** 1，2
—Innenverhältnis 内部关系 **34** 5
—Mitwirkung an der ordentlichen Verwaltung 参与正常管理 **34** 6
—Nachlassverbindlichkeit 遗产债务 **34** 3，4
—Nachlassverwaltung 遗产管理 **11** 1，**18** 15，**22** 23，**42** 3 f.，**43** 2，5，8，**44** 4
—Notgeschäftsführung 紧急的事务管理 **30** 2，**34** 6
—Rechte und Pflichten 权利和义务 **34** 6
—Sondervermögen 特殊财产 **4** 10，**34** 2
—Surrogation，dingliche 物上代位 **10** 3，4，**22** 21，25，**34** 2
—Teilung des Reinertrags 纯利益的分配 **34** 6
—Übertragung des Erbteils 继承份额的转让 **4** 10，**34** 2，**40** 2
—Verwertung 利用 **34** 4
—Vorkaufsrecht 先买权 **34** 2
Erbensucher 继承人寻找者 **11** 1，**14** 6
Erbfähigkeit 继承能力 **22** 31
Erbfall 继承开始 **4** 9
—Kommorientenvermutung 同时死亡的推定 **5** 2
Erbfolge 继承顺序
—agnatische 父系亲属的 **12** 3
—cognatisch 血亲的 **12** 3，4
—Erbrecht der Angehörigen 亲属的继承权 **19**

14 ff.
—Familie 家庭 **1** 1，**2** 1 ff.，6 f.，**4** 2，4，9，**7** 1，4 f.，9 f.，**12** 1，3 ff.，**14** 3，**15** 1，**18** 1 f.，4，**19** 2 f.，5，10，16，**33** 6，**46** 8
—Geschichte 历史 **2** 2
—gesetzliche 法定的 **1** 3，**2** 6，**4** 3，**5** 1，**7** 8，**8** 1，**9** 6，**18** 4，8，**19** 3 f.，**20** 18，31，**22** 1 f.，3，4，7，**25** 4，**35** 2，7，**46** 4
—gewillkürte 意定的 **2** 2，4，**8** 1，**27** 5，**35** 3，**46** 1，4 f.
—Lebenspartnerschaft 生活伴侣关系 **4** 2，8，11，12，6 1，**12** 3，5，**17** 1，**20** 31，**21** 2 f.，12
—nach Kopfteilen 根据人头数 **13** 4，**14** 4 f.
—nach Stämmen 代位（继承）**13** 2，**14** 1
—Parentelordnung 亲系规则 **14** 5 f.
—Pflichtteilsrecht 特留份权 **18** 1 ff.
—Subsidiarität der gesetzlichen Erbfolge 法定继承顺序的辅助 **12** 1
—Testamentsrecht 遗嘱法 **19** 1 ff.
—Testierfreiheit 遗嘱自由 **19** 10 ff.
—Vermengung gewillkürter und gesetzlicher Erbfolge 意定与法定继承顺序的混合 **12** 1
—Versorgungsfunktion 照顾功能 **12** 5，**18** 2，3，**19** 11
—Verwandtschaft 血亲 **1** 3，**12** 1，3，4，**13** 1
—Vorbildcharakter 模范特征 **12** 2
Erblasser 被继承人 **4** 9
—„Herrschaft aus dem Grabe““来自坟墓的控制”**22** 5，9，**39** 8
—Höchstpersönlichkeit 高度人身性 **19** 4，**20** 2，21，22 ff.，**21** 10，19
—Identifikation 认证 **20** 10
Erbprätendent 要求遗产的人 **19** 16 f.，**25** 5，**26** 1
Erbquote 继承比例 **4** 10，**9** 17，**22** 1 ff.，3，28 f.，46，**23** 10，**35** 4，6，11
Erbrecht 继承权 27，**4** 9
—Abkömmling 晚辈直系血亲 **13** 2 f.，**14** 1 ff.
—Angleichung zum Erbrecht der ehelichen Kinder 适应于婚生子女的请求权 **2** 7，**15** 3
—Aufgabe 任务 **2** 7
—Aufteilung der Erbteile 继承份额的分配 **14** 3
—Begriff 概念 **4** 9
—behauptetes 声称的 **10** 2
—Beseitigung des Erbrechts 继承权的清除 **2** 5，**6** 2，**7** 6
—Besonderheiten 特别之处 **7** 3
—der Angehörigen 亲属的 **19** 14 ff.
—der Lebenspartner 生活伴侣的 **4** 2，8，11，12，**6** 1，**12** 3，5，**17** 1，**20** 31，**21** 2 f.，12
—des Staates 国家的 **2** 5，**7** 1 ff.，**11** 1，3，**14** 7，**17** 1
—des überlebenden Ehepartners 在世的配偶的 **12** 3，13 7，**18** 9，11，**22** 24，45 f.，**46** 7 f.
—Eintrittsrecht der Abkömmlinge 晚辈直系血亲的加入权 **14** 1
—Eltern 父母 **12** 4，**13** 2，**14** 2，**21** 7，**28** 1
—Erbausgleich，vorzeitiger 提前的继承补偿 **15** 2，3，**28** 1
—Erbensucher 继承人寻找者 **11** 1
—Erbrechtsgarantie 继承权保证 **2** 7，**19** 14，**20** 8
—Freiheit des Erbprätendenten 要求遗产的人的自由 **19** 16，17
—Geltungsbereich des Erbrechts 继承法的适用范围 **15** 3 f.，**46** 5
—Gradualprinzip 等级原则 **14** 4
—Intestaterbrecht（无遗嘱）法定继承权 **1** 2，**4** 3，**12** 1
—Kodifikation des Erbrechts 继承法的法典化 **2** 4
—Kollision von Erb-und Handelsrecht 继承法和商法的冲突 **3** 1
—Kritik 批判 **16** 8
—Linienprinzip 血统原则 **14** 2
—Lösung，erbrechtliche 继承法的解决方案 **16**

3，6
—Lösung，güterrechtliche 财产法的解决方案 **16** 4，6，**18** 9
—nichtehelicher Kinder 非婚生子女 **28** 1
—Okkupationsrecht 占领权 **7** 2
—Pflichtteil 特留份 **2** 4，7，**4** 4，11，**15** 4，**16** 5，6，**19** 17，**21** 7，**22** 45，**41** 2，**43** 5
—Sittenwidrigkeit 违反善良风俗 **19** 11，16 f.，**20** 34 ff.
—Stiefkinder 继子女 **7** 7，**16** 6，**41** 3
—Verwandtschaft 血亲 **1** 3，**2** 5，**4** 9，**9** 20，**12** 1，3，4，5，**13** 1，2 ff.，**14** 4 ff.，**15** 2，**16** 1 f.，4，**17** 1，**18** 3，**21** 9，**23** 9，**25** 1，**31** 1
—Verwandtschaft，mehrfache 多重血亲 **14** 5
—Voraus 先取份 **13** 7，**16** 2，**17** 1，**41** 3
—Zugewinnausgleich 财产增加额均衡 **16** 3，5 f.，**17** 1，**18** 5，9，**41** 3
Erbrechtsgarantie 继承权保证 **2** 7，**19** 14，**20** 8
Erbschaft 遗产 **4** 11，13，**8** 1
—Anfechtung 撤销 **24** 1，**27** 5
—Annahme 接受 **20** 32 f.，**22** 7，**24** 1，**27** 2，**36** 1，**37** 2，**44** 1 f.，4
—Antritt 接受遗产 **4** 16，**20** 26，**22** 15
—Ausschlagung 拒绝 **8** 1，**10** 2，**11** 2，3 ff.，**14** 2，**16** 4，6，**18** 5，13，**19** 17，**21** 5，**22** 32 f.，**24** 1，**26** 2，**44** 1
—Erbschaftsbesitzer 遗产占有人 **10** 1，2
—Erbschaftsgegenstand 遗产标的物 **10** 5
—Erbschaftsklage 遗产诉讼 **10** 5
—Erbschaftsteuer 遗产税 **3** 4 f.，**4** 4，**19** 6，**21** 6，**22** 45，**41** 3，**46** 8
—liegende 待继承的遗产　参见 hereditas iacens
—Nacherbschaft 后位继承 **5** 2，**9** 17，**18** 3，5，15，**21** 5 f.，21，**22** 1，5，6，8 ff.，31 f.，36，45 f.，**35** 1，**46** 9
—Nachlassverwaltung 遗产管理 **11** 1，**18** 15，**22** 23，**42** 3 f.，**43** 2，5，8，**44** 4
—trustee 受托人 36，**4** 14
—Vorerbschaft 前位继承 **22** 8 ff.
Erbschaftsanspruch 遗产请求权
—Anspruchsgegner 请求相对人，被请求人 **10** 2
—Anspruchsinhaber 请求人 **10** 2
—Auskunftsanspruch 答复请求权 **10** 1
—Erbrecht，behauptetes 声称的继承权 **10** 2
—Erbschaftsgegenstand 遗产标的物 **10** 5
—Haftung des Erbschaftsbesitzers 遗产占有人的责任 **10** 3，5
—Haftungsprivilegierung 责任优待 **10** 3，5
—Haftungsstufen 责任等级 **10** 5
—Herausgabe aus dem Nachlass 从遗产中交还 **9** 6，**10** 1 f.，3
—Nachlasssachen 遗产财物 **10** 1
—Surrogation，dingliche 物上代位 **10** 3，4，**22** 21，25，**34** 2
—Universalklage 综合诉讼 **10** 1
—Vorteilsanmaßung 妄称利益 **10** 2
Erbschaftsbesitzer 遗产占有人 **10** 1，2
—bösgläubiger 恶意的 **10** 5
—gutgläubiger 善意的 **10** 5
—Haftung 责任 **10** 3，5
—unverklagter 未被诉讼的 **10** 5
Erbschaftskauf 遗产买卖 **8** 1，**22** 32，**34** 2 f.
—Anwendbares Recht 可适用的法律 **40** 3
—Besonderheiten 特别之处 **40** 3
—Erbschaftsgegenstände nebst Surrogaten 包括代位物的遗产标的物 **40** 2
—Erbteil 继承份额 **40** 1
—Gegenstand 标的物 **40** 1 f.
—Haftung wie Miterbe 如共同继承人的责任 **40** 3
—Kaufrecht 买卖法 **40** 3
—Nachlass nach dem Erbfall 继承开始后的遗产 **40** 1
—Nichtigkeit 无效 **40** 1
Erbschaftsklage 遗产诉讼 **10** 5
—Rechtshängigkeit 诉讼未决 **10** 5

—Universalklage 综合诉讼 **10** 1
Erbschaftsteuer 遗产税 **3** 4 f.，**4** 4，**19** 6，**21** 6，**22** 45，**41** 3，**46** 8
—Bedeutung 重要性 **7** 1 ff.
—Besserstellung näherer Familienangehöriger 近亲属的优势地位 **7** 8
—Ehegatte 配偶 **7** 7，9
—Eltern 夫妻 **7** 7 f.
—Freibetrag 免税金额 **7** 4，9，**21** 6，**22** 45，**46** 8
—Gestaltungsspielraum bei Steuerpflicht 纳税义务的形成空间 **7** 7 ff.
—Haftung des Erben 继承人的责任 **41** 3
—ökonomisch 经济的 **7** 5
—politologisch 政治学的 **7** 5
—Schenkung unter Lebenden 生前赠与 **3** 5，**7** 9
—Steuerklasse 纳税等级 **7** 4，7，8，10
—Verbot konfiskatorischer Erbschaftsteuern 禁止没收性的遗产税 **7** 4，6
—verfassungsrechtliche Grenze 宪法的界限 **19** 6
Erbschaftsvertrag 遗产协议 **25** 2
Erbschein 继承证书 **8** 1，**9** 11 ff.
—Amtsermittlungsgrundsatz 依职权调查原则 **9** 6
—Antrag 申请 **9** 20
—Aussetzung 中止 **9** 9
—Berufungsgrund 任命的原因 **7** 8，**8** 1，**9** 17，**11** 4，7 f.
—Beschränkungen des Erben 遗产的限制 **9** 17，**18** 5，**22** 14，23，25，**39** 8
—Bundesverfassungsgericht 联邦宪法法院 **9** 25
—Dispositionsgrundsatz 处分原则 **9** 6
—EMRK《欧洲人权公约》**9** 25
—Erbteil 继承份额 **4** 4，10，**9** 17，**11** 7，**18** 8，**34** 1，**35** 1，**40** 1
—Erteilung 授予 **9** 6 ff.，**23** 20
—Gerichtsbarkeit，freiwillige 非讼事件管辖 **9** 5 f.，6，**35** 5
—Gerichtsbarkeit，streitige 诉讼事件管辖 **9** 6
—Glaube，guter 善意 **9** 13 f.，**10** 4
—Gruppenerbschein 团体证书 **9** 17，18
—Inhalt 内容 **9** 17
—Kosten 费用 **9** 9，24
—Kritik 批判 **9** 24
—Rechtskraft 既判力 **9** 9
—Schiedsgerichtsbarkeit 仲裁 **9** 25
—Streitgegenstand 诉讼标的 **9** 7
—Unrichtigkeit des Erbscheins 继承证书不正确 **9** 15，23，**10** 1
—Verfahren 程序 **9** 6 ff.
—Vermutung，widerlegbare 可反驳的推定 **9** 11，19
—Vorbescheid 预先裁决 **9** 22
—Wirkung 效力 **9** 11，12
—Zeugnis 证书 **9** 11，**39** 4
Erbteil 继承份额 **4** 4，10，**9** 17，**11** 7，**18** 8，**25** 2，**34** 1，**35** 1，**40** 1
—Anwachsung 增加 **22** 7，36
—gesetzlicher 法定的 **4** 4，**15** 1，**16** 3，5，**18** 8
—Pflichtteil 特留份 **2** 4，7，**4** 4，11，**15** 4，**16** 5，6，**19** 17，**21** 7，**22** 45，**41** 2，**43** 5
Erbunwürdigkeit 继承不够格 **8** 1，**10** 2，**18** 4，6，8，**19** 13，**24** 1，**44** 1
—Anfechtung 撤销 **26** 2
—Geltendmachung 主张 **26** 2
—Verzeihung 宽恕 **18** 15，**26** 2
—Voraussetzung 前提条件 **26** 1
Erbvertrag 继承协议 **4** 2，**21** 13 ff.
—Ablehnung 拒绝 **2** 1，**4** 2
—Anfechtung 撤销 **21** 22
—Aufhebungsvertrag 合意废止继承协议的合同 **21** 20
—Ehegatte 配偶 **4** 2，**21** 13 ff.
—Einheitsprinzip 统一原则 **21** 5 ff.，21，**46** 8
—einseitiger 单方的 **21** 15
—Ergänzungen，testamentarische 遗嘱的补充

21 14
—Form 形式 **21** 18 ff.，**35** 2
—Geschäftsfähigkeit 行为能力 **21** 18
—Grenzen der Bindungswirkung 约束力的界限 **21** 20 ff.
—Höchstpersönlichkeit 高度人身性 **21** 10，19
—Nichtigkeit 无效 **21** 15
—Rücktritt 解除 **21** 15，21
—Umgehungsgeschäft 规避行为 **3** 5，**21** 16 f.
—Voraussetzungen 前提条件 **21** 18 f.
—Widerruf 撤回 **21** 13，23
—zweiseitiger 双方的 **21** 15
Erbverzicht 放弃继承 **8** 1，**11** 5，**16** 4，**18** 4，8，15，**24** 1，**46** 2，8
—Erbschaftsvertrag 遗产协议 **25** 2
—Erbverzichtsvertrag 放弃继承协议 **25** 1，3
—Form 形式 **25** 3
—Pflichtteilsverzicht 放弃特留份 **16** 4，**18** 13，15，**25** 4，**46** 8
—Wirkung 效力 **25** 4
—Zuwendungsverzicht 放弃给予 **25** 4，5
Ergänzende Auslegung 补充解释 s. Auslegung，ergänzende
Ersatzerbschaft 补充继承 **20** 26，**21** 6，**22** 4，5，6，7，12，13
—Abkömmling 晚辈直系血亲 **21** 9，**22** 4，7，15
Erschöpfungseinreden 用竭抗辩 **22** 37，**41** 4，**42** 4
—Auslösungsrecht 买回权 **43** 6
—Ausschluss 排除 **43** 2，7，8
—durch Auflagen Begünstigte 通过受益人的负担 **43** 2
—Dürftigkeitseinrede 财产欠缺抗辩 **37** 3，**43** 5，8
—Einrede der Haftungsbeschränkung 责任限制抗辩 **43** 2
—Ermessen 衡量 **43** 2
—Gläubigeraufgebot 对债权人的公示催告 **35** 1，**43** 2
—Haftung 责任 **22** 37
—Haftung，unbeschränkte 无限责任 **42** 4，**43** 2，5，9，**44** 2，**45** 3，5，10
—Nachlassinsolvenzverfahren 遗产破产程序 **38** 2，**42** 4 f.，**45** 8
—Nachlassverwaltung 遗产管理 **11** 1，**18** 15，**22** 23，**42** 3 f.，**43** 2，5，8，**44** 4
—Pflichtteilsberechtigte 特留份权利人 **43** 2
—Realgläubiger 物上债权人 **43** 2，**44** 2
—Rest 剩余 **43** 3
—Vermächtnisnehmer 受遗赠人 **43** 2
—Verschweigung 沉默 **42** 2，**43** 4
—Vorrang der Erbenansprüche 继承人请求权优先 **43** 6
executor 遗嘱执行人 **4** 14，16，**9** 19，**19** 4
extunc 自始 **27** 5，**43** 8
Familie 家庭 **1** 1，2 1ff.，6 f.，**4** 2，4，9，7 1，4 f.，9 f.，**12** 1，3 ff.，**14** 3，**15** 1，**18** 1 f.，4，**19** 2 f.，5，10，16，**33** 6，**46** 8
—agnatisch 父系亲属的 **12** 3
—Benachteiligung 亏待 **20** 26
—cognatisch 血亲的 **12** 3，4
—Familienbindung 家庭义务 **35** 12
—Großfamilie 大家庭 **7** 1
—Kleinfamilie 小家庭 **12** 5
—Lebenspartnerschaft 生活伴侣关系 **4** 2，8，11，12，6 1，**12** 3，5，**17** 1，**20** 31，**21** 2 f.，12
—Schutz，verfassungsrechtlicher 宪法保护 **6** 2，**12** 4 f.，**19** 7，15
—Versorgungsfunktion 照顾功能 **12** 5，**18** 2，3，**19** 11
Familienfideikommiss 家产信托 **2** 2 ff.
Familienvermögen 家庭财产 **2** 2 ff.，**3** 4，**7** 5
Familienvertrag 家庭合同 **33** 1，4
favor testamenti 遗嘱有效 **20** 3，6，29，38，23 3，**27** 5，**29** 4

Feststellung des Nachlasses 确定遗产
—Aufgebotsverfahren 公示催告程序 **42** 1，2，**43** 2，4，8，**44** 2，**45** 8
—Dürftigkeitseinrede 欠缺抗辩 **37** 3，**43** 5，8
—Einsicht in das Inventar 对遗产目录的审阅 **42** 4
—Haftungsbeschränkung 责任限制 **42** 4
—Inventarerrichtung 制作遗产目录 **42** 1，3，**45** 10
—Vermutungsregel 推定规则 **42** 3
—Verschweigung 沉默 **42** 2，**43** 4
—Vollständigkeit des Inventars 遗产目录的完整性 **42** 3
Fiktion der Rückwirkung 追溯效力的拟制 **11** 6
Firmenfortführung 公司存续 **6** 1
Forderungsvermächtnis 债权遗赠 **22** 39
Form 形式 **4** 4，**6** 6，**12** 1，**20** 10，**22** 42，**23** 5，7，18，**25** 3，**26** 2，**32** 8，**35** 8，**39** 4，**40** 1
—Andeutungstheorie 暗示理论 **23** 5，18
—der Anfechtung 撤销的 **11** 8，9，**27** 3 f.
—der Ausschlagung 拒绝的 **11** 3，8，9
—der Schenkung 赠与的 **28** 3，5 f.，**29** 2 f.，**30** 4，**31** 4 ff.
—des Entzugs des Pflichtteils 剥夺特留份的 **18** 15
—des Erbvertrages 继承协议的 **21** 18 ff.，**35** 2
—des Testaments 遗嘱的 **6** 6，**20** 2，4，**13** f.，20，**22** 47，**46** 11
—Eigenhändigkeit 亲手 **20** 10，12，13 f.
—Erbverzicht 放弃继承 **25** 3
—Formerleichterung 形式简化 **20** 18，**21** 4，**29** 3
—notarielle 公证的 **4** 2，**18** 13，**20** 9，**21** 10，18 ff.，**25** 2 f.，5，**28** 3，**31** 5，**40** 2
—Nottestament 紧急遗嘱 **20** 18
—öffentliche 公开的 **20** 4，10，16 f.，18，21，**21** 19 f.，22，**34** 2，**40** 1
—privatschriftliche 私人书面的 **20** 10 ff.，18，**29** 3
—Schriftform 书面形式 **20** 10，13，**23** 5
—Unterschrift 签名 **20** 10，13，**21** 4
—Zeit und Ort der Abfassung 订立的时间和地点 **20** 5，13
—Zusätze und änderungen 补充和修改 **20** 13
Formel，Jastrowsche 查斯特罗公式 **21** 7
Freiwillige Gerichtsbarkeit 非讼　参见 Gerichtsbarkeit，freiwillige
Frist 期限 **9** 4，**22** 18，25，30，45，**42** 3 ff.，**43** 5，9
—Anfechtung 撤销 **21** 11，22，**27** 4
—Annahme 接受 **11** 4，**44** 1
—Ausschlagung 拒绝 **11** 2，3 f.，6
—Jahresfrist 一年期限 **21** 22，**22** 18，25
—Nottestament 紧急遗嘱 **12** 1，**20** 18
—Schenkung 赠与 **18** 11
—Vermächtnis 遗赠 **22** 31 f.
Gattungsvermächtnis 种类遗赠 **22** 40
Geistes-und Bewusstseinsgestört 精神和意识障碍的 **20** 5，7
Geltungsbereich des Erbrechts 继承法的适用范围 **15** 3 f.，**46** 5
—Internationales Privatrecht 国际私法 **6** 6，**46** 5
—intertemporal 时际 **6** 5
Gemeinschaftliches Testament 共同遗嘱　见 Testament，gemeinschaftliches
Generation 代 **2** 2，**3** 4，**12** 3，**13** 1，**19** 1，11，**22** 8 ff.，19 f.，**39** 8
Gerichtsbarkeit 裁判管辖
—freiwillige 非讼的 **9** 5 f.，6，**35** 5
—Schiedsgerichtbarkeit 仲裁 **9** 25，**20** 29，**22** 47，**46** 9
—streitige 诉讼的 **9** 6
Germanenrechte 日耳曼法 **2** 2
—„Das Gut rinnt wie das Blut““财富如血液般流淌”**2** 2
—Spezialsukzession 特别继承 **2** 2

Gesamthandsgemeinschaft 共同共有共同体 **4** 11，**32** 4，**34** 1，6，**45** 1，4 f.，10
Gesamthandsklage 共同共有之诉 **45** 4，10
Gesamtrechtsnachfolge 全部权利继承　见 Universalsukzession
Gesamtschuldner 连带债务人 **18** 7，**40** 3，**45** 1，3
Geschäftsfähigkeit 行为能力 **11** 5，**20** 4，**21** 18，20
—Behinderte 残疾人 **20** 32，**21** 19，**22** 40
—Geistes-und Bewusstseinsgestörte 精神和意识障碍者 **20** 5，7
—Minderjährige 未成年人 **21** 18
—Stumme 不能言语者 **21** 19
Geschäftsführung ohne Auftrag 无因管理 **10** 2，5，**11** 6，**14** 5，**43** 8，**44** 1
Gesellschaftsvertrag 民商事组织合同 **32** 2 ff.，9 ff.
—Auslegung 解释 **32** 11
Gesetzliche Erbfolge 法定继承顺序　见 Erbfolge，gesetzliche
Glaube，guter 善意 **9** 13 f.，**10** 4
Gläubigeraufgebot 对债权人的公示催告 **35** 1，**43** 2
—Aufgebotsverfahren 公示催告程序 **42** 1，2，**43** 2，4，8，**44** 2，**45** 8
Gradualprinzip 等级原则 **14** 4
Grundbegriffe des Erbrechts 继承法的基本概念
—Erbfähigkeit 继承能力 **22** 31
—Soforterbfolge 立即继承 **4** 13 f.，**11** 1，6
—Testierfreiheit 遗嘱自由 **1** 2，**2** 4，**4** 1 ff.，9，**6** 2，**8** 1，**12** 1，**18** 4，14，**19** 2，7，10 ff.，14 ff.，**20** 20，31，34，**21** 13，26 1
—Universalsukzession 概括继承 **4** 9 ff.，**10** 2，**11** 7，**14** 2，**22** 1，**32** 9
—Vonselbsterwerb 自主取得 **4** 15 ff.，**11** 1 f.
Grundfreiheit 基本自由 **1** 2
—Testierfreiheit 遗嘱自由 **1** 2，**2** 4，41 ff.，9，**6** 2，**8** 1，**12** 1，**18** 4，14，**19** 2，7，10 ff.，14 ff.，**20** 20，31，34，**21** 13，**26** 1
Grundgesetz 基本法 **6** 2 f.，**19** 8 f.，**20** 34
—Grundrechte 基本权利 **6** 2
—Wertordnung 价值秩序 **2** 7，**6** 3，**19** 8
Grundrechte 基本权利 **6** 2
—der Parteien 当事人的 **19** 8，11
—des Erben 继承人的 **20** 34
—Drittwirkung von Grundrechten 基本权利的第三人效力 **6** 2 f.，**19** 8
—Eigentumsfreiheit 财产自由 **6** 2，**7** 1，4，**19** 6，8，12 ff.，**20** 8，**21** 13，**23** 3
—Gesetzesvorbehalt 法律保留 **6** 2，**19** 6
—Konkordanz，praktische 实际一致性 **19** 8，11
—Schutz der Familie 家庭的保护 **12** 4 f.，**19** 7，15
Guter Glaube 善意　见 Glaube，guter
Haftung 责任 **22** 37
—ab Annahme der Erbschaft 接受遗产之后 **44** 1
—Ablauf der Inventarfrist 制作遗产目录的期限届满 **42** 5，**43** 9
—absichtliche Unrichtigkeit des Inventars 故意错误制作遗产目录 **43** 9
—Aufgebotsverfahren 公示催告程序 **42** 1，2，**43** 2，4，8，**44** 2，**45** 8
—Auflage 负担 **41** 3
—Ausbildung von Stiefkindern 继子女的教育培训 **41** 3
—Ausschluss 排除 **44** 2
—Beschränkbarkeit 可限制 **11** 5，**18** 12，**41** 1，**45** 5 f.
—der Erbengemeinschaft 继承人共同体的 **34** 3，**41** 1，2
—des Erbschaftsbesitzers 遗产占有人的 **10** 3，5
—des Nacherben 后位继承人的 **22** 25
—des Vorerben 前位继承人的 **22** 23
—Drei-Monatsfrist 三个月的期限 **44** 2
—Dreißigster 最初 30 日的扶养 **13** 7，**41** 3，**44** 2
—Einrede des ungeteilten Nachlasses 遗产未分割

的抗辩 **45** 2

—Einreden，aufschiebende 延缓抗辩 **44** 2 f.

—Erbschaftskauf 遗产买卖 **40** 3

—Erbschaftsteuer 遗产税 **3** 4 f.，**4** 4，**19** 6，**21** 6，**22** 45，**41** 3，**46** 8

—Gegenstand 标的物 **41** 3

—Geltung von Einreden 主张抗辩 **45** 10

—Gesamthandsklage 共同共有之诉 **45** 4，10

—Gesamtschuldklage 共同债务诉讼 **45** 1，3，5 f.

—Gesamtschuldner 连带债务人 **18** 7，**40** 3，**45** 1，3

—Geschäftsführung ohne Auftrag 无因管理 **44** 1

—Gläubiger，ausgeschlossene 被排除的债权人 **42** 3，**43** 3 f.，**45** 8

—Haftung als Teilschuldner 按份债务人的责任 **45** 3，8

—Haftung im Verhältnis der Anteile 根据份额承担责任 **45** 3

—Haftungsstufen 责任等级 **10** 5

—Insolvenzplan 破产规划 **45** 8

—Inventarerklärung 遗产目录声明 **43** 9

—keine Anmeldung der Forderung 没有申报债权 **43** 2，**45** 8

—keine Aufnahme der Haftungsbeschränkung in das Urteil 判决中没有采纳责任限制 **43** 9

—Klagegegner des Nachlassgläubigers 遗产债务人的诉讼相对人 **44** 4

—Kosten der Beerdigung 丧葬费 **9** 11，**41** 3

—Miterbe als Nachlassgläubiger 作为遗产债权人的共同继承人 **45** 10

—nach der Nachlassteilung 遗产分割之后 **45** 5

—Nachlasseigenschulden 遗产自身债务 **41** 3

—Nachlassschulden 遗产债务 **8** 1，**32** 4，**34** 3，**41** 1，2

—Nachlassverbindlichkeit 遗产债务 **22** 21，23，25，37，**28** 2，**40** 3，**41** 3，**44** 1，**45** 2

—Pflichtteilsrecht 特留份权 **4** 4，**8** 1，**11** 7，**16** 4 f.，**18** 1 ff.，3，**19** 11，**22** 44 f.，**24** 1，**41** 3，**46** 6

—Schulden des Erblassers 被继承人的债务 **41** 3

—Übergangszeit 过渡期 **44** 1

—unbeschränkte 无限的 **41** 1，**42** 4，**43** 2，5，9，**44** 2，**45** 3，5，10

—Vermächtnis 遗赠 **1** 3，**13** 7，**16** 2，5，**18** 1，3 ff.，7，9，**20** 29，**21** 8 f.，14，20，23，**22** 1，8 f.，23，26 ff.，43，45，46，**23** 4，10，**27** 4，**28** 6，**31** 1，4，**32** 8，**35** 1，4，**39** 8，**41** 2，3，**43** 3，5，**46** 4，9

—Verschweigen 沉默 **45** 8

—Vertrag 合同 **43** 9

—Vollstreckungsbeschränkung 执行限制 **44** 3

—Voraus 先取份 **13** 7，**16** 2，**17** 1，**41** 3

—Vorbehalt beschränkter Erbenhaftung 继承人限制责任的保留 **43** 9

—vor der Nachlassteilung 遗产分割之前 **45** 1 ff.

—Zugewinnausgleichsforderung 财产增加额均衡请求权 **41** 3

Haftungsbeschränkung 责任限制 **41** 4，**42** 4 f.，**43** 7，9，**45** 4，10

—Beschränkbarkeit der Haftung 责任的可限性 **11** 5，**18** 12，**41** 1，**45** 5 f.

—Erbrecht des Staates 国家的继承权 **7** 3

—Erschöpfungseinreden 用竭抗辩 **22** 37，**41** 4，**42** 4

—Haftung，unbeschränkte 无限责任 **41** 1，**42** 4，**43** 2，5，9，**44** 2，**45** 3，5，10

Haftungslage 责任状况 **4** 6，**11** 7

Haftungsprivilegierung 责任优待

—des Erben 继承人的 **32** 8

—des Erbschaftsbesitzers 遗产占有人的 **10** 3，5

—des Minderjährigen 未成年人的 **11** 5

hereditas iacens 待继承的遗产 **4** 13，15，17，**11** 1

„Herrschaft des Erblassers aus dem Grabe““被继承人来自坟墓的控制”**22** 5，9，**39** 8

Historischer Überblick 历史概览

—Ablehnung des Erbvertrages 拒绝继承协议 **2** 1，**4** 2
—Anton Menger 安东·门格尔 **2** 4 f.，**3** 1
—Beseitigung des Erbrechts 继承权的清除 **2** 5，**7** 6
—Bundesrepublik Deutschland 联邦德国 **2** 7，**6** 1，**19** 7，**20** 31
—„Das Gut rinnt wie das Blut"“财富如血液般流淌” **2** 2，**19** 2
—donatio mortis causa 死因赠与 **28** 5
—Familie 家庭 **2** 1，**15** 1，**18** 2，**19** 2
—Familienfideikommiss 家产信托 **2** 2 ff.
—Familienvermögen 家庭财产 **2** 2 ff.，**3** 4，**7** 5
—Französische Revolution 法国大革命 **2** 3
—Germanenrechte 日耳曼法 **2** 2
—hereditas iacens 待继承的遗产 **4** 13，15，17，**11** 1
—Intestaterbrecht（无遗嘱）法定继承权 **1** 2，**4** 3，**12** 1
—Kodifikation des Erbrechts 继承法的法典化 **2** 4
—Kritik des Erbrechts 继承法的批判 **2** 3
—Liberalismus 自由主义 **2** 4，**19** 2
—Nationalsozialismus 纳粹主义 **2** 6，**19** 7，**20** 31
—Otto von Gierke 奥托·冯·基尔克 **2** 4
—Rolle der Kirche 教会的角色 **2** 2
—Römisches Recht 罗马法 **2** 1
—Sittenwidrigkeit 违反善良风俗 **2** 1，6 f.，**19** 7，**21** 3
—Spezialsukzession 特别继承 **2** 2
—Testamentsrecht 遗嘱法 **19** 2
—Testierfreiheit 遗嘱自由 **2** 4，**19** 2
—Verantwortung der staatstragenden Männer 国家栋梁人物的责任 **2** 1
Höchstpersönlichkeit 高度人身性 **4** 11，**19** 4，**20** 2，21，22 ff.，**21** 10，19
—Bestimmung，kaptatorische 欺骗性规定（以获得受益人的对待给付为目标的遗嘱规定）**20** 25
—formelle 形式的 **20** 22
—materielle 实质的 **20** 23
—Potestativbedingung 任意条件 **20** 26，34，**22** 45，**23** 11
Höferecht 农场继承法 **6** 1，**11** 7，**19** 3
Intestaterbrecht（无遗嘱）法定继承权 **1** 2，**4** 3，**12** 1
Inventarerrichtung 制作遗产目录 **42** 3，**45** 10
Irrtum 错误 **11** 7，8，**19** 12，**27** 1 ff.
Jahresfrist 一年期限 **21** 22，**22** 18，25
Jastrowsche Formel s. Formel，Jastrowsche 查斯特罗公式
Kaptatorische Bestimmung 欺骗性规定（以获得受益人的对待给付为目标的遗嘱规定）见 Bestimmung，kaptatorische
Kinder，nichteheliche 非婚生子女
—Erbrecht 继承法 **28** 1
—Stiefkinder 继子女 **7** 7，**16** 7，**41** 3
Kodifikation des Erbrechts 继承法的法典化 **2** 4
—Anton Menger 安东·门格尔 **2** 4 f.，**3** 1
—Beseitigung des Erbrechts 继承权的清除 **2** 5，**7** 6
—Otto von Gierke 奥托·冯·基尔克 **2** 4
Kollision von Erb-und Handelsrecht 继承法和商法的冲突
—Aktiengesellschaft 股份有限公司 **32** 1
—Auflösung der Gesellschaft 公司的解散 **32** 6
—einfache 简单的 **32** 11
—Fortbestehen der Gesellschaft ohne Erben 公司没有继承人而继续存在 **32** 6
—Gesellschaft bürgerlichen Rechts 民法上的合伙 **4** 10，**32** 2
—Gesellschaftsanteil in Nachlass 遗产中的民商事组织的份额 **32** 6
—gesellschaftsrechtliche 民商事组织法的 **32** 4
—GmbH 有限责任公司 **32** 1

—Haftung der Miterben 共同继承人的责任 **32** 8
—Haftungsprivilegierung 责任优待 **32** 8
—Kommanditisten 有限责任股东 **32** 13
—Nachfolgeklausel 继任条款 **32** 5，11
—Nachfolgeregelung，erbrechtliche 继承法的继承规定 **32** 8
—Personengesellschaften 合伙 **32** 3，9
—qualifizierte 有资格的 **32** 11
—Sicht des Erbrechts 继承法的视角 **32** 4，8
—Sicht des Gesellschaftsrechts 民商事组织法的视角 **32** 4 f.，11
—Theorie der Sondernachfolge 特殊继任理论 **32** 9，**46** 2
Kommorientenvermutung 同时死亡的推定 **5** 2
Konkordanz，praktische 实际一致性 **19** 8，11
Kosten 费用
—der Beerdigung 丧葬费 **9** 11，**41** 3
—der Nachlassverwaltung 遗产管理费 **22** 23，**41** 3，**43** 5
—des Erbscheinverfahrens 继承证书程序的费用 **9** 9
Lebenspartnerschaft 生活伴侣 **4** 2，8，11，12，**6** 1，**12** 3，5，**17** 1，**20** 31，**21** 2 f.，12
—Familie 家庭 **1** 1，**2** 1 ff.，6 f.，**4** 2，4，9，**7** 1，4 f.，9 f.，**12** 1，3 ff.，**14** 3，**15** 1，**18** 1 f.，4，**19** 2 f.，5，10，16，**33** 6，**46** 8
—LebenspartnerschaftsG《生活伴侣法》**6** 1
Liegende Erbschaft s. hereditas iacens Linienprinzip 待继承的遗产 **14** 2
Lösung 解决方案
—erbrechtliche 继承法的 **16** 3，6
—güterrechtliche 财产法的 **16** 4，6，**18** 9
Mediation 仲裁 **33** 5，6
Mietvertrag 租房合同 **4** 8，12，**16** 7
Minderjährige 未成年人 **21** 18
—Haftungsprivilegierung 责任优待 **11** 5
—Testierfähigkeit 遗嘱能力 **20** 4，16
Miterbenhaftung 共同继承人的责任
—Einrede des ungeteilten Nachlasses 遗产未分割的抗辩 **45** 2
—Geltung von Einreden 主张抗辩 **45** 10
—Gesamthandsklage 共同共有之诉 **45** 4，10
—Gesamtschuldklage 连带债务诉讼 **45** 1，3，5 f.
—Gesamtschuldner 连带债务人 **18** 7，**40** 3，**45** 1，3
—Gläubiger，ausgeschlossene 被排除的债权人 **42** 3，**43** 3 f.，**45** 8
—Haftung als Teilschuldner 按份债务人的责任 **45** 3，8
—Haftung im Verhältnis der Anteile 根据份额的责任 **45** 3
—Insolvenzplan 破产规划 **45** 8
—keine Anmeldung der Forderung 债权未申报 **43** 2，**45** 8
—Miterbe als Nachlassgläubiger 作为遗产债权人的共同继承人 **45** 10
—nach der Nachlassteilung 遗产分割之后 **45** 7
—Verschweigen 沉默 **45** 8
—vor der Nachlassteilung 遗产分割之前 **45** 1 ff.
Nacherbschaft 后位继承 **5** 2，**9** 17，**18** 3，5，15，**21** 5 f.，21，**22** 1，5，6，8 ff.，31 f.，36，45 f.，**35** 1，**46** 9
—Anordnung 指示 **22** 5，8 f.，11，13，14，26，45
—Anwartschaftsrecht 期待权 **22** 15，16，25
—Auskunftsanspruch 答复请求权 **22** 21
—Bedingung 条件 **22** 14 f.
—Beschränkung，zeitliche 时间限制 **22** 18 ff.，31
—Ersatzerbschaft 替补继承 **20** 26，**21** 6，**22** 4，5，6，7，12，13
—gestufte 分等级的 **5** 2，**22** 14
—gewollte 希望的 **22** 11
—Haftung des Nacherben 后位继承人的责任 **22** 25

—„Herrschaft des Erblassers aus dem Grabe““被继承人来自坟墓的控制” **22** 5，9，**39** 8
—Nacherbe 后位继承人 **18** 5，15，**21** 5 f.，21，**22** 1，5，6，8 ff.，32
—Nacherbfall 后位继承开始 **22** 15，16，21 ff.，45
—Nacherbfolge 后位继承顺序 **9** 17，**21** 6，**22** 9 f.，13，15 f.，22，45
—Vorerbschaft 前位继承 **22** 8 ff.
—zeitliche Staffelung von Erben 继承人的时间排序 **22** 9，36
—Zweck 目的 **22** 8
Nachfolgeklausel 继任条款 **32** 4，11
—einfache 简单的 **32** 11
—qualifizierte 有资格的 **32** 11
Nachlass 遗产
—Aufteilung 分割 **14** 1，**34** 1，**35** 1，3 ff.，**43** 1
—Fürsorge 救济 **36** 1 ff.
—Fürsorgebedürftigkeit 需要救济 **9** 3，**11** 1，**36** 1
—Höchstpersönliche Rechte 高度人身性的权利 **35** 13
—Nachlassinsolvenzverfahren 遗产破产程序 **38** 2，**42** 4 f.，**45** 8
—Nachlasspflegschaft 遗产保佐 **9** 3，4，**10** 2，**37** 2，**41** 3，**43** 9，**44** 4
—Nachlassverwaltung 遗产管理 **11** 1，**18** 15，**22** 23，**42** 3 f.，**43** 2，5，8，**44** 4
—Rechte，höchstpersönliche 高度人身性的权利 **4** 11
—Testamentsvollstreckung 遗嘱执行 **9** 17，**46** 9
—Verwendung 利用 **22** 8，23
Nachlassgericht 遗产法院 **9** 1 ff.，8，9，11，19 f.，**11** 1，3，5，9，**20** 5，**21** 22，**23** 20，**27** 4，**35** 5，**39** 1 ff.，**42** 3，**43** 2
—Ermessen 衡量 **36** 1
—Fürsorgepflicht 救济义务 **9** 3，**11** 1，**36** 1 f.
—Nachlasspflegschaft 遗产保佐 **9** 3，4，**10** 2，**37** 2，**41** 3，**43** 9，**44** 4
—Nachlassverwaltung 遗产管理 **11** 1，**18** 15，**22** 23，**42** 3 f.，**43** 2，5，8，**44** 4
—Rechtspfleger 司法辅助人 **9** 2，6，21，23 f.，**35** 5
—Teilungsverfahren 分割程序 **35** 2 ff.
—Verwahrung 保存 **9** 1，**20** 15，17，20，21，**21** 10
Nachlassinsolvenzverfahren 遗产破产程序 **38** 2，**42** 4 f.，**45** 8
—Antrag 申请 **37** 2
—Dürftigkeitseinrede 欠缺抗辩 **37** 3，**43** 5，8
—Erbschein 继承证书 **9** 20
—Erschöpfungseinrede 用竭抗辩 **37** 3
—Nachlassinsolvenzverwalter 遗产破产管理人 **10** 2，**42** 1，**44** 4
—Nachlasspflegschaft 遗产保佐 **9** 3，4，**10** 2，**37** 2，**41** 3，**43** 9，**44** 4
—Nachlassverwaltung 遗产管理 **11** 1，**18** 15，**22** 23，**42** 3 f.，**43** 2，5，8，**44** 4
—Voraussetzungen 前提条件 **37** 1
Nachlasspflegschaft 遗产保佐 **9** 3，4，**10** 2，**37** 2，**41** 3，**43** 9，**44** 4
—Anordnung 指示 **36** 1
—Aufgabe 任务 **36** 2
—Aufwandsentschädigung 补偿划分 **9** 4，36 2
—Ermessen des Nachlassgerichts 遗产法院的衡量 **9** 3，**36** 1
—Nachlassinsolvenzverfahren 遗产破产程序 **38** 2，**42** 4 f.，**45** 8
—Nachlasspfleger 遗产保佐人 **9** 3，**10** 2，**42** 3，**43** 9，**44** 4
—Nachlassverwaltung 遗产管理 **11** 1，**18** 15，**22** 23，**42** 3 f.，**43** 2，5，8，**44** 4
—Vertreter des Erben 继承人的代理人 **9** 3
Nachlassschulden 遗产债务 **8** 1，**32** 4，**34** 3，**41** 1，2

Nachlassverbindlichkeit 遗产债务 **35** 12，**38** 2，**39** 8，**43** 5，9
—Erbengemeinschaft 继承人共同体 **34** 3，4
—Haftung des Erben 继承人的责任 **22** 21，23，25，37，**28** 2，**40** 3，**41** 3，**44** 1，**45** 2
—Pflichtteil 特留份 **18** 7，**41** 2
Nachlassverwaltung 遗产管理 **11** 1，**18** 15，**22** 23，**42** 3 f.，**43** 2，5，8，**44** 4
—Antrag 申请 **38** 1
—Beendigung 结束 **38** 2
—durch den Vorerben 通过前位继承人 **22** 22 f.
—Dürftigkeitseinrede 欠缺抗辩 **37** 3，**43** 5，8
—Erbschein 继承证书 **9** 20
—Erhaltung 维持 **4** 10，**11** 2，**18** 3，**22** 14，**23** 12，**34** 4，5，**46** 7
—Kosten 费用 **22** 23，**41** 3，**43** 5
—Nachlassinsolvenzverfahren 遗产破产程序 **38** 2，**42** 4 f.，**45** 8
—Nachlasspflegschaft 遗产保佐 **9** 3，4，**10** 2，**37** 2，**41** 3，**43** 9，**44** 4
—Nachlassverwalter 遗产管理人 **7** 2，**10** 2，**38** 2
—Verwertung 利用 **22** 22，**34** 4
—Zweck 目的 **38** 1
Nichteheliche Kinder 非婚生子女　见 Kinder，nichteheliche
Nichtigkeit 无效
—Bestimmung 确定 **19** 1，**21** 9
—Erbschaftskauf 遗产买卖 **40** 1
—Erbvertrag 继承协议 **21** 15
—gemeinschaftliches 共同的 **21** 12
—Geschichte 历史 **2** 6
—Teilnichtigkeit 部分无效 **20** 38
—Testament 遗嘱 **9** 23，**19** 1，**1** 1，**20** 3，38
—Verfügungen，letztwillige 终意处分 **4** 4，**27** 5
Noterbrecht 紧急继承权
—formelles 形式的 **18** 1
—materielles 实质的 **18** 2
Notgeschäftsführung 紧急的事务管理 **30** 2，**34** 6
Nottestament 紧急遗嘱 **20** 10，18
—Form 形式 **12** 1，**20** 18
—Frist 期限 **20** 18
—Gültigkeit 效力 **20** 18
Öffentliches Testament 公开遗嘱　见 Testament，öffentliches
Ordre public 公共秩序 **19** 11，17，**20** 36
Parentel 亲系 **13** 1，7，**14** 3，5
—infinites 无穷的 **14** 5，6
Parentelklasse 亲系等级 **13** 1 f.，**14** 1，3，5 f.
Parentelordnung 亲系规则 **14** 5 f.
—Erbfolge，gesetzliche 法定继承顺序 **1** 3，**2** 6，**4** 3，**7** 8，**8** 1，**9** 6，**12** 1 ff.，**18** 4，8，**19** 3 f.，**20** 18，31，**22** 1 f.，3，4，7，**25** 4，**35** 2，7，**46** 4
—Generation 代 **2** 2，**3** 4，**12** 3，**13** 1，**19** 1，11，**22** 8 ff.，19 f.，**39** 8
—Rangfolgeprinzip 顺序原则 **13** 3，**14** 3
—Repräsentationsprinzip 代表原则 **13** 2，5，**18** 4
—Verwandtschaft 血亲 **1** 3，**12** 1，3，4，**13** 1
Pflichtteil 特留份 **2** 4，7，**4** 4，11，**15** 4，**16** 5，6，**19** 17，**21** 7，**22** 45，**41** 2，**43** 5
—Berechnung 计算 **16** 5，**18** 8 ff.
—Beschränkung 限制 **18** 15，**22** 44
—Entzug des Pflichtteils 特留份的剥夺 **18** 4，13 ff.，**21** 11，14，21，**22** 44，**24** 1，**28** 8
—Form 形式 **18** 15
—Historie 历史 **2** 4，7
—kleiner 较小的 **16** 5，**18** 9
—Verzeihung 宽恕 **18** 15，**26** 2
—Verzicht 放弃 **16** 4，**18** 13，15，**25** 4，**46** 8
wegen bestimmter schwerer Verfehlungen 由于特定的严重错误 **18** 14
Pflichtteilsanspruch 特留份请求权 **18** 1，3，5 ff.，**26** 2，**28** 5，**32** 11，**39** 9
—Ausschluss von der Erbfolge 从继承顺序中排

除 **18** 5
—Geldanspruch，schuldrechtlicher 债权的金钱请求权 **18** 6
—Höhe des gesetzlichen Erbteils 法定继承份额的数额 **18** 8
—Inhalt 内容 **18** 8 ff.
—Nachlassverbindlichkeit 遗产债务 **18** 7，**41** 2
—Natur des Anspruchs 请求权的属性 **18** 6 f.
—Pflichtteil，kleiner 较小的特留份 **18** 9
—Voraussetzungen 前提条件 **18** 5
—Vorempfänge，ausgleichspflichtige 具有补偿义务的提前获得 **18** 10
—Wahlrecht 选择权 **18** 5
—Wert des Nachlasses 遗产的价值 **18** 8
—Zugewinnausgleich 财产增加额均衡 **18** 9
—Zusatzpflichtteil 补充特留份 **18** 5
—Zuwendung geringer als Pflichtteil 少于特留份的给予 **18** 5
Pflichtteilsberechtigung 特留份权 **4** 4，**18** 1，4，6，7，10，12，**21** 11，**22** 45，**27** 2，5，**28** 7，8，**42** 2，**43** 2，3，**46** 6
—Abkömmling 晚辈直系血亲 **18** 4，9，14 f.
—Ehegatte 配偶 **18** 4，5，14
—Eltern 父母 **18** 4
—Erbe，gesetzlicher 法定继承人 **18** 1，4，5，7
—Voraussetzung：Erbenstellung 前提条件：继承人的身份 **18** 4
Pflichtteilsergänzungsanspruch 特留份补足请求权 **18** 11 f.，**28** 7
—Betrag 金额 **28** 9
—Hinzurechnung des Wertes zum Nachlass 价值折抵进遗产 **18** 12
—Schenkung 赠与 **18** 11，**28** 8
—Schuldner 债务人 **18** 12
Pflichtteilsrecht 特留份权 **4** 4，**8** 1，**11** 7，**16** 4 f.，**18** 1 ff.，3，**19** 11，**22** 44 f.，**24** 1，**41** 3，**46** 6
—Auskunftsanspruch 答复请求权 **18** 3
—Form der Entziehung 剥夺的形式 **18** 15
—formelles 形式的 **18** 1
—materielles 实质的 **18** 2
—Nachlassverbindlichkeit 遗产债务 **18** 7，**41** 2
—Noterbrecht 紧急继承权
—Vereinbarkeit mit Art. 6 GG 与《基本法》第 6 条相一致 **19** 15
Postmortale Vollmacht 死后授权　见 Vollmacht，postmortale
Potestativbedingung 任意条件 **20** 26，34，**22** 45，**23** 11
Praktische Konkordanz 实际一致性　见 Konkordanz，praktische
Prinzipien des Erbrechts 继承法的原则
—Erbfähigkeit 继承能力 **22** 31
—Soforterbfolge 立即继承 **4** 13 f.，**11** 1，6
—Testierfreiheit 遗嘱自由 **1** 2，**2** 4，41 ff.，9，**6** 2，**8** 1，**12** 1，**18** 4，14，**19** 2，7，10 ff.，14 ff.，**20** 20，31，34，**21** 13，**26** 1
—Universalsukzession 概括继承 **4** 9 ff.，**10** 2，**11** 7，**14** 2，**22** 1，**32** 9
—Vonselbsterwerb 自主取得 **4** 15 ff.，**11** 1 f.
Privatschriftliches Testament s. Testament，privatschriftliches 私人书面遗嘱
„pro non scripta habetur“- Regel “被视为没有”规则 **20** 39，**23** 13
Prozessvergleich 诉讼中的和解 **23** 20
Rangfolgeprinzip 顺序原则 **13** 2，**14** 3
„Recht der letzten Dinge““最后之事之法” **1** 1
Rechtskraft 既判力
—bei Anfechtung 撤销的情况下 **26** 2
—Gerichtsbarkeit，streitige 诉讼事件管辖 **9** 9
Rechtspfleger 司法辅助人 **9** 2，6，21，23 f.，**35** 5
Rechtsscheintatbestand 法律外观构成要件 **4** 6
Repräsentationsprinzip 代表原则 **13** 2，**18** 4
Römisches Recht 罗马法 **2** 1
—Ablehnung des Erbvertrages 拒绝继承协议 **2** 1，**4** 2
—donatio mortis causa 死因赠与 **28** 5

—Familie 家庭 **2** 1，**15** 1，**18** 2，**19** 2
—hereditas iacens 待继承的遗产 **4** 13，15，17，**11** 1
—Intestaterbrecht（无遗嘱）法定继承权 **1** 2，**4** 3，**12** 1
—Testamentsrecht 遗嘱法 **19** 2
—Verantwortung der staatstragenden Männer 国家栋梁人物的责任 **2** 1
Rücktritt 解除
—Erbvertrag 继承协议 **21** 15，21
—Verfügungen，wechselbezügliche 相互依存的处分 **21** 10
Schenkung 赠与 **18** 11 f.，**21** 16，**22** 22，**25** 2，**28** 8，**31** 2 ff.
—Anwartschaft 期待 **29** 5
—auf den Todesfall 死因赠与　见 donatio mortis causa
—Auslegung 解释 **6** 1，**18** 14，**19** 8 f.，**20** 39，**22** 11，14，34，41，46，**28** 6，**29** 4，**31** 1，**35** 4
—bedingte 附条件的 **28** 1，5 ff.，**29** 1，5
—donatio mortis causa 死因赠与 **28** 5
—favor testamenti 遗嘱有效 **20** 3，29，**23** 3，**27** 5，**29** 4
—Form 形式 **28** 3，5 f.，**29** 2 f.，**30** 4，**31** 4 ff.
—Frist 期限 **18** 11
—Geltung des Erbrechts 适用继承法 **28** 5 f.
—Heilung 补正 **29** 2，4 f.，**40** 1
—überlebensbedingung 在其之后死亡的条件 **28** 6，**29** 1，**30** 4，**31** 3，6
—Umgehungsgeschäft 规避行为 **3** 5，**21** 16 f.
—unterLebenden 生前 **3** 1，5，**7** 9，**18** 9，11，**28** 3，**29** 2，**30** 3，**46** 2
—Verfügungsbeschränkung 处分限制 **22** 22，**39** 8
—Vollzug 实施 **29** 5，**30** 1，**31** 5
—Wert 价值 **18** 12
—Widerruf 撤回 **29** 2 f.，5，**31** 6
Schiedsgerichtbarkeit 仲裁 **9** 25，**20** 29，**22** 47，**46** 9
Schriftform 书面形式 **20** 10，13，**23** 5
Selbstbestimmung 自决 **20** 6
Selbstständige Stiftung 独立的基金会　见 Stiftung，selbstständige
Sittenwidrigkeit 违反善良风俗 **4** 4，**15** 4，**18** 14，**19** 16，**20** 31 ff.，**22** 43 f.，45
—Anschauung，gesellschaftliche 社会观念 **19** 1，**20** 31
—Auslegung，ergänzende 补充解释 **20** 39，**23** 5，12 ff.，18
—Belohnung sexueller Hingabe 性交易的酬劳 **20** 31
—Benachteiligung der Familie 亏待家庭 **20** 32
—der Ausschlagung 拒绝 **10** 3
—Druck auf den Erben 给继承人的压力 **19** 17，**20** 33 f.
—Einflüsse des Verfassungsrechts 宪法的影响 **19** 6 ff.
—Geschichte 历史 **2** 1，6 f.，**19** 7，**21** 3
—Grundrecht des Erben 继承人的基本权利 **20** 34
—ordre public 公共秩序 **19** 11，17
—Potestativbedingung 任意条件 **20** 26，34，**22** 45，**23** 11
—System，bewegliches 灵活的体系 **20** 33 f.
—Testamentsrecht 遗嘱法 **19** 1，7，11，16，17，**22** 30
—Verfügungen，letztwillige 终意处分 **20** 3，31 ff.
—Verwendung des Nachlasses 遗产的使用 **20** 35 ff.，**22** 8，23
Soforterbfolge 立即继承 **4** 13 f.，**11** 1，6
—Vonselbsterwerb 自主取得 **4** 15 ff.，**11** 1 f.
Sondervermögen 特殊财产 **4** 10，**34** 2
Sozialbindung des Eigentums 财产的社会义务 **19** 6

Spezialsukzession 特别继承 **2** 2，**22** 1，**32** 9

Stiefkinder 继子女 **7** 7，**16** 6，**41** 3

Stiftung 基金会 **3** 1 ff.，**21** 17，**23** 15，**35** 1，**46** 3，8

—Stiftungsrecht 基金会法 **3** 1

—Treuhand 信托 **3** 3

—unselbstständige 非独立的 **3** 3，**46** 3

—Zustiftungen 捐赠 **3** 3，**46** 3

Streitige Gerichtsbarkeit 诉讼事件管辖　见 Gerichtsbarkeit，streitige

Stückvermächtnis 物件遗赠 **22** 38

Surrogation，dingliche 物上代位 **10** 3，4，**22** 21，25，**34** 2

—Voraussetzung 前提条件 **10** 4

Täuschung 欺诈 **19** 13，**26** 1，**27** 2

Teilungsanordnung 分割指示 **22** 28，29，46，47，**35** 2 ff.，13，**39** 6，**46** 9

Teilungsverfahren 分割程序 **35** 2 ff.

—Ausgleichung 补偿 **18** 10，12，**32** 11，**34** 3，**35** 4，6 ff.，**40** 3，**45** 1

—Bewertung 估价 **35** 2

—Teilungsanordnung 分割指示 **22** 28，29，46，47，**35** 2 ff.，13，**39** 6，**46** 9

—Vermittlung durch das Nachlassgericht 通过遗产法院的调解 **35** 5

—Vorausvermächtnis 先取遗赠 **22** 29，32，42，46，**35** 4，6，**40** 2

Testament 遗嘱 **21** 1 ff.

—Alternativen zum Testament 遗嘱的其他选择 **46** 2 f.

—Anwachsung 增加（继承份额）**22** 7，36

—Art der letztwilligen Verfügung 终意处分的种类 **46** 8

—Aufbewahrung 保存 **20** 15

—Auslegung 解释 **19** 1，**20** 1 f.，3，15，29，**22** 2 f.，7，**23** 3，5，16，19，**27** 1，**46** 1，10

—Bedingung 条件 **20** 26 f.，39，**21** 5 ff.，7，**22** 8，13，14，45，47，**23** 11，12 f.，15，**46** 11

—Behindertentestament 残疾人遗嘱 **20** 32，**46** 11

—Berliner 柏林遗嘱 **21** 5 f.

—Beurkundungsgesetz《公证书证法》**20** 17

—cautela Socini 为了保护在世的配偶而通过遗嘱规定的丧失权利条款 **22** 45

—durch Errichtung eines neuen Testaments 通过制定新的遗嘱 **20** 20

—durch Rücknahme aus amtlicher Verwahrung 通过从官方保管处取回 **20** 21

—Ehepaar 夫妇 **21** 2，5

—Eigenhändigkeit 亲手 **20** 10，12，13 f.

—Einheitsprinzip 统一原则 **21** 5 ff.

—einseitige 单方的 **1** 3，**20** 1

—einzelner Bestimmungen 个别规定 **20** 21

—Empfangsbedürftigkeit 需受领 **20** 1

—Erbeinsetzung 指定继承人 **20** 31，33，39，**21** 7 ff.，13 f.，23，**22** 1，3，6，30，35 f.，41 f.，43 ff.，47，**23** 10，12，18，**27** 4 f.，**46** 6，9

—Erbfolge，gesetzliche 法定继承顺序 **1** 3，**2** 6，**4** 3，**7** 8，**8** 1，**9** 6，**12** 1 ff.，**18** 4，8，**19** 3 f.，**20** 18，31，**22** 1 f.，3，4，7，**25** 4，**35** 2，7，**46** 4

—Erbquote 继承份额 **4** 10，**9** 17，**22** 1 ff.，3，28 f.，46，**23** 10，**35** 4，6，11

—Erhöhung，anteilsmäßige 根据比例提高 **22** 3

—Ermittlung des Erblasserwillens 查明被继承人的意思 **46** 7

—Eröffnung 开启 **9** 1，2，**11** 4，**21** 2

—Ersatzerbschaft 替补继承 **20** 26，**21** 6，**22** 4，5，6，7，12，13

—favor testamenti 遗嘱有效 **20** 3，29，37 f.，**23** 3，**27** 5，**29** 4

—Form 形式 **6** 6，**20** 2，4，13 f.，16，20，**22** 47，**46** 11

—Formel, Jastrowsche 查斯特罗公式 **21** 7
—Formerleichterung 形式简化 **21** 4
—Frist 期限 **9** 4, **22** 18, 25, 30, 45, **42** 3 ff., **43** 5, 9
—Geistes-und Bewusstseinsgestörte 精神和意识障碍者 **20** 5, 7
—gemeinschaftliches 共同的 **4** 2, **21** 1 ff.
—gesetzliche Erbfolge bzgl. des nicht zugewiesenen Teils 关于未分配部分的法定继承 **22** 3
—Gestaltungsmöglichkeiten 形成可能性 **46** 9
—Höchstpersönlichkeit 高度人身性 **20** 2, 21, 22 ff.
—Identifikation des Erblasser 被继承人的认证 **20** 10
—Inhalt 内容 **20** 17, **21** 2, **22** 44 ff.
—in Höhe der geringsten Erbquote 最低继承比例的数额 **22** 2
—keine vertragliche Verpflichtung 没有合同义务 **19** 12, 17, **20** 2, **21** 13 f.
—Lesbarkeit 可读性 **20** 11
—Mehrfachbehinderung 多重残疾 **20** 8
—Minderjährige 未成年人 **20** 4, 16
—Nacherbschaft 后位继承 **9** 17, **18** 3, 5, 15, **21** 5 f., 21, **22** 1, 5, 6, 8 ff., 31 f., 36, 45 f., **35** 1, **46** 9
—neun Punkte9 个要点 **46** 2 ff.
—Nichtigkeit 无效 **9** 23, **19** 1, 11, **20** 3, **21** 12
—Nottestament 紧急遗嘱 **20** 10, 18
—nur eine Urkunde 只是一个证书 **21** 3
—öffentliches 公开的 **20** 4, 10, 16 f., 18, 21, **21** 19
—Pflichtteilsrechte 特留份权 **46** 6
—Potestativbedingung 任意条件 **20** 26, 34, **22** 45, **23** 11
—präventiv 预防性的 **46** 1
—privatschriftliches 私人书面的 **20** 10 ff., 18
—Rest 剩余 **22** 2
—Teilungsanordnung 分割指示 **22** 28, 29, 46, 47, **35** 2 ff., 13, **39** 6, **46** 9
—Testament, Berliner 柏林遗嘱 **21** 5 f.
—Testierfähigkeit 遗嘱能力 **6** 6, **20** 4 ff., 16 f., **46** 5
—Trennungsprinzip 分离原则 **21** 5 ff., **22** 9
—Unterschrift 签名 **20** 10, 13
—Veränderungen der Rechts— und Sachlage 法律和实施状况的变化 **46** 10
—Verfügungen, wechselbezügliche 相互依存的处分 **4** 2, **21** 8 ff.
—verlorenes 丧失的 **20** 21
—Vermächtnis 遗赠 **1** 3, **13** 7, **16** 2, 5, **18** 1, 3 ff., 7, 9, **20** 29, **21** 8 f., 14, 20, 23, **22** 1, 8 f., 23, 26 ff., 43, 45, 46, **23** 4, 10, **27** 4, **28** 6, **31** 1, 4, **32** 8, **35** 1, 4, **39** 8, **41** 2, 3, **43** 3, 5, **46** 4, 9
—Vertrauensverhältnis 信任关系 **21** 3
—Verwahrung 保存 **9** 1, **20** 15, 17, 21, **21** 10
—Verwirkungsklausel 丧失权利条款 **22** 8, 45, 47
—Vorzüge der gesetzlichen Erbfolge 法定继承顺序的优越性 **46** 4
—Widerruf 撤回 **20** 20 f., 21, **21** 4, 9, 10, 11, **23** 3, 7, 16 f., **27** 5
—Willenserklärung 意思表示 **1** 3, **20** 1
—Zeit und Ort der Abfassung 订立的时间和地点 **20** 5, 13, 38
—Zusätze und änderungen 补充和修改 **20** 13
Testamentsrecht 遗嘱法 **19** 1 ff.
—Aufgabe 任务 **19** 1
—Ausschluss 排除 **21** 4
—Bedeutung, gesellschaftliche 社会意义 **19** 4
—Drittwirkung von Grundrechten 基本权利的第三人效力 **19** 8
—Einflüsse des Verfassungsrechts 宪法的影响 **19** 6 ff.
—Geschichte 历史 **19** 2
—Gesetzesvorbehalt 法律保留 **19** 6

—Grenzen 界限 **19** 6
—Grundrechte der Parteien 当事人的基本权利 **19** 8，11
—Höchstpersönlichkeit 高度人身性 **20** 2，21，22 ff.
—Institutsgarantie 制度保障 **19** 6
—Konkordanz，praktische 实际一致性 **19** 8，11
—mittelbare 间接的 **19** 8
—Recht des Erben 继承人的权利 **19** 6，7
—Recht des Erblassers 被继承人的权利 **19** 6 f.
—Schranken，juristische 法律障碍 **19** 1
—Schutz des Erblasserwillens 保护被继承人的意思 **19** 1，5
—Sittenwidrigkeit 违反善良风俗 **19** 1，7，11，16，17，**22** 30
—Sozialbindung des Eigentums 财产的社会义务 **19** 6
—Voraussetzungen 前提条件 **19** 1
—Widerruf 撤回 **21** 23
—Zweck 目的 **19** 3
Testamentsvollstreckung 遗嘱执行 **9** 17，**46** 9
—Abwicklungsvollstreckung 清算执行 **39** 7
—Aktivprozessführung 主动起诉 **39** 9
—Aufgaben 任务 **39** 7 ff.
—Auftragsrecht 委托法 **39** 11
—Auseinandersetzung unter den Erben 继承人之间分割遗产 **35** 5，**39** 6
—Auskunftsanspruch 答复请求权 **39** 11
—Befugnisse 权限 **39** 9
—Beginn des Amtes 职务的开始 **39** 4
—Beschränkungen 限制 **39** 8
—Dauervollstreckung 长期执行 **39** 6，8
—Eingehung von Nachlassverbindlichkeiten 研究遗产债务 **39** 8
—Ende des Amtes 职务的终止 **39** 5
—Entlassung 解雇 **39** 5
—Erledigung der Aufgaben 任务完成 **39** 5
—Ernennung 提名 **39** 3
—Erweiterung 扩展 **39** 8
—Fortführung der Gesellschaft in eigenem Namen 民商事组织以自己的名称继续存在 **39** 12
—Freigabe von Nachlassgegenständen 交还遗产标的物 **39** 11
—Geschäfte，unentgeltliche 有偿行为 **39** 9
—gutgläubiger Erwerb vom Erben 从继承人处善意取得 **39** 10
—Inbesitznahme des Nachlasses 遗产的占有 **39** 9
—Kündigung 解约 **39** 5
—Nachlassgegenstände，einzelne 个别遗产标的物 **39** 8
—Nachlassverwaltung 遗产管理 **11** 1，**18** 15，**22** 23，**39** 8，**42** 3 f.，**43** 2，5，8，**44** 4
—Nachlassverzeichnis 遗产清单 **39** 11
—Passivlegitimierung 消极的权利 **39** 9，**43** 9，**44** 4
—Pflichten 义务 **39** 11
—Schadensersatz 损害赔偿 **39** 11
—Schutz des Nachlasses 遗产的保护 **39** 6
—Sichten des Nachlasses 整理遗产 **39** 7
—Spezialvollstreckung 特别执行 **39** 8
—Stellung des Verstorbenen 死者的地位 **39** 1
—Testamentsvollstrecker 遗嘱执行人 **4** 14，**10** 2，**18** 15，**20** 23，**21** 14，**22** 45，47，**27** 4，**41** 3，**42** 1，**44** 4
—Tod 死亡 **39** 5
—Treuhand 信托 **39** 12
—trustee 受托人 **3** 6，4 14
—überwachung 监控 **39** 8
—Verfügungen 处分 **39** 9
—Verfügungsbeschränkungen 处分限制 **39** 4
—Verwaltung，ordnungsgemäße 正常的管理 **39** 11
—Verwaltungsvollstreckung 管理执行 **39** 6
—Widerruf 撤回 **39** 3，12
Testier－/ Geschäftsfähigkeit 遗嘱/行为能力
—relative 相对的 **20** 6

Testierfähigkeit 遗嘱能力 **6** 6，**20** 4 ff.，16 f.，**46** 5

Testierfreiheit 遗嘱自由 **1** 2，**2** 4，41 ff.，9，**6** 2，**8** 1，**12** 1，**18** 4，14，**19** 2，7，10 ff.，14 ff.，**20** 20，31，34，**21** 13，**26** 1，**33** 1

—Beeinträchtigung durch Verfehlungen 因过错导致的损害 **26** 1

—Erbvertrag 继承协议 **4** 2，**21** 13 ff.

—Funktion 功能 **19** 10 ff.

—Grenzen 界限 **4** 4，**18** 4，**19** 11，14 ff.，**21** 13

—Intestaterbrecht（无遗嘱）法定继承权 **1** 2，**4** 3，**12** 1

—Konsequenz 结果 **20** 20

—Pflichtteil 特留份 **2** 4，7，**4** 4，11，**15** 4，**16** 5，6，**19** 17，**21** 7，**22** 45，**41** 2，**43** 5

—Schutz 保护 **19** 12，**26** 1

—Testament，gemeinschaftliches 共同遗嘱 **4** 2，**21** 1 ff.

—Verfügungen，einseitige 单方处分 **4** 2，**21** 11，23，**39** 3

—Verfügungen von Todes wegen 死因处分 **2** 6，**4** 1 ff.，**6** 6，**7** 7，**19** 12，17，**21** 13，**22** 4，11，14，25，28，**25** 1，**26** 1，**27** 1，**28** 1，**29** 1，**31** 4，**32** 8，**35** 8

Tilgungsbestimmung 清偿规定 **4** 6

Trennungsprinzip 分离原则 **21** 5 ff.，**22** 9，**46** 8

—Einheitsprinzip 统一原则 **21** 5 ff.，21，**46** 8

Treuhand 信托 **3** 6

—Stiftung 基金会 **3** 3

—Testamentsvollstreckung 遗嘱执行 **9** 17，**46** 9

—Trust 信托 **3** 6

—Vorerbschaft 前位继承 **22** 21

Trust 信托 **3** 6，**22** 9

trustee 受托人 **3** 6，**4** 14

überlebensbedingung 在其之后死亡的条件 **28** 6，**29** 1，**30** 4，**31** 3，6

Umgehungsgeschäft 规避行为 **3** 5，**21** 16 f.

Universalsukzession 概括继承 **4** 9 ff.，**10** 2，**11** 7，**14** 2，**22** 1，**32** 9

Unselbstständige Stiftung 非独立基金会 见 Stiftung，unselbstständige

Verfahren 程序

—Eröffnung des Testamentes 遗嘱的开启 **9** 2

—Nachlassgericht 遗产法院 **9** 1 ff.，8，9，11，18，19 f.，**11** 1，3，5，9，**20** 5，**21** 22，**23** 20，**27** 4，**35** 5，**39** 1 ff.，**42** 3，**43** 2

Verfügungen 处分

—Auslegung 解释 **1** 2 f.，**20** 1，**22** 36，42，**27** 1

—bedingte 附条件的 **23** 11

—Bindungswirkung 约束力 **21** 11

—einseitige 单方的 **4** 2，**21** 11，23，**39** 3

—Erbvertrag 继承协议 **4** 2，**21** 13 ff.

—Nichtigkeit 无效 **4** 4，**21** 12，**27** 5

—Rücktritt 解除 **21** 10

—Sittenwidrigkeit 违反善良风俗 **20** 3，31 ff.

—Testament，gemeinschaftliches 共同遗嘱 **4** 2，**21** 1 ff.

—Vermutung der Wechselbezüglichkeit 相互依存的推定 **21** 9

—Vertrauensschutz 信赖保护 **21** 8

—von Todes wegen 死因 **2** 6，**4** 1ff.，**6** 6，**7** 7，**19** 12，17，**21** 13，**22** 4，11，14，25，28，**25** 1，**26** 1，**27** 1，**28** 1，**29** 1，**31** 4，**32** 8，**35** 8

—Wechselbezügliche 相互依存的 **4** 2，**21** 8 ff.

—Widerruf 撤回 **19** 12，**21** 10，**22** 47，**27** 1，**29** 3

—Wirkung 效力 **21** 9

Verfügungsbeschränkungen 处分限制

—Testamentsvollstreckung 遗嘱执行 **9** 17，**46** 9

—Vorerbschaft 前位继承 **22** 14，22 f.

Vermächtnis 遗赠 **1** 3，**5** 1，**13** 7，**16** 2，5，**18** 1，3 ff.，7，9，**20** 29，**21** 8 f.，14，20，23，**22** 1，8 f.，23，26 ff.，43，45，46，**23** 4，10，**27** 4，**28** 6，**31** 1，4，**32** 8，**35** 1，4，**39** 8，**41**

2，3，**43** 3，5，**46** 4，9
—Abgrenzungen 界定 **22** 28
—Anfall des Vermächtnisses 遗赠的归属 **22** 32，**35** 1，**40** 2
—Arten 种类 **22** 38 ff.
—Auflage 负担 **13** 7，**18** 3，7，9，**20** 32，**21** 8，14，20，23，**22** 8，23，28，43，**41** 2，3，**43** 2，3，5，**46** 4，9
—Bedachte 受益人 **22** 34，40
—Befreiungsvermächtnis 免除遗赠 **22** 39
—Beschaffungsvermächtnis 使受益人取得标的的遗赠 **22** 38
—Beschwerte 被增加负担者 **22** 33，34 f.，40 f.
—Bestimmungsvermächtnis 继承人或第三人进行确定的遗赠 **22** 40
—Erbeinsetzung 指定继承人 **22** 41 f.，**23** 10
—Forderungsvermächtnis 债权遗赠 **22** 39
—Frist 期限 **22** 31 f.
—Gattungsvermächtnis 种类遗赠 **22** 40
—Inhalt 内容 **22** 27
—Rechtfolge 法律后果 **22** 27
—Stückvermächtnis 物件遗赠 **22** 38
—Teilungsanordnung 分割指示 **22** 28，29，46，47，**35** 2 ff.，13，**39** 6，**46** 9
—Trennung zwischen Vermächtnis und Erbe 遗赠和继承之间的区分 **22** 26
—Vertrag zugunsten Dritter für den Todesfall 死因有利于第三人的合同 **4** 8，12，**22** 28，**28** 4
—Vorausvermächtnis 先取遗赠 **22** 29，32，42，46，**35** 4，6，**40** 2
—Wahlvermächtnis 选择遗嘱 **22** 40
—Wirksamkeit 有效性 **22** 30 f.，32，38
—Zuwendung an mehrere Personen 给予数人 **22** 35，36
—Zweckvermächtnis 目的遗嘱 **22** 40
Vermögen 财产 **4** 9
Vermutung 推定
—Gesetzliche 法定的 **9** 11，**20** 21，**21** 9，**22** 4，6，7，12，15，41 f.，**23** 3，7，8 ff.，**35** 2，**42** 3，4
—widerlegbare 可反驳的 **9** 11，19，**23** 8
Verschweigung 沉默 **42** 2，**43** 4
Vertrag zugunsten Dritter für den Todesfall 死亡情况下有利于第三人的合同 **4** 8，12，**20** 1，**22** 28，**28** 4，**46** 2
—Begünstigter 受益人 **31** 1 f.
—Deckungsverhältnis 抵偿关系 **31** 2
—Kollision mit dem Erbrecht 与继承法的冲突 **31** 4
—Valutaverhältnis 给予关系 **31** 2，4
—Versprechender 承诺人 **31** 2
—Vollzug 实施 **31** 5
—Zuwendender 给予人 **31** 2
Verwahrung 保存 **9** 1，**20** 15，17，20，21，**21** 10
Verwandtschaft 血亲 **1** 3，**2** 5，**4** 9，**9** 20，**12** 1，3，4，5，**13** 1，2 ff.，**14** 4，5 f.，**15** 2，**16** 1 f.，4，**17** 1，**18** 3，**21** 9，**23** 9，**25** 1，**31** 1
—mehrfache 多重的 **14** 5
—Parentelordnung 亲系规则 **14** 5 f.
Verwirkungsklausel 丧失权利条款 **22** 8，**45**，47
Verzeihung 宽恕 **18** 15，**26** 2
Verzicht 放弃
—Erbrecht 继承权 **25** 4
—Erbverzicht 放弃继承 **8** 1，**11** 5，**16** 4，**18** 4，8，15，**24** 1，**46** 2，8
—Pflichtteil 特留份 **16** 4，**18** 13，15，**25** 4，**46** 8
Vollendung des Zivilrechts 民法的圆满结束 **1** 3
Vollmacht 授权
—Bonifatiusfall 圣波尼法爵案 **28** 7，**30** 4
—postmortale 死后的 **28** 3，**46** 2，9
—Widerruf 撤回 **28** 3，**29** 6，**30** 2
Vonselbsterwerb 自主取得 **4** 15 ff.，**11** 1 f.
—aller dinglichen Ansprüche 所有物上请求权的 **4** 15
—Antritt der Erbschaft 接受遗产 **4** 16，**20** 26，

22 15
—behördliche Einführung in das Erbe 官方引入遗产 **4** 16
—executor 遗嘱执行人 **4** 14，16，**9** 19，**19** 4
—hereditas iacens 待继承的遗产 **4** 13，15，17，**11** 1
—Soforterbfolge 立即继承 **4** 13 f.，**11** 1，6
—Unsicherheit des Erben 继承人的不安全性 **4** 17
Voraus 先取份 **13** 7，**16** 2，**17** 1，**41** 3
Vorausvermächtnis 先取遗赠 **22** 29，32，42，46，**35** 4，6，**40** 2
Vorerbschaft 前位继承 **22** 8 ff.
—Anwartschaft 期待 **22** 15，16，25
—Bedingung 条件 **22** 14 f.
—befreite 免除的 **21** 5，**22** 14，24
—Befreiung 免除 **22** 25
—Einsetzung auf den überrest der Erbschaft 对剩余遗产的指定 **22** 25
—Grundschuld 土地债务 **22** 22
—Grundstücke und Grundstücksrechte 土地和土地权 **22** 22
—Haftung gegenüber dem Nacherben 对后位继承人的责任 **22** 23
—Haftung gegenüber Dritten 对第三人的责任 **22** 23
—Hypothek 抵押 **22** 22
—Nacherbschaft 后位继承 **9** 17，**18** 3，5，15，**21** 5 f.，21，**22** 1，5，6，8 ff.，31 f.，36，45 f.，**35** 1，**46** 9
—Rechte des Vorerben 后位继承人的权利 **22** 21 ff.
—Schenkung 赠与 **22** 22
—Treuhand 信托 **22** 21
—Verfügung，freie 自由处分 **22** 25
—Verfügungsbeschränkungen 处分限制 **22** 14，22 f.
—Verfügungsgewalt，freie 自由的处分权限 **22** 21
—Verwaltung，ordnungsgemäße 正常的管理 **22** 22
—Verwaltung des Nachlasses 遗产的管理 **22** 23
—Vorerbe 前位继承人 **21** 5，**22** 1，5 f.，8 ff.
—Vorerbfall 前位继承开始 **22** 15
—Vorerbschaft，befreite 被免除的后位继承 **21** 5，**22** 14，24
—Wertpapiere 有价证券 **22** 22
—Zwangsvollstreckung 强制执行 **22** 22
Wahlvermächtnis 选择遗嘱 **22** 40
Widerruf 撤回
—Erbvertrag 继承协议 **21** 13，23
—gemeinschaftliches 共同的 **21** 4，9，10，11
—letztwillige 终意的 **19** 12，**22** 47，**27** 1，**29** 3
—öffentliches 公开的 **20** 21
—Schenkung 赠与 **29** 2 f.，5，**31** 6
—Testament 遗嘱 **20** 20 f.，**21** 4，9，10，11，**23** 3，7，16 f.，**27** 5
—Testamentsvollstreckung 遗嘱执行 **9** 17，**46** 9
—Verfügungen s. dort 处分
—Verzeihung 宽恕 **18** 15，**26** 2
—Vollmacht 授权 **28** 3，**29** 6，**30** 2
—wechselseitige 相互的 **21** 10
—Willenserklärung 意思表示 **29** 5
Willensänderung，spätere 后来的意思改变 **23** 16 ff.
—Indizwirkung im Rahmen der Auslegung 解释框架中的表征效力 **23** 18
—keine Berücksichtigung 没有考虑到 **23** 17
Willenserklärung 意思表示 **11** 5，8，**20** 2，7，**22** 42，45，**27** 1 ff.，**28** 2
—Amtsempfangsbedürftigkeit 需官方受领 **22** 2
—Auslegung 解释 **22** 42，**23** 3，6，17
—einseitige 单方的 **1** 3，**20** 1
—Empfangsbedürftigkeit 需受领 **11** 2 f.，**20** 1，**23** 3，**27** 2
—Testament 遗嘱 **1** 3，**20** 1

—Widerruf 撤回 **29** 5

—Wirksamkeit 有效性 **29** 5，**30** 1，3，**31** 6

Zugewinn 财产增加额

—konkreter 具体的 **16** 4

—pauschaler 概括的 **16** 3，**18** 9

Zugewinnausgleich 财产增加额均衡 **16** 3，5 f.，**17** 1，**18** 5，9，**41** 3

—erbrechtliche 继承法的 **16** 3，6

—güterrechtliche 财产法的 **16** 4，6，**18** 9

—Lösung 解决方案　见 Lösung

Zuwendungen 给予 **35** 6 ff.

—Aufwendungen für Berufsausbildung 为职业教育的花费 **35** 8

—Ausstattung 婚嫁资财 **18** 10，**20** 22，**22** 29，**35** 8

—typische 典型的 **35** 8

—Zuschüsse 补助 **18** 12，**35** 8

Zuwendungsverzicht 放弃给予 **25** 4，5

Zwangsvollstreckung 强制执行 **22** 22，**38** 2，**42** 2，**43** 9，**44** 3 f.

Zweckvermächtnis 目的遗赠 **22** 40

图书在版编目（CIP）数据

德国继承法：第 5 版/（德）马蒂亚斯·施默克尔著；吴逸越译. —北京：中国人民大学出版社，2020.5

（外国法学精品译丛）

ISBN 978-7-300-27952-7

Ⅰ.①德… Ⅱ.①马… ②吴… Ⅲ.①继承法-德国 Ⅳ.①D951.63

中国版本图书馆 CIP 数据核字（2020）第 054075 号

外国法学精品译丛

主编　李　昊

德国继承法（第 5 版）

［德］马蒂亚斯·施默克尔（Mathias Schmoeckel）　著

吴逸越　译

Deguo Jichengfa

出版发行	中国人民大学出版社		
社　　址	北京中关村大街 31 号	**邮政编码**	100080
电　　话	010－62511242（总编室）		010－62511770（质管部）
	010－82501766（邮购部）		010－62514148（门市部）
	010－62515195（发行公司）		010－62515275（盗版举报）
网　　址	http://www.crup.com.cn		
经　　销	新华书店		
印　　刷	北京鑫丰华彩印有限公司		
规　　格	185 mm×260 mm　16 开本	**版　　次**	2020 年 5 月第 1 版
印　　张	21.25 插页 1	**印　　次**	2020 年 5 月第 1 次印刷
字　　数	473 000	**定　　价**	89.00 元